广播影视类高考专用丛书

YINGPING FANWEN JINGXUAN
影评范文精选 （第四版）

张福起 主编

山东人民出版社·济南

国家一级出版社 全国百佳图书出版单位

主　编	张福起					
副主编	王铁燕	陈　珂	董　飞	刘孟子	韩　泉	黄余良	惠庆才
	陈　思	李庆超	冀淑玲	鲍登林	梁秀伟	李　博	程晓峰
	乔　鹏	格　林	李志杰	杜　彤	孙东海	许龙才	余建三
	聂延玉	王丰福	陆晓铭	李云凤	王一晨	许　诺	樊振国
	雷薇薇	康学朋	董坤鹏	李子良	张　洁	付　彬	岳大为
	刘晨曦	朱仪军	徐　进	李　国	白晓萱	梁晓明	杨　晗
编　委	李立寅	边　振	刘小丽	钟　勇	张林盼	李晓光	吕建华
	贾宏生	李庚武	段传磊	亓海刚	逯　鹏	张同喜	刘慧泉
	吕　勋	靳可理	高　干	武善君	崔　凯	董　睿	白礼伟
	庞　舵	王　伟	孙　超	邱　超	段永明	李虎承	杨　美
	柳西群	马　芸	翟德强	王　捷	王金见	曾国炜	陈艺昊
	张　耀	马　嘉	石晶晶	董曙光	高　原	孔腾飞	陈　康
	薛双年	丁匡一	楚　琪	亓彬彬	王金铭	袁　峰	张延明
	王　耀等						

作者简介

张福起，传媒艺考研究与辅导专家，中国影视高考培训联盟秘书长，中央电视台中学生频道特聘教学顾问。具有深厚的传媒艺考理论专业背景和极其丰富的传媒艺考实战经验，对传媒艺术类专业高考有独特的研究，主持研发的自成体系、特色鲜明、效果显著的传媒艺考培训课程和系列专用教材，已成为国内传媒艺术类考生和培训机构的首选教材，被誉为传媒艺考的"必备胜经"，其本人更被广大考生赞为国内"传媒艺考第一人"。

艺考培训咨询QQ：271993462　706341020　215717385

主编微信号：zhangfuqipx　　　　微信公众平台：liuyichuanmei

联系邮箱：13505405532@163.com

张福起全国书友会QQ群：332862502　　　传媒艺考图书出版合作电话：13505405532

中国影视高考培训联盟QQ群：1821660（传媒艺考培训机构校长和老师交流群，学生勿加）

前言

广播影视事业发展迅猛,方兴未艾。事业的发展靠的是人才,人才需要培养。除了中国传媒大学、浙江传媒学院、北京电影学院、同济大学电影学院、重庆大学美视电影学院、成都理工大学广播影视学院等院校的广播影视艺术类专业不断增加、招生规模越来越大之外,其他院校也增设了广播电视编导、戏剧影视文学、文化艺术管理、影视制片管理、文化经纪人、影视学等相关专业,这就为有志于从事广播影视事业的人才提供了广阔的天地,不少考生争相报考广播影视艺术类专业。

在广播影视艺术类专业考试中,电影评论文章的写作是重要的考试科目。招生院校通过影评文章的写作,考查考生对影视作品的鉴赏能力、对影视艺术常识的掌握程度,以及是否具备今后学习和将来从事本专业所必须具备的写作能力。在参加广播影视艺术类专业考试之前,考生一般在学校里就进行过议论文写作的训练,经过系统的培训和辅导,大部分考生能在老师的指导下掌握影评写作的方法和技巧,写出符合广播影视艺术类专业考试要求的电影评论文章。但是还有一部分考生由于自身的写作基本功、艺术鉴赏能力等方面的原因,还做不到这一点,对于影评写作迟迟未能入门。我们认为,这种现象是由于考生对影评这种文体的基本特征、篇章结构等各种要素掌握得不扎实造成的。

针对这类问题,考生需要在专业考试之前通过多看、多写来进行提高。多看,就是多看电影作品和影评范文,多看影片能提高自己的影视鉴赏水平,在对影片的不断观摩中对电影作品的艺术规律和特征有直观感性的把握,多看影评范文能在对优秀的影评文章的学习借鉴中提高自己的文字功底及对影评写作基本要求的系统掌握;多写,就是在考前要有目的和针对性地进行影评文章的写作练习,只有多写才能使自己对影评写作逐渐培养出独特的写作思路和方法。

本书是一本广播影视艺术类专业的考前参考书,是为广大考生能在短期内快速提高影评写作水平而编写的。对优秀文章的借鉴和学习,能使考生对影评写作的方法、思路、具体的语言有直观的认识和体悟,通过模仿和参考,逐步使优秀的内容融入自己的文章中,使自己的文章熠熠生辉,在众多的考卷中脱颖而出,获得考官的青睐。

我们从众多的影评文章中遴选了 120 多篇优秀的影评范文。这些范文所评析的影片有的是电影史上的经典作品,有的是近几年热门的商业类型片。根据招生考试的要求,我们把本书中的影评范文分为了综合、主题、人物形象、艺术技巧四种类型。考生在进行写作练习时,可根据自己的需要来选择不同评论角度的文章借鉴学习。

当然,本书所选的文章并不都是完美的,个别文章也存在一些瑕疵和问题,我们在每篇文章的后面对其优缺点都做了点评,以便考生去芜存菁,日臻完美。

我们衷心希望本书能对广大考生有所帮助,祝愿大家最终考试成功,成为优秀的广播影视工作者!

编者

2018 年 3 月

目录

第一卷　综合角度分析影评范文

第二卷　主题角度分析影评范文

第三卷　人物形象角度分析影评范文

第四卷　艺术技巧角度分析影评范文

附录

后记

第一卷 综合角度分析影评范文

现实主义电影艺术的典范

——评影片《林家铺子》

1959 年是新中国电影史上相当辉煌的一年,这一年诞生了《林则徐》《青春之歌》《五朵金花》等优秀的影片,而《林家铺子》则更成为其中的翘楚。该片改编自茅盾同名小说,它不仅以其沉郁的现实主义色彩对茅盾作品做了形象的注解,还特别呈现出它作为一部现实主义影片的示范性。在笔者看来,所谓现实主义,并不仅仅在于作品内容或者时空架构的现实性,而是具备一整套能够穿透历史进行时代本质摹写的原则和艺术方法。本文将对该片各项电影元素(剧作、影像、音乐、剪辑还有表演)进行考量,去发现它是如何成为一部现实主义影片的典范之作的。

从剧作来看,该片讲述了 1931 年"九一八"事变之后发生在浙江杭嘉湖地区一个小镇上的一家普通店铺"林家铺子"倒闭的故事——"倒闭"本身并不重要,关键在于如何倒闭。影片围绕着林家铺子如何倒闭这一问题,折射出当时的外族入侵、国内政治黑暗、民族工商业凋敝和农村经济衰败等一系列连带问题。可以看出,林家铺子乃是当时广阔社会的一个缩影,是一个典型性的形象呈现。现实主义讲究"真实地再现典型环境中的典型人物",通过典型的方法,对现实的生活素材进行选择、提炼、概括,从而深刻地揭示生活的某些本质特征。可以说,典型化是现实主义的核心,是区别于自然主义的标志。生活现象是纷繁复杂的,如实地记录生活,不过是照相师的手艺;现实主义则要求作者从丰富多彩的现实生活中选取有意义的人物与事件,经过个性化和概括化的艺术加工,创造出典型的人物形象和典型的环境形象。细节的真实性在这部影片中也得到了切实呈现。现实主义作品要求真实的细节描写,用历史的、具体的人生图画来反映社会生活。在影片的开始部分,当小镇的各家店铺降价销售迎接年关之时,刻画了一系列农民购买力降低的细节。农民对于琳琅满目的商品是渴求的,然而他们仅仅是看看就匆忙离开。这个问题不仅存在于林家铺子,而且广泛存在于所有商户。农村经济的衰败显而易见。此外,影片也呈现出具体描写方式的客观性。影片通过对现实生活的客观、具体的描写,从场面和情节中自然地体现出创作者的思想倾向和爱憎情感,而不是创作者自己或借人物之口特别地说出来。比如对林老板这一人物形象的刻画,影片对茅盾原著的一个显著修改点在于增加了林老板向一个更小的商户王老板索债的情节。说它显著,并不在于情节意义本身,而是在于创作者的态度。通过这一小小的改动,就使创作者对林老板的态度超越了原作中的"可怜"而变得中立。并且通过场面的细致呈现,让人觉得这种态度是真实的、可以信服的。影片的剧作充分遵循了文学现实主义的创作要求,这是影片现实主义的基础保证。

从影像来看,影片的影调浓重而黯淡,有力地创造出影片的悲剧氛围,同时,这也是那个时代的写照。这是艺术的写实。影片一开始,小船慢慢摇进小镇,当小船进入一段狭窄的河道,水边的墙壁上呈现出"攘外必先安内"的标语,这时,一桶污水倒入平静的河水中,冲击得河底沉渣泛起,水面浮现出"1931 年"字样,寓意这个黑暗、灾难的年代,污泥浊水泛滥。在现实主义作品中,时代感是重要元素,准确的时代界定和呈现是必不可少的,但表现方法却可以多种多样,该片采取这样一种表现方式无疑是成功的。接下来,摄影机进入林明秀所在的学校,学生们正掀起轰轰烈烈的抵制日货运动,穿着日制长袍的林明秀受到同学的指责。随后,摄影机跟随林明秀运动,或远景或全景或林明秀本人的神情近景,更加细致地展现了那个时代的社会图景。在这里,我们看到导演水华对于景别的运用是很讲究的。水华认为,"展现环境一般用全景,介绍人物一般用近景"。水华在这一段影像中的讲究之处在于,并不仅仅从大环境角度去介绍时代,他还进入人物的内心,用人物的心理反应去折射时代。除了镜头元素的运用外,影片的布景、道具、服装等美工造型也以它们的精致准确甚至一丝不苟完成了对时代的呈现,比如林明秀乱翻自己的衣箱那一场戏和难民生活场景的呈现等等。

现实主义不同于写实主义,它并不排除写意性元素的运用。影片在影像上可以看成是完全写实的,但在背景音乐的运用上则是完全写意的。这部影片不同于那一时期的其他影片比如《我这一辈子》的交响乐和《早春二月》的钢琴乐等等,而是完全使用民族音乐作为它的背景音乐,具体来说就是琵琶和二胡的演奏。琵琶和二胡都是中华民族传统的乐器,当它们运用到这部影片中时,形式的意义似乎更大于内容的意义。尽管该片的音乐也含有一定的悲剧力量,但就其与故事内容的对应而言,肯定还有更合适的旋律,甚至消除背景音乐也可能会成为更好的选择。在此情形之下,就不得不注意这两种乐器了。我想创作者的本意可能更在于在虚实的映照之间表达他深切的民族关怀。这是创作者在他的现实主义手法中表露出来的政治倾向。

在对现实主义的表现上,该片的剪辑做到了这样两点:摹写现实主义场景,表达现实主义情绪。截取影片开始和结束时的两个场景为例。上文提到,在影片开始林明秀从学校回家一段中,从她跨出校门到回家的四个镜头是介绍当时的社会图景的,这四个镜头在剪辑时用了叠印手法,在视觉上倾向于取消镜头之间的隔离,给人一种整体感,这是出于作者表现小镇"整体面貌"的考虑。在结尾林老板坐船离开小镇这一场景中,我们看到的是坐于船上愁眉紧锁的林老板,耳边却仍然传来上一场景中张寡妇的凄厉哭喊,这在观众心理层面引起了强烈的震撼,充分感受到作者对于那个时代的强烈情绪。应该注意到,这里声画分离的剪辑也是写意性的。而在这部影片的高潮段落,也就是林老板逃走、众人索债这场戏中,剪辑则把两者归一,短短一场戏使用了 56 个镜头,频繁切换中既摹写了残酷的时代场景,又激烈地表达了作者愤慨的情绪。

作为影片性格元素的表演,谢添(饰林老板)的加盟让这部影片在现实主义道路上又进一步。林老板是当时民族工商业者的一个典型代表。在他的身上,的确有着剥削性的一面,但不可否认,那也是生活所迫,他从根本上来说还是一个受压迫者。因此,简单的处于夹缝中的阶层定位不能成为对他形象理解的全部。谢添的把握是准确的:那就是一个人,一个为生存而劳碌的人。因此,谢添所饰的林老板勤勤恳恳;因此,于会长向他表露卜局长的讨妾愿望时,他会下意识地说"不";因此,朱三太向他讨要红利时,他没有概念化地去表现凶狠。谢添的表演是内敛的,是有性格的,他塑造的林老板既在人物形象的真实层面上体现了现实主义的意图,又在工商业者代表的层面上塑造了一个带有共性的典型形象。

综上所论可以看出,《林家铺子》之所以成为一部现实主义的典范之作,首先得益于现实主义题材的选取,而意旨明确、丰富多样的表现手法也是非常重要的。但这并不就等于说影片是完美的,在表现手法方面,它还有许多地方可以更加完善。现实主义是电影世界中相当主要的一种样式,前人已有杰出贡献,对它的挖掘则需要千千万万影人的继续努力,我们拭目以待。

范文点评

从电影构成的基本元素入手,考察一部电影是否成功,是这篇文章的出彩之处。本文作者将观点和写作思路在第一段就清楚地交代出来,是很讨巧的写作方法,很容易得到阅卷老师的喜欢。然后作者分别从剧作、影像、音乐、剪辑、演员表演等几个方面对影片进行分析,去发现它是如何成为一部现实主义影片的典范之作的。作者善于从镜头运用、造型意识、画面等多个方面对影片进行分析,找到它的独特之处,并举例论证。这种综合性的分析写作方法,能对影片进行较为全面的分析,对考生电影理论的深度和感悟能力要求也比较高。考生要在大量观摩影片的基础上,对电影理论有深入的学习和研究。

影片信息

中文名:林家铺子	上映时间:1959 年	导演:水华
编剧:夏衍	类型:剧情	主演:谢添

一部幽默中包含苦涩的喜剧

——评电影《天使爱美丽》

　　法国影片《天使爱美丽》,是由著名导演皮埃尔·热内执导、大牌影星奥黛丽和马修联袂出演的一部轻幽默喜剧。热内早年凭借一系列颇有特色的短片确立了自己的电影风格,他偏爱于那些非同寻常甚至带有卡通色彩的人物形象和超常规的摄影角度。在这部电影中,热内以充满幽默、叙述性强兼富有浪漫色彩的喜剧风格再度出击。整部影片古灵精怪,充满了奇幻的想象力,以轻松幽默又不乏苦涩的方式,把幸福的信息传递给观众。

　　故事讲述了法国女孩爱美丽的童年是在孤单与寂寞中度过的。八岁时,母亲因意外事故去世,伤心过度的父亲也患上了自闭症。爱美丽被剥夺了与同龄伙伴一起玩耍的乐趣,孤独的她只能任由想象力无拘无束地驰骋来打发日子。终于,她长大成人可以自己去闯世界了。爱美丽在巴黎的一家咖啡馆里做女侍应。1997 年夏天,戴安娜王妃在一场车祸中不幸身亡,爱美丽突然意识到生命是如此脆弱而短暂,她决定去影响身边的人,给他们带来快乐。一个偶然的机会使爱美丽在浴室的墙壁里发现了一个锡盒,里面放着好多男孩子珍视的宝贝。爱美丽决心寻找“珍宝”的主人,以便悄悄地将这份珍藏的记忆归还给他。而她那暗中帮助周围的人,改变他们的人生、修复他们的生活的伟大理想也开始实施了。爱美丽积极行动起来,冷酷的杂货店老板、备受欺辱的伙计、忧郁阴沉的门卫以及对生活失去信心的邻居都被她列为帮助对象。在她斗志昂扬地朝着理想迈进时,遇上了一个“强硬分子”——成人录像带商店店员,她渐渐发现这个喜欢把时间消耗在性用品商店、有着收集废弃投币照相机底架等古怪癖好的羞怯男孩竟然就是她心中的白马王子……

　　在这部电影中,热内将法国诗意电影的传统与个人风格完美地统一起来,我们仍然可以从影片中找到热内式的黑色幽默和古怪创意。导演采用动画、特效和夸张来营造喜剧效果。片中最抢风头的不是爱美丽,而是非生物!“精灵”Gnome 可以独自周游列国,还寄明信片回来给主人。爱美丽床头那只小猪会帮她关灯,但最过瘾的还是尼诺相簿的一张 4×4 的护照型照片,同样的一个人能“一分为四”地相互通话。热内以敏锐的洞察力捕捉到了一些富有意味、优美的时刻,那些来自真实生活但又被赋予了浪漫诗意的细节使整部影片细致动人,具有强烈的感染力。应该说,这其实不是一部完全快乐的电影,它包含着忧郁哀伤和苦乐参半的情调。它描写了一群孤独的人,他们在交流、沟通上困难重重,生活破碎不堪,充满了挫败感。在其浓郁的幻想色彩和奇妙的想象力之下,是对现实生活和苦乐人生的透视与参照。热内镜头中的巴黎虽然是理想化的,但仍有其现实色彩。爱美丽或许是理想化、风格化的人物,但她的每一个优点或者缺点正来自于日常生活中的平凡人生,她就在我们身边,她就是我们心中善良而勇敢的影子。有意思的是,对于这部电影,人们的看法几乎走向了两极。喜爱者疯狂地迷恋，而讨厌者则毫不客气地鞭笞。如爱丁堡国际电影节的艺术指导就将此片选为开幕电影："我再也找不到比它更欢快的影片来开幕，找不到更好的作品为以下的两个星期定下基调了。"而一些影评人则一点儿也不吝啬地把"全年最佳电影"极早地颁给了它。但也有不少评论家以相当刻薄的语调斥责影片幻想色彩太浓，并没有如实地反映当下的巴黎，而是更多地沉溺在怀旧中，缺乏现实主义力量。

这部电影在艺术上也颇具特色。影片的镜头很有特点，机器的游走始终将观众放在电影人物中间，以一个透明人的身份，参与观察了整个事件的发生，而镜头独特的角度又让观众在和爱美丽一同探索的同时，可以轻轻地跳出情节，看到银幕之前我们想发现的东西。镜头中还有不少人物的拍摄给人很近的距离感，仿佛电影中的人物在和自己对话——那种超出人下意识的"安全距离"带来的"压迫"，使人身临其境，能更容易地感觉出爱美丽当时的心情。同时，就画面和音响声效而言，导演用鲜艳饱和的色泽、超现实的缤纷格调，与扬·提尔森层层叠叠的钢琴、小提琴、手风琴、鼓声、口琴等乐器的音效构成爱美丽异想的影像世界。整部影片的色彩富于变化，从爱美丽成年那一刻起，画面就笼罩在非常浓烈的低色调中，人物的脸上细节自然，但有犹如油画一般的强烈色彩。镜头的使用也非常灵活。导演喜欢先来一个从标准到广角的镜头，将女主角与其他配角所在的地点交代清楚，然后马上拉出一个从标准到人像的画面，搭配大光圈，制造出漂亮的散景，除了脸部以外，其他地方都显得模糊。音效则呈现两极化，一个是一般电影中的对白、空间感，另一个则是夸张的低频。对白是影片的核心，空间感则来自爱美丽打工的那家咖啡厅。低频部分是导演刻意强调的，许多效果音，如在厕所亲热，整个咖啡厅都在震动，发出的杯子、椅子、桌子、地板、门板的撞击的低频音，效果夸张搞笑。又譬如爱美丽一见钟情时的心跳，香水瓶子的突然坠地，就连关键地方的画面转换都"声不惊人死不休"。而就配乐而言，浪漫又愉悦的音乐风格，在主旋律中带出一次次变奏。导演对每种乐器的内在特质都拿捏得恰到好处，大量采用富于法国浓郁风情的手风琴和玩具钢琴的弹奏，加上配合二者的小提琴声，给观众垒砌了一个一尘不染的纯粹境地。

范文点评

这篇文章注重对影片的影像叙事进行分析评价，论证过程主要是从影片的镜头语言、造型意识、叙述风格、声音、画面等电影的影像角度来展开。考生从本文应该学习的是，如何抓电影中的细节和那些足以构成你丰富论据的画面与音响。这些都需要你在观看影片的同时用笔做好记录，这些记录会成为你接下来论述的有力证据。因此，我们需要对这篇范文多加留意，发现行文的角度和思路，比如对音乐的理解和多画面的感受，这都需要日常的积累，否则成功地写出这样一篇文章是很难的。

影片信息

中文名：天使爱美丽　　　外文名：Amelie　　　上映时间：2001 年
导演：让-皮埃尔·热内　　编剧：纪尧姆·劳伦特、让-皮埃尔·热内
类型：爱情　　　　　　　主演：奥黛丽·塔图、马修·卡索维茨、贾梅尔·杜布兹
主要奖项：第 74 届奥斯卡金像奖最佳原创剧本奖（提名）、第 74 届奥斯卡金像奖最佳摄影奖（提名）、第 74 届奥斯卡金像奖最佳艺术指导奖（提名）

东方伦理情怀和人性的孤独

——评电影《千里走单骑》

　　《千里走单骑》是张艺谋继《英雄》实现转型以后,又一部成功的商业类型片。张艺谋用浓浓的东方伦理情怀,多元融合的文化背景,高超的电影叙事技巧,以及简约、洗练的电影构图和镜头运用,为我们展示了一个关于当代社会人性的孤独和亲情的理解的主题。

　　父子亲情是该片关注的一个焦点主题,而这种关注却恰恰起源于现代社会人与人之间的一种隔阂的孤独状态。关于《千里走单骑》,张艺谋曾说,这部影片的主题是"卸下面具面对自己真实的内心"。他进而把这种孤独状态扩大到不同的文化元素之间,表达一种普世的和谐理想。高仓健饰演的高田和儿子健一长期关系紧张,儿子独自在中国云南研究地方戏剧——傩戏,而高田则隐居在一个小渔港。健一身患绝症,高田想与儿子沟通,却遭到拒绝。为实现儿子的心愿,不擅与人打交道的父亲决定去中国,拍下儿子想看的傩戏《千里走单骑》。剧目《千里走单骑》讲述的是义薄云天的英雄关羽,九死一生地追逐一份刚烈而醇厚的男性血性情义的故事,高田则要在身处异乡的茫然和无助中执着地完成一次父子情的最后救赎。对于高田来说,李加民是一个带有拯救色彩的人物。而高田向李加民求助的过程实际地成为他的施助行为。一个日本父亲的胸怀在傩戏的扮演者李加民那里得到了响应。李加民有一个从未见过的私生子杨杨。这个突如其来的事实让李加民陷入巨大的惶惑之中。他意志消沉,在一次酒醉之后的傩戏表演中刺伤他人,被捕入狱。高田了解了事情真相后,执着地帮李加民找回杨杨。虽然这个倔强的孩子并没有如愿前来,但是,高田带回了孩子的照片。当数码相机与电视机联机,李加民泪流满面——静默无声地抽泣。李加民登台表演傩戏唱段,获得了成功。

　　当然,该片不仅仅为我们讲述了父子亲情,而是试图更深层次地探讨当代社会中,甚至是不同的文化背景之间人与人的关系问题。健一发现,"隐藏在面具下的真正面孔,就是我自己。欢笑的背后,我在咬牙忍耐着。悲愤起舞的同时,我却在伤心流泪"。健一钟爱面具戏的背后,是对人生孤独的深切体认。李加民和儿子杨杨之间的矛盾犹如横亘于高田心中的镜子,让他从中观照自己和健一之间的情感隔膜。高田艳羡并感动于李加民可以毫无顾虑地大声哭泣,当众喊出想他的儿子。由此,高田最初的拍戏心愿也在不期然间滑落为帮助修复并重建另一对父子深情。杨杨就像自己儿子的身影,一步步叩开高田紧闭的情感大门,让他重获爱的能力。最后,高田和杨杨之间产生了真挚的情感,健一也在死亡之前认识到"人与人之间,应该要摘下面具",并在给父亲的信中实现了真诚的表白。影片讲述的看似是父子情的疏远与重建,却更像是对人与人之间沟通的可能性的探讨。为此,影片展现了不同文化背景间、不同地域间的沟通。只会日语的高田在和中国人交流时尽管常陷入"失语"的困窘,但高田的亲情感化了监狱的官员,跨越了文化的障碍，让导游、翻译和村民们都理解了他的这份苦心。因为对父子情的共同体认，人们达到了心灵的契合与精神的共鸣。影片以一种精妙的方式实现了大团圆似的融合。所有人与人之间的沟通与交流、心灵的相通与共鸣，都得以实现。

该片高超的叙事技巧，精美的电影构图、镜头运用，也是其最显著的特色之一。父子亲情的主题，恰恰是在两个故事层面展开的：一是日本的健一和高田的父子理解过程，二是中国的李加民和儿子杨杨之间的沟通。影片一开始，就为我们设置了两个父亲的形象：高田远去他乡，而李加民则被拘押于监狱，从某种意义上说，这两个父亲都是失败的。但正因其失败，才可以使影片由第一个父子理解过程引出第二个过程，而第二个过程又促进了第一个过程。第一个"走单骑"的故事在第二个故事中找到了自己的"影像"，进而把高田寻找健一，变成了寻找杨杨，直至变成了寻找自己。杨杨的逃离，高田的追索，两个人从对抗到和解的故事，成为中国父子和日本父子所共享的伦理表达。两人迷失于山谷之中的那一场戏，大概是全片中代价最为高昂的片段之一。片中，人民警察与全村百姓集体行动，步调一致地去找回走失了的高田和杨杨。张艺谋的这种愿望和呼唤是相当朴素动人的，在那个月朗星稀的夜晚，75 岁的高田和 7 岁的杨杨，为了向村民们发出求救信号，一个吹响渔船上的口哨，一个向天空发出频频的闪光。在那寂静的黑夜，山谷之中、苍天之下，哨声孤独而高亢，闪光温暖而短暂，这种音与光的奇妙色彩和声响汇合、动静结合的画面构图，富于文化意味，传递出了高田和健一、李加民和杨杨这两对父子某种微妙情感的联结，也成为表现主题的一个重要镜头，让人不禁击节称赞。同样令人称许的镜头还有，高田在得悉儿子的噩耗时，他仰视群山万壑，无语凝噎；而在片尾，高田面对碧波万顷的大海，留下一个孤寂的背影。张艺谋电影对视觉元素的运用，对中国传统美学中"留白"和"白描"手法的借鉴，已经达到了炉火纯青的地步，使不同的画面具有意蕴深远的文化象征意味。

也许，影片《千里走单骑》正是一部典型的"道路电影"。通过高田远赴云南的心灵之旅，深刻地表达出，人物在长长路途的跋涉中，跨越的不仅是一段空间的距离，也完成了一次心路历程，完成了一次精神分析上的修通，并重获生命中已然缺失的情感交融。

范文点评

本文开门见山地提出了中心论点，作者的视角是从电影的人性美出发，找到了影片重点表现的"当代社会人性的孤独和亲情的理解"。这种开头方式是影评写作中常见的模式，特别是对于参加艺术类专业考试的考生来说更加实用，能让阅卷考官在文章的开头就发现你的文章主要的论述角度。

本文的作者有意识地对影片中的造型意识进行了细致的分析。分析也绝不牵强，而是紧紧和中心论点相连。因为影片高超的叙事技巧、精美的电影构图和镜头运用，都是为了使造型意识得到突出，同时使影片中当代人性的孤独感和父子亲情等问题得到更为具象的表达。

影片信息

中文名：千里走单骑　　外文名：Riding Alone for Thousands of Miles
上映时间：2005 年　　导演：张艺谋　　类型：剧情　　主演：邱林、高仓健、蒋雯
主要奖项：第 12 届中国电影华表奖优秀故事片奖、第 26 届香港电影金像奖最佳亚洲电影奖

对商业喜剧类型片的新探索

——评电影《疯狂的石头》

　　《疯狂的石头》是由青年新锐导演宁浩执导,郭涛、刘桦、黄渤、连晋等新锐演员出演的一部商业喜剧片。这部小成本的商业类型电影,在短短的时间内,创造了票房千万的神话。虽然没有大牌导演和国际巨星,但是,这部影片凭借着扎实的剧本、熟练的叙事策略、导演敏锐的喜剧才华、浓郁的生活气息,获得了巨大的成功。该片也被影评人称为一部中国版盖·里奇《两杆大烟枪》式黑色幽默喜剧。

　　影片讲述了重庆某濒临倒闭的工艺品厂在推翻旧厂房时发现了一块价值连城的翡翠,为谋求经济效益特意搞了一个展览,希望借此卖出天价以改善几个月发不出工资的窘境。不料房地产老板雇用的国际大盗麦克与本地以道哥为首的小偷三人帮都盯上了翡翠,通过各自不同的“专业技能”一步步向翡翠逼近。他们在相互拆台的同时,又要共同面对工艺品厂保卫科科长包世宏这一最大的障碍。在经过一系列明争暗斗及真假翡翠的交换之后,两拨贼被彻底地黑色幽默了一把。

　　巧妙的喜剧故事设计,无疑是该片成功的一大原因。该片在故事情节的设置、人物关系的设计上独具匠心,令整个荒诞的故事看上去完整、缜密,环环相扣,跌宕起伏,很多情节令人不禁拍案叫绝。一方是以工艺品厂保卫科科长包世宏为首的“守卫者”,一方是房地产公司董老板请来的香港国际大盗麦克,一方是由道哥领衔、小军和黑皮组成的土贼团伙。这三方“人马”目标不同、“攻守”不一,但都因谢厂长不务正业、逢妞必泡的儿子谢小盟而产生联系,上演了一出真假变幻的人间闹剧。对于真假翡翠在罗汉寺里的两次替换构成影片最大的亮点。谢小盟借拍照之机将真翡翠换为假翡翠,后来与道哥的情人上床后被屈打成招将真假颠倒,道哥一伙遂“把真当假”,千方百计地来了个“调包计”,将真翡翠换回到罗汉寺。这期间,包世宏发现翡翠被调包,但在找真翡翠的过程中他并不知道三个土贼已经“完璧归赵”,所以当从三个土贼的房间找到假翡翠时便又将罗汉寺里的真翡翠换出。两次的调换看似荒诞不经,但在逻辑上又合情合理,观众都能坦然接受。同时,影片在细节上前后呼应,注重前因后果的对照,让人极难找出情节上的漏洞。保安三宝在观摩翡翠时将托盘的底部划破,而这成了包世宏发现翡翠被调换的铺垫。三宝偶然从三个土贼的房间获得一个五万元的中奖号码,于是留下“等我好消息”的纸条,制造了包世宏怀疑三宝偷换翡翠的最有力证据。片中,前一夜包世宏率保安与三个土贼在罗汉寺上演追踪“大战”,并且双方皆是身体负伤,第二天便在澡堂里相互闲侃,在厕所里互相对视。这一幕与法国著名喜剧电影《虎口脱险》可谓有异曲同工之妙。这种自始至终的喜剧片段抛出层出不穷的幽默包袱,让观众从头到尾都保持着轻松的心态与观影的快感。

　　对于小人物草根生存现实的关注,是这部喜剧成功的另一个因素。从手机铃声到冒牌"千手观音"的歌舞表演，从《2002年的第一场雪》到月薪只要800元却没工可开的工人，从不起眼的罗汉寺到卖苦力的"棒棒"，电影中的每个细节、笑料都来自观众司空见惯的生活场景。香港导演吴思远认为，对社会现实的微妙讽刺和合理夸张，是影片迷倒观众的关键，"喜剧片其实是很难拍好的，因为它太平民化，导演如果不熟悉生活，根本没办法弄虚作假"。《南方都市报》则指出，《疯狂的石头》的可贵之处在于摸准了老百姓生活的脉搏，这部喜剧因而有着真实的中国底色。这是那些日渐中产、贵族化、远离大众、生活在空中楼阁里的导演们往往已经看不到的真实。在这部电影中，大资本对中国内地企业的兼并，国有企业的腐败和困境，中国的官本位思想和安全环境的恶劣，贫富差距导致的社会问题，都得到了真实而敏锐的反映。片中的保卫科科长老包，有着许多常人的烦恼，工厂发不出工资，前列腺的困扰，爱情在贫困前的考验，群贼的虎视眈眈，都让他痛苦不已。但是，面对生活的困难，他却从没有低头，而是鞠躬尽瘁地和群贼作斗争，和前列腺作斗争，和厂长的腐败行为作斗争。影片最后，面对背叛了全厂职工的希望，将工厂和宝石都卖给了房地产老板的厂长，包世宏大发雷霆，不惜以生命保卫宝石。当老包将错以为是仿制品的宝石，挂到了女朋友的脖子上，包世宏，一个黑色幽默般苦涩的小人物，就获得了人性的尊严和他人的尊敬。

对中国化的商业喜剧类型进行探索，则是该片的另一个重要特征。目前，中国商业娱乐片往往通过漂亮的画面追求娱乐效果，将巨大的人力和物力投到风景拍摄、场景搭建、道具制造、美术设计等方面。《疯狂的石头》的可贵之处在于，导演将该片定位为大众喜剧。通过吸收国外最新的后现代喜剧拍摄技巧（例如荒诞不经的情节与快速的剪辑都有塔伦蒂诺和盖·里奇的风格），结合中国传统的喜剧手法和文化氛围（比如重庆的方言色彩），同时通过对生活中经典、流行的电影作品、歌曲颠覆性的戏仿来完成彻底的大众娱乐。首先，《疯狂的石头》可以说是现代电影技巧的大荟萃，在中国同类影片中无疑是一次最广泛的尝试性运用。平行剪辑、平滑转场在造成干净利落的故事场景的同时，消减了场景与情景转换带来的突兀感。影片综合运用长镜头、短镜头、广角镜、表情特写等拍摄手法，很好地渲染了场景的气氛，增加了影片的动感。此外，影片也多处使用了分割画面，呈现出较强的动漫性的戏剧效果。其次，为了加强影片的娱乐效果，编导收纳了大量的当代社会流行元素与时尚符号，这突出表现在对经典的戏仿与对日常生活的雕琢上。影片中有很多对经典影片的借镜，譬如《非常突然》（三股势力、"一兵两贼"的角色配置）、《功夫》（包世宏勇擒国际大盗与包租婆、包租公和火云邪神的大战）、《碟中谍》（麦克从屋顶进入罗汉寺大堂的方式）、《暗战》（"敌匪"双方的互帮互助）、《蝙蝠侠》（三个土贼行窃时的着装）等等，都取得了很好的效果。

范文点评

在影评写作的具体论证过程中，我们需要有一个对影片较为概括的复述，目的是为了让读者了解影片的内容。本文的第二段就将影片的主体情节做了复述，目的是为了下文展开论证。情节复述干净利落，容易让读者对影评产生兴趣，并对影评的观点作出基本的判断。在此，我们必须强调指出，电影情节复述是论证之根，没有了情节交代，文章的评述对象就无法明确，影评作者的结论只能是自言自语。

影片信息

中文名：疯狂的石头　　　　外文名：Crazy Stone　　　　上映时间：2006 年

导演：宁浩　　　　　　　　编剧：张承、岳小军、宁浩　　类型：剧情

主演：郭涛、刘桦、连晋、黄渤、徐峥、岳小军

主要奖项：第 7 届华语电影传媒大奖最佳电影奖、第 26 届香港电影金像奖最佳亚洲电影奖（提名）、第 12 届中国电影华表奖优秀数字电影奖、第 12 届中国电影华表奖优秀电影技术奖

国际化路线与主旋律内涵

——评电影《冲出亚马逊》

　　《冲出亚马逊》是由八一电影制片厂拍摄的一部现代军事动作片。亚马逊（现译作"亚马孙"——编者注）是南美的一条古老河流，气候恶劣，环境艰苦，联合国在此创办了国际特种兵训练中心，代号"猎人学校"。中国人民解放军两名年轻中尉，参加"猎人学校"的反游击训练，经历了近乎泯灭人性的残酷考验，最终圆满完成了训练任务。该片根据真实故事改编，以弘扬民族精神为主题，展现了我国新一代军人的优秀素质和精神风貌。同时，该片突破了传统的国内军事题材电影过于意识形态化的缺陷，吸收好莱坞同类的类型片在表现技巧和表现手法上的特点，不但在影片中套用了"魔鬼训练"式的好莱坞故事模式，而且在特技运用、场面布置、演员的文化身份构成等方面，都对中国军事题材电影进行了一次国际化的包装和演绎。有影评人称，《冲出亚马逊》是"中国第一部军事题材动作大片"。

　　拓展新形势下的军事题材影片的表现主题，是这部电影的一个主要特点。《冲出亚马逊》是我国对军事题材影片的一次有益的探索。军事题材电影从 20 世纪五六十年代以来，一直是一种非常受观众欢迎的类型，大部分人都喜欢看战争片、反特片、惊险片等跟军事有关的影片。但是，随着国内本土电影市场的开放，国外的战争片逐渐吸引了人们的眼球，而国内的军事题材电影无论是从剧本创作、题材选择、艺术观赏性，还是思想内涵等方面都受到很多束缚，未能实现有效的突破。在题材选择方面，我国的电影题材往往是按照行业来划分，比如工业题材、农村题材、军事题材等等，但西方国家的电影题材划分，有着浓厚的市场意识，比如惊险片、爱情片、警匪片、动作片等等，有一些约定俗成和规律性的东西。如何立足我国的国情，并吸收西方先进的电影理念，走出一条有中国特色的军事题材电影之路，是摆在我们面前的重大课题。

　　就题材而言，反映部队现实的影片本来就少，而反映特种兵生活的影片就更少了，所以《冲出亚马逊》的特种兵题材具有一定的吸引力。而这部影片就其题材本身，还有着几个重要的元素：主旋律情结、异域风光特质、多元文化背景，以及故事的观赏性。首先，主旋律情结，是这部电影坚持的一个意识形态方向，其中弘扬中国军人气节和民族精神的意旨，无疑是该片的一个重大看点。在现代军事发展日新月异的大背景下，我国的特种兵既能发扬吃苦敢拼的传统，又能极好地适应现代化军事的要求，最终为国争光，这样的故事无疑是振奋人心的。对军人来说，和平年代训练场就是战场，国际"猎人学校"提供了一个让各国军人同台较量的"战场"，在这个"战场"上，中国军人扮演着什么样的角色？能否与军事强国的军人抗衡，并赢得"战争"的最后胜利？这些都变得非常直观和实际，因而这场训练实际上成了一场捍卫国旗之战。这也使得影片本来只是各国军人反游击训练的主题,被注入了强烈的爱国主义和英雄主义色彩。这部影片的外在形式也非常新颖独特。影片中的故事全部发生在国外,除了两个特种兵外,参加演出的都是外国演员,片中存在大量英文对话,这在20世纪50年代以来的中国军事电影史中还不曾有过。而中国军人对军人气节和国家利益的执着,更让人热血沸腾。饥饿、体罚、高温、恶臭、高强度的体能训练、近乎实战的厮杀,都不能让中国军官退缩。当教官冤枉他们偷玉米饼时,王辉曾冲动地要离开学校,但民族的尊严让他们最终忍受了别人的误解,以顽强的毅力,证明了中国不再是弱者,其他国家的人可以做到的,中国人也可以做到,甚至他们不能做到的,中国人也可以做到,且有过之而无不及。

其次,亚马逊的异域风光,也极大地吸引了观众好奇的眼球,那吃人的鳄鱼、酷热的气候、多变的雨季、浪漫的风情,都让观众过目难忘。

再次,多元文化背景也是一个重要元素。在"猎人学校"的较量,不仅是军人们之间耐力、智慧和力量的比拼,更是文化上的碰撞、冲击和融合,西方军事文化中对人性和人道主义的坚守,东方军人善于服从的天性,都在学校的考核中不断上演着一个个故事。

最后,故事的观赏性是该片市场化的一个重要元素。整个剧情设计,情节紧张之中不乏幽默诙谐,悬念迭起又扣人心弦,牢牢地抓住了观众。

在国际化包装路线下,《冲出亚马逊》也在电影特技、电影投资、电影制作等方面展示出一些新特点,尤其是吸取了好莱坞军事片在军事场面制作上的一些方法,并结合西方电影制作流水线的产业化特色,高科技手段,高成本、大制作,取得了不错的票房收益。影片中的特技,运用得非常成功。影片中有相当一部分镜头描写了在南美热带雨林"猎人学校"的特种兵与贩毒匪徒之间的战斗。片中的飞机空袭、海上轮船爆炸、楼房爆炸和一些大规模爆炸场面都是通过特技完成的。有的素材采用了大俯拍的角度进行拍摄。比如根据影片规定的情节,设定了武装直升机低空盘旋俯冲的路线,在建筑物和地面设置了不同位置的弹着点和起爆点,演员则按照模拟的躲避飞机空袭的节奏和路线运动,炸点和弹着点相应地按节奏和路线起爆,这些场面都有着很好的创新意识,特别是影片中最具有震撼力的镜头——夜色中的轮船在海面上灯光闪烁,炮火划破夜空,随即轮船甲板侧舷起火,之后指挥塔台在爆炸声中解体崩飞,都达到了很理想的效果。同时,场面的宏大、真实和惊险,也是该片的一大特点。片中演员需要完成许多惊险动作,如攀网墙、钻铁丝网、登峭壁、飞机跳水等,对演员而言确实是一场严峻的考验。"飞机跳水"那场戏,剧组请来了20名海军陆战队队员协助拍摄。而片中精彩的"人鳄大战"更是让观众惊叹不已。片中还有"吃生肉""生吃螃蟹""吃沙地玉米饼"等镜头,由于演职人员不怕苦不怕脏甚至不要命,勤奋敬业,都拍得非常真实,震撼人心。

范文点评

本文最大的特点是立意鲜明,开门见山的手法让人一目了然,一看开头就明白了作者的写作意图。接着文章紧紧围绕着中心论点中影片的主旋律和新颖的表现形式展开论证。为了使论证更加深入具体,作者还不忘对影片的画面和拍摄环境、影片内容中的多元文化色彩,以及影片的故事性进行分析,可以说实现了方方面面的论据都为论点服务的写作要求。本文总体语言流畅、立意鲜明、论据充分、论证严谨。稍显不足的是,在文章的结尾似乎没有对中心论点进行有意的强调,使得在最后有些用力不够。

影片信息

中文名:冲出亚马逊　　　　　外文名:Charging Out Amazon

上映时间:2002 年　　　　　导演:宋业明

编剧:赵峻防、王戈洪　　　　类型:军事、动作

主演:侯勇、穆立新、汤姆·巴特勒

主要奖项:第 22 届中国电影金鸡奖最佳故事片奖、第 8 届中国电影华表奖优秀故事

片奖

战争喜剧的另类美

——浅析影片《斗牛》的类型特色

电影《斗牛》属于战争喜剧片,故事发生在抗战的年代,导演管虎虽然并没有把整个抗日战场拿出来放在第一位去表现打杀的残酷场面,而是讲述了在此背景下,人和牛逐渐深厚的感情,却更能体现出战争的残忍与悲苦。管虎在沉重的悲情叙事中成功地点缀了黑色幽默的色彩,从而使得影片风趣诙谐之余又透出深深浓浓的悲伤。管虎在执导电视剧方面取得了巨大的成就,而《斗牛》则标志着他在执导电影方面也同样的出色。

《斗牛》的故事发生在抗战时期,当时共产国际给中国的抗日革命根据地送来了一头壮硕的荷兰奶牛,以便给受伤的战士补充营养。但因为鬼子要进村了,根据地的战士们不得不转移,于是就把奶牛通过抓阄的方式托付给了一位老乡牛二(黄渤饰),牛二起初不愿意接收这头奶牛,但是村长以把村里的小寡妇九儿(闫妮饰)嫁给他为条件,诱惑他,使他接下了这个任务。谁知道正是这头奶牛硬生生逼得牛二不得不和日本鬼子、土匪以及逃亡的江湖郎中斗智斗勇,和奶牛一起在恶劣的环境中艰难、倔强地生存。

以往提到战争片,我们首先想到的是硝烟弥漫的战场、枪击炮响的混战、无情的杀戮、凄厉的哀号、敌与我的正面冲击、血与仇的疯狂交锋、伤亡的战士,这些很直观的画面无一不充斥着我们的眼睛,敲击着我们的神经,很直接地向我们展示了战争年代生活的悲苦、战场上的惨烈、人物命运的悲惨,从而让我们在牢牢地记住这战争的残酷、赤裸裸的杀戮的同时,心灵也受到强烈的震撼。

然而电影《斗牛》并非如此,尽管战争喜剧也算是战争片的一个分支。由于有黄渤和闫妮这两位顶级笑匠出色的表演,我们都以为这是一出类似《鬼子来了》的喜剧,影片中也确实有许多的笑点,比如,黄渤——农民扮相的幽默憨厚,闫妮——村里小寡妇的泼辣直率,奶牛的灵性与善良,使得我们轻松愉快,但这依然是一个非常残酷的故事,其中的人性人情乃至动物的情感都被深刻地表现了出来,而且这种间接表现比起其他战争片的直抒胸臆显得更加深邃。

影片的主角是一头牛和一个人,或许更准确地说是两个人或两头牛,村里憨厚又泼皮的牛二,因为喂养根据地战士托付的奶牛的事,与村里泼辣的小寡妇九儿产生了感情。也正是因为九儿,牛二在与日本鬼子、土匪流氓等的斗争中对这头奶牛产生了深厚的感情,或许他已经把这头奶牛当成了要嫁给自己的九儿,以致于当九儿死在敌人的枪下时,他把九儿手上戴的信物——镯子挂在了奶牛的鼻子上,而奶牛也会偶尔朝他撒撒娇,用热烘烘的鼻子蹭牛二的脸,此时此刻他们之间已经分不开了,他们两个互相依靠,竟然也从战争的混乱中生存了下来。影片中牛二身穿破旧棉袄,面色黝黑犹如盖了一层炭粉,发型成爆炸式仿佛刚被雷劈过,嘴唇干裂牙齿乌黑,整个人都走了形,他就这样邋遢地生存着,憨厚老实又充满了正义的情感。

《斗牛》并无其他战争喜剧片的强大搞笑特色,只是自然地、平静地、纯朴地再现生活,小人物在其中的精彩演出使得整部片子在淡淡的轻松中,有着些许的压抑、些许的震撼、些许的感动。影片前半部分营造了比较壮烈或者是悲惨的战争场面,村民牛二在战火纷飞的小村庄里到处逃窜,但紧张慌乱中却不停地高喊着"九儿",这个陌生的"九儿"引起了观众的好奇。就在此时,影片突然开始回闪,所有的画面快速倒退,背景音乐的曲调也由悲惨沉重转向欢快诙谐,画面氛围一下变得轻快起来,也透露出典型的战争喜剧风格。牛二(黄渤)操着一口能增加影片搞笑气息的浓重的山东话,开始遇上被大奶牛踢、被村民们戴上大高帽游街、被小寡妇九儿扇耳光等等一系列的倒霉事;而九儿(闫妮)则大胆泼辣到极致,嗓门高亢"泼妇"味道十足,甚至还曾像猴子一样抱着柱子不放;还有便是那头健硕的荷兰大奶牛,它是善良的、有灵性的,为了解救逃难中的人们,它榨干了自己的乳汁,即使后来营养跟不上得病了,它也没有一丝的不满与反抗,更在这艰苦混乱的岁月,与主人牛二产生了深厚的感情,牛尚且如此善良,更何况是人呢!以往与动物有关的电影大多是表现猫啊、狗啊、鼠啊、猪啊等等,其实牛是一种很有灵性的动物,它会哭泣,会与人亲热,很憨厚,很善良,而这也正是让奶牛做主角的用意,因为它像朴实的农民一样。

黄渤、闫妮主演的战争喜剧《斗牛》上映仅三周,票房就已经超过千万。不俗的票房业绩证明,像这种低成本的小制作,虽然没有猛烈的宣传攻势,没有强大的演员阵容,但是却能够成功,足见导演、编剧、演员以及整个制作团队的优秀。现在电影作品如此之多,能抓住观众眼球的最重要因素是"新",新的创作理念、新的风格特色、新的结构笔触,所创造出的全新的感受才会换来全新的成功。《斗牛》是非常成功的,它以它的成功震撼了我们的心,影片所表现的,与其说是与牛在斗,不如说是与自己的灵魂在斗,人性人情被发掘了,"爱"的主题永驻在电影中,更永驻在我们的心中。《斗牛》能够让我们在轻松、诙谐的氛围中沉思人生、人性。

总之,电影《斗牛》是一部很精彩的战争喜剧片,它在轻松诙谐的气氛中将我们引入悲凉的战争,从而间接却更加深刻地震撼我们的心灵。

(文/王潇晨)

范文点评

本文是从电影类型这个角度展开分析论证的,是个比较新颖的视角。对影片进行分析评论的角度很多,如主题、人物形象、视听语言、艺术表现手法等。要想在专业考试中取得不错的成绩,影评写作的基本功非常重要,同样,选择一个新颖的评述角度也相当重要。当绝大多数考生都在对主题和人物进行评论时,如果你选择了一个与众不同的分析角度,那么在很大程度上是能吸引考官的。针对《斗牛》是部战争喜剧片这一点,作者选取了几个不同的方面来论证它与其他战争片的不同。全篇行文流畅,对影片的分析较为深刻。

影片信息

中文名:斗牛　外文名:Cow　上映时间:2009 年　导演:管虎
编剧:管虎　类型:喜剧　主演:黄渤、闫妮
主要奖项:第 46 届台湾电影金马奖最佳剧情片奖(提名)

一出用电影形式表达的舞台剧

——评电影《像鸡毛一样飞》的创作风格

虽然这是一个远离都市，发生在城郊小镇上的故事，但是没有朴实的乡土气息，相反，却是一部极具现代感的电影。作为中国先锋戏剧的代表性人物，孟京辉这次将"先锋"的旗帜扛到了银幕中，使得这部电影或多或少地带有实验品的性质。而我认为，这个"实验"的主要内容，就是将电影与戏剧做了一次融合，用电影形式表达出戏剧的特点。

戏剧手段的大胆借用

要说本片观赏过后留给人最突出、最鲜明的印象，那就是导演所惯用的戏剧手段在影片中的大胆借用，以此来超越现实生活，使简单、平庸、普通的生活表象具有更加深刻的象征意义。

首先，故事发生在一个封闭的小镇上，地点比较集中，而故事本身的时间与年代也没有很大的跨越，这就与传统戏剧对地点、时间、事件相对集中的要求相吻合。

其次，在影片中导演大量运用了戏剧所擅长的隐喻和象征的手法，以此来强化影片的思想内涵与视觉冲击力。比如影片开头，男主人公云飞与苏联诗人马雅可夫斯基的照片相对而坐。云飞被一个突如其来的西红柿砸中，随后是马雅可夫斯基的特写。西红柿汁从他的额头缓缓流下，顺着眼角，流过脸颊，好像是血泪一般。不禁使人联想，这个伟大的诗人究竟遭遇了什么。直至影片的后半段，人们才恍然大悟：原来那是和他相对而坐的另一位诗人的苦难，而马雅可夫斯基只是一位目睹者。总之，用一个西红柿做了一次呼应，用西红柿汁象征血泪，的确宛如神来之笔。又如影片的主题是要探讨物质文明与精神文明究竟哪个更重要，而影片中存在的两个重要物件即鸡蛋与诗歌，就分别是物质与精神的食粮。在影片中，我们也听到了诸如"你是不是后悔养鸡了啊""你是不是后悔写诗了啊""这个社会更需要鸡蛋，而不是诗"之类的对白，以此隐喻了作品的主题。

再次，导演台词调度的能力也在这部影片中得到了充分施展，最明显的就是在新开张的超市前，小镇居民边唱边舞的那段戏。从队形的变换到演员的表演，都似乎更应该出现在戏剧舞台上。还有本片的结尾，云飞拿着诗集在小镇居民之间穿梭吟咏着，整个画面都像极了话剧的风格。

电影手段的极力展现

导演似乎并不满足于一般性戏剧表现手段的运用，在片中还充分调动了电影特有的表现手段来完成所追求的象征性寓意，当然这离不开各种高科技电影手段的运用，以此给一个简单却又荒诞的故事穿上复杂华丽的外衣，绘声绘色地展现给广大的电影观众。

暂且不论如此搭配的效果如何,单是从这件"外衣"的"剪裁"和"缝制"来看,还是一件很新潮的新衣。比如教人如何写诗的电脑程序,人们舞蹈时变成了动画人物,慢动作,快速镜头,动作的颠倒,彩色的消失,背景照明的改变等等,无不展示出影片的创作者力图超越一般写实性电影表现的传统,力求更加深刻、更加强烈地表现现实生活的良苦用心。所有这些也确实达到了与戏剧所常用的象征性表现手段异曲同工的视觉效果,欣赏过程中不禁使人眼前一亮,有一种回味无穷的艺术魅力。

表现手段与艺术效果的背离

中国有句古话,叫作"成也萧何,败也萧何",放在这里来形容该片导演对艺术创新的追求,也许并不为过。或许创作者太过追求视听语言的丰富、画面的视觉冲击力以及深刻的象征意味,以至每个镜头都煞费苦心,力图有所创意,有所突破,但如同生活中的其他事物一样,当我们对某一点过强调到不恰当程度的时候,由此而产生新的问题也就在所难免了。作为一部90分钟的电影,到处充斥着这种远离现实生活的"象征性"艺术处理,的确显得有些画蛇添足,令人费解。

比如,片中曾两次出现镜头侧置的画面。即画面中所有影像一律向左倾斜了90度。观众要想看清或辨认出方向,也就必须将头跟着向左歪,非常不舒服。而创作者为什么选择这种处理方式呢? 从这两个片段发生的背景分析,一个是云飞在游泳池里鞋子沉入池底,另一个是他玩电脑,屏幕上出现"你是一个诗人"的字样。这两处既没有推动情节发展,也没点明主题,完全可以运用普通的表现手法。而创作者的这一用意,的确超出了一般观众的理解能力和想象范围。其实,如果一定要在这两处使用非常规的表现手法,我认为也未尝不可。比如可以将镜头彻底倒置,或者将水池中的水、电脑屏幕扭曲变形,以此来折射出人物内心是非的颠倒和心态的扭曲。

再比如,方芳在得知云飞新书出版并一夜成名后,在街上飞奔,可无论她跑得有多么卖力,却总是停留在原地。还有云飞在新书发布会上,看到众作家在男厕里抢购《教你写诗》的光盘,其实也只是他的主观想象。如果将本片中假定性的元素统统去掉,那么残余的部分估计将会支离破碎,甚至惨不忍睹。一些人物的出现也没有什么意义。比如找方芳签字的女孩,在诊所中多次出现的一对双胞胎兄弟,都与整个事件毫无关联,而创作者却刻意地表现了他们,用意何在呢? 创作者对此也没有给出明确的答案。片中多处灯光的变换也不禁使人联想起舞台上的灯光处理。

本片的表现手段虽然丰富、光怪陆离得令人眼花缭乱,但是一阵热闹过后,却又让人顿生疑惑:这些众多的"华彩乐章"是为何而奏呢? 更何况,电影就是电影,它是以纪实性为其基本特性的,观众对它有着生活原态的审美要求,过度运用比喻和象征会使观众对其艺术表现产生陌生感。那么纵然表现手段千变万化,观众也只能无所适从,避而远之。试想这样的创新又有什么意义呢?

总之,纵观全片,自始至终都秉承戏剧化的创作理念,这也是一位先锋戏剧导演的有意为之,如果用一句话来概括本片的艺术风格,那么就像题目所说的,这部电影其实就是一出用电影形式来表达的舞台剧。

范文点评

开篇不拖泥带水,非常干脆利索地指出了中心论点,"将电影与戏剧做了一次融合,用电影形式表达出戏剧的特点",非常鲜明。为了说明影片是怎样用电影元素来表达戏剧特点的,作者谈到了其中的镜头运用、剪辑效果、音效等,这些都属于电影的技术元素。最后,作者实际上是以批评者的姿态出现,指出电影和戏剧毕竟是不同的两个艺术门类,虽然可以相互借鉴,但试图用戏剧的表演程式和思维去驾驭一部电影是不可能的,也是违反艺术规律的。写作对影片持批评态度的影评,考生需慎重,因为这类影评需要扎实的电影理论和文艺理论做支撑,否则尽量少介入。

影片信息

中文名:像鸡毛一样飞　　　　外文名:Chicken Poets

上映时间:2002 年　　　　　　导演:孟京辉

编剧:廖一梅　　　　　　　　类型:剧情

主演:陈建斌、秦海璐

主要奖项:第 55 届洛迦诺国际电影节特别嘉许奖、第 27 届香港国际电影节费比西国际影评人大奖

乱花渐欲迷人眼

——评《花眼》整体剧作创新的得失

当鲜亮的画面从眼前消失,当主创人员及赞助单位的名单在银幕上滚动的时候,作为一名深受本片震撼与感染的观众,我选择闭上了有些疲惫的眼睛。我想该是思考的神经崭露头角的时候了。而那思考的神经却嚣张地将头钻进了中唐的诗文里,踏上了西湖的白沙堤。于是乎中唐诗人白居易描写西湖春景的诗句——"乱花渐欲迷人眼",成了我对电影《花眼》的第一印象。

"乱花"式的创新设计

应该肯定的是,该片在整体构思与细节运用方面都有突破常规都市言情片的精妙之处,如初春的花朵,令人眼前一亮。编导将五个独立的小故事贯穿起来的主线竟然是"我"的臆想。编导显然是鼓足了勇气誓要推翻"电影要真实地反映生活"的传统。在旁人唯恐观众不相信电影故事的真实性的时候,本片的编导却在明确地告诉观众,支撑全片的五个故事都是出自"我"的幻想,并非真实存在。但是,片中"我"又是一名患有失眠症在电影院工作的领座员。于是"我"的特殊身份使"我"爱幻想,使这个事件本身变得格外真实、可信。这或许是个悖论,但就是在这种亦真亦幻、虚虚实实的情况下,编导力图创新的整体构思完成了。

除了整体构思有所突破外,电影《花眼》在局部处理上也以"新"字当头。其中最突出的一个特点就是将重要的细节扩大,不惜余力地表现可能被观众疏忽的所谓"小地方"。比如在人工降雨的那个故事中,女主角从梦中来到"雨"里,这应该是一个感情的饱和点,但编导并没有急于表现她与男友见面,而是细致地刻画了她在雨中的动作:感受跳跃的充满浓浓爱意的"雨滴"。还有在大学生王炼与潘峰的故事中,水房里两人偶遇,编导对那个暖水瓶的偏爱并不亚于对两个主角的刻画:暖水瓶接满后向外溢水的特写,落地炸裂的慢镜头的处理,无不展示了人物紧张、兴奋又有些胆怯、羞涩的复杂的内心世界。

但我们也应该注意到,本片的创新是"乱花"式的。这里的"乱",我觉得是对节奏把握的不清晰、不明确。显然,由于这五个故事的讲述都带有强烈的主观色彩,所以节奏的处理若要选择这种方式,就影响到了整体的故事叙述和主题的表达。比如在体育老师的故事中,一个简单的情节几乎是没有任何变化地重复了四次,在八十分钟的放映时间里占了近十分钟。而编导想要说明的仅仅只是主人公一直过着重复、单调的生活。这是否有必要呢?还是因为编导想不出表现这种"重复生活"的更好方式呢?又比如在潘峰得知磁带事件是出自王炼之手的时候,理应非常气愤、恼怒,可为何在独自离去后,又转头微笑了呢?(影片并没有交代潘峰已知道这完全是一个误会。)即便将此视为"激变",那是否也过于突然了呢？对时间的不合理分配，已经造成了影片节奏的失衡，使得一部原有"红花"点缀的电影变得错乱无序。归结到一点，就是编导将创新这朵"红花"人为地撒乱了。

风格的"渐欲"统一

我承认这是一部风格标新立异的电影，但我不能同意这是一部风格统一的完美艺术品。虽然影片的编导做了诸多努力，却依然走在力求"统一"的路上。于是"渐欲"这个词就再合适不过了。

首先，由于影片的内容和形式严重地背离，导致影片的风格遭到根本性的分裂。五个小故事是支撑整个故事的基石，换句话说，五个小故事的内容构成了一个完整的、展现在观众面前的大故事。五个小故事中，虽然主人公的年龄、职业、性格都存在差异，但其中四个都讲了一个十分老套的有关爱情起死回生的故事，剩下的那一个虽然并非大团圆式的结局，但还是令"我"找回了生活的勇气，敢于面对阳光，敢于等待爱情，也算是一个充满温情的传统爱情故事。"内容决定形式"。如果单纯从画面看，本片的编导绝对是勇敢地抛弃了这条金科玉律。影片设计了一个讲故事的人，还有两个看故事的天使。可无论是从她们的衣着打扮还是言语声调、面目表情，都冷酷、另类到与五个故事的内容、主题相距甚远。显然这三位的造型也可以看作是编导对传统人物形象的颠覆，可是这种创新的用意何在呢？如果讲故事的人和在故事发生现场的天使都不会感动，那么与故事发生地点存在实际空间距离的观众凭什么动容呢？

其次，聪明的编导或许已经觉察到这种内容与形式的决裂，为了填补这一鸿沟，编导选择牺牲一个小故事来解决这个矛盾。于是在关于地图的故事中，观众便看到了一个另类的表达爱意的方式——疯狂地砍树。这种违背生活逻辑的做法虽然与影片的整体形式相吻合，但是由于决裂的沟壑太深了，因而影片风格的统一也就成了"渐欲"式的了。

"迷人眼"的技术处理

《花眼》的确是一部"迷人眼"的电影：快速的镜头组接、动画式的形象处理以及亮丽的画面、充满现代气息的流行音乐等等。这些新潮元素的加入，使影片充满了都市快节奏的韵律和梦幻般迷离的色彩。

其中最引人注目的是贯穿全片的两大亮点，即主人公额头上闪烁的红五星，以及故事切换时人物擦肩而过的定格画面。这似乎与电影剧作关系不大，高科技处理得成功与否也不在本文的讨论范围之内。但是既然这是编导的创新，也推动了情节的发展，我觉得还是有必要提及一下的。

我个人认为无论是红五星还是漫画式的人物，在本片中都非常成功地完成了编导赋予它们的使命。红五星作为一种被爱情眷顾的人们特有的标志，很好地呼应了领座员额头上的创可贴，从而隐喻了爱情给"我"造成的伤害。而作为故事切换的定格画面，虽然有模仿《罗拉，快跑》的迹象，但毕竟使人眼前一亮，故事过渡得也极其自然。而且，它突破了《罗拉，快跑》中单一的擦肩而过的模式——仅仅存在于罗拉和路人之间。在本片中,各个故事的主人公之间同样存在着擦肩而过,并不是只有"我"一个人单调地在各个故事间游走,于是这便成了一次友好的互动。所以在技术方面的创新,我觉得编导做得的确成功,的确迷住了观众的眼。

"乱花渐欲迷人眼,浅草才能没马蹄。"眼下,"花"之零星开放之景可见,《花眼》之独创可感,其不久之辉煌可待。

范文点评

标题是影评文章的眼睛,富有文采和高度概括性的标题很能吸引阅卷老师的眼球。本文中,作者运用唐诗作为标题,非常有新意。同时,这句唐诗又暗合了本部影片的片名,构思比较精巧。作者在具体的论证过程中,中心论点明确,论证层次分明,用分列小论点的方式来为整个中心论点服务,使得思路清晰,论证方便可行。

影片信息

| 中文名:花眼 | 上映时间:2001 年 | 导演:李欣 |
| 编剧:李欣、傻娃 | 类型:剧情 | 主演:王学兵、梅婷、徐静蕾 |

平民史诗的铸就

——评影片《我这一辈子》

　　1950 年,石挥完成了他自导自演的影片《我这一辈子》;1995 年,中国电影诞生 90 周年时,《我这一辈子》获得了"世纪奖",而石挥本人也获得了中国电影最佳男演员"世纪奖"。如今,事隔半个多世纪以后我们再来重新审视这部影片,震撼之余,还有一些感动。电影史学家惯于将这部影片命名为"平民史诗",本文也就从平民史诗的铸就这一角度来对它做一番评析。在此之前,先来了解一下史诗的概念。史诗主要是一个文学概念,当它泛用到电影领域内时,沧桑的历史感和宏伟的厚重感就成为它的主要含义。

　　从剧作来看,《我这一辈子》改编自老舍同名小说。原作以 38000 字的篇幅讲述了北京城一个普通巡警的坎坷一生,是一个大悲剧。它创作于 1937 年抗战前夕,是老舍第一个创作黄金时期的压轴作品,格外具有挺拔于时代的进步气息,既反叛又激烈。它的结尾是这样写的:"我还笑,笑我这一辈子的聪明本事,笑这出奇不公平的世界,希望等我笑到末一声,这世界就换个样儿吧!"老舍在这部作品中,除了对下层民众寄予深切的同情外,还注入了他深刻的历史批判精神,以一个人物的一生刻画了中国近代史上那个政治最动荡的年代。由于原作的这种史诗性质,影片的史诗性就具有先天的优势,但这并不是全部。影片相对于原作来说,存在着二度创作。石挥的一生,和老舍有许多相似之处,共同的生活经历,相似的艺术气质,使得石挥改编起老舍的作品来,有一种别人难以企及的从容与底气。影片剧作成型以后,在保持原作的精神风貌之外,变为集中表现"我"的巡警生涯,时间跨度从小说止于 1921 年延伸到北京解放前夕,并且增加了申远这个革命者形象,使影片有了更大的社会历史容量,人物也更加丰富。另外,影片在整体结构上借鉴小说的结构形式,以人物的命运变迁为主线,把各个历史阶段连接起来,中间有时借助文字叙述来交代情节,这种段落式的结构是不多见的。影片以翻开老舍的小说始,以合上小说止,中间插入第三章、第六章开头的两段文字,再加上第一人称叙述,整部影片给人的感觉就是在读一部形象化的小说,采取这样的结构形式有一种独特的韵味,如同《茶馆》,更多了一份历史的沧桑。

　　从影片的声音来看,整部影片的音乐设计采用了交响乐这一音乐形式,旋律时而低沉时而激越,独有一种恢宏的气势,而中提琴的使用又在这恢宏中添加了一分沉重。影片内容是在苍凉的旁白中开始的:"北京啊北京,这是咱们中国的古城啊",饱经沧桑的声音,配合着北京城灰茫茫的大全景,一下子就把影片那种悲凉、沉重的感觉传达了出来。由于影片表现的是日常生活,取消了情节的连贯性,人物的动作性也不强,这就使得表演语言的表现力重要起来。影片中"我"从青年时的踌躇满志——"虽说着一个月就六块龙洋吧,可咱图将来有个升成不是",到老年时的穷困潦倒——"我什么也不说,让大伙来评评这个理儿",不同的年龄,不同的境遇,不同的语言,或喜悦,或无奈,或悲愤,或哀伤,表露了老巡警一生的情感历程,当然,时代的因素也是不可不考虑的。影片除了传达这种历史沧桑外，平民性的传达也相当具有力度。在海福表示不愿替日本人当巡警要去打游击时，"我"冲着儿子发作："你不汉奸，我他妈汉奸，我愿意给日本人当巡警啊！你要走走你的，等你打胜了回来，把你这汉奸爸爸枪毙了！你要不走，待在家里头，让我这汉奸爸爸养活你。"这一番气话满含着委屈、无奈、愤慨，把人物那种处于社会底层而长期压抑的凄苦心理表现得淋漓尽致。石挥曾对人说，电影过瘾就过瘾在一把剪刀上。当然这是相对于他投身电影行业之前所从事的话剧事业来说的，却不难看出他本人对于剪辑的重视。在《我这一辈子》里面，剪辑对于影片史诗性的构建也起到了很好的作用。相对于那个时期的大多数影片来说，这部影片的节奏是比较快的，这一方面取决于石挥的创作风格，另一方面它也服务于影片的大时代表现。《我这一辈子》可以说是半个世纪中国历史的缩影，怎么去表现那些历史事件，怎么去衔接各个历史段落，的确是影片的一大难题。

除去上文提到的段落式结构和以文字语言去进行衔接外，影像的剪辑也是比较成功的。在表现辛亥革命时，片中用了四个镜头：先是一张大幅中国地图，镜头拉远下摇到武昌，第二个镜头地图上叠化孙中山的头像，接着是一声炮响，当空一团浓烟，第三个镜头出现迎风飘扬的五色旗，打出"辛亥革命"字样，镜头摇下，落到"京师警察厅"的牌子上，第四个镜头是老赵和"我"在酒馆里议论，"这共和也不知是怎么一回事儿"。这四个镜头由虚到实，不仅流畅地完成了历史场景的转换，而且含义深刻。突出旗子、牌子、议论，表明虽然旗子牌子都换了，可下层民众的生活没有变，辛亥革命进行得非常不彻底，最终的结局也就可想而知。在一定意义上，得当的剪辑就意味着浓缩，这对于像《我这一辈子》这样去表现大时代的影片尤为重要。石挥是那个时代非常优秀的舞台剧、电影导演，在新中国还未到来之际他就开始筹备和拍摄这个历史重压下的平民故事。受当时创作环境的影响，电影的结尾要比小说光明得多：革命者申远倒下，"我"的儿子海福跃起，红旗招展。这个光明的结尾体现了石挥当时两难的创作心态：一方面他要坚持自己的艺术个性，严格遵循现实主义的创作原则；另一方面，他又必须符合国家意识形态的需要，在现实摹写中安排中国的前途与希望出场。但即便如此，影片《我这一辈子》仍不失为一部闪耀着现实主义艺术光辉的经典之作。

范文点评

这是一篇很规范的影评文章，很适合学生模仿借鉴。从文章标题的提炼，到文章的开头、主题、结尾，都符合影评写作的基本范式。特别是对于初学影评写作的考生来说，本文的写作思路还是有章可循、扎实严谨的。作者在论证文章的中心论点时，大量引述影片中的有关情节和场面，论证比较充分，这显示出在观看影片时作者的用心和细致。影评写作的准备工作就是边看边记录，将那些细节、情节、场面、音乐、色彩、镜头语言、对话等都记录下来，为的就是在论述时有选择地为中心论点服务。这项工作必不可少，否则在论述过程中，素材的缺乏不能保证你论证的完成。

影片信息

中文名：我这一辈子　　　外文名：This Life of Mine　　　上映时间：1950 年
导演：石挥　　　　　　编剧：杨柳青　　　　　　类型：剧情
主演：石挥、魏鹤龄、王敏、田太宣、崔超明、梁明
主要奖项：文化部 1949 年至 1955 年优秀电影二等奖

那坠入深渊的无声呐喊

——简析电影《大红灯笼高高挂》

　　从没怀疑过张艺谋执导的电影,不论是色彩、镜头还是画面,都给人以很强的视听冲击力。而再看《大红灯笼高高挂》,仍然耐人寻味,仿佛置身于男尊女卑的封建社会,静静地倾听着女人们悲凉的控诉和无声的呐喊。

　　影视塑造了封建大家族中性格迥异的人物形象。陈老爷,这个在片中从未露面的一家之主,导演多用逆光塑造其威严、神秘而令人畏惧的形象。他以规矩为名,为府中的女人们编织了一张巨大的网,颂莲、梅珊、大太太、卓云以及仆人像玩偶一样地被他操控,女人的命运被他玩弄于股掌间。他冷酷无情,成为封建社会的代名词。颂莲,作为一个曾经的大家闺秀、受过良好教育的大小姐,因为家族没落而成为陈府的小老婆。她率真、善良、执拗,在男权的威胁下,勇于抗争,寻找真爱。但由于好强的个性,她逐渐沦为封建社会杀人的帮凶,间接害死了梅珊和雁儿。与颂莲同病相怜的还有梅珊,她也是封建社会完全的反叛者,但为了生存而不得不依附于陈老爷,却最终走向了死亡。相比颂莲和梅珊,大太太和卓云则完全沦为封建社会的维护者,不觉悲哀地失去了本应有的自我意识,而大太太与卓云的区别则在于良知。大太太自始至终尽职尽责地守护着陈家上下,不生是非。卓云则笑里藏刀,为了永不满足的欲望,害死了梅珊。

　　善于运用色彩配合影片需求的张导,始终没让观众失望,影片的整体色彩为深蓝、灰、白。夏天没有生机盎然的绿,秋天没有硕果累累的金,连冬天纯白的雪,也都渗着灰蓝,看着让人产生透心底的凉。在这样的冷色调下,那一排排过分温暖的红灯笼,成为陈府大院里唯一温馨的伪装。红是火,而火,正是院中姨太太们心中的欲望之火、权力之火和嫉妒之火。同时,片中角色服装的颜色也是偷窥角色心理的重要暗示。初来乍到的颂莲,白衣黑裙,还是学生打扮的她曾与迎接她的花轿背道而驰,纯净而是非分明;卷入权力战争的她,红紫相间的旗袍、明黄色镶毛边的夹袄都是她处于地位巅峰、得意心理的写照;直到她被封灯后,暗蓝色成为颂莲着装的主调。到最后,疯了的颂莲穿着曾经的学生装,想回到过去,却已物是人非。

　　本片的镜头丰富,表现手法多样。影片多采用俯拍,方方正正的庭院像棺材一样死气沉沉,成为传统意义上"规矩"的化身。犬牙交错的院落一遍遍地出现,压抑、阴森的气氛扑面而来。在梅珊被绑去死人屋那场戏中,由摇镜头紧跟颂莲,全景镜头完整地记录了梅珊的无用挣扎,一个个表现颂莲吃惊、恐惧的特写面部镜头和最后的模仿颂莲踉跄的脚步的主观摇镜头,揭示了封建社会吃人的内幕,成为颂莲无法找到出口而终于沦为疯子的原因。除此之外,对颂莲捶脚时脸部和脚的特写镜头充分展示了颂莲由开始的不适应到后来享受的变化过程,标志了颂莲逐渐对地位争夺的认可。同时,不断出现的高大庭院和特写镜头构成重复蒙太奇,使得影片意蕴悠长。在影片的构图中,人物常常处于幽暗城墙的一角,或者处于纵深的庭院之中,仿佛人物无处可走,跌入封建社会黑暗的无底洞。

影片没有繁复完整的音响,却使人印象深刻。从影片一开始的女声京剧"咿呀"的急促鼓点到每次捶脚如心脏跳动的敲击,再到女声忧郁缠绵的"啊……",导演选取京剧这种老式唱腔的原因便是京剧在片中可以代表着基于封建社会的文化和传统。前两者往往用于形容人物的焦急心态,而后者则是封建男权社会中被禁锢的女人忧伤的抗议、女子无权为自己最基本的生存权而辩护的无奈呻吟。

《大红灯笼高高挂》弥漫着封建腐朽的气息,它已然成为一个符号,藏匿在陈府的角角落落:京剧式的音乐、红红的灯笼、捶脚……各种有形的、无形的,都被笼罩在封建的毒雾中,迷失了方向。正如德里达所描述的后现代文本形态:所指不明,而能指无限流淌。

"人和鬼就差一口气,人就是鬼,鬼就是人",当颂莲真的像鬼一样,开始在闭塞的陈府院落如行尸走肉,找不到出口时,仿佛,我听到了从很久以前穿越时空而来的刺耳呐喊。

(文/王薪语)

范文点评

本文的具体论证是较为扎实的,所选取的几个评述角度也很有代表性。评述的内容亦非常有深度,对影片的主题和视听语言的分析很准确。这几个方面也是很多考生所欠缺的,主要原因是在整个看片和评论写作过程中缺乏深刻的思考和细致的观察。

本文存在的不足之处是,整体的评析缺乏一个较为清晰的内在线索,稍显散漫。如果在写作之前列出写作提纲,对这种现象的改善会有所帮助。

影片信息

中文名:大红灯笼高高挂　　　外文名:Raise the Red Lantern

上映时间:1991 年　　　　　　导演:张艺谋

编剧:倪震　　　　　　　　　类型:剧情、爱情

主演:巩俐、何赛飞、曹翠芬、金淑媛

主要奖项:第 48 届威尼斯国际电影节银狮奖、第 36 届意大利大卫奖最佳外语片奖、美国国际影评协会奖最佳外语片奖、第 64 届奥斯卡金像奖最佳外语片奖(提名)

淡淡的哀愁　沉沉的相思

——评电影《城南旧事》

《城南旧事》是散文化电影的经典之作，朴实无华的生活场景、自然流动的叙事结构和清新淡雅的视听形象赋予影片诗的意境和耐人寻味的情绪韵味，提供给观众别样的审美体验。它满含人间烟火味，却无半分名利心，近乎一幅宁静、淡泊、简约的中国水墨画，更像一首含蓄而淡雅的诗，将英子缓慢而悠长的童年故事娓娓道来。作为中国散文化电影的代表作品，这部电影有太多的可以探讨、学习之处。

首先，影片的故事内涵方面：《城南旧事》并没有刻意地表达什么，只是用一幅幅场景从容地描绘一个孩子眼中的老北京，就像生活在说它自己。影片以英子的眼光去看待当时的社会。她在无法分辨人世间善与恶的情况下开始了对人性的审视，用敏感的心、真诚的眼神为人与人之间搭建了一座心灵的桥梁。英子在好奇心的驱使下与秀贞建立了深深的友情，牵引出了秀贞神志不清的原因和她丈夫的死因还有她的孩子妞儿；搬家后偶遇小偷，无意间在别人认为是鬼屋的院子里认识了他，再次牵引出了各家被盗的原因和他偷盗的缘由，他并不是好偷而是为了生存；家中佣人对英子和她弟弟如亲人般照顾，然而天有不测风云——佣人的儿子死去，女儿被送人而生死未卜……雪上加霜的是英子父亲的死，为观众呈现出了一段亲人离别与亲情流露的故事。影片每一部分既能独立成篇又相互影响和关照，同一社会背景下人们的遭遇贯穿了整部影片，深深牵动着观众的内心，故事背后不仅流露着亲情，而且更多地流露着观众对社会的思考。

从影片的镜头运用来讲：全片大多数镜头是以英子的低视角的主观镜头拍摄的，这样，随着英子那纯真目光的追溯，故事的情绪显得尤为真切，同时也显得更加凄婉和痛楚。秀贞与那大学生的自由恋爱为宗族礼法所不容，私生的孩子被视为耻辱扔到了齐化门，母女俩相见后去火车站，最终惨死于火车铁轮之下。影片为了表现这一悲惨的人物命运，精心拍摄了雨夜送别的场面，让火车烟囱冒出的白烟吞没了整个大远景的镜头画面，营造出了一种悲怆、凄婉的氛围。相反，在表现年幼的妞儿和英子的相互关爱与体贴上，通过四次拍摄藤箱里的小油鸡和荡秋千的镜语抒写，刻画了她俩内心的童真纯朴、伤感失意，以及辛酸孤独的种种情愫，这种情感一直贯穿在影片那舒缓而又沉静的节奏氛围中。而影片结尾两个长镜头的运用加上主旋律音乐充分烘托出了主人公当时的别离之情，点到了影片亲情背后的离别这一主题，并且控制了影片的节奏，导演在此下了大功夫。

影片的音乐音响很好地辉映了影片的感情基调。影片中主题曲《离别》的运用，烘托了整部影片的氛围和人物内心情感的真情流露。每次悲伤来临，主旋律音乐的响起使观众感同身受，让观众在音乐的背景下体会到故事主人公内心的情感，从而吊起观众的胃口。虽然故事中所讲述的人物命运可以说是相当凄惨的，但语调还是十分温婉。如英子和妞儿离别时的愁绪叠化在《骊歌》的旋律中，同时在她那回望留恋的目光里，辗转出一种沉重的叹息，滋生出一种纤美而又忧伤的诗意。在荒草园里，英子遭遇了和蔼而又憨厚的小偷。萦绕在他俩头顶上的乌鸦的嘶鸣和聒噪声似乎在昭示着一种宿命的悲剧氛围。小偷被抓走后导演以声音先入的手法把镜头拉到了教室，用镜头语言表达出了英子伤感的心情。

影片的结构设置别有新意。影片打破了传统戏剧冲突的叙事结构模式，排除了由开端、发展、高潮、结局所组成的情节线索，采用串珠式的结构方式，使影片具有多棱镜的功能，从不同的角度映照出当时社会的具体历史风貌，形成了一种以心理情绪为内容主体、以画面与声音造型为表现形式的散文体影片。如果说影片的上半段，英子还是一个无忧无虑的孩子，她感受到那些残酷的现实时只有新奇，那么到了下半段，从英子在病床上苏醒开始，却是一场梦魇的逃脱和突围。从这以后，英子开始成熟起来了，她也逐渐领会到了世间的复杂与苦楚。同时，影片的抒情性处理得也十分出色。精心运用各种视听元素，以舒缓的节奏，象征、含蓄、对比、重复等艺术手法，创造出一种近乎中国水墨画般的宁静、淡泊、简约的意境。

最为人称道的还是影片的艺术风格。《城南旧事》被认为是诗化、散文化电影，影片保留了小说和剧本的散文化风格。这种散文化的风格首先反映在景物的攫取上。故事的展开是在草衰杨枯的秋天，长城、残阳、驼队、老人、城楼，弥漫着模糊的忧伤。在沉沉的思念的情感底色上，影片的基调是淡淡的，人物命运的叙述是淡淡的，情节是淡淡的，插曲是淡淡的，画面色彩也是淡淡的，可以说"淡淡的"就是这部影片的风格。淡化情节、淡化人物、淡化冲突，反戏剧性电影之道而行之。《城南旧事》的叙事角度是一个童年的视角，这是其艺术风格的另一特色。以英子的眼光来串联三段并无因果关系的故事，这样的结构，看似松散，却统一于一个主题和"淡淡的哀愁，浓浓的相思"的风格基调。

《城南旧事》既是对戏剧性电影的一个挑战，也是对已经固定的观众的欣赏习惯的挑战。它像柳絮飞舞的颜色淡淡的春天，像一种夏天暴雨激起干燥尘土的味道，像一个远方的陌生人的笑容，像一段颓废的垣墙，像爬满荒草的院子，像久久回荡在云端天边的一首歌曲，让我们在漫漫岁月之后，常常醒来，恍然如梦，怅然若失；那种感觉，闭上眼睛，就慢慢涌上心头，浮现于眼帘。

（文/马桂路）

范文点评

这是一篇非常成功的影评文章，文章的风格和影片的风格非常一致——散文化的电影和较有诗意的影评语言。在很大程度上，一部电影的风格对影评写作的语言风格影响较大。在这篇影评文章中，作者用"影片的基调是淡淡的，人物命运的叙述是淡淡的，情节是淡淡的，插曲是淡淡的，画面色彩也是淡淡的，可以说'淡淡的'就是这部影片的风格"这样的语言来展开评析，让读者阅读起来也会沉浸其中。所以说，影评写作除了选取较为新颖的评析角度外，影评语言的感染力也是非常重要的。

在分析叙事电影中的形象时，融入自己的感受，把观赏影片时的感受、对影片的评论，以抒情性的文笔写出，这样的叙述，就不是单纯客观的介绍了，而成为伴有强烈情感的理解。

影片信息

中文名：城南旧事　　　　　外文名：My Memories of Old Beijing

上映时间：1983 年　　　　导演：吴贻弓

编剧：伊明　　　　　　　　类型：剧情

主演：沈洁、郑振瑶、张闽、严翔、张丰毅

主要奖项：第 2 届马尼拉国际电影节最佳故事片金鹰奖、第 3 届中国电影金鸡奖最佳导演奖、第 3 届中国电影金鸡奖最佳女配角奖

一部华丽动感的情感大片

——评电影《如果·爱》

《如果·爱》是著名导演陈可辛的一部爱情大片。这是一部保留了丰富剧情的当代歌舞片,由金城武、周迅、张学友等大牌明星倾力出演,人物有血有肉。作品载满了流行动感,又不失醉人情怀。该片用歌舞片的形式、华美丰饶的舞美设计、千变万化的缠绵曲调,再现了一个有关爱恨情仇的永恒主题,并将当代中国艺术青年残酷的现实境遇,特别是"北漂"一族的流浪式梦想,展示得淋漓尽致。纽约《时代》周刊将该片称为中国的《红磨坊》。

故事讲述艺术片导演聂文在上海拍摄大型歌舞片,主角则是他的多年女友孙纳,以及来自香港的林见东,谁料,原来孙纳与林见东是十年前的旧情人。当年孙纳出身贫苦但志存高远。为了生存和成功,她不择手段,终于成为人人艳羡的大明星,成名后的她努力忘记过去,否定岁月的全部痕迹。然而命运弄人,十年后,她生命中两个重要的男人却同时出现了——十年前相爱的恋人,由当年不得志的导演系学生,变为大明星林见东;另一个则是大名鼎鼎的金牌导演、自己的男友聂文。更戏剧化的是,三人要共同合作一出戏,并且剧情和现实还惊人地相似。面对昔日情人和今天的爱人,孙纳陷入了选择的困惑。

作为一部歌舞片,导演将西方文化元素和中国传统的审美视角做了很好的融合,在故事内涵、叙事形式、歌舞运用、画面声响方面,都作出了很多有益的探索。整部影片成功地凸显出了导演对影像语言的综合驾驭能力。通常歌舞片流于类型片的浅淡片面,可是,陈可辛却把影片伸展到多种变化层面。片中没有像童话式的大团圆结局,没有一个角色可以摆脱悲痛,这样的设计对于欧美的观众来说可能是一种挑战。同时,影片的剧情多重关系交错,虽不复杂但有些零散,导演却处理得十分紧凑有力,衔接得也圆润流畅。整个故事简单但叙事形式复杂,实际上是一出"戏中戏",与现实对比是两个时空,还有十年前的时空。而"戏中戏"又与现实相同,所以这三个时空就有了交集。但导演的条理却很清楚,现实的这条线往前走,回忆的线也往前走,歌舞的线则穿插其中,负责解释回忆的线和渲染现实的线——这些在银幕上放到一起,互相渗透,互相感染,似真似幻。整部影片都是在回忆中、现实里、舞台上交错进行,随着剧中人物的重遇、回忆、拒绝、妒忌,电影语言显出了它不同于任何其他艺术的魅力。在一部充斥 MTV 式剪辑和时空交错的影片里,能突出核心,需要很强的掌控能力,这正是陈可辛导演水平的直接体现。

影片中的镜头运用非常出色。该片由两名亚洲最强摄影师鲍德熹及杜可风分担镜头工序,各自有精彩的构造独特的影像。鲍德熹以热切及浪漫的角度负责巴洛克式酒店及上海外滩风貌,令画面填满了锃亮的绿、蓝及茶色。至于杜可风,则把孙纳及林见东的回忆片段赋予灰暗及冰冷的外观。全片的水中镜头、奔跑运动镜头以及遮挡物隔离状态下的镜头都拍得很具效果,金城武和周迅所扮演的角色在水中的情景也捕捉得很见功夫。孙纳离去时不许金城武扮演的角色看到,勒令他不许送行,也不许目送。当她发觉他隔着玻璃窗偷看时,猛力踹了一脚,然后跑远了。镜头隔着玻璃表现了那个落寞男生的情绪,很形象,很真实。孙纳向前走去,镜头跟拍了几步,然后不是按通常的做法,镜头一路跟着,而是突然沿着相反的方向越拉越远,魂牵梦萦。如此理性的镜头处理,与一路跟拍下去的主观镜头相比,更能让人感到留守者的凄怆。这种客观距离的写照,也逼真地反映出了人物的心理距离,扣人心弦,使人心碎。《如果·爱》里还有个时空重叠的镜头,极有韵味。那是金城武(林见东)和周迅(孙纳)在样片房里拥抱在一起,此时,他们前方的荧幕上恰好播放着与他们的回忆一样的在冰河上拥抱的样片,镜头慢慢拉远开来,仿佛可以清晰地看见他们的回忆、现实和超现实融为一体。

在歌舞创意方面,导演对歌舞表演的处理也是去繁从简,曲目很好地与剧中男女的心境融为一体,加强了影片的情感浓度。《如果·爱》的歌舞部分,音乐节奏成为剪辑的最大依据。除此之外,多种叙事蒙太奇的运用,将歌舞部分的表意功能运用到极致。镜头整合的依据不再是时空的连续性,而是情绪的一致性。《如果·爱》的情节虽不感人,但歌舞段落将整部影片的情绪烘托了起来,在这个意义上,《如果·爱》可谓一段歌舞一寸金。全片穿插的歌曲带有异国风情,顶尖印度排舞师 Farah Khan 领导中国演员们和多位好莱坞舞蹈艺员组成舞队。同时,陈可辛运用柔软体操、软骨功、喷火师、空中飞人、小丑、小矮人等来点缀连场歌舞,不过,影片中的歌舞场面,其实只是用来掩饰镜头,背后,是那段错综复杂的情感纠葛。陈可辛巧妙地分配动感歌舞场面,以此推动剧中人互动升级的爱情危机,以及交代孙纳与林见东的北京回忆爱情故事。

应该说,陈可辛试图从艰难、暗淡的现实生活中寻找出某种发亮的色彩,他把观众的目光从现实生活引向了简单而美好的回忆和经过艺术再塑的超现实这两极。同时他又冷静地观看着正在发生的一切,将回忆、现实和超现实进行相互对比观照,甚至进行不断修改,从中传达出一种思索的意图,一种对自身生存的明澈洞察的努力。人的一生总是有爱的机会,尽管有时心里并不确定。我们心里会有一个林见东,他英俊忧郁,我们心里还会有一个聂文,他善良成熟又才华横溢,那些公主与王子的美好故事被我们在心里一幕幕轮回上演,却掩盖不了孙纳浮躁可怜的心机。也许,这部电影正是要告诉我们如何去爱,去珍惜,去回忆。

范文点评

这篇影评给人很舒服的感觉。因为开篇就能获得作者本人想要表达的观点,并且在获得观点的同时获得丰富的关于这部电影的背景。看不到兜圈子和卖弄文采似的表现,而是朴实自然地表达。文章行文流畅干净,一看到底,评论就需要这样的清澈。

作者从影片的探索尝试、镜头运用、歌舞创意、导演意图等几个角度展开详细的论述,并且选取了电影中的具体细节和场面作为论据,强化了自己提出的观点,自然而不做作。另外,作者成熟凝练的影评语言也值得考生学习借鉴,仔细揣摩。

影片信息

中文名:如果·爱　　　　外文名:Perhaps Love　　　　上映时间:2005 年
导演:陈可辛　　　　编剧:杜国威、林爱华、阮世生、方晴　　　类型:歌舞片
主演:金城武、周迅、张学友、池珍熙
主要奖项:第 25 届香港电影金像奖最佳女主角奖、第 43 届台湾电影金马奖最佳女主角奖、第 43 届台湾电影金马奖最佳导演奖

风雨如晦　鸡鸣不已

——浅析电影《十月围城》

有一些名字,似乎从未载入史册,但他们的言行却让我泪满衣襟;有一些人,虽然不懂何谓革命,却用生命最响亮的本真去诠释。为保护孙文,为革命和民主,他们用青春年华和满腔热血搭建中国的明天。总有这样的人生,淳朴而厚重,总有这样的历史,历久而弥珍,让我们一次又一次地折服震撼,肃然起敬。

面对离乱,他们经历着自己的忧患和苦难。九死一生的少白,而立之年才有独子的李玉堂,过了"明天"就可以成亲的阿四和回少林寺的"臭豆腐",还有带爹回家的方红,他们来自社会的各个阶层,也因革命走到一起。十月围城,这座城真的仅仅是指中环吗?在我看来,这座城应该隐喻的是中国,而保护孙文,则是保护中国未来的一种希望。影片中形形色色的人物,正是社会各阶层的一种象征,预示着社会各界会团结起来保卫和迎接中国的明天。

无论历经多久,这部具有爱国主义色彩的商业大片还是能够燃起我们内心最原始最炽热的情愫。它同样在宣扬爱国,宣扬民主和革命带给我们光明与美好的生活,却没有以往影片的矫揉造作。影片通过李玉堂把所有人物联系在一起,一切都是那么顺理成章,虽然同是电影中二十四小时八人对抗八百人的老格局,但意料之中的情节让我们收获了意料之外的感动。影片文武戏兼具水准,观众因文戏而落泪,因武戏而振奋。

人物塑造最打动人

如果问我影片里印象最深的演员是谁,我会毫不犹豫地说是谢霆锋,也可以说,他的表演是这部戏给我的最大惊喜。这惊喜,并不因他是天王歌手,也不源于《龙虎门》《咏春》等一系列动作片带给他的光环,却是车夫阿四眼神里的那份坚定和最澄澈的傻笑。他善良,从给刘公子大洋的场景可以看出,如此熟练的动作肯定不是第一次。他为人单纯,懂得报恩,不问事情有多危险,只为"老板平安"。李玉堂答应他去的那句"好",说得如此凝重和无奈,而阿四听了却满脸幸福,两人的面部表情形成了巨大的反差。他执着,默默喜欢大友记的阿纯三年。车头的铃铛,因两人之间的爱情变得如风铃般清脆悦耳。"明天后我取妳",这带有错别字的喜帖打动了阿纯,更感染了在场的观众。那一抹浅浅的笑,那目光里的爱意涌动,成为彼此最大的幸福。阿四左眼有刀疤,阿纯腿瘸,外表并不美的他们却有着最美丽的内心。他赤诚,他坚毅,对阿四来说,"革命"就是保护自己的主人,哪怕用生命去交换。直到最后一刻,他一直履行自己对少爷的忠诚,倔强的眼神里写满不屈,那被拖着走的一声声,直戳每个人的内心,只是为了拖延一点儿时间,这份单纯的坚守,血淋淋而又温馨。

　　影片的另一亮点就是巴特尔饰演的卖臭豆腐的小贩。他的出场为整部戏沉重的基调带来了一丝幽默。他是生活在社会底层的普通小众，却有一颗爱憎分明的耿介之心。如果说阿四的"革命"是出于报恩和忠诚，那么"臭豆腐"便是为了百姓心中的那个"义"字，那份正义。当他咬着木棍强忍疼痛而来时，一组仰拍的镜头把他衬托得更加威武不屈，顶天立地。"走，走啊"，"我叫王复明，王复明"，一声声呐喊，是如此掷地有声，在热情感知匮乏的现在，这份从容和气节，还是能够掀起我们内心的滚滚热血。我不知道用无知者无畏来形容他是否贴切，但面对这场有去无回的战斗，他爽朗的应允和坚挺的身躯让我不得不为之动容。

小情致，大情怀

　　在这部影片中，贯穿着父子情、父女情，也饱含着忠和义，以及略带隐涩的爱情。

　　在生命的最后时刻，沈重阳血肉模糊地将女儿的布娃娃交给李玉堂，两个父亲的手紧紧握在一起，这种交付，其实是对女儿成长的托付。尽管他是一个赌徒，尽管他过着慵懒颓废的生活，但他和其他的父亲一样，有着伟大持重的爱，是爱让他突破重围坚持到最后，是爱让他面对疾驰的奔马拼死一搏。当鼓声渐隐，他骑车带着妻子和女儿幸福微笑的画面是如此恬静唯美。钱再多有什么用，一家人哪怕穿着粗布麻衣又有什么?! 一组特写镜头让我们看到沈重阳悔恨而又憧憬幸福的眼泪，虽然今生没能做一个合格的父亲，却在生命的最后，竭尽全力为女儿留住了一个好父亲。

　　阎孝国是片中出现的唯一一个反革命的主要人物。同陈少白对革命的忠诚一样，阎孝国心向大清，他唯一的使命就是诛杀孙贼，报效朝廷。同是忠义，只不过一个为民主，一个被奴役，一个为人人平等的新中国，一个为封建专制的腐朽王朝。影片中对慈禧进行侧逆光处理，既突出她的神秘感也表现出她的阴险残忍。大清宫廷，关押陈少白的大牢，无不被昏暗的光线所笼罩，乌烟瘴气，更显现出封建王朝的阴森险恶、专横狡诈。试问阎孝国是恶人吗? 我觉得不完全是。他尊崇"一日为师，终身为父"，在他身上还是有良知、有礼数的，只不过道不同，错了信仰。他心中也有"义"，只不过他把义用于效忠自己的主子，他认为义就是保大清政局稳定、社会安宁。这种心安理得的错解使他早已沦为丧心病狂的杀人魔，当郁白削断他蓄了几十年的大清辫子时，也道出了大清必将颠覆、新的革命思潮必将到来之趋势。阎孝国盲目且不经深省的忠诚终会步入歧途，酿成罪恶。

　　李玉堂在陈少白失踪之后毅然挑起保护孙文的重任，史密夫在千钧一发之际助李玉堂等人一臂之力，郁白为报恩誓守最危险之地，方红壮烈地同归于尽，重光用自己十七岁的年华作为人生最辉煌的收尾……有人会问这份"义"有多重要，他们不远万里来到这片革命的发源地，却为一个素未谋面的人付出了自己最宝贵的。每一个人倒下时银幕上都会注明其个人情况，然而为这场革命牺牲的，还有千千万万的百姓，我们无从知晓他们的名字，也无法去祭奠他们为中国的未来所尽的推波助澜之力。他们没有武器，也不会多少拳脚，只是用自己的身躯进行着这场力量极为悬殊的战斗。这份义，恰恰是为了四万万同胞能看到中国的明天。这革命，便是"为千千万万个百姓不再水深火热，千千万万个家庭不再背井离乡"。

这部影片和戏中的人物一样，给我一种很真诚的观影感觉。虽然它是一部商业大片，却不可否认的好看。没有以往影片空洞突兀的大主题，却有循序渐进的高潮；没有刻意修饰的煽情大戏，却有小人物细致入微的温情；没有咬文嚼字的装模作样，却有斐然成章的台词功力。它没有单方面地歌颂革命，而是在历史洪流中选择了最平凡最率真的广大人民来共抒一首前所未有的壮烈史诗，这其中有小人物带给我们的难以名状的感动。我们看过许多成功之作，却很久没有在电影中体味到这种情怀，它可以让我们的爱国热血再度沸腾，可以使我们对革命的幸福感同身受，可以为心中的爱恨振臂高呼，可以在不经意间让热泪盈满眼眶。

主题渗透恰如其分

"欲求文明之幸福，不得不经文明之痛苦。这痛苦，就是革命"。连孙中山都承认，革命是痛苦的，这痛苦，源于革命本身就是通过暴力手段来完成，这痛苦，使强者更强，弱者更弱。这个过程要流血，要用一代人的牺牲换取下一代人的幸福，而明日的希望，让他们忘记了今日的痛苦。影片开头杨衢云被暗杀，整幅画面的影调都是阴暗的，只有些微的日光在仰拍的楼梯的遮挡下时隐时现，这一方面隐喻了当时社会的政治黑暗，虽然光线渺茫，但也表征着终有一天，人民会迎来胜利的曙光。

由浅及深再到爆发，这部影片的情绪和主题紧紧地契合在一起。它所要渗透给我们的价值观，简简单单也饱含人间情理。没有一味地宣扬党疼国爱，也没有过分拔高人物的言行和作用，它以最朴实无华的方式，向我们表现了以不同方式投入革命的人们是多么的坚强、乐观，无怨无悔。记得郁白和李玉堂喝酒的那个夜晚，有两句发人深省的对白——"为一个女人，值吗？""为明天的事儿，值吗？"是啊，值与不值，谁又能说得清呢？国难当头，舍生取义值吗？值不值又怎样？明知会死还不是要前行！就算革命会失败还不是要抱着希望去努力！作为一个中国人，怎能容忍丧权辱国的政府继续被蹂躏践踏？有些人可以当其无关痛痒，而真正的有识之士、义愤填膺者绝不会坐视不理。革命是一种传递，让星星之火得以燎原，而革命的星火，却常常以自己的生命为薪柴。一个人的生命价值是有限的，也正因为如此，我们才会用自己的生命向更多的人证明，唤醒更多的同胞参与到斗争中来，只有这样，我们的国家才有希望。

古往今来，我们骄傲的是，这种精神一直存于心间。面对历史，我们勤于记录，善于重温，乐于修正，昔日的革命给予我们更多自强自立的理由。《十月围城》唤起我们久违的心声，尽管它不是那么尽善尽美，但的确是 2009 年当之无愧的华语佳片，无论第几遍去赏析这部电影，都会被其中某个真实的细节打动。而它向世人宣告的精神意义，也是希望我们这个饱经苦难的民族可以自信奋发，得到世界的敬重和尊崇。

（文/钟睿）

范文点评

影评的分类有鉴赏类、专业解读类、文化研究类三种类型，有的时候这三种类型也是相互交错的。除了专业解读类和文化研究类影评外，鉴赏类影评也是影评的基本功的体现,特别是针对商业性较强的影片而言。这篇影评从人物形象、感情元素、主题三个角度对影片进行了富有情感色彩的鉴赏和分析。整篇影评的条理性和层次性非常清晰,解读也比较准确。这类影评的感情色彩比较浓,考生一定要注意情绪感染和理性分析之间的尺度,不要写成观后感。

影片信息

中文名:十月围城　　　　　　外文名:Bodyguards and Assassins

上映时间:2009 年　　　　　　导演:陈德森

编剧:秦天南、阮世生、郭俊立、陈惠、吴兵

类型:动作　　　　　　　　　主演:甄子丹、王学圻、谢霆锋、梁家辉、李宇春

主要奖项:第 29 届香港电影金像奖最佳影片奖

颠覆时空的另类记忆

——评电影《看上去很美》

　　《看上去很美》是著名导演张元根据王朔同名小说改编而成的一部电影。该片画面精美,镜头运用流畅生动,背景音乐典雅成熟。而整个故事轻松幽默,又不乏含蓄的思考和批判,蕴涵了导演对逝去的红色时代的体悟。影片中,张元发展了《回家过年》中熟练的生活细节叙事,并结合了《东宫西宫》等电影中利用另类视角颠覆主流意识形态进行历史记忆的叙事方式,成功地演绎了一次儿童狂欢游戏式的 20 世纪 60 年代的"胜利大逃亡"。

　　儿童化视角的娴熟运用,是该片在艺术上的一大特色。整个故事发生在中国 20 世纪 60 年代的一所幼儿园。张元在整部电影中,基本上运用了一个顽劣的儿童——方枪枪的视角来叙述故事,并在故事的发展中穿插了其他孩子比如南燕、北燕、于倩倩、毛毛等小朋友的故事。可以说,从外表上看这完全是一部儿童电影。但是,电影的深度思考功能恰恰体现在这种借助儿童视角对整个 60 年代的红色记忆的另类叙述,儿童们用自己稚嫩、充满幻想又有几分荒诞的眼光,验证了成人世界对儿童的压制和权力控制,也验证了成人世界内部的虚伪和做作,特别是对待性的问题。在男童方枪枪的眼中,整个世界不过是一个大的游戏场。一切都是那样有趣,充满了幻想和可能性。他在幼儿园里欺负小朋友,捉弄老师,逃课,并不断搞恶作剧。电影开始的时候,方枪枪总是在梦中看到黑色的天幕下,有着漫天的大雪,而他光着身子在雪地上撒尿。在这样的梦后,他总会尿床。这也暗示了儿童的梦境在现实逻辑中的尴尬处境。在他的眼中,严厉的李老师变成了一个长着尾巴的妖怪,他煽动其他孩子试图把李老师捆起来……儿童化视角的运用,让这个故事充满了幽默的色彩,并形成了与严肃刻板而虚伪的成人世界的对比。故事最后,叛逆的方枪枪被老师和其他孩子孤立,他孤独地站在石凳前面对着黑夜的来临,这也暗喻着儿童世界的软弱无力和成年阴影的到来。

　　对红色文化记忆的另类颠覆,则是导演张元贯彻王朔小说原著所体现出的一种探索精神。整部电影在儿童化的视角下展开,却通过幼儿园这个平凡的文化时空,另类地再现了 20 世纪 60 年代中国历史的文化想象和细节回忆。比如,当时的幼儿园所呈现出的强烈的军事色彩。不但是方枪枪等儿童的父母都来自部队,而且他们的名字也带有着强烈的军事印记。孩子们最喜欢玩的,仍然是打仗、负伤之类模仿军事活动的游戏。而对于幼儿园中的成人而言,他们对儿童的管理也是半军事化的,统一的军绿色的服装,统一而严格的作息、吃饭、上厕所的制度,其中,最能展现张元对那个时代思考的莫过于幼儿园的奖惩制度——"小红花"。《看上去很美》的英文版标题正是"Little Red Flowers"。"小红花"是对小朋友们的奖励,也是那个军事化、意识形态化社会的一种具有象征性的能指镜像。"红色"象征着革命,而以红色为代表的奖惩,不过是一种规范与惩罚的控制措施。当孩子们按照大人的标准吃饭穿衣的时候,就会被奖励;反之,则会受到惩罚。这里,张元也暗喻了一个时代对人的精神控制。这里,小红花规则唯一可以更改的力量,还是权力。只有当汪海的父亲——一个官员出现的时候,小红花的评比规则才有了变化。连园长和老师们都要巴结领导,而改变这一评比,同时,这种文化记忆的颠覆,还表现在暗含于儿童化视角背后的成人视角。特别是当方枪枪违反了规则,使用了暴力欺负小朋友的时候,惩罚便出现了。尤其是方枪枪的一句国骂,既表现了那个时代规则潜在层面的粗鄙,也表明了儿童世界无意间对成人世界真相的一种戏仿。在这里,张元还巧妙地运用了"性意味"和"成长"主题。当方枪枪和北燕懵懂而幼稚的游戏被老师们命名为"不要脸"的时候,所有成人的规则都侵入了儿童的世界。而对于方枪枪的惩罚,最有力的并不是体罚,而是"孤立",即让个体彻底地被排斥在群体之外,这也可以看作是一个成人仪式的代价,方枪枪以"孤独"的命名实现了对世界早熟而绝望的感受。这也是那个时代个体生命在群体命名下的一种"集体无意识"。

同时,这部电影也展示了张元一贯的对电影形式和技术的追求。张元的电影,并不运用大量隐喻性的画面和长镜头、象征性的道具,来考验观众的耐心和细心,而是擅长用华美丰饶而又含蓄隽永的画面和声音,吸引观众的心灵,通过不动声色的细节刻画,打造一个有意味的电影叙事故事。我认为,张元是中国会讲故事的导演之一。我们还看到,张元的镜头语言运用也越来越活跃,极少静止的长镜头,而大多运用变焦,大纵深、多角度拍摄,并和精致而紧张的近距离镜头结合,注重有张力的生活细节的表现。例如方枪枪在木马上旋转一节,张元非常精彩地使用了旋转镜头和特写镜头,表达了方枪枪激动、迷惑等复杂的心情。而在表现幼儿园生活时,则充分利用了全景、中景和大远景、特写等镜头,极力表现幼儿园中整齐划一的时代氛围。更为重要的是张元对背景音乐的运用。背景音乐以小提琴和钢琴为主,在那舒缓而充满梦幻色彩又不乏一丝忧伤的音符之中,方枪枪的童年幻想被很好地衬托了出来。同时,背景音乐也随着剧情的改变而改变,当出现了幻想中的李老师长尾巴的情节时,整段音乐变得欢快而跳跃,而当方枪枪一个人孤独地被群体放逐时,音乐则变得更为伤感而有悲剧感。

范文点评

这篇评论先从整体风格上对影片作出定位,然后抓住作者认为最有特色的地方做总结。那就是该片导演采用的儿童化视角和影片对特定岁月中的红色记忆的颠覆性描述。可以说,这篇文章开门见山,非常简洁地表达出了中心论点。

在论证中心论点时,作者不时地选用电影中的一些细节作为论据,以便让自己的论证更加充分而有效。一般考生在专业考试中这样做时,往往会出现一个共同的错误,那就是不分青红皂白,将影片中记录下来的细节堆砌起来作为论据,这样不加选择只能导致论证混乱而没有重点;另一个常见的错误就是把论证过程当作影片的复述过程,导致本来充满逻辑推演和分析的论证过程变成简单的情节复述,丧失了论说文的基本特点,希望考生能注意这一点。

影片信息

中文名:看上去很美　　　外文名:Little Red Flowers　　　上映时间:2006 年

导演:张元　　　编剧:宁岱、张元、王朔　　　类型:剧情

主演:董博文、宁元元、陈曼媛、赵瑞

主要奖项:第 43 届台湾电影金马奖最佳改编剧本奖、阿尔巴国际电影节最佳导演奖

生命的寓言

——《孔雀》人物心理探析

《孔雀》以三段式的结构讲述了兄妹三人的故事,看起来却犹如一个人的一生。导演顾长卫以其细腻丰富的镜语展示了生命的一个个瞬间,它们确实是与我们现在的生命有着时空之隔,但细细读来,却又依稀感到与我们自身的生命产生了微妙的联结,而且这种微妙在不停地凝聚。可以说这是一部以描述心理见长的影片,其对影片中人物心理的解析有着深刻的时代性。

《孔雀》的特殊之处,首先源于它是国内王牌摄影师顾长卫所执导的第一部作品。在此之前,他曾担纲过《菊豆》《霸王别姬》《阳光灿烂的日子》等优秀影片的摄影师。因此,虽然是第一部,但是却令人非常熟悉,起码他个人的影像风格早就确立了。他善于运用常规机位的大景深定位拍摄和摄影机缓进中的跟踪拍摄,长时间凝固的画面信息异常细腻丰富,目的正在于通过一切细节充分调动起观众对于剧中人物的心理感应。在《孔雀》中,他延续了这一创作风格。例如在片名出现后的第二个镜头:正在拉手风琴的姐姐坐在前景,沸腾的水壶处于中景,似乎在凝神倾听又似乎无所事事的老人处于后景,所有影像都比较清晰——这种大景深处理首先营造了一种真实的生活气氛,但这并不是全部,通过对前景和中景的细致分析,我们可以从中看出姐姐的性格。前景产生的悠扬琴声代表了姐姐的志趣,中景产生的"啪嗒"金属声代表的是生活,然而姐姐的行为却向我们展示了志趣与生活是如此漠不相关,从这里我们可以看出姐姐强烈的近乎偏执的理想主义性格。这一看法在影片倒数第二个镜头里又得到确证:经过女儿的逗引孔雀依然不开屏后,姐姐说,爸爸老家漫山遍野都是孔雀,由此可以看出她的性格一直没有被改变。与之相对应的是哥哥和弟弟的态度。哥哥说,咱自己盖个动物园,住在里头天天瞧;弟弟说,反正冬天孔雀也不开屏。对应前面兄弟俩的故事,可以明白哥哥的现实主义和弟弟的虚无主义。这个镜头风格强烈,长达一分钟的镜头机位一直没有变动,依然是前后景清晰的大景深,从而对姐弟三人的性格做了一次总结性的展示。作为摄影师的顾长卫不可避免地延续了以摄影机为中心的思维惯性,但是却比以人物动作展示为能事的创作方法更清晰地展示了人物的心理,并能让观众在静默中加以细细体会。与此相得益彰的是影片的影调处理。

影调不仅对影片的视觉效果有着举足轻重的作用,更多的时候,它是编导者内在性的一种强烈外化,例如《红高粱》烈酒般的红,《大红灯笼高高挂》压抑的灰,《阳光灿烂的日子》新旧驳杂、旧不掩新的黄。《孔雀》的影调是一种回忆的蓝。从文学视角来看,影片每一段的开始都伴随着弟弟那感伤的回忆叙述:"……想起 70 年代的夏天,全家人坐在走廊里吃饭的那一幕……"影片的叙事基调就是回忆,而蓝色,是回忆的色彩。回忆,本来就是一种心理活动,每个人都有他回忆的色彩,但它们都有一种共同的特质,就是陈旧,是对过往的轻视。如果要传达这一特质,除去炊烟的蓝色,很难再去寻找一种大多数人都认可的色彩。导演采用淡蓝色作为影片光色的基调,其基本动机仍旧是营造心理气氛。由以上分析可以得出结论,《孔雀》的影像是精致的,也是心理的。这种心理呈现是涉及作者的创作心理的。

就一般创作规律来说,大多数作者的第一部作品,都带有或隐或显的自传性质。弗洛伊德曾将文学创作归纳为一个公式:"目前的强烈经验,唤起了创作家对早先经验(一般是儿时经验)的回忆,这种回忆到现在产生了一种愿望,这愿望于作品中得到了实现。"就《孔雀》来说,当初刚遇到剧本的时候,顾导的夫人蒋雯丽就说它是专为顾长卫等待的,其意不言自明。年逾不惑才首执导筒的顾长卫,从心理上来说是沧桑的。他不仅把他的沧桑赋予影像一种老人般的平静而深厚的气质,更明显的则是赋予影片的意识形态(某一人群或阶层对世界如何运作所持的观念)一种史诗般的俯视。

这部影片采取了三段式的叙事,分别讲述姐姐、哥哥、弟弟的故事。若分开来看,一般观众仍能看出痛苦的青春这种"单车式主题",但顾长卫的年龄决定了他不管是在阅历还是心路历程上都远远地超过王小帅、路学长等人,应该不可能继续这一主题的重复。这就有必要从整体上来看影片的结构,也即它的故事整体安排。影片是以姐姐—哥哥—弟弟这一顺序来叙事的,意义也正在于这个顺序上。前文已经指出姐弟三人的人生态度,姐姐是理想主义的,哥哥是现实主义的,而弟弟是虚无主义或者说是逃避主义的。这种顺序安排其实是一种大人生,它喻指了大多数人一生的心路历程。一个人在他年少的时候,总是满怀各种理想,就像是影片中的姐姐;及至成人,梦想实现的不再可能和生存的压力让他慢慢变得现实起来,就像是影片中的哥哥;然而现实并非总是如意,层层盘剥的挫折之后,大多数人开始逃避现实,选择了只要能活着就得过且过的人生态度,就像是影片中的弟弟。这也暗合了弗洛伊德的另一理论,就是作品主人公的典型特征是"自我中心",作家常常将"自我"分成若干个"部分的自我",通过几个角色来体现其精神生活中的种种冲突。影片是以河南小城安阳为拍摄基地的,讲的是小老百姓的故事,所以,作者的意识形态也正是普通老百姓的意识形态。追根究底,《孔雀》实际上就是一则生命的寓言。

生命如是,导演的表达又是如此隐晦,让人在欣赏时欲罢不能欲哭无泪,这可能正是导演要找的感觉:只给你一则寓言,有泪也把它含在眼眶里吧。

范文点评

作者开篇就指出了影片的叙述结构,然后指出这部影片给他印象最深的是心理解析手法。在文章的主体部分,作者紧紧围绕影片中镜头的应用来解析镜头对人物内心的展示和心理描画。接着作者从电影理论中的"影调"出发,分析影片的整体色调在分析和刻画人物内心方面的重要作用。文章最后还从导演对人物性格和角色的定位做了分析,这样的分析就将整部影片的叙述结构清晰地表达了出来。可以说《孔雀》是一部成功的心理分析影片,影评作者也抓住了影片的这一重要特点,并抓住了心理分析在影片中的重要表现,做了一一的解读,比较有深度。

影片信息

中文名:孔雀   外文名:Peacock   上映时间:2005年
导演:顾长卫   编剧:李樯   类型:剧情
主演:张静初、吕聿来、冯瓅
主要奖项:第55届柏林国际电影节银熊奖

呼唤被历史扭曲的人性

——浅析《芙蓉镇》

《芙蓉镇》是导演谢晋在"文革"十年后执导的反映"文革"时期的一部经典作品,这部作品延续了谢晋从 20 世纪 50 年代的《女篮 5 号》直到 20 世纪 90 年代的《鸦片战争》的一贯风格,紧扣时代脉搏,以伟大的时代变革为背景,通过小人物的命运兴衰来呼唤人性,从而摆脱了传统政治片的说教模式,使得影片更加生动。紧凑的叙事、流畅的剪辑、深刻的主题和唯美的意境让《芙蓉镇》成为在国内外享有盛誉的作品。本文将从主题和意境两个方面来浅析这位电影大师的经典之作。

一、深刻的主题内涵

谢晋是一位具有较高艺术自觉和艺术良知的大师,他总是想借助电影来完成一种使命,那就是使人们反思历史、反思人性,正如他在拍摄《天云山传奇》时所说的那样:我的影片所向往的境界不是灯亮起来时热烈的掌声,而是在大幕合拢,长时间静默之后,观众席里的一声叹息。也正是他对电影的这种观念,引领着他执导了大量与时代有关的电影。《芙蓉镇》则是最具代表性的一部。它讲述了"四清"前五年到"文革"后五年近二十年的故事,在中国这是一段国人永远不会忘记但又不敢轻易地去触及的"敏感时期",但是谢晋凭借着他处理政治问题的大胆和适度的分寸感,将事隔十年的"文革"搬上了银幕,与其他反映"文革"的电影不同的是,《芙蓉镇》旨在反思那段历史和在那段黑暗历史之下形形色色的人性,呼唤被历史扭曲的人性美。

《芙蓉镇》中的人物大致可分为两类:一类是以胡玉音、秦书田、谷燕山等为代表的充满人性美的一方,他们在那段时期备受折磨但其人性却依然高尚、不屈。另一类是以李国香、王秋赦为代表的,他们借助混乱的政治局面作威作福。这两类人物在影片中形成鲜明的对比,从而使得人性美的一面更加地凸现出来。影片通过人与人的对比、人性与人性的呼应来解构那段历史,如谢晋所说:"历史之所以值得后人以审美的态度来面对,就因为有这些负载着历史意志的人格和灵魂。如果没有这样浓厚的人物,历史片就成了空洞的场面和遥远的事件的堆积。"《芙蓉镇》则通过刻画胡玉音这一人物,以"一个家庭道德悲剧来折射历史,以人性的心路历程来显示历史的足迹"。

胡玉音,一个人靠着自己的勤劳和善良经营着米豆腐摊,生意风风火火,因而招致了国营饭店经理李国香的妒忌,之后李国香将这种个人的恩怨寄托于革命之中,而使胡玉音背上了"新富农""走资派"的帽子,从此开始了她的悲惨生活。家破人亡、不断批斗、惩罚扫街等等不幸都压在了这个孤苦伶仃的女子身上。起初她迷失了方向,并将一切的罪过都归咎于秦书田这个"反革命分子"在她结婚时写的喜糖歌、在她新房上写的对联。在那个混沌的年代,谁又能分清孰是孰非,更何况是这个柔弱女子!在她与秦书田不断的接触中,他们逐渐地相爱,虽然"两个狗男女,一对黑夫妻"的对联,显示了他们当时地位的卑微,但也显示出了他们心灵和人性的无比高尚。影片通过胡玉音来表现人性的美,来揭示:纵然历史黑暗,但人性的光辉依旧。

二、隽永的意境

电影作为舶来品,意境作为中国传统的美学形态,在谢晋这里得到了完美的结合。他的影片既能看到好莱坞式娴熟的技巧,又充斥着隽永的意境。在构图上,始终遵循的三分法原则,将主人公置于画面的三分之一处,使得画面更加鲜明也更加优美。在色彩运用上,影片以蓝色为基调,给人以沉静的感觉,使观众更加冷静地去对待那段历史。在叙事上,扫街占据重中之重的地位,其在表现惩罚之余,更多的是表现出了美的存在。

首先,影片发生在一个具有古典文化氛围的古镇上。青石板路、街道两侧的房屋,无不弥漫着古意、古韵、古文化的气息,是何等地具有诗情画意!其次,扫街这一惩罚性工作,在谢晋片中变得如此唯美和高尚,扫街时那轻盈的华尔兹舞步、优美的音乐与画面相得益彰。

"电影需要运用电影特殊的视听造型手段来'改造'那些物质性原材料……使物质性原材料变成融合了创作者主观意图和色彩的精神性"。在影片中"夜"的运用则充分地体现了这一点:夜,是黑暗的,给人恐惧和压抑的感觉,更好地表现了在"文革"压抑之下的以胡玉音和秦书田为代表的人们。同时,夜也是可以过滤掉杂质的。在夜里,没有白天的喧嚣和政治的残酷,没有世态的丑陋,有的只是宁静和美好。这美好的夜色孕育着一段感人的爱情,也表现出了导演的主观意图。《芙蓉镇》娓娓道来,犹如一曲低沉、凄凉又带有一丝希望的乐章,让人久久回味。

该片通过完美的艺术手段,表达了导演深刻的思想内涵。那个时代已经成为历史,留给后人的应该是反思,反思历史、反思现实,以"呼唤经常被历史扭曲的人性美,呼唤经常被人们遗忘的高尚和正义"。大师虽逝,但其作品永存,其精神永存。对影片的探索也将永不停止。

(文/夏萌萌)

范文点评

《芙蓉镇》是导演谢晋的经典作品,对这类作品的分析解读往往是有难度的。因为这类作品的思想深度和视听表现都非常成熟,分析这类作品需要相当扎实的专业基本功和成熟的写作技巧。本文的作者选择了传统的主题分析角度和电影的意境美,这也是该片的特色。整体的写作比较娴熟,语言流畅,对电影的整体认识和评析也比较到位。特别是对电影理论名句的引用非常成功,对文章的中心论点做了有力的支持。但是,个别段落前后的衔接不是特别自然,稍显突兀。

影片信息

中文名:芙蓉镇　　　外文名:Hibiscus Town　　　上映时间:1986 年
导演:谢晋　　　编剧:阿城、谢晋　　　类型:剧情
主演:刘晓庆、姜文、郑在石、祝士彬、徐松子、张光北
主要奖项:第 7 届中国电影金鸡奖最佳故事片奖、第 7 届中国电影金鸡奖最佳女主角奖、第 7 届中国电影金鸡奖最佳女配角奖、第 10 届大众电影百花奖最佳故事片奖、第 10 届大众电影百花奖最佳男演员奖、第 10 届大众电影百花奖最佳女演员奖、第 10 届大众电影百花奖最佳男配角奖、广播电影电视部 1986 年优秀影片奖

天狗:一个人的战争

——评电影《天狗》

　　这是一部拷问当代中国社会道德底线的严肃电影。它由著名导演戚健执导,改编自著名作家张平的小说《凶犯》。应该说,《天狗》这部电影的题材很尖锐,触及了一个非常敏感也非常有力度的问题。它揭示了中国文化的劣根性,展现了新的市场经济时代人性的扭曲和道德沦丧,并在这种批判中凸现了"天狗"孤独而执着的道德抵抗意识。在那无奈而倔强的枪声中,李天狗的坚守便成了一个人面对看不见的利益群体的斗争,他的英雄气质得到了淋漓尽致的表达。

　　影片的主题设计主要在于主人公李天狗和村民的矛盾对抗。李天狗,这个昔日的战斗英雄,他只想和老婆孩子安安稳稳像正常人一样生活。然而,他守护的树林,是以孔家三兄弟为首的所有人的富裕之路。他的到来,无疑成了挡住他们财路的一条真正的"天狗"。他要么同流合污,要么以一人之力对抗所有人。在生与死、利与害之间,李天狗选择了后者,选择了一条死亡之路。李天狗忍受着,但决不退让,他扛着一杆汉阳造老枪,拖着残腿,默默守护着山林。在这场力量悬殊的较量中,他坚守着一个军人的信念和公民的良知。

　　这部电影丰富了我国电影中纪实美学的表现手法。中国电影从 20 世纪 80 年代第四代导演开始,探讨所谓的纪实美学,而让纪实美学真正开花结果的,则是贾樟柯这批第六代导演。所谓中国电影的纪实美学,它的影像层面的自觉和思想层面的自觉,创作者的社会责任和电影责任,在《天狗》这部影片里呈现得特别充分。影片创作者不是仅把自身摆在一个社会学家或者思想家的位置,或是仅摆在一个电影家的位置,而是将二者很好地结合在了一起。在一些段落我们看到的是纪实性带给我们的美感,是一个真正的90 年代初中国农村的世界。而纪实性镜头和大全景快速交叉剪辑,并搭配变焦镜头和摇晃镜头,很好地处理了纪实性风格和艺术化结合的问题。同时,整部电影的叙事结构也可圈可点。这部影片的结构实际上是两个反向结构。一个是正向的,就是县长带队的一条线,这实际上是对李天狗精神的一种正面的展示;另外还有一个反向的,就是老公安想找到李天狗杀人的内部动机,比如买可乐、断电等等。这两个方向叙事的交叉最终都走向李天狗的内心情境。当然,因为它没有标志性的剪辑点,两个空间的变化有的时候会让你校正对影片观看的视点。所以有时我们会从案发之前,就是李天狗的那条线,跳到叙事的现在时,也就是对事件追溯的视点上。另外,影片中的表演风格也很完整,人物还原到位。女演员的表演有几场戏非常精彩,比如她去村长家弄水、打架的戏,处理得既有爆发又有控制。男演员有几场戏也呈现了很好的爆发力,尤其是喝酒那场戏,没有情节的推进,完全依靠演员的声音、表情的爆发。这在电影中很少见。一般电影需要叙事累积把高潮推上去,但这里却是硬推,一杯酒下去,对着镜头,用爆发力把观众征服了,这是演员包括导演、摄影共同完成的经典场面。

张平的小说《凶犯》是一部非常优秀的作品。对《凶犯》的改编在某种程度上减少了影片成功的难度。《天狗》的内核是有力的,也是宝贵的。通过一个护林员和村民之间关系的转变,通过矛盾渐渐显现,通过李天狗焦虑处境里面的艰苦抉择,通过李天狗这一角色背后所体现出来的意义,我们看到的是一系列问题的提出,而且在一定程度上这些问题绝没有停留在表面,而是揭示出中国社会各种我们关心的内容的关键部分,包括政府与个人、责任与尊严、历史记忆和功利化社会的异化、大众内部权力体系的复杂,包括劣根性的揭露,包括人性的无耻和反面的神圣对比。这都引发我们深入地思考当前中国人的文化语境,对转型期的文化建设和社会导向都有着重要意义。有的影评人称之为电影影像全球化的背景下"中国电影的拐点"。

范文点评

作者开门见山地将自己对影片的理解和盘托出,毫无拖泥带水之态。同时也充分意识到影片中镜头构图的重要意义,在行文中引用了多处镜头应用的细节,并指出这样应用对揭示主题的意义,在论述中将中心论点和电影理论很好地融合在一起,行文不蔓不枝,观点鲜明,论据充分,体现了一种可以让广大考生学习并模仿的影评写作模式。

影片信息

中文名:天狗   外文名:The Forest Ranger
上映时间:2006 年   导演:戚健
编剧:郑宏志   类型:剧情
主演:富大龙
主要奖项:第 13 届大学生电影节最佳故事片奖、第 9 届上海国际电影节评委会大奖、第 15 届上海影评人奖"十佳影片"奖、第 15 届上海影评人奖最佳女演员奖

沉默中的呐喊

——赏析《钢琴课》

作为一名观众,看完《钢琴课》后感到一种前所未有的思想碰撞和深深的感触。女主角艾达全片没有一句台词,但她每一个刚毅的眼神、每一个强有力的手语都是一种无声的呐喊:为了自己独立的人格,为了自己的真爱。而作为一位女导演,简·坎皮恩用独有的抑郁色彩拍出了一部独具色彩的女性电影。

《钢琴课》将视角扩大到整个人类本性的追求中来审视它的女主角,俯瞰着她追求心灵自由所做的所有努力,之所以选择了一个不会说话的女主角,完全用那张冷漠的脸加上一双会说话的眼睛来表现各种感情的流露,是为了诠释"不在沉默中爆发,就在沉默中灭亡"这样一种思想。艾达虽然不会说话,但是能够听见任何人的说话,与其说是她不会说,还不如说是她不想说。钢琴就是她的生命,钢琴也成了她表露情感的工具,这反而比语言更生动,更丰富,每一次细腻感情的流露都能通过多类变化的旋律来表达,不论是痛苦的还是快乐的。而女主角的衣服也在无声地诉说着18世纪的社会对女性的思想禁锢和封锁,裙子里要装一个像笼子似的罩子,繁琐的花边装饰,把整个人包裹得严严实实的,但是导演并没有完全让艾达被这种笼子所束缚,反而为她开了"洞"让她钻出来:艾达为了得到钢琴答应"以物易物"的交易后教贝因弹钢琴,而且同意贝因做的不良举动后,贝因钻到钢琴下让艾达掀起裙子,这时我们可以清楚地看到艾达腿上的裤袜破了一个洞,露出了一块雪白的肌肤,这仿佛是导演故意让观众看到艾达那颗不安分的心,听到她对世俗的无声的呐喊,也很好地为故事发展做了铺垫。

导演用一种抑郁的灰色调贯穿电影的始终,从没有色彩的天空到汹涌澎湃的大海,从整个蛮荒之地到艾达的每一身衣服的颜色。这种色调本身就给人一种黑压压甚至是窒息的感觉。那种色彩的张力在灰色中爆发出来,一如钢琴的黑白色,有着那么鲜明的思想倾向,女性导演的抑郁情绪于无声中显露出来。

导演选择了一座幽闭的荒岛,让所有的一切都在这里发生,不受外界社会的沾染,心灵在这里得到释放,做回了最本真的自我,人性得到最自由的发展。影片在蛮荒中面对伦理,面对真实内心的挣扎、迷惑、爱恨、生死,女权运动本来就是一场寻回本性的双性间的较量,那么在这蛮荒之地存在的也只有单纯的两性。艾达面对的是道选择题,两个都很爱她的男人,一个看似绅士实则野蛮至极,爱走极端,甚至会为了发泄自己的愤怒而伤害所爱的人,那种强烈的占有欲在他的举手投足间显露无遗,而另一个是外表粗野的土著居民,外表看似粗俗不堪,实则内心十分细腻,能够体会到女性内心的思想并帮之付诸实践。这两个人也许都是导演选取的极端性人物,通过强烈的对比让观众感受到这种选择的力量,并不断地用画面语言阐述着选择的理由,艾达最终摒弃了一切来遵从自己内心的感受,女性对爱情的自主选择权在这里得到最真实的实现。

女性的自主选择权在影片中被反复强调着,不仅包括对爱情的选择还包括对生死的选择。艾达跟着自己心爱的人驶向向往已久的远方,爱情得到了满足,但是面对汹涌澎湃的大海,虽然贝因极力想带着艾达视为生命的钢琴,但是艾达知道这样的后果可能是双方生命的牺牲,这样的结果当然不是她努力想要得到的结果,但是她还是舍不得自己的钢琴,所以当钢琴向大海深处沉去的时候,她让钢琴的力量把自己拽向海中,安静地跟与自己生命等价的钢琴多待了一会儿。同样她知道这样的后果是死亡,是与心爱的贝因和最爱的女儿永远地别离,她更舍不得的当然是后者,在那一瞬间她费尽力气将脚上的缆绳褪掉,靠着本能的求生欲望向海面游去。在生与死面前她选择了生,在最爱的钢琴和爱人面前她选择了爱人,这也是导演的目的:通过这样的影片来感化女性,让她们在选择面前要靠心性和理性。

层层的阴影随着社会的发展和人类自主意识的提高渐渐消散,如今,女性的选择权很大程度上已经自主,女权主义在世界大肆宣扬,女性对于真爱有着自主的追求,对于这一切,这部影片也做出了一定的贡献吧!

（文/何秀丽）

范文点评

这是一篇很有力度的影评,之所以这样说,是因为这篇影评显示了作者对电影作品的深刻认识和良好的文学功底。作者对影片中的人物、色调、环境等的分析和认识,都表现出了作者对电影理论的扎实掌握和娴熟运用。作者在具体的论证和评述过程中,语句流畅,让读者读来非常通顺。

影片信息

中文名:钢琴课　　　　　　外文名:The Piano

上映时间:1993 年　　　　　导演:简·坎皮恩

编剧:简·坎皮恩　　　　　　类型:剧情

主演:霍利·亨特、哈威·凯特尔、山姆·尼尔、安娜·帕奎因

主要奖项:第 46 届戛纳国际电影节金棕榈大奖、第 66 届奥斯卡金像奖最佳女主角奖、第 66 届奥斯卡金像奖最佳原创剧本奖、第 19 届法国电影恺撒奖最佳外国影片奖

道德困境中的人性冲突

——评电影《求求你，表扬我》

《求求你，表扬我》（黄建新执导），讲述了一个打工仔杨红旗（范伟饰），因父亲是劳模，所以特别期待能受一次表扬。于是他到报社讲述自己如何解救一名险被强奸的女大学生欧阳花（陈好饰）的事迹，可没有人信他，他不断四处讲述，终于引起报社重视，派记者古国歌（王志文饰）进行调查，正当事情要水落石出时，女大学生出面阻止，面对女孩的名誉和民工的心愿，记者不知如何取舍。在这个故事里，每个人都经历着灵魂的拷问。影片以对现实的陈述和小人物的关注，展开了对人性的分析和社会批判。

在这部电影中，大部分人都因为不同的原因和目的而成为撒谎者，少数的诚实者在这个社会中显得格格不入，且更可悲的是，由于看到了太多谎言，这些诚实者对周围的一切都充满怀疑，就像古国歌对女友米依说的抓捕犯人的事情也充满怀疑一样。欧阳花为了不受影响，后来又意图情挑古国歌摆平此事，但是最后却由于西区惯犯的落网而鸡飞蛋打。同样，为证明自己确实救过人，为了给患有肺癌时日无多的爸爸一个交代，杨红旗拼命地证实自己，但是，他也一直挣扎在孝道和道义之间。黄建新精心布设了村支书的笑容、葬礼的仪式等一系列不合理的细节，铺垫出了第二个结局"杨胜利没死且和儿子一起去了北京"，在这个结局中，杨红旗为了村里的利益默许了村支书的谎言，且还参加了虚假的葬礼。于是杨红旗得到了村里和报纸的双份表扬、村里免费打开了知名度、杨胜利老汉因为儿子得到表扬而心情愉快病情好转，大家似乎皆大欢喜，但是古国歌却无法理解自己究竟做了什么把一个诚实的见义勇为者逼成了撒谎者。片中出现的其他看似无关紧要的配角，也都从不同侧面表现出现代社会浮夸和谎言已成为风尚。村支书决定撒谎，因为他知道撒谎可能给村民带来更大的利益；句号扮演的警察决定撒谎，因为如果说出粉巷曾发生过恶性治安事件，派出所的综合治理标兵单位就会泡汤；唯一说真话要求得到表扬的杨红旗也被归于其中得不到信任。这一切，充分体现了现代社会由于道德沦丧而造成"我们不敢去相信别人"的悲哀。

这部影片表面上展示了一出略带苦涩的黑色幽默："想在影片中表述生活中不可判断的东西，所以选择了荒诞这种表达方式"。但是，实际上，它展示的是中国当代社会转型期从一元走向多元、从封闭走向开放的过程中，各种意识形态碰撞、冲击和融合的混沌状态。社会各个阶层，陷入社会变革特别是经济大潮之下的道德困境，其意味更值得研究。道德困境，正是《求求你，表扬我》的表现核心所在。我们似乎可以看到，在这个个人价值全面抬头（却并不健全）的动荡年代，道德成为一种艰难的选择。

《求求你，表扬我》的主角包括民工、大学生和报社编辑，这一次的道德问题也似乎与时代无关，而是成为人人难以自保的陷阱。至此，黄建新已经完全走出中期作品社会图景式的风貌，似乎正走进一个更为开阔的地带。黄建新就是在给我们显示道德标准多元化带给整个中国社会的茫然失措。黄建新说过："我经常对某些东西判断模糊，当无法概括一件事的时候，只能用表述的方式，就像这部电影，要求表扬的范伟、一心想挖掘真相的王志文以及不想让别人知道事实怕影响前途的陈好从自己的立场出发都没有错,这就是一个悖论,到最后每个人都背离了原始的初衷。尤其在现实生活中,实用主义已经代替了理想主义,不知道我的片子能否表达一些。"作为一个民工,范伟身上负载了太多的符号意味:他是一个传统文化意义上的孝子,他又是一个社会最底层的民工、一个38岁的老光棍,他最深刻地感受到了社会阶层的差距,以及金钱给人的尊严所带来的伤害。他要求表扬的念头,表面上看是滑稽可笑的,但如果深思一下,我们又会发现,这其中不仅包含了一个孝子的孝心,一个民工对"英雄"身份的自我认同,更有着一个人对尊严的渴求和呼唤。但是,当这份尊严的呼唤与一个女孩子的名誉发生碰撞的时候,矛盾和冲突就以悖论的方式显现了:欧阳花所要维持的,是清白的贞操,然而,她却试图勾引记者古国歌放弃调查,那么,她到底要的是真正的贞操,还是名义上的贞操?或者说,是一个好工作所必需的借口?而以挖掘真相为天职的记者,当遇到真理和道德冲突的时候,又应该倾向于哪一方?在这场冲突中,我们到底应该谴责谁、表扬谁?从早期的启蒙批判立场,到后来的平民主义,再到《求求你,表扬我》所表达的多元化立场,黄建新的思考在不断深入,而且不断把尖锐的问题,同时也把最后的道德判断摆在观众面前。

《求求你,表扬我》中有悬疑,有猜测,许多关于人物心理的描写也非常刺激,表现了善良与狡黠、诚实与规则之间错综复杂的争执。同时,我们看到,作为一部探讨当代中国道德冲突的电影,它又具有着许多游离于主题之外的元素,这特别表现在它的技术细节上,比如在展现古国歌的未婚妻——刑警米依的生活片断时对好莱坞大片的模仿,范伟表演中浓重的小品意味,以及埋掉的崭新奖状、村长的莫名微笑,欧阳花等三名女生追逐杨红旗等一系列充满隐喻的镜头。大段的音乐虽然不是这部电影的重点,而且民谣歌手小河的歌曲不能算是广为传唱的大众音乐,但是在有些场景中还是很好地烘托了气氛,例如古国歌第一次见杨胜利时,音乐很有某个年代歌曲中特有的朝圣心绪,而画面配合的是主席像、满墙红奖状和斜阳中大红被子下的枯瘦老汉("文革"年代的劳模),这些红色的画面与整个看起来青灰色的南京相比充满了象征意义。

范文点评

影评开头的关键是亮出中心论点,观点一定要鲜明,切忌含糊不清。这篇文章的观点就非常清楚,即"影片以对现实的陈述和小人物的关注,展开了对人性的分析和社会批判"。影评文章的论点是通过影片的主要内容用最简练的语言概括出来的。对总结中心论点我们完全可以进行集中的训练。其基本思路就是通过什么样的现象(故事情节),表现了事物的什么本质(人性的内容、伦理的善恶、正义和黑暗、对现实的意义等)。记住:中心论点就是从现象生发的本质,是深化的道理。

影片信息

中文名:求求你,表扬我　　　　外文名:Gimme Kudos　　　　上映时间:2005年
导演:黄建新　　　　编剧:黄欣、一凡　　　　类型:喜剧
主演:王志文、范伟、陈好、廖凡
主要奖项:第8届上海国际电影节金爵奖评委会大奖、第8届上海国际电影节金爵奖最佳编剧奖、第8届上海国际电影节电影频道传媒大奖最佳影片奖、第8届上海国际电影节电影频道传媒大奖探索精神奖、第12届北京大学生电影节组委会特别奖

反思战争的经典之作

——浅析《紫日》

一提及战争片,尤其是抗日战争题材的影片,无非就是那些反映战争杀戮的、残酷的、看完后给观众带来一种愤愤不平感觉的影片。然而《紫日》却一改往日战争片的风格,拍得唯美,讲得深刻,从人性的角度来剖析在战争环境中人的生存状态及战争所带给人类的灾难,使得观众在看完这部影片之后,少了几分对敌人的仇视,多了几分同情和沉思。《紫日》是冯小宁战争三部曲中的一部,相对于《红河谷》的声势有余而深沉不足、《黄河绝恋》的浪漫可人而略显俗套来说,《紫日》既浪漫又不失深刻。冯小宁一贯地坚持自导、自编、自拍的原则,这就使得电影无比流畅,最佳地表现其意图,本文也将从影片的故事和视听语言进行分析。

从影片叙述的角度来看,这是一个完整的故事,展现了受到战争摧残而扭曲的人们找回自己的人性的过程。这也是此片与大多数的战争片大相径庭的地方,即选择了一个新的视角来审视战争。在战场上人们为了自己国家的利益去杀戮去抵抗,他们或许不知道是对是错,只知道这是命令,作为国家子民的他们必须如此。在这种状态下,他们是完全没有理性、没有人的本性而言的,而作为编剧的冯小宁巧妙地运用一种方法,将人物置于大自然一片漫无边际的森林中,让他们与战争分离、摆脱国家意识的困扰,还原为真正的人,进而唤醒他们的人性,以此来突显战争与和平的主题。

情感变化是推动影片发展的一条主线。由开始的盟友、敌对的警惕的关系逐渐地发展成为相互依靠、不可分割的朋友关系。起初是战争的原因,让他们只带有自己国家的立场而带着"面具"来面对身边的人,最后在大自然面前,他们作为渺小的人类只能相互地依存,这时的他们是自己、是人。在影片中,秋叶子被抓之初带着日本军阀所教唆的军国主义思想,把杨和苏联人带入了日本的防控区,这时的他们是对立的,而在秋叶子掉入沼泽,杨和娜佳把她救出后,他们之间的关系开始发生变化,直至那场大火,秋叶子用自己的生活常识救了他们,杨把绑着她的绳索砍断之时,他们相视着笑了,这笑是死里逃生的喜悦,是战胜了大火的胜利的笑,他们共同经历了生死,而后杨、秋叶子、娜佳三人过河时,画外音响起"我们三个人的命运已经在一起了"。在他们情感不断变化的主线索下,又有三条不同的叙事线索,那就是杨、秋叶子、娜佳三个人各自的情感故事,当然这其中也是有主次的,杨的回忆是贯穿于整个故事的,其中加上了娜佳和秋叶子的回忆,其好处在于既能够最大限度地保证观众的信息量又不会使观众感到单一和疲惫,错落有致,此起彼伏。再一个,故事的讲述都是运用了倒叙方式,能够引起观众的兴趣。在这样一个结构完美的故事之下,它塑造出了极具代表性的人物形象。

杨,一个典型的中国农民,他所代表的是在当时残酷战争摧残之下的纯朴无知的农民形象,作为侵华战争的直接受害者,不明不白地被日本人杀害了自己的母亲,本能地为了生存而挣扎着,心中充满了破家的血仇,同时又因为人性本能的善良而不杀害无辜的人,内心饱受折磨。他不会用枪、不懂打仗,从表面上看他是那样无知,然而在穿越森林时,他是真正的"爷们",是娜佳和秋叶子的主心骨,他用自己的善良化解了秋叶子内心的敌对思想。曾经有无数次的机会可以杀掉秋叶子,然而他却没有动手,正是他的那颗包容的心,使每一个人都会在他面前感到汗颜,还有什么不可以被宽容?在战争宣布结束之后,面对战争给他带来的灾难,他也只是在呼喊:"你们凭什么杀人?你们凭什么来我们这儿杀人?就这样完了?"在秋叶子被杀后,他完全爆发了,秋叶子与他和娜佳之间已经没有了国界的区别,他们已经是最亲最亲的人了。日本的军官打死了阻止他们自杀的秋叶子,他和娜佳无法忍受而又与法西斯主义者进行了战斗,这是他们储存已久的对于战争的反抗。他极大地包容了日本善良的国民,顽强地打击了那些顽固的法西斯主义者,但是战争又能给他一个什么答复呢?

秋叶子是这部影片中变化最大的人物。她是一个纯洁的高中生,对于事物还没有什么判断力,更不用说是战争。她只能听从本国的教育,在法西斯主义的教唆之下,"杀敌救国"的思想占据她的脑海。这也使得在起初,她想尽各种办法要杀死杨和娜佳,但是在他们共同经历了重重事件、多次被杨所救之后,她的人性开始被慢慢地唤醒,逐渐地恢复到她原有的纯真,采野花,与娜佳在水里嬉戏,这才是属于她的生活,没有战争,没有杀戮,与鲜花为伴,与快乐相随。但是在战争结束她即将可以回家与家人团聚时,为阻止日本人相互残杀,被自己国家的军官打死,八音盒顺着山坡滑下而不再发音,秋叶子鲜活的生命也在此刻戛然而止。她与美好的未来只差一步。

娜佳,世界反法西斯主义同盟的代表、苏联军队的少尉,同时她也是一个因为战争失去儿子的母亲。在影片中,由于语言不通,她的话是最少的,然而她却是不可缺少的。她带着国家交给她的使命和希望战争早日结束的凤愿来到中国,她是世界热爱和平的象征。

他们三者之间虽语言不通,但至少有一点是相通的,那就是他们都是战争的受害者,同时又有着对生的渴望和希望战争快点结束的愿望。一个"完美"的故事,三个极具代表性的人物,构成了该片的总体框架。也正是由于语言的不通而使得整部影片的对白极少,大多是用电影语言来"讲述"的。

学美术出身的冯小宁始终主张唯美主义。所谓唯美主义,就是以艺术的形式美作为绝对美的一种艺术主张。这里所说的美,是指脱离现实的技巧美。所以他执导的影片无论是从色彩、构图还是画面都给人以享受。时隔许久,你可能会忘记里面的台词或者是某个细节,但是对于《紫日》来说你不会忘记的就是它那如诗如画的画面。那无边无际的饱含大自然韵致的北国林莽,那迷人的浪漫的白桦林,闪烁着光亮的河水和那透着瑰丽色彩的落日,无不展现着浓郁的诗情画意,令人神驰心醉。还有就是色彩的运用方面,那金黄的雏菊、洁白的百合铺陈在秋天的原野上,既是美的享受,又是一种思想、一种沉思。

电影是用镜头说话的,本片的景别运用也是极佳的,尤其是特写和大远景的运用。巴拉兹曾说:"电影的特写消除了我们在观察隐藏的细小事物时的障碍,并向我们揭示了事物的面貌,这样它就揭示了人。"冯小宁也正是抓住了特写镜头所特有的作用。由于影片中的特写镜头较多,这里只举几个典型的例子。八音盒,始终贯穿于整部影片,从最初它在杨苍老的手中,到最后它在一片落叶上。它所代表的是秋叶子与男友之间纯真的爱情,代表了一切美好的东西。"美好与残酷在观众心中产生强烈反差,这就是美学上的意义。"美妙的八音盒被放置于残酷的战争之中,不管能不能给人以美学的思考,它所带来的反差都是强烈的,表达了人们对于美好事物的向往。太阳,它是生命的象征,然而一旦蒙上战争的硝烟就会改变颜色、降临灾难,除去战争的阴霾,明媚的阳光才会重新给世界带来光明、温暖、希望与生命。太阳带有紫色说明它就要下山了,一切不美好的事情也将会过去。还有一处特写镜头出现过多次,就是杨的眼睛的特写。从他略湿润的眼中我们看到了无尽的悲伤和无奈,母亲被日本人活活地挑死,一个还活着的中国人被日本人用极残忍的手段致死,一个个鲜活的生命在他的眼前逝去,他的内心极度地悲伤,然而面对眼前的一切他又无能为力,有的只能是内心的歇斯底里的喊叫,让观众感受到了中国受害者在当时的处境。

影片另一个使用较多的景别是大远景。镜头不断地拉,使人物越来越渺小直至消失,这个画面在给人以强烈的视觉上美的冲击之余,更多的是使人沉思。在大自然中人的力量是如此渺小,在这种环境中想要生存,只有相互帮助、相互依存。至此,不能不说的就是在这类画面中摄影所运用的一种新颖的构图方式,即"不平衡构图"。它与《黄土地》中的构图有异曲同工之妙。一般主人公是由银幕的左(右)下角向右(左)上角运动的,人物所占的比例是相对较小的,大部分则是山坡和树林。人被大自然紧紧地包围着,但是人始终是向上运动的,从而表现出人们不屈的精神、人性和精神是不可战胜的。

作为一种综合艺术,《紫日》在带给人一种视觉冲击的同时,也给人以听觉上的震撼。贯穿影片的同一种旋律,由于演奏乐器的不同或是稍加变奏便带给人不一样的感觉。如八音盒中轻快的钢琴曲在影片中用大提琴演奏时,则是低沉悲伤的。

无论是从叙事层面还是视听语言的角度看,《紫日》都可以称得上是一部经典之作。它在给人以视听享受的同时,表达了影片深刻的主题,关于"为什么会有战争? 战争带给人什么? 法西斯对人性到底产生了什么作用"的问题,似乎都能从电影中找出答案。电影使人反思,反思人性,反思战争:无论是战胜国还是战败国都是战争受害者。我们渴望和平。

(文/夏萌萌)

范文点评

这篇影评主要就人物和视听语言两个层面对影片《紫日》进行了评析,应当说是比较全面的。对于电影中的人物形象,我们常常先指出该形象最为概括的、总的特点,并从这个特点出发,进而对人物形象进行条分缕析的解读。这个过程,可以从人物的外貌、行动、语言的分析,到人物的内在性格的分析,最后归结为人物的命运的分析,并集合电影的主题进行总结。但是本文对三个主要人物都进行了分析,特别是对于杨和秋叶子的分析,复述太多而分析不够。在对人物进行分析时对影片中的细节和镜头语言的运用没有展开论述。另外,本文的前后几个段落存在脱节之感,前面的人物形象分析和后面的对电影视听语言的分析内在关联度不够,前后的语言风格也有一定的差异,感觉像是两篇文章。

影片信息

中文名:紫日　　　　外文名:Purple Sunset　　　　上映时间:2001 年
导演:冯小宁　　　编剧:冯小宁　　　　　　　　类型:战争
主演:富大龙、前田知惠、安娜·捷尼拉洛娃
主要奖项:中国电影金鸡奖杰出艺术贡献奖、美国夏威夷国际电影节最佳长片奖、中国电影华表奖评委会奖、上海国际电影节最佳影片奖

一部描写人性碰撞的商业大片

——评电影《天下无贼》

　　电影《天下无贼》是一部由冯小刚执导的 2005 年贺岁片,也是一部中国内地比较成熟的商业类型片。刘德华、刘若英、葛优等著名演员的加盟,让影片群星灿烂。整个故事都发生在火车上,情节流畅紧张而富于悬念,画面剪辑优美,充满着西部风情。在激情的斗智斗勇之中,让我们体验人性与欲望之间的闪电般的碰撞。应该说,《天下无贼》仍是一部冯氏特色极为突出的喜剧,它有着演员的精彩表演、千锤百炼的经典对白、舒缓有致的叙事节奏等等。片中,冯小刚在思想性方面还有了突破,他将善恶观念以悖论形式呈现而付出的努力,给人以耳目一新的感觉。

　　电影讲述的是,单纯善良的青年民工傻根怀揣着六万块钱和"天下无贼"的信念踏上回家的火车,马上被两拨贼盯上了。一拨贼是鸳鸯大盗,男鸳鸯王薄,女鸳鸯王丽,后者受过傻根的滴水之恩,想保护这个傻兄弟。另一拨贼是胡黎领导的盗窃团伙,对六万块钱虎视眈眈。此外还有一个智勇双全的便衣警察,几个弱智的劫匪。两拨贼为了钱互相争斗,最后发现都上了警察的当。最后,傻根还在睡觉,胡黎集团被端掉,胡黎杀了王薄,也难逃法网,警察找到逃脱的王丽,却放走了这个重新做人的怀孕女人。在这个好莱坞式的叙事中,糅进了悬疑、警匪、爱情、特技等流行的商业元素,而就整部电影的主旨而言,导演在商业的考虑之外,试图探索如今这个物欲横流的社会人性向善的可能。

　　整个故事围绕着人性的善良和欲望的邪恶之间的斗争展开。这种斗争不仅仅是体力和智力上的,更是人内心的挣扎和矛盾,比如男贼王薄的转变。在影片中,王薄和王丽这对作恶多端的贼夫妻,由于一个偶然的机缘,结识了一个纯朴的打工少年。正是男女主人公与"傻根"的这次美丽邂逅,彻底地颠覆了他们曾经的价值观念和行为方式。或许是西部庙宇神灵的感化,或许是内心善良灵魂的苏醒,或许是少年不设防心灵的感动,又或许是女贼腹中小生命的促使,反正他们在经过一番心灵挣扎后,终于决定向善,一路保护怀揣六万"巨款"的傻根,与另一拨贼斗智斗勇,作出了一番触动灵魂的壮举。从乡下出来打工的傻根打死也不相信天下有贼,而更为罕见的还是王薄、王丽这两个江湖大盗为完成傻根"天下无贼"之梦所作出的自绝后路、难以置信的选择。这两种不可能对《天下无贼》一片的叙事构成了最大挑战。在这里,冯小刚显示了叙事智慧。为增强"傻根"之傻的可信,他设置了与傻根朝夕相处的群狼,更设置了一群笃信"贼满天下"的老乡,这一切都使这种傻充满了个人气质;而关于王薄和王丽的浪子回头,他最重要的设计就是王丽怀孕,在影片中,王薄与王丽的"顿悟"是一个渐进的过程,除了他们自己内心的"善",外因的指引更是功不可没。对于王丽来说,腹中的孩子是促使其转变的第一个因素。当几次呕吐让她知道自己已怀孕,她开始"放下屠刀"了。于是她与王薄的矛盾产生了,并提出了分手。在拉卜楞寺,她虔诚地跪在朝拜的人群中,随着镜头不停地晃动与旋转,我们看见的不再是一个女贼,而是一个美丽的女人,一个充满母爱的女人。"爱情"也是一个重要因素。我们可以从影片中看出男女主角情感炽热:在船上的激情拥吻、与群贼拼斗时男女主角内心深处的那份互相牵挂等等。爱情的存在和情感的纠葛证明了他们人性的存在,更是促使他们转变的一个基础。

配合着主题,影片在各方面都作出了努力。作为一部商业贺岁片,与前几年的贺岁片相比,该片的娱乐要素明显趋向多元:除了葛优惯常的"一本正经"以及插科打诨外,冯小刚大胆地添加了刺激性的动作片元素,让钢针、刀片等"小兵器"在手腕间飞舞。而叙事干净利索,环环相扣,一气呵成,基本上是好莱坞式的线性讲述。作为一部描写心灵又要求商业成功的片子,情节的设计也体现出了导演的世故和圆滑,男女主角戏弄富商的默契潇洒、惊险刺激的火车之旅、美轮美奂的舞蹈般的打斗场面极大地吸引了观众的注意;半路杀出的范伟一伙小品般的打劫,更让人提前领略了央视春节联欢晚会的风趣,让人开心地大笑;而最后谜底揭开、群丑尽伏的结局在让观众恍然大悟的同时,又体会到一种符合他们价值判断的"善恶有报"的心理快感。同时,该片在视觉语言的选择上更是刻意地去衬托主题,开拍地点选在被称作小西藏的甘肃南部重镇——夏河县,这里美丽的自然风光、古风犹存的小城、肃穆宁静的佛教重地拉卜楞寺都充分体现了故事净化灵魂的主旨。另外影片中虔诚朝拜的人群、神秘的高原和狼群、暗藏玄机的列车、男主角血肉模糊的死亡场面和女主角落寞无助的眼泪都极尽可能地烘托了一种宗教气氛。

《天下无贼》其实是一个极具东方文化内涵的梦想,是对知识分子内心的一次温馨的人文关怀。也许,"天下无贼"不过是一个美丽的梦。连冯小刚自己都说:"有人问我相信不相信天下无贼,我肯定不相信,但是正因为我不相信,所以我才要拍一部关于天下无贼的电影"。冯小刚的魅力其实正在于此。影片是一场名副其实的视觉盛宴,并直逼人的内心。冯小刚通过众多明星出色到位的表演、扣人心弦的火车角逐、苍凉壮美的高原景色、悲切的背景音乐,用丰富的富于变幻的镜头语言把一个根本不可能的梦编织得如此入情入理、引人入胜。

范文点评

作者开篇交代了影片的背景,然后指出了影片最吸引他的地方:是一部冯氏特色极为突出的喜剧片,并且将善恶观念以悖论方式呈现。开宗明义的方式很清晰。

为了凸现文章的主题,也是作者要论证的影片的主题,作者对整个影片的造型意识、情节设计、男女演员的表演以及在场面设置等方面的独到构思进行了全面的评价。

作者在行文最后从主创者的创作出发,进一步认识到影片的艺术真实产生的艺术价值。这也进一步体现了导演冯小刚对道德伦理的深入思考,对人性的细微揣摩,同时也对本文的中心论点做了进一步的深化。

影片信息

中文名:天下无贼   外文名:A World Without Thieves   上映时间:2004 年
导演:冯小刚   编剧:王刚、林黎胜、张家鲁、冯小刚   类型:剧情
主演:刘德华、刘若英、葛优、李冰冰、王宝强、张涵予、尤勇
主要奖项:第 42 届台湾电影金马奖最佳改编剧本奖、第 5 届华语电影传媒大奖最佳女演员奖(刘若英)、第 5 届华语电影传媒大奖百家传媒年度致敬电影、第 10 届香港电影金紫荆奖最佳女主角奖(刘若英)、第 28 届大众电影百花奖最佳女演员奖(刘若英)

在蓝色中不断地追求自由

——浅析《蓝》

《蓝》是法国波兰籍导演克里斯托弗·基耶斯洛夫斯基《红》《白》《蓝》三部曲之一,红白蓝三色取自法国国旗,分别代表博爱、平等、自由,导演摆脱了政治上对于三者的阐述,而是从个人的角度去分析人性的自由、平等和博爱,正如法国理论家马塞尔·马尔丹在《电影语言》中所说:"电影是导演个人观察世界的结果,那么三色系列正是基耶斯洛夫斯基此时此地对自由、平等、博爱个人化思考的结果。"内在与外在的完美结合使得该片屡获大奖,获得了第50届威尼斯国际电影节最佳影片金狮奖、最佳女主角奖、摄影特别奖等诸多殊荣。

一、叙事模式的"重复性"

作为一部由单一主角构建的影片,《蓝》的故事没有很强烈的外部冲突,其情节行进主要表现为主人公茱莉的心理和处境变化,但正是这样一部平缓如水的作品,却表现出了令人震撼的魅力。从叙事层面上看,影片整体讲述的是茱莉在失去丈夫和孩子后,为摆脱这些痛苦的回忆而努力地寻找自由的过程,然而这个过程是曲折和循环往复的。在她极力挣脱后,总是又一次次地被无情地拉回到了对过去的回忆之中,因此也就有了茱莉一次次在蓝色的游泳池中游泳的情景,这是她在挣脱无果后的一种发泄方式,与此同时蓝色被赋予了自由的意义。

全片共有四处重复。第一次:茱莉搬到一个陌生的地方,以为可以丢掉那些痛苦的回忆,然而在这个陌生又偏远的地方,竟然有个街头艺人演奏的曲子与具有极高声誉的音乐家丈夫的曲子一样,这在听觉上冲击观众的同时,也冲击了茱莉那原本平静的心,激起了她内心伤感的浪潮,从而选择在水中哭泣,在蓝色中寻找自由。第二次:在男孩安东尼归还她在事故现场遗留的十字架项链并询问她当时的情况时,又一次唤起了她对丈夫的爱和思念。第三次:如果说第一次和第二次都是直接的刺激,那么第三次导演则以委婉的方式去触及茱莉的痛苦,那就是茱莉用邻居家的猫杀死了那些老鼠,尤为突出的是,那是一只母老鼠和它的孩子,她对自己的"残忍"感到悔恨、伤心,然而这一切都源于她作为一个母亲,对于孩子的爱,对于死去女儿的思念,从而又一次寄希望于游泳池,在此得到解脱和掩盖自己的眼泪。第四次:在得知死去的丈夫有外遇的时候,爱情的背叛,使得她在回忆往事伤心之余又增添了被欺骗的痛苦。这四次重复都是茱莉在受到外界的刺激后,希望在蓝色的游泳池中寻找自由,或许那是个可以掩饰哭泣的最佳地方。当然这四次并不只是简单地排列开来的,而是存在着一种递进的关系,不断地推进着剧情的发展。

影片的"重复性"不仅仅表现在情节的重复上,还表现为音乐的重复、蓝色光影的重复,影片在这些重复之中不断地去表现茱莉的内心活动,及一步步走出阴影的过程。情节娓娓道来,循环往复、曲折动人,建构了这完美的全片。

二、深刻的思想内涵

基耶斯洛夫斯基被人们称为"电影哲学家",他的电影里总是含有许多的哲学内涵。"《蓝》是三部曲中最严肃的一部,表现了某种存在主义哲学"。正如萨特认为:"人在事物面前,如果不能按照个人的意志作出'自由选择',这种人就等于丢掉了个性,失去了'自我',不能算是真正的存在。"茱莉在丧失了世上最亲的人后,在这件事情上似乎丧失了自己的自由,影片表现出的她走出阴影的过程,也正是她寻找自我和真正存在的价值的过程。

存在主义哲学家克尔凯郭尔认为"绝望是致死的疾病"。在丧夫失女的绝望中,茱莉曾经想通过服药结束自己的生命和痛苦,但生的欲望使她面临着生与死的抉择,她动摇了。极强烈的生的渴望使她丧失了死的勇气,这恰好符合了克尔凯郭尔将绝望所划定的形式之一即"不愿意成为自我的绝望"。在绝望中寻找自己生存的价值,这可能也是导演所要表达的内涵。

在存在的基础之上,导演似乎要更加深入地去探讨生存的价值和人存在本身的意义了,因而我们从茱莉身上看到了人性可贵的一面,那就是博大、宽容和善良。这不仅在于她将大部分财产留给了仆人和用于抚养神志不清的母亲,更为可贵的是面对情敌,茱莉不是怒斥而是宽容,并将房子给了她和她还未出生的孩子。人的真善美在茱莉身上得到了完美的演绎。

这部影片所包含的太多太多内涵有待人们去品味和学习,在影片的结尾处,导演有意地将多组代表不同内涵的画面组接了起来,如茱莉和奥利维所代表的爱情和自由,母亲代表的死亡,情敌腹中孩子所代表的生命、希望。

三、蓝色的整体基调

电影作为一种视听艺术,通过导演运用声音和画面来表达他们的思想。"电影色彩的表现形式不是一个独立的画面可以完成的,而是在整个时间流程中完成造型和表意功能。"《蓝》这部影片整体以冷色调为主,蓝色贯穿其中。蓝色是多义的,它可以代表自由、忧郁、清爽、安静、安详……这部影片则有意地选取了其中的几个含义。在茱莉得知丈夫和女儿都死去的消息后,画面变成了蓝色,这时蓝色在这部影片中就成了忧郁和悲伤的象征,茱莉在蓝色的游泳池中释放自己,又为蓝色赋予了自由的意思。影片中整体的冷色调是由内在和外在两部分建构起来的。

其一,外在的蓝色,如蓝色的糖纸、蓝色的文件夹、蓝色的水晶灯、蓝色的游泳池等等,大到整个屋子的颜色小到茱莉所用的笔的颜色都是蓝色,导演的精细入微可见一斑。其二,内在的蓝色,则是人物内心的悲伤。在内在和外在之间,蓝色的光影充当着两者之间的桥梁。影片通过将蓝色的光影照在茱莉的脸上,便将外在的蓝色深入到了人物忧郁的内心。

　　总之,不管是从表现形式还是从影片的内涵看,《蓝》都做到了完美。这部经典影片影响至今,值得现在的电影人学习和借鉴。

(文/夏萌萌)

范文点评

　　基耶斯洛夫斯基是善于运用电影语言讲述人的生存状态的导演,《红》《白》《蓝》三部曲是导演的经典代表作,具有很高的电影史价值。在这篇影评中,作者对影片的叙事模式、思想内涵和整体基调进行了深入细致的分析,显示出了作者比较好的电影素养。特别是对于蓝色调的分析,外在的蓝色和内在的蓝色之间的对比分析是作者在对影片进行深入解读的基础上展开的,这种细微的分析是需要在观摩影片时全神贯注地投入和做好细致的电影笔记的。

　　对于考生来说,《蓝》是一部哲学意味浓、分析难度比较大的电影,但是,也是一部经典的电影,很多专业性的院校有时会选择这样的片子作为考试用片。同时,对这样的影片的分析,有利于考生提高对电影本体的认识,所以,还需要大家认真体会掌握。

影片信息

中文名:蓝　　　　　　　　　上映时间:1993 年
导演:基耶斯洛夫斯基　　　　类型:剧情、爱情
主演:朱丽叶·比诺什、贝努特·里格恩
主要奖项:第 50 届威尼斯国际电影节金狮奖、第 50 届威尼斯国际电影节最佳女主角奖、第 50 届威尼斯国际电影节最佳摄影奖、第 19 届洛杉矶影评人协会奖最佳作曲奖

残酷战争中的绝美恋情

——浅评《黄河绝恋》

　　《黄河绝恋》是冯小宁导演继《红河谷》之后的又一部讲述战争与爱情的影片,全片以回忆为线索,创意独到、场面壮观、风光瑰丽,讴歌了中华民族在抵御外来侵略者时所表现出来的不屈不挠的英雄气概和对国际友人的真挚关爱,是一部融思想性、艺术性、观赏性于一体的优秀电影作品。

　　提起以抗战为背景题材的影片,人们可能第一时间会想到《地道战》《铁道游击队》等经典影片中炮火纷飞的壮烈场面。而《黄河绝恋》虽没有浩大的战争场面,但是却另辟蹊径地在这一时代背景下演绎了一段催人泪下的恋情,片中贯穿着对战争与人性的思索。主人公在铁血的冷酷无情中,展现他们心中燃烧着的生命火焰。无论是表现感情,还是表现战争年代,该片所选取的角度和题材都是比较独特和令人耳目一新的。在这部壮丽的史诗般的电影中,恢弘的音乐、充满黄土色调的画面得到完美融合,无私的精神、崇高的人性也得到了升华。

　　故事情节是由老年的主人公欧文的回忆开始,以倒叙的手法展开的。影片一开场就以扣人心弦的动作场面吸引观众:一名美国飞行员在执行任务时,飞机被击中而不得不迫降于黄土高原。这一充满紧张气息的小高潮将主人公的命运与几名暂时与部队失散的八路军战士联系在一起。安洁,这位唯一懂得英语的女战士,便在护送这位身携机密文件的飞行员——欧文前往据地的途中,与其相识、相助、相爱,最后因为敌人的追逼跳入黄河。欧文与安洁横渡黄河时,安洁为了将生存的机会让给爱人,毅然割断了系紧两人的绳索,任由自己被河水卷走,当爬上对岸后,欧文面前只有那黄浪滔滔的河水,再没人能回应他撕心裂肺的呼唤。安洁在汹涌澎湃的黄河演绎了一曲悲壮恋歌,其凄然和绝望,令人潸然泪下。

　　影片对人物情感的诠释,可谓淋漓尽致。片中的一个精彩情节是,安洁机智地从刑场上救下欧文和黑子。安洁的父亲决意处死他们的那一刻,是那样的凛然和冷漠,但随之而来的是戏剧性的变化。“最后一分钟营救”在这里得到了再现:及时赶到的安洁,以自杀相挟,从刀下救出了欧文他们。爱女心切,这位父亲也只能望着他们绝尘而去。父女间的情浓于血及欧文与安洁的生死与共的深情,在这其中表露无遗。

　　影片中人物形象的塑造各具特色。安洁和欧文,这两个影片着力塑造的正面人物当然无可挑剔,因此本文在此重点谈谈“小人物”三炮。三炮的形象是中国传统电影里标准的反派兼丑角,整日穿着翠绿绣花绸裤子,梳着锃光瓦亮的头发,长满皱纹的脸上龇着满口大黄牙,腰杆也从未挺直过,想必这人平日里也干不出什么好事来。在他的猥琐、可恶背后,始终膨胀着一个娶媳妇的美好愿望,他那近乎下三烂的信天游,可能会让人作呕。

但是三炮也让我们看到,人心底最深处有一种最简单、最质朴、最直接的东西,会迸发出惊人的力量和耀眼的光芒。在见到寨主被害后,他冒死点火烧屋示警,被鬼子活埋时一直拼命吼着信天游,虽然仍旧是黄土高原上响彻了千百年的哥哥妹妹,但是在他卑微猥琐的生命的最后一刻,却激荡出北方男人的血性,中国民众的大俗追求在那一刻得到了古典主义的净化。

另外,影片并没有始终充斥着一种紧张的氛围,其中也穿插了一些搞笑的镜头。幽默诙谐手法的采用,收到了很好的效果。如欧文跟花花玩耍时,时不时地弄一些搞怪的动作,学大公鸡叫;欧文看到黑子用树叶能吹出好听的曲子时,自己也试图模仿,但是他用树叶发出的声音实在是让人不敢恭维;花花将蝎子放入鬼子的裤子,看到日本鬼子那痛得狰狞的面孔,听到那声声撕心裂肺的惨叫,真是令人捧腹之余又拍手称快。

但该片也有略显不足之处,如欧文在黄河边为安洁摄影一节。影片有意以音乐和黄河壶口湍急水流的壮丽景观为背景,制造震撼人心的效果,但由于之前缺乏情节上的铺垫和酝酿,令人感到过于生硬和突兀。但是瑕不掩瑜,从整体效果来看,这部影片真的堪称佳作。

（文/马科科）

范文点评

这篇影评是一篇典型的考生文章,对影片的分析和认识有自己的独到之处,也存在着一些问题和毛病。独到之处是对片中人物进行分析时,没有选择主要人物,而是选择了"小人物"三炮。对次要人物进行分析是具有一定危险性的,需要在观影时耐心细致,分析时也要详尽,如果掌握不好火候,会变成对人物动作行为的简单复述。

影片信息

中文名:黄河绝恋　　　　　　外文名:Grief Over the Yellow River
上映时间:1999 年　　　　　　导演:冯小宁
编剧:冯小宁　　　　　　　　类型:剧情、战争、历史、军事、爱情
主演:宁静、波尔·克塞、王新军
主要奖项:第 9 届上海影评人奖"十佳影片"奖

存在与现实

——评影片《剪刀手爱德华》

由"鬼才导演"蒂姆·波顿执导的《剪刀手爱德华》可以说是一部关于机器人的童话，有着明显的哥特式风格。导演通过爱德华这个特殊的形象来展示自己的某些观点和个人的一些童年经历，既是对社会也是对人与人之间关系的一种冷静的思考和反映。

社会发展至今，技术已经使很多不可能变为现实。影片中一个醉心发明的发明家创造出了机器人——爱德华，并在发明过程中教给他日常生活礼仪，教他懂得诗歌，经历一个常人必经的成长过程，以便使各方面都接近常人，除却一双正常人的手。就在一切即将完美的时候，发明家的生命走到尽头，机器人只能带着剪刀手孤独地生活，就如一个在成长过程中失去监护人的孩子，还没有独立应对复杂社会的能力。

这部影片是一部极具个人风格的作品。首先从电影的整体结构来讲，是采用插叙的方式来讲故事。影片首先营造了较为神秘的意境，下着雪的黑夜，黑色城堡在夜色中若隐若现，通过女主角给孙女讲故事来介绍剪刀手爱德华住的小城堡，似真似幻存在于现实中，给影片制造了十足的悬念。碧姬将车的后视镜一调，看到了山上的城堡，爱德华被好心的雅芳推销员碧姬接到城堡外面，开始了另一种生活。在现实生活进行的同时还不断穿插爱德华被发明的过程，在影片中用一个镜头（爱德华看着罐头被慢慢开启到发明家的机器运转）很好地转场，使得爱德华的神秘身份渐渐被人们认知，这样的影片结构让影片不会太乏味，有一定的节奏感，在反复中更能掌控观众的欲望和眼球，两个故事在不同的时间段讲述，在影片即将结束时逐一结尾，过去故事的结尾给现实的结尾做了强有力的铺垫，正因为机器人的不完整，所以他不具备在现实生活中继续存活的条件，爱情是在现实中的童话，只能作为生命中唯一的美好，但对爱德华来说一切已经足够，王子和公主没有过上幸福的生活也是童话，因为王子和公主一直深爱着彼此。

再从影片的色彩来讲，小城的建筑、交通工具以及小城居民的衣服颜色都是粉、绿、黄等鲜亮的颜色，小城居民个个面色红润地存活在现实中。然而爱德华非黑即白的服装颜色以及惨白的面容，在色彩方面就形成了鲜明的对比。小城鲜亮的色彩是现实生活的写照，现实生活是丰富而多姿的，永远不会乏味，人与人之间充满交流和沟通，既有美好又有诱惑。爱德华生活在阴郁的小城堡中，孤单自闭，单调的色彩映衬单一的生活，这种对比在爱德华没有进入现实生活的时候不很明显，但当他真正被碧姬接到现实生活中与邻居见面时，强烈的对比便显现出来，剪刀手爱德华与现实生活的不协调不言而喻。影片多用俯拍来展现整个小城，各种色彩的交叠是现实生活的缩影。这种极简单的对比方式又最能说明问题。在色彩方面的独具匠心，是影片成功的一大原因，色彩是电影的一大构成因素，色彩左右影片的风格，这种色彩方式的运用使得影片清新自然并且让人神往,创造出一种独特的美,专属这部影片的不可取代的美。

我觉得影片是在讨论存在和现实的问题,并且在影片结尾给出了自己的答案。爱德华是机器人,有明显区别于常人的地方。他的存在是发明家所操纵的,发明家使得爱德华的存在成为现实。他孤独地生活在小城堡是因为发明家还没来得及给他安上一双常人的手就溘然长逝,其外表不完全接近常人所以他不能有常人的生活。好心的雅芳推销员碧姬推开小城堡的门进入爱德华的生活,并将他带入现实生活中,但是他的剪刀手总让很多事情变得尴尬,小城的人将他视为异物,用异样的眼光观察他,这就如同现实生活中有缺陷的人总得不到正常的眼光一般。任何事物都有两面性,爱德华的剪刀手并非一无是处,触手可及的剪子不仅可以修剪树木而且可以剪出发型,这一优点又马上得到小城居民的吹捧,爱德华不断被居民邀请到家中修剪树木是他在现实生活中的巅峰时刻,并且得到小城领导的青睐,爱德华瞬间成为小城炙手可热的重要人物。正如现实中,有一技之长才能得以立足。

爱德华在现实中最大的收获是和嘉莉的爱情,看似不会有感情的爱德华在看到嘉莉照片的瞬间便被吸引,渐渐两人彼此有了好感,爱德华在制作冰雕时,冰碴纷纷落下,嘉莉如天使般起舞,这是两人爱情最美的瞬间。然而剪刀手的伤害性又使得他对在现实中的存在产生疑惑,他的剪刀手在居民纷纷获益之后又遭到摒弃,就如一次性商品被使用后失去了价值便会被抛弃。他的存在能满足现实他就可以存在,他的存在危害现实他就不可以存在。爱德华虽然在现实中体验到了爱情和被重视,但就如某人某一次得意的异地旅行,尽管有很多前所未有的美好,但现实问题是不属于异地,最终还是要回归到属于自己的城堡。

影片即将结尾,两人站在玻璃已经破碎的窗前,就如被框的婚纱照,虽没有微笑,但是不言而喻的情感已被深深沉淀,机器人的童话在白雪皑皑的夜晚永不落幕。

(文/李双)

范文点评

作为一种议论文,严谨的文章结构是影评的特点之一。整篇文章要围绕着一个中心论点来展开,就像冰糖葫芦上的竹签一样。本文的主题是《剪刀手爱德华》中的存在和现实,但是这一主题直到倒数第三段才出现,而且其他段落中对这一主题的评述也非常之少,段落之间的内在衔接不够,显得比较散漫。特别是对于应试文章而言,文章的主题和中心一定要明确,在众多的考生试卷中,要想让考官在最短的时间内知道文章所要论述的中心和重点,就一定要明晰自己的观点。如果文章有混乱感,应该考虑:是本来思路不畅的原因,还是表达不清的结果。对准症结所在,就易于除病去害了。

影片信息

中文名:剪刀手爱德华　　外文名:Edward Scissorhands　　上映时间:1990 年

导演:蒂姆·波顿　　编剧:蒂姆·波顿、卡罗琳·汤普森　　类型:剧情、爱情、奇幻

主演:约翰尼·德普、薇诺娜·瑞德、黛安娜·维斯特、文森特·普莱斯

主要奖项:第 18 届土星奖最佳奇幻电影奖、第 45 届英国电影和电视艺术学院奖最佳艺术指导奖

梦想与现实的博弈

——评电影《贫民窟里的百万富翁》

电影《贫民窟里的百万富翁》像黑夜里突然绽放的绚烂的烟花，瞬间映入人们的心间，照亮了心灵深处那些灰暗的角落。影片在演绎梦想与现实的博弈中，给我们每一个人构建了一个希望、一个梦，给予我们一种犹如梦想照进现实般的感悟和体会。

电影风格清新质朴，情节动人心魄，流畅的剪辑使生动感人的贫民窟穷人艰辛奋斗的画面如流水般涌现而出，感人的故事通过巧妙的叙述演进手法，演绎得悬念丛生，惊心动魄，扣人心弦，犹如九连环般严谨，环环相扣，又那么清新流畅条理。同时影片又饱含了浪漫的童话色彩和温馨的人文关怀，就像大家真实体会到的那样，细腻的感觉之外又不乏史诗片式的大格局，在思想方面透露得锋锐透彻。诸多亮点交织在一起，将这场梦想与现实的博弈描绘得栩栩如生，感人至深，实在是让人心悦诚服。

电影紧紧抓住人们内心深处潜在的幻想，极力构建一个人人都渴望的梦想，一个让人人能够从中汲取力量的童话，一个仿佛近在咫尺的梦境。

呈现残酷——想要建构这个梦，就必须将现实的悲惨淋漓尽致地呈现给每一位观众。电影以杰玛的视角，将其亲身的经历、所见所闻，通过三条主线的交错剪辑娓娓道来，电视节目上每一个问题每一个回答都伴随着杰玛充满血、眼泪和恐惧的人生轨迹，每一段经历都见证了普通百姓的悲欢离合，以及追求幸福生活的艰辛坎坷。大规模的宗教冲突、险恶的孤儿院、颠沛流离的浪荡生涯、黑帮团伙……令人绝望和窒息的不公不义充斥着底层社会，弱肉强食的丛林法则威胁着每一个人。相依为命的哥哥陷入黑社会的泥潭，初恋女友沦落风尘，在这里，人们看不到希望，唯有一成不变的残酷，唯有找不到方向的黑夜里的沉沦，人们被黑暗的现实压得仿佛连呼吸都变得那么艰难。影片越是把现实的残酷与黑暗描绘得让人恐惧，越是将"残酷的现实"——梦想实现道路上的敌手展现得强大无比，就更加体现出梦想实现的艰难与弥足珍贵。

雕刻梦想——在现实一成不变的残酷之下，让人们欣慰的是，导演让人们看到了更加一成不变的杰玛的那颗善良、正直的心，和对爱情、正义、幸福不变的坚强信念与渴望；让人们看到了一个理想化的小主人公，一个人们内心深深认同，甚至是人们自身幻化的人物。这就是电影的动人之处：给了人们坚韧的寄托和一个足够的幻想空间，让自己无法实现的抱负在影片中得以展示。影片中，在现实的残酷的沉重打击之下，主人公杰玛从未曾放弃理想与纯真，始终那么坚强、执着，无所畏惧，直到最后梦想的实现。虽然一路坎坎坷坷、曲曲折折，但是他始终不曾放弃梦想。而他实际上也承载着每一个人的梦想，他参加节目的初衷本非是要成为什么百万富翁，而是为了拉提卡。最后杰玛赢得大奖之后，全印度的观众为之庆祝欢腾，这是为什么呢？那些观众得到了什么呢？一切只是因为在这样一个黑暗不公的社会里,杰玛是一个童话,一个梦想,承载了人们内心深处深深的渴望,杰玛就是他们的一个童话的载体,一个梦想的寄托。杰玛的成功与否深深牵动着电影内外所有的人,到此时,杰玛的梦想已不再单单只是他一个人的梦想,杰玛成了所有人梦想的寄托,杰玛与梦想已经在此刻相互交融在人们热切的期待之中了。

升华童话——电影最后的舞蹈非常精彩,继承了印度歌舞片的传统,打上了深深的印度烙印,再一次让影片充满了浓郁的印度风情。同时,声画完美结合的这最后一段如梦如幻般的舞蹈使整部电影得以完美升华,与前面幼年时期杰玛跳给拉提卡的舞蹈那么相似。一前一后,梦想的开始与梦想的实现,承载了多少生命的重量,实现了多少人共同的梦想!这个童话般的故事,也因此得到完美的升华。

返璞归真——影片最后的结局并非真正意义上的完美结局,看似完美大团圆的一起共舞的欢乐画面中充满了辛酸的泪水,因为这个画面是残缺的,当年的"三个火枪手"没能一起共舞,童年之后历经林林总总,三个人却再也没能聚在一起,所谓的完美落幕是牺牲了哥哥才换来的杰玛和拉提卡的共舞,这残缺的美丽画面也使得人们狂热的欣喜得以适当冷却,不至于过分沉浸在这个可望而不可即的虚幻童话之中,也令整个故事更具现实意味。

电影将现实与梦想的激烈碰撞描绘得细致入微,演绎得淋漓尽致。而在这场梦想与现实的博弈中又给予每个人一个希望的信念,犹如在黑夜里点燃一盏灯,虽然微弱,却让人倍感温暖。电影将梦想照进现实,不粉饰,不造作,以质朴的风格感染了黑夜中的每个人。

(文/张龙伟)

范文点评

这是一篇非常精彩的文章,整篇评论的中心突出,逻辑推理层层展开。文章的中心论点是"梦想与现实的博弈",为了保证论点的正确性,作者运用了科学的思维和严谨的逻辑推理,特别是"呈现残酷""雕刻梦想""升华童话""返璞归真"四个段落更是将影片内在的逻辑线索归纳得清晰明澈。

作者在文章的开头、主体和结尾一再点题,紧紧围绕着文章的中心论点展开。文章在结尾处用富有感染力的话语写道:"电影将现实与梦想的激烈碰撞描绘得细致入微,演绎得淋漓尽致。而在这场梦想与现实的博弈中又给予每个人一个希望的信念,犹如在黑夜里点燃一盏灯,虽然微弱,却让人倍感温暖。电影将梦想照进现实,不粉饰,不造作,以质朴的风格感染了黑夜中的每个人。"将文中的思想一贯到底,文气不断,首尾相连。这种首尾照应,不仅有形式上的完整之妙,更有意义上的相通之感。

影片信息

中文名:贫民窟里的百万富翁　外文名:Slumdog Millionaire　上映时间:2008年

导演:丹尼·博伊尔　　　编剧:西蒙·比尤弗伊　　　类型:爱情

主演:戴夫·帕特尔、芙蕾达·平托、亚尼·卡普、沙鲁巴·舒克拉

主要奖项:第81届奥斯卡金像奖最佳改编剧本奖、第81届奥斯卡金像奖最佳电影剪辑奖、第81届奥斯卡金像奖最佳原创歌曲奖、第81届奥斯卡金像奖最佳原创音乐奖、第81届奥斯卡金像奖最佳音响效果奖、第81届奥斯卡金像奖最佳摄影奖、第81届奥斯卡金像奖最佳影片奖、第81届奥斯卡金像奖最佳导演奖

梦与人生

——评《香草天空》

　　《香草天空》改编自西班牙 20 世纪 90 年代的小说,由派拉蒙电影公司出品,汤姆·克鲁斯主演。从电影的名字来看,更像是一部充满唯美气息与浪漫色彩的艺术片,结果却出人所料,甚至初次看完让人莫名其妙,有一种丈二和尚摸不着头脑的尴尬与费解。爱情、悬疑、科幻,剧情着实令人眼花缭乱,意乱情迷,无法理清头绪。其实,严格地讲,《香草天空》属于一部心理片。因而要揭示此片的真实内涵,唯有从弗洛伊德的精神分析与梦的解析入手才是打开它的钥匙。

　　影片中让人最为迷惑的是现实与梦境、真实与回忆的频繁交替穿插,倘若精力不集中的话很容易让人迷失在现实与梦境、真实与回忆中,茫然无措,一头雾水。其实,从整部影片来讲,一切都是梦而已。从头到尾,就是在讲一个人的梦,尽管出现有梦中梦的现象。虽然这部影片就是在叙述梦境,但实际上是对心理学的阐释。意识、潜意识、本能、欲望、性欲、本我、自我、超我、俄狄浦斯情节在梦境中得到了直观而细致的体现。

　　影片是以大卫的梦境为主线展开的,包括在狱中跟心理医生的交流看似是真实的,其实也是大卫的梦境而已。梦境中有的是现实中直接存在的,而有的是具有暗喻性的。按照弗洛伊德所言,就是有的梦是显梦,有的梦是隐梦。而我们要做的,或者作为一位心理分析者所要做的,就是从梦境中寻找出人的真实意图,从梦中每个细微的细节中寻找出人的意识与潜意识之间的关系与联系。

　　大卫是个要钱有钱、要貌有貌的富翁之子,这是真实存在的,之所以将大卫作为示例,我想原因只有一个,就是大卫这一角色的特殊性。因为,长得英俊潇洒而且拥有财富与地位的年轻人在这个世界上本就不多,即使有也是凤毛麟角。所以,这种特殊人群的心理世界很具有典型性与特殊性。其实,大卫所具有的一些心理特征在每个人的身上都有所体现,只是影片是把大卫放在了一个异常完美的语境中来叙述的。打个比方,大多数的人是站在山脚下仰视天空的,而作为少数人的大卫是站在山顶观望蓝天的,所观望的天空仍然是同一片天空,只是站的角度不同而已。所以,尽管站的角度不同,可是大卫所表现出的本能与欲望是每个人都无法摆脱的。

　　从本能与潜意识的角度出发是揭示大卫梦境的突破口。弗洛伊德把人归结为意识压抑本能的产物。本能包括动物所具有的求生欲望、满足性欲与享乐的欲望。认识由动物萌生出来,所以动物所具有的兽性人也同样具有,之所以在现实中无法显而易见,不是不存在,而是意识压抑的结果。把本能放到人的语境中,就不难解释为什么大卫会有梦中的一系列现象。为什么大卫会无法自制且频繁地产生梦境呢?因为,以大卫的身份与境地,担心失去不劳而获的财富、地位、女人的惶恐,在睡眠这种意识克制力最差的时候通过梦境得到了释放。富人的心理很简单,就是怕在下一分钟失去自己所奋斗而得到的一切,正如片子中的大卫所言,每一分钟都有可能改变一切,尤其是像大卫这种几乎没有经过自己任何努力而继承父业的人。他害怕失去自己在公司的股份,所以在梦中把七个股东视为自己主控权的最大威胁。

而大卫由于性欲的作用,在梦中把朱莉当作了泄欲的对象,并没有把她当作爱的人来看待,但是,大卫却有着超我的愿望,这也是他将索菲亚作为纽约最后一个纯真、心地善良、拥有超出人想象的美丽的女孩的缘由。大卫已不再把索菲亚单纯地作为性对象,而是以审美的眼光审视她。美,无疑是作为精神生产的典型方式。索菲亚与大卫关于莫奈的谈话,以及大卫为索菲亚所画的素描,正是在暗喻索菲亚其实是大卫心中的艺术品,唯美而充满诗意,用大卫的话说就是"I'm a pleasure delayer",大卫因为索菲亚的纯真而沉浸在美的世界里无法自拔,甚至都不忍心跟她上床。这种状态不正是尼采所谓的酒神精神吗? 而在大卫的梦中,他始终无法用意识战胜潜意识,他惧怕朱莉对自己的专一与嫉妒,于是梦到了朱莉开着车载着他一起冲下桥底,还梦到在与索菲亚做爱时身下的索菲亚无端地变成朱莉,这都源于大卫的本能惧怕。

潜意识中的性与死是本能的组成部分,俄狄浦斯情节是弗洛伊德对性欲进行分析研究时得出的重要结论,在大卫的梦境中对此并没有忽略,索菲亚除了作为大卫的精神追求出现外,还是大卫母亲的化身,在大卫的梦境中的心理医生其实就是大卫潜意识中的父亲,而索菲亚其实就是大卫母亲的化身,因为除了索菲亚没有别的女人让他如此迷恋。大卫的母亲在大卫的梦境中始终没有出现更没有提及,难道这不令人感到奇怪吗? 其实这很容易解释,索菲亚就是大卫日思夜想的母亲的化身。在现实中很难实现,而在梦境中要好实现得多。

死也是大卫潜意识中挥之不去的阴影,所以,梦中参与到 LE 计划的实验中以达到长生不老的目的,这一切不过是源于大卫本能中对死亡的恐惧。梦中的 LE 技术员在电梯中已告诉大卫,一切都是大卫自己创造的,这也就是在告诉大卫和观众,所有的一切都是梦而已。当大卫在梦中选择真实生活,索菲亚与自己的朋友及父亲同时出现在美丽天空照耀下的摩天大厦顶楼,大卫纵身一跃的时候,他那真实美好的一生从他眼前划过。

"Relax, David open you eyes",是影片在最后的点睛之笔。当大卫睁开眼睛时,他才从一段漫长而曲折离奇的梦境中醒来。面对现实很简单,只要睁开你的眼睛就足够了,现实终归是现实,梦终归是梦,梦只是潜意识的释放而已,不会那么容易地成为现实,同样,现实也不会轻易地变为梦。最后,大卫选择了现实的生活,甘愿放弃梦中的虚幻,因为,大卫历经黄粱一梦,始觉原来梦里也不全是美好的东西,与其这样还不如选择实实在在的现实世界。

我认为心理分析只是《香草天空》的电影形式而已,假如其内容上没有形而上的精神内涵,整部影片不免黯然失色。虽然,整部影片是沉浸在一种叫作梦幻的形式之中,但是其实也是在进行一次探讨人生的心路历程。我想这正是《香草天空》作为一部经典而富有深度的影片的真实原因所在。一部影片有没有意义,不在于其获过多少奖,拿下多少票房,赢过多少称赞,而在于它是否能带给人以精神上的觉悟与思考及心灵上的净化与升华。可以说《香草天空》做到了形式与内容的统一。

怎么去生活是影片引导人们要探索的问题。首先大卫是以一个花花公子的身份出现的,在遇到索菲亚之前他玩弄感情,轻视工作,认为自己是世界上唯一可以长生不老的人,现实中的人又何尝没有这种看似幼稚却又实实在在存在的想法! 为什么会有这种想法? 因为大卫从来没有活在真实的生活之中。尼采说过,没有痛苦的人生,剩下的只是卑微的幸福。直到大卫遇到索菲亚,上了朱莉的车之后,才回到真实的世界之中,被毁容的大卫尝到了人生的痛苦与孤单。这时的大卫已无法面对真实的人生,只能借助梦的迷幻去逃避自己那张丑陋的脸、那种痛不欲生的生活。人生就是一个悲剧,这是历来哲学家们的共同观点,也是存在主义哲学的基本出发点。从叔本华到尼采再到海德格尔,都是在人生悲观的论点上进行哲学思辨与人生探讨的。这里主要是从尼采的哲学角度来揭示,尼采哲学中的一个重要论点就是强力意志,他指出,人生是个悲剧,一味地沉沦放弃并不是人生的真正意义之所在,叔本华那种叫人主动放弃生命欲望的价值观不能为人找到人生的意义,并且它的理论本身就有逻辑上的矛盾与现实中的不完善性,如果叔本华的理论成立的话,他自己就早已放弃生命意志,而不会在那里研究人生的价值所在了。

尼采明确地指出,人只有具有强大的意志才有驾驭人生、主宰世界的力量,强力意志,实际上追求的是一种统治力、支配力、影响力。强力意志很容易被人望文生义,与权术、权威、政治野心等同起来。其实但凡有点脑子的人就会知道,真正的哲学家追求的是对人的生存及存在意义的探讨而不是对政治、学术、权力的追逐。这也是为什么注重功利与现实利益的民族很少出纯粹的哲学家,有的只是政客的缘由,政客从来不真实地思考,也不讲真话,却有打肿脸充胖子的勇气,真是令人费解。回到《香草天空》中,大卫最终在梦境中凭借自己的控制力战胜了生来已久的恐高症,也就是说大卫具有了面对真实生活的勇气与力量。在尼采看来,科学精神是一种浅薄的乐观主义,它使人浮在生活的表面,追求物质的繁荣,以这种繁荣给人生制造一种虚假的乐观气氛。他无限缅怀他想象中的古希腊人的生活方式,这是一种审美的生活方式,人们对人生的悲剧性有深切体验,而从充满生命热情的艺术化的生活中寻求解救。最后大卫从 LE 的实验中解脱出来,科学能做的还是有限的,科学不会帮助你获得真实的人生。大卫从美丽的天空中跳入现实的世界中,这也就意味着大卫最终从形而上的精神高度转为勇敢地面对形而下的真实世界。而就在一瞬间,所有的梦境都化为永恒。

(文/李鹏)

范文点评

这是一篇运用弗洛伊德心理学的分析方法来对电影展开分析的影评文章。作为一名高中生来说,写出这样的文章是相当有难度的。我们提供这样一篇范例是想给考生们展示一种不同的评析角度和理论深度,希望考生们在对影片进行评论时,能有更广的思考空间和更深入的思考深度。

本文对电影《香草天空》的分析相当有见地,对心理分析学的理论运用也较为精准,显示了作者扎实的文艺理论素养和影评写作技巧。作者把心理分析学原理和影片的具体情节结合得比较严密,理论运用恰当自如。

影片信息

中文名:香草天空　　　　外文名:Vanilla Sky　　　　上映时间:2001 年
导演:卡梅伦·克罗　　　编剧:卡梅伦·克罗、亚利桑德罗·阿曼巴、马泰奥·吉尔
类型:剧情、科幻、悬疑、惊悚、爱情
主演:汤姆·克鲁斯、佩内洛普·克鲁兹、卡梅隆·迪亚茨
主要奖项:2001 年波士顿电影评论家协会奖最佳女配角奖(卡梅隆·迪亚茨)、第 28 届土星奖最佳男演员奖(汤姆·克鲁斯)

隐藏在科幻背后的宗教内涵

——评《黑客帝国》

　　作为一部好莱坞科幻片,《黑客帝国》带给我们的不仅仅是绚丽的特技画面、惊心动魄的故事,还有隐藏在背后的宗教意味。在现代社会,传统宗教的发展慢慢地被一种新的教派所替代,那就是占据我们生活的金钱教,当然并不仅仅是所谓的拜金主义,而是人们对金钱产生了绝对的信仰、服从、献身等等类似的宗教行为,从而形成了一种社会意识形态。好莱坞电影因其自身浓厚的宗教色彩而成为现在金钱教派的传道士,许多学者指出:古老的宗教信念皆附属在神话中,过去的神话就是现今社会的意识形态;到了 20 世纪,最大的神话源自于美国,而美国最大的神话则出自于好莱坞,然后再透过电影将这些宗教性神话传播到世界各地,使全球观众都沉溺在这种信念和价值观中。而《黑客帝国》之所以能成为一部反金钱教的电影,并不仅仅因为它是科幻片,而是因为隐藏在科幻背后的宗教元素。它通过基督教与佛教的教义来展示影片的意义。

　　影片的名字是"Matrix",其意思可以被翻译成母体、子宫、孕育生命的地方,在电影中这是一个虚拟的电脑程序,同时也是一个真实存在的地方,在这里,人类的身体被放在一个盛满营养液的器皿中,身上插满了各种插头,以接收电脑系统的感官刺激信号。人类就依靠这些信号,生活在一个完全虚拟的电脑幻景中。机器用这样的方式占领了人类的思维空间,用人类的身体作为电池以维持自己的运行。每一个人从生到死,都生活在由电脑所制造的活生生的虚拟世界中,谁也不知道自己全部的生活竟是一个幻觉,谁也无法从这场虚拟大梦中觉醒。这就是无所不在而又不为人知、不可思议的 Matrix。但是以墨菲斯为首的反抗者——墨菲斯的名字是梦神的意思,这也说明了墨菲斯将是尼奥的梦境解开者,他仍然在地心坚持战斗——他们要破坏 Matrix,戳穿这个总体性的幻觉,使全人类获得觉悟。这就是人类的某种觉醒意识,而这些程序的设计师即为上帝,创造了所谓的救世主程序,带领人类进行拯救从而建造了锡安——最后一个人类的真实城市。锡安一词在《圣经》中,是所罗门王建造圣殿所坐落的山,位于圣城耶路撒冷。而在犹太教中,"锡安"代表着上帝的荣耀,是神的救赎来临的标志。当大地被毁灭后,人类将在锡安接受最后的审判。安德森这个名字来源于希腊语,是"人之子"的意思,这正是耶稣对自己的称呼,在《新约》的福音书中是注定出现的人,而影片中残存的锡安中觉醒的人类墨菲斯一直坚信救世主的存在,从而使得安德森得到了真正的转变。安德森在虚拟世界中是一个叫尼奥(NEO)的黑客,他对这个虚拟世界的秩序心怀不满,经常攻击电脑网络,并对这个世界的真实性感到怀疑,开始追问什么是 Matrix。然而我们把 NEO 这一单词重新拼写便可以写成 ONE,THE ONE 在英文中就是救世主的意思。这也就是说,尼奥注定成为救世主。

作为一部西方电影，它深受基督教的影响，所以整部影片似乎就是一部《圣经》，似乎就是耶稣拯救人类的故事。整部电影都以《圣经》为依托，无论是人物的名字，还是飞船、圣城，都有各自的代表含义。然而这部影片更是一个人类联合起来共同对抗敌人的故事。人类只有联合起来团结奋斗才能实现自己的理想。尼奥之所以成为尼奥，归功于很多人的努力，这才使得他从一个身处于梦境中的托马斯·安德森而变成了人类的拯救者——基督耶稣。尼奥是通过墨菲斯才能从梦境中也就是母体中解脱出来，影片中的画面就是从母体的黏液中通过垃圾桶被拯救出来，也就是被墨菲斯等人"洗礼"过了，这和耶稣在约旦河被施洗者约翰洗礼存在了一种相似性。尼奥看清了真相，从而开始了一系列的学习，成为一个在虚幻世界中能够得以与电脑人对抗的真实人类。后来在与电脑人的对抗中尼奥在虚拟世界里被乱枪打死了，倒在303房间的门前，真实世界中的他也停止了心跳，而另一位觉醒的人类也就是本片的女主角崔妮蒂用她爱的吻使得尼奥复活了，救世主耶稣必须经过死而复活，才能拯救世界。只有通过死的历程，才能获得永生。耶稣在死后三天复活了，而尼奥死在303房间的门前这也构成了一种相似，而崔妮蒂的英文为Trinity，意思是"三位一体"，在基督教中，"三位一体"指的是圣父、圣子、圣灵。而在弗洛伊德《梦的释义》一书中，"三位一体"指代了女性意识，它能够进入神秘的领地和完美的境界。最后正是有了崔妮蒂的陪伴，尼奥才能进入电脑终端破坏系统从而拯救人类，爱与信念是能够产生奇迹的。

灵肉二元论是基督教的核心思想之一，它将世界划分为截然对立的两个部分——"上帝之城"与"尘世之城"，前者是基督教世界，因为对上帝的信仰而被认为是无比神圣和荣耀的，后者则被认为充斥着欲望和罪恶。为摆脱尘世和人类本身的各种欲望和"罪"的状态，"上帝之城"追求一种精神上的纯粹，奉行唯灵主义，摒弃一切物质的追求和享受，宣扬只有对上帝绝对忠诚才是通往天国的唯一道路。为断绝尘世的威胁，摆脱尘世的"诱惑"，一切声色之美都被宣扬是罪孽的，世俗的享乐尤其是情欲更是被视为魔鬼的诱惑。这似乎又解释了《黑客帝国》中所阐释的两种世界，一个真实的世界，一个虚幻的梦境，人在虚幻的梦境中似乎就是处于尘世之城，被声色所诱惑，当尼奥第一次在真实的世界接受学习的时候，为他准备的程序里面出现了一个穿红衣的女郎，尼奥被她吸引，可刚一回头女郎就变成了凶恶的电脑人，这也告诉我们一切的色相皆是虚幻的。而与《圣经》中犹大扮演同样角色的是出卖了尼奥的塞弗，他也是被解救出来知道真相的人类，可是却贪图虚幻世界的牛排和性感的美女，要享受虚拟世界中富裕而显赫的生活。这也是因为他并不相信尼奥的救世主的身份，所以他并不存在信仰，从而不能处于上帝之城，最终是悲惨的结局。这也将影片的叙事推上了更高的一层，人类只有拥有对救世主的信仰，对美好生活的希望，对人类所有兄弟姐妹的爱心，才能够得到拯救，而并不是俗世生活中的声色美味，那些都只是虚幻的。佛教讲六道轮回，人人皆有佛性，正是俗世的贪、嗔、痴三念使得人被污染了，只有我们时常拂拭，才能脱离虚幻的人世，超脱六道轮回，往生佛界。处于虚幻世界的人类并不知道他们尚且处于梦境之中，他们往往无法从梦境中醒来，因为一切的业力将他们紧紧地拉扯在俗世之中。《心经》中讲："色即是空，空即是色，受想行识，亦复如是。……心无挂碍。无挂碍故，无有恐怖，远离颠倒梦想"。尼奥的成长过程似乎也揭示了这一点,不屈服于人类被机器侵蚀的命运,努力地修因,从而改变了命运。《金刚经》认为:凡所有相,皆是虚妄;离一切诸相,则名诸佛(真我)。尼奥看透了虚妄,从而得到了真我。金钱只不过是虚幻世界中的一种贪念所造成的,虽然人无法离开金钱而生活,但它终究不是人类的全部。

二元对立一直是好莱坞电影的叙事手法,善与恶往往是对立存在的,此片中的宗教元素作为一种第三者的力量推动了影片的发展,这似乎与我国的早期武侠电影存在一定的相似性。宗教在此时不是作为二元对立中的一方存在,而是独立于其之外,承担了一种无形的叙事单元,它将自身融化于其中,无论善与恶都将被"我"所包容。电脑人史密斯与尼奥是对立的,两方也就成了善恶的代表,只有高于两者之上去看待整个世界的发展才能够找到真相,最终尼奥跳出了善恶之外才看到只有牺牲自我才能拯救人类,于是他停止了抗争,等史密斯开始侵蚀他的时候,善恶融为一体达到了一种更高的境界,这便是宗教所产生的力量。

西方的宗教,从中世纪的富人所购买的赎罪券开始,到现行的金钱教,总的说来是一种入世的宗教,然而这部影片却让我们再一次相信:只有爱、信仰、希望才应该是我们所追求的制高点,而不是所谓的金钱。

(文/马潇婧)

范文点评

本文是从宗教的角度对电影《黑客帝国》进行评析的,作为高中生来说,这类评析角度很难把握,需要掌握大量的关于宗教和哲学的基础知识,而且要有深刻的哲学思考。考生在专业考试时,还是尽量不要从这个角度切入。我们提供这篇范文的意义,在于说明电影的评论视角是多元的,考生在进行电影评论写作时要善于跳出常规,选择有新意的评述角度展开分析,给人耳目一新的感觉。

影片信息

中文名:黑客帝国　　　　　外文名:The Matrix
上映时间:1999 年　　　　　导演:沃卓斯基兄弟
编剧:沃卓斯基兄弟　　　　类型:科幻、动作
主演:基努·里维斯、劳伦斯·菲什伯恩、凯莉·安妮·莫斯
主要奖项:第 72 届奥斯卡金像奖最佳音响效果奖、第 72 届奥斯卡金像奖最佳电影剪辑奖、第 72 届奥斯卡金像奖最佳音效剪辑奖、第 72 届奥斯卡金像奖最佳视觉效果奖、2000 年英国电影和电视艺术学院奖最佳音效奖、2000 年英国电影和电视艺术学院奖最佳特效成就奖、2000 年土星奖最佳导演奖、2000 年土星奖最佳科幻影片奖

放肆的青春　灿烂的阳光

——浅析《阳光灿烂的日子》

　　灿烂的阳光,照耀出那段特殊岁月里躁动的青春;激昂的歌声,跳动出那段朴实年华里朦胧的爱情。青春总是有阳光相伴,因为它总是那样热烈、狂躁。姜文眼中的青春更是想让人觉得耀眼。

　　这段特殊的岁月留给我们的记忆也许是警醒是反思是感慨,但我们却从没思考过那时的人以及他们同样拥有的炽热的青春。不同的时代背景能够塑造不同的人生,在那段特殊背景下我们更加真实地感受到人心中的那份热情、真诚和对于理想的追求。姜文就是想让这些我们早已忘却的东西重回记忆的脑海。

　　也许音乐就能代表一个时代。影片开头昂扬向上的革命歌曲配合宏大的远景场面,将我们的目光转向那一张张充满斗志的脸庞,让我们在一瞬间,就可以跟随音乐的脚步重回那段记忆。这种身临其境的感觉大大增强了影片的表现力。更令我们为之震撼的是,在马小军一伙骑车飞奔后,勇猛惨烈的暴力手段配合着高亢的《国际歌》的运用,使影片达到一种强烈的反讽效果,给予视觉和听觉强大的震撼,这也是导演独到且大胆的地方。

　　音乐是配合人物的一种辅料,影片的重心还是对人物内心情感和理想的表达。对于人物的出场,导演可谓煞费苦心。米兰的出场就是一种朦胧甚至有点虚幻性质的塑造。一个背影、一张照片便使观众的注意力充分调动起来,吊足了观众的胃口。马小军对于照片的喜爱,对于那张笑脸的深深迷恋,也让观众仿佛感受到他此时内心的火热。这场众里寻他千百度的追寻之旅让影片的传奇色彩更为浓重,也为马小军心里感情的酝酿埋下伏笔。米兰这时已成为他心中美好爱情的象征,这段纯真的爱情,由一张唯美的照片开始,奠定了马小军心里那份永不熄灭的爱情理想。

　　人物的塑造给人一种真实感,镜头的独到运用更是起到画龙点睛的作用。顾长卫担当此片的摄影工作,他的艺术造诣我们可以通过众多镜头的运用得以领略。其中,最典型的是当马小军从高台跳入水中想要上岸时,长时间地运用到主观镜头,镜头跟随他的视角变得晃动且模糊,在水中的马小军看到岸上人晃动的身影和一张张冷漠的脸,自己一次次地被踹入水中,又一次次地浮出水面,镜头也跟随人物一次次地晃动,由下及上,由左至右。影片在这时镜头感和真实感油然而生,让人感到有一丝的压抑和难过。这种情绪同样是镜头给予我们内心的真实感受。除此之外,影片中还运用了许多大全景,马小军在等米兰出现时在屋顶来回地穿梭,这时多运用大全景,人物在画面中的比例缩小,从而表现出人物内心的一种急切却又无奈的心理感受。人物在整个大环境的衬托下也显得有些微不足道,导演的匠心独运不仅仅是给我们一张张交代故事的画面,更重要的是画面所带给我们的节奏和故事。

影片的题目也像它所展现在我们眼前的一样,阳光总是那样的灿烂耀眼,色彩和光都运用到极致。这群年轻人,他们的青春也就在这刺眼的阳光下、五彩的世界里展露无遗。而当到了影片的结尾,回到了现实的记忆中来,一下子从彩色胶片变成了黑白胶片,这与我们常常用色彩来表现现实、用黑白来表现过去的方式背道而驰,这同样是影片的独到之处。好像在告诉我们,现在他们再也回不到那段"阳光灿烂的日子",再也无法去感受那放肆青春下的真诚和深挚;那段流露着纯真感情的青春岁月也已一去不复返,现在的他们还能够那样无忧无虑吗?

那段岁月留给人们的记忆大多是黑白的,感情是压抑的,而影片给予我们的却是无比灿烂的阳光和乐观向上的情绪,这与以往表现革命的影片大相径庭,让我们在阳光下看到了那本应属于我们的乐观和自由,我们的生活也会处处充满希望。

记忆不光只有黑白,还有阳光的灿烂。

(文/赵利丽)

范文点评

《阳光灿烂的日子》是姜文的一部关于青春主题的商业类型片,改编自王朔的小说《动物凶猛》。这部电影展现了20世纪60年代人特殊的青春回忆,从而从另类的视角,找到了20世纪90年代初期中国电影影像消费的重要卖点。

这位同学的影评,还是非常有特点的。首先表现在影评语言风格上,这篇影评的语言风格感性抒发中不失理性分析,这就超出了一般观后感式评论的模式。另外,本文作者影评写作"之外"的功夫也非常好,即通过细致的电影笔记来掌握电影的特点。通常而言,我们认为,艺术感觉是可以训练和培养的,而这种训练和培养就是通过观察力的培养来促进艺术感悟。有了好的艺术观察力,我们就会发现导演独到的匠心,而不会再对电影感觉一片空白,写出的文章也不会干瘪无味。所以,我们说,好的电影笔记,甚至决定了三分之一的影评的成败。

影片信息

中文名:阳光灿烂的日子　　　　外文名:In the Heat of the Sun
上映时间:1995 年　　　　　　　导演:姜文
编剧:姜文　　　　　　　　　　类型:剧情
主演:夏雨、耿乐、宁静
主要奖项:第 51 届威尼斯国际电影节沃尔皮杯最佳男演员奖(夏雨)、第 33 届台湾电影金马奖最佳剧情片奖、第 33 届台湾电影金马奖最佳导演奖、第 33 届台湾电影金马奖最佳男主角奖(夏雨)、第 33 届台湾电影金马奖最佳摄影奖、第 33 届台湾电影金马奖最佳改编剧本奖、第 33 届台湾电影金马奖最佳音效奖、第 7 届新加坡国际电影节最佳男主角奖(夏雨)

社会良心的"创可贴"

——评贾樟柯的《世界》

"谁有创可贴？谁有创可贴？"影片开始后的近三分钟里，舞蹈演员赵小桃就这样喊着，四处寻找创可贴，这就是贾樟柯第一部公映电影——《世界》的开头。影片以女舞蹈演员赵小桃与保安队长成太生之间的情感故事为主线，引出了不同的城市外来者，呈现了这些"漂一族"的生存状态。尽管镜头从山西汾阳转到了大都市，贾樟柯却没有放弃对时代变化中的平凡小人物的人文关注，片头寻找创可贴的一幕无疑是这种关注的一种隐喻。

有一张《世界》的影片海报这样写道："我们是漂一代，漂在这个世界。"要关注漂一代，就要关注这个世界，那贾樟柯理解的世界又是什么样子？

整部影片表现了两个世界：一个世界是以世界公园为代表的城市世界，它是人为建构的，像一个华丽的舞台；一个世界是小人物的生活世界，这些处于底层的漂一族为了生活甚至是生存进行着拼搏与挣扎，它是边缘的、感性的、封闭的。

小桃，世界公园的舞蹈演员。她每天在不同的角色中转换：印度歌舞女郎、空中小姐、婚纱模特……她对于生活并没有太高的要求，似乎也没有明确的生活目标，对于是否能把终身托付给男朋友太生，她有些犹豫不决。她只是固守着自己身体的最后防线。太生，为了女朋友小桃来到北京，在世界公园做保安队长。他说为了能让小桃过上好日子，要混出个人样。但显然，他在做违法的事情。同时，也和一个在北京做仿名牌服装生意的温州女人打得火热。围绕着这两位主要人物，他们身边的来自不同地方的打工者们显露出各自的生存状态，或无可奈何或随波逐流——包括一位俄罗斯女演员安娜，她为了尽快去乌兰巴托找寻姐姐，从舞蹈演员沦落风尘。

通过两个长镜头的场景，我们可以对漂一族的生存状态有更深切的体会。一个场景是，二姑娘因为加夜班出事故而死后，她的父母从太生手里默默地接过三沓钱，这是他们孩子用生命换来的钱，二姑娘的父亲慢慢地解开上衣的纽扣，把钱一沓一沓放进贴身的口袋，一句话也没有说，目光仿佛呆滞了一般，他们只是默默地用枯手擦着两行老泪。另一个场景是，在影片的最后，小桃与太生一同煤气中毒，从被人发现到被抬出房间，再到被放在冰冷的雪地上等待救护车的到来，这段等待的时间很长，镜头一直对准躺在地上的两个人，他们的难以实现的理想、怀疑与依赖相纠缠的爱情、奋争却似乎又陷入困窘的生活，就在等待死亡与拯救中残酷地表现了出来。这就是他们的生存状态，这两个场景只是影片众多的细节之一罢了。

他们怀揣梦想，远离了家乡来到都市，他们被称为"外来务工人员"，或者被直呼为"民工"，他们的梦想只是凭借自己的汗水融入那个都市的世界，却发现进入都市之后，他们一直游荡在城市的边缘,他们的世界是封闭的、困窘的,需要更多善意的理解和关注。

《世界》是贾樟柯的转型之作,贾樟柯从"故乡三部曲"中对单纯的地方文化的描绘过渡到对繁杂的移民文化的关注。影片中包含了多重方言的元素——山西话、温州话、北京话、东北话、湖南话、普通话,以及俄语、英语。但极为耐人寻味的是,这些方言上的隔阂极少成为人与人交流的一种障碍。而这一特点也引出了影片中最令人印象深刻的人际关系:小桃和俄罗斯舞蹈演员安娜的友谊。她们之间几乎完全不能听懂对方的语言,但凭着人类对婚姻、爱情、家庭的共同理解和"同是天涯沦落人"的经历,两人之间精神上的交流超越了语言上的障碍。在公共水池洗衣服的一场戏中,安娜问小桃是不是在给男朋友洗衣服,小桃不明白。安娜就在满是蒸汽的镜子上画了两个人,用一个箭头指了指小桃在洗的衣服,小桃一下子就明白了。安娜又摸着小桃的戒指问她有没有结婚,小桃说没有,安娜指了指自己的戒指表示自己已经结婚了。她还拿出自己的皮夹子,给小桃看自己和两个孩子的合影,并一边比画着身高一边告诉她两个孩子的名字,小桃就很会意地跟着她念这两个名字。而在夜总会的厕所里相遇的那个场景,满含委屈的小桃遇到了已沦为妓女的安娜,安娜对着小桃问候了一大通并表示自己无法解释这一切。虽然小桃一句也没有听懂,可当此情此景下两个女人拥抱在一起的时候,她们的心是如此亲密无间地贴在了一起,一切的语言在这里都是多余。刚受到富商诱惑的小桃非常明白,一个异乡的女子要在这座充满欲望的大都市里有尊严地生存下去实在是无比艰难。

与贾樟柯以往的影片相比,《世界》中运用了六段 flash 动画以及大量的舞蹈镜头,色彩明亮了许多,也减轻了电影的沉重感。尽管 flash 的运用引起了众多争议,在整部影片中稍显突兀,但是 flash 的运用还是成功的,一方面它以一种独特的方式来表现互发短信这种在年轻人中司空见惯的现象,另一方面 flash 动画延展的想象力,是漂一族渴望突破自己的困窘的一种侧面表达,是他们被压抑许久的生活热情的一种爆发。

《世界》是贾樟柯从拍摄地下电影向主流化发展的转型之作,但他关注底层生活状态的一贯风格并没有改变,《世界》更像是一部纪录片,记录进城漂流人员的辛酸苦辣,这部电影是我们这个处于转型期的社会的一块"创可贴",它唤起社会的良心,让我们不再漠视,不再遗忘。

范文点评

在对影片进行评析时,我们一定要明确电影的实质,当我们明确了电影实质的时候,所有的影片的深入分析都可以通过电影的故事深化到人性的分析。这是找到中心论点的一条捷径,也是将影片深化的一个好的思路。比如这部影片,就是通过"女舞蹈演员赵小桃与保安队长成太生之间的情感故事"表现了"不同的城市外来者"的生存状态,并对他们这些小人物的生存寄予无限关注和同情。所有的分析都通向人性的揭示,通向对人性的或好或坏的表达。影片里,创作者的态度只是关注和同情而已。换了其他影片,同样可以套用这个思路,从人性的角度、从人文主义立场去考察影片中导演的态度。这是树立主题的另一个很容易掌握的思路。

另外,细节也很重要。我们一定不能忽略细节在论证过程中对整个影评的重要作用。好的细节恰恰是最能打动人心的地方。在这篇文章中,作者选用了两个长镜头细节,目的是为了更加凸现影片的主题和自己文章的中心观点,细节更能显示出导演的良苦用心。

所以,在找论据围绕中心展开的时候,千万别忘记论据就在影片的情节和细节里,这是论据的主要来源,至于音乐、声响、画面等等技术手段,只是论据的一小部分。情节和细节中的活生生的论据、最能感人的论据,会让你的行文更加生动形象。

影片信息

中文名:世界　　　　　　　　外文名:World

上映时间:2004 年　　　　　　导演:贾樟柯

编剧:贾樟柯　　　　　　　　类型:剧情

主演:赵涛、成泰燊

主要奖项:第 11 届法国维苏尔国际电影节评委会大奖、第 6 届西班牙巴马斯国际电影节最佳影片金伯爵奖、第 6 届西班牙巴马斯国际电影节最佳摄影奖、第 7 届法国杜维尔国际电影节最佳编剧金荷花奖、第 29 届圣保罗国际电影节最佳外语片奖、法国《电影手册》"2005 年度十大佳片"

关于女人的遭遇与拯救

——对《人·鬼·情》的解读

　　《人·鬼·情》是一部取材于女戏剧艺术家裴艳玲（影片中钟馗的扮演者）人生经历的"女性电影"。一个拒绝并试图逃脱女性命运的女人，一个因扮演男人而成功的女人，却终究还是因为是一个女人而未能获救。这部影片是关于表达的，也是关于沉默的。它不是一声狂怒的呐喊，而是一缕凄婉的微笑；不是一份投入的自怜，而是几许默默的悲悯。这是一份当代女性的自况，也是一份女人隐忍的憧憬与梦想：渴望获救，却深知拯救难以降临。

拒绝与逃离

　　《人·鬼·情》讲述的是一个为拒绝女性命运而不断逃离的女人的故事。小秋芸终止"嫁新娘"的游戏，宣称"我不做你们的新娘"之后，逃开男孩子的追赶；却在草垛子间撞见了母亲和陌生男人做爱，她狂呼着再逃开去。这是秋芸生命里的第一次遭遇与逃离——逃离女人的真实。这一情景构成了她女性悲剧生涯的开端。如果第一次，秋芸只是在震惊与恐惧中奔逃，那么第二次，她将作出一个选择：拒绝女性角色，为了拒绝女性命运。秋芸执意选择舞台时，遭到了父亲的强烈反对："姑娘家学什么戏，女戏子有什么好下场！不是碰上坏人欺负你，就是天长日久自个儿走了形——像你妈。"女人学戏，似乎只有这两种无可逃脱的命运。但秋芸却认可了并作出选择："那我不演旦角，我演男的。"这一抉择意味着一条更艰辛的荆棘路，一条"生死不论，永不返回"的不归路。尽管小秋芸拒绝女性角色，甚至放弃女性装束，以一个倔强的男孩子的形象奔波在流浪艺人的路上，但女孩终究会长成少女，会爱，并渴望被爱。当张老师闯入她的情感世界时，她作出了第三次拒绝并逃离。秋芸再度在震惊与恐惧中奔去，草垛子再度如幢幢鬼影扑面压来。她恐惧并憎恶重复母亲的社会命运。然而这一次她明白了，在拒绝女性命运的同时，也意味着放弃情感并承受女性生命的缺失与遗憾。

　　秋芸可以拒绝女性角色，却无法真正地逃离女人的命运。她终究是一个女人——母亲的女儿、蒙耻的女性、在流言蜚语中无家可归的女性。舞台上的张扬，将以台下的寂寞与惩罚为代价。特写镜头中的那根钉子刺穿了皮肉，更刺穿了心灵。秋芸毕竟成功了，因成就了一个神奇的男鬼形象而大获全胜，却并非如秋父所想："只要走了红，成了大角，一切都会顺的。"生活中的秋芸，背负着全部重负与遗憾，却必须扮演女人的幸福与完满。

拯救与庇护

　　作为中国世俗神话中的一个小神，传说中的钟馗才华出众、高中状元，却因相貌奇丑而被废，他当场自刎而亡，死后受封"斩祟将军"，专杀人间祟鬼厉魅。《钟馗嫁妹》讲的是钟馗死后重返人间送妹出嫁的故事。影片中,作为片中片的《钟馗嫁妹》出现在秋芸人生的每一个重要时刻,钟馗无疑充当了一个理想的女性拯救者与庇护者的角色。

当秋芸与昔日的男性小伙伴们在木桥边偶遇时,他们对《钟馗嫁妹》的场景进行了一次残酷而滑稽的模仿:男孩子们把秋芸逼上木桥,泼着水齐声喊道:"妹子你开门来,我是你哥哥钟馗回来了。"当秋芸胆怯地向二娃呼救,男孩子们的念白成了:"妹子开门来,我是你哥哥二娃回来了。"对此,二娃的回答却是"谁是你哥?找你野爸爸去吧"。此时,昔日的伙伴变成了敌人,小秋芸被按倒在地,绝望求援的目光投向无名的远方。随后秋芸的视点镜头中,第一次出现了钟馗戏的场景:钟馗拔剑喷火,在一片幽冥与烈焰中力斩群魔。钟馗在这里第一次被呈现为秋芸想象中的拯救者。钟馗出现的另一重要场景,是秋芸出演《三岔口》被惩罚的钉子刺穿手掌后,在欲哭无泪的绝望中嘶喊时。钟馗在一片明亮奇异的光明中出现,一步步走向半掩的化妆室,同时伴着凄冷的唱腔:"来到家门前,门庭多冷清。有心把门叫,又怕妹受惊。未语泪先流,暗呀暗吞声。"特写镜头里钟馗热泪盈眶。此时,钟馗似乎就是秋芸的兄长,而秋芸则成了钟妹,饰演被拯救的角色。然而现实中,秋芸身上的男装以及被红黑两色涂花的脸,则把她置身于男性角色。这种性别矛盾,预示着拯救与被拯救的破灭。作为一个奇丑的男鬼,钟馗却是故事中最理想的男性:"一个最好最好的男人",一个伴随了秋芸一生的梦。但是钟馗的身份不是白马王子,而是一位父兄,在危难与屈辱面前庇护她,关注并将成全她的幸福,这是其他男性所不及的,那不是一份浪漫情感,而只是一脉温情与亲情,是现代女性对安全感归属与拯救的憧憬。

《人·鬼·情》并不是一部激进的女性电影,它只是以一种张爱玲所谓的"中国式的朴素与华丽"陈述了一个女人的故事,并以此呈现一种进退维谷的女性困境。在完美世界的裂隙处,黄蜀芹透过"墙壁上洞开的窗子"展露出女性视点中的世界与人生。在她的镜头中,他人对女性的拯救没有降临,也不会降临,或许,真正的拯救女性的力量来自于其自身不断冲破束缚的抗争中。

(文/李慧霞)

范文点评

这是一篇难得的影评范文佳作!文章的语言流畅优美,充满睿智,展示了作者非常深厚的电影艺术评论功底。这篇文章的亮点是在影评中使用小标题的形式,以拒绝与逃离、拯救与庇护为评论的分论点完成了对《人·鬼·情》这部电影的解构和释义。在影评中采用小标题的形式,能使文章结构的层次感很强,论述也十分的有力和缜密,从而极大地增强文章的含金量和评论的力度,更加容易得到考官的关注和青睐。但是,并不是所有的影片都适合采用这种形式,也不是所有的考生都擅长使用这种形式,所以,考生要根据具体的影片类型和自己语言运用的实际水平来确定文体类型的选择。

影片信息

中文名:人·鬼·情　　　外文名:Ghost Love　　　　　上映时间:1987 年
导演:黄蜀芹　　　　　　编剧:黄蜀芹、李子羽、宋国勋　　类型:剧情
主演:徐守莉、李保田、裴艳玲、姬麒麟、王长君
主要奖项:第 8 届中国电影金鸡奖最佳编剧奖、第 8 届中国电影金鸡奖最佳男配角奖、巴西利亚国际影视录像节最佳影片奖、第 11 届克雷黛国际妇女节公众大奖

娱乐功能的成功释放

——评电影《不见不散》

影片《不见不散》在如观众所期望的大团圆结局中降下了帷幕。它紧紧把握住贺岁片的娱乐功能,将视野投向生活在边缘的小人物的悲欢离合,并将他们的喜怒哀乐搬到异国的舞台来演绎,从而充分满足了市民阶层的情感需求。

影片将两个浮游在异国生活表层的中国人的命运巧妙地衔接在一起,美国这个浮华社会只是一个纯粹的故事场景,它本身已经消弭了《北京人在纽约》中"天堂或地狱"的价值判断,凸现在观众视野之中的是男女主人公缠绵复杂的情感纠葛。所以,他们虽生活在异国边缘,但离国别乡的愁绪和难以言尽的飘零心态并不显明。

贺岁片的定位使《不见不散》拒绝了情感的深度渗入和意义的不断寻求,男女主人公的情感经历因发生在美国又使观众的文化想象攀缘过去,从而在男女主人公纵情体验迥异而不乏刺激的人生时,观众也能在一种文化幻觉中获得对异国生活的鲜活感受。男主人公刘元狡诈而善良,冷漠又多情,他认定"享受生活的每一天是我的最大愿望,也是我十年的最大收获",寻求一种从容不迫、荣辱不惊的生活,他以认真圆滑的处世态度始终生活得左右逢源、轻松自在。这就不可避免地同追寻固定情感归宿的女主人公李清产生了抵牾。两人由一开始剧烈的外部冲突逐渐转化为情意绵绵的内心交锋,戏剧效果也逐渐显现。最后两人冰释所有的误解,共同踏上了归国的旅程,大团圆式的结局不仅预示了他们美好的未来,也给渴望幸福团圆的观众巨大的心灵愉悦,贺岁片的娱乐功能也因此释放得淋漓尽致。

《不见不散》在情节构架上也是匠心独运。影片充盈着突如其来的情节和不断溢出正常逻辑判断的干扰,刘元飘忽不定的性格和异国不可捉摸的生活遭遇更是为这种情节设置提供了注脚,影片以一种"高高举起,轻轻放下"的叙事手法将其处理成一场虚惊。比如片中刘元和李清在年老时重逢,当观众不禁为两人的命运遭际感慨万分、唏嘘不已时,却突然被告知这不过是刘元一个感伤的梦而已,这就在强烈的反差中创造出一种意料之外的娱乐效果。而且这种风格的叙事方式使故事演进成为一个使观众不断被蒙蔽和解谜的过程,从而激发了观众巨大的参与热情。

《不见不散》大多选取阳光灿烂、生命跃动的初夏景致,它的喜剧性情节使得影片始终以金黄为主色调,这样影片就如同一幅绚丽斑斓的流动的油画,极富冲击力的视觉效果也留给观众充分的审美愉悦。

总之,《不见不散》以一种在异国发生的市民喜剧模式,调动了大量的电影元素,营造了一个极具感染力的娱乐空间。对于观众来说,每一部好的影片都是一份难以替代的心灵体验,《不见不散》更是如此。

(文/帅震)

范文点评

　　冯小刚的喜剧贺岁片可以说有其独特的"冯氏幽默"元素,让国人津津乐道,爱不释手。由于其越来越大的市场影响力,所以,建议广大的艺考学生要多加关注冯小刚的电影。这篇对他早期贺岁片《不见不散》的评论,以"娱乐功能的成功释放"作为评析的中心点,以贺岁片的定位、情节构架等娱乐文化元素作为支撑,深入浅出地分析了冯小刚对娱乐功能的成功架构。文章语言流畅生动,结构严谨,不失为一篇优秀的高考艺术类编导考试的应试佳作。

影片信息

　　中文名:不见不散　　　　　　　　外文名:Be There or Be Square
　　上映时间:1998 年　　　　　　　　导演:冯小刚
　　编剧:冯小刚、顾晓阳　　　　　　　类型:喜剧、爱情
　　主演:葛优、徐帆
　　主要奖项:1999 年北京大学生电影节最佳观赏效果奖、1999 年北京大学生电影节最受大学生欢迎的影片奖、1999 年北京大学生电影节最受大学生欢迎的女演员奖(徐帆)

那一段硝烟弥漫的历史

——评电影《拯救大兵瑞恩》

斯皮尔伯格是当今好莱坞极具票房号召力的导演之一,他不仅擅长用高科技的手段来武装自己的电影,同时也能在艺术上有所建树。他所有的影片总能用充满想象力的故事和极具观赏效果的视听语言来满足观众的期待。《拯救大兵瑞恩》虽然和他以往的充满幻想色彩的电影故事迥异,但仍以三方面的特色打上了"斯皮尔伯格制造"的烙印:营造战争奇观、构筑冒险故事、表达人性主题。

影片最为人称道的也是给观众留下深刻印象的,莫过于开场长达二十分钟的战争场面。导演先声夺人,在一开头就把充满暴力血腥的恐怖场面展现在了观众面前:被炸的士兵尸横遍野;拖着只剩半截身体的不知所措的战士;四处游走的士兵;子弹打在钢盔上那令人恐怖的声音;一个刚刚摘下钢盔便被子弹击中,头上爆出一团血雾的士兵;血淋淋的战地手术……还没有哪一部电影能把战争的血迹斑斑、惨绝人寰表现得如此淋漓尽致!对没有亲身经历过战争的人而言,战争如同一个传说,其惨烈仅仅停留在想象层面,而他们想目睹那种战争场面的猎奇心理,正是导演极力进行逼真刻画的原动力。这一段放弃了高科技手段而力求真实的战争场面显然达到了导演预期的效果,被评论家评论为"战争史上最真实"的战争场面。该片中有一个重复出现的细节耐人寻味:士兵们把牺牲了的战友的家书重新抄写一遍,而不让其家人看到血迹斑斑的原件。这让早已习惯战争残暴的人们感到震惊、颤抖。传统的战争题材的电影好比是这重新撰写的家书,已经抹去了血迹和弹孔;而本片却好比是家书原件,给人以心灵的震撼。真实是目的,真实更是手段,为的是通过这种恍若亲临现场的场景产生震撼观众心灵的作用,使观众在被战争奇观惊得目瞪口呆的同时,感受到强烈的刺激感,这正是电影娱乐功能的诉求。

讲述冒险色彩的故事是童心未泯的斯皮尔伯格的拿手好戏,《大白鲨》《外星人》《侏罗纪公园》等电影都是把科幻和逻辑融为一体。而米勒上校率领小分队深入战场的拯救故事,制造出海底寻宝一样的悬念让观众期待。与以往一样,斯皮尔伯格没有忘记给观众塑造一位英雄,米勒上校就是本片中的英雄。他有情有义,是一位普通的却具有高尚品质的战士,这恰恰是人们所追求的那种理想的艺术形象。身经百战的米勒并非是战神巴顿的神化形象,他原本是一个中学教师,这种平民化和知识化的背景使米勒的身上充满了人性的光辉。他对瑞恩的拯救不具有任何军事意义,而是出于人道主义和对家庭的保全。因此,在影片的最后,当老年瑞恩问自己是否完成了当年米勒的心愿时,米勒的拯救行为显示出了价值,显然,米勒不仅仅拯救了一个美国家庭,而且更以自己的牺牲使一个人懂得了生命的意义。

本片在反映反战的基本主题之外,更反映了美国社会一种最广泛的平民意识,对家庭的重视是美国人价值观的核心之一,所以观众能在片中看到战士们在战争最危难的时候回忆起过往的家庭生活。在这部电影中,"拯救"只是增强影片吸引力的一个煽情卖点,它的真正意义在于对生命的充分肯定,而这并不以简单的数字来换算,这是好莱坞故事片中最常见的主题。

总之,本片对战争的深刻思考,对战争中人性的深入挖掘,以及视听语言的高技术水准,决定了它是战争题材类电影的一个新高峰。

(文/亓彬)

范文点评

这篇影评属于综合性影评,作者从营造战争奇观、构筑冒险故事、表达人性主题三个角度对《拯救大兵瑞恩》展开了评析,整篇文章首尾呼应,结构严谨,基本上符合影视传媒类专业考试的要求。同时,文章作者对电影的思考较深入,特别是对平民意识和美国人核心价值观的评析是难能可贵的,不但能对电影的艺术表现形式有准确的认识,还能对电影的文化内涵有基本的判断,这是值得广大考生学习的。

影片信息

中文名:拯救大兵瑞恩　　　　　　外文名:Saving Private Ryan
上映时间:1998 年　　　　　　　导演:史蒂文·斯皮尔伯格
编剧:罗伯特·罗达特　　　　　　类型:动作、剧情、战争、历史
主演:汤姆·汉克斯、汤姆·塞兹摩尔、马特·达蒙、亚当·戈德堡
主要奖项:第 71 届奥斯卡金像奖最佳导演奖

荒芜中拾起永恒的亲情

——评电影《拾荒少年》

电影《拾荒少年》是张思庆导演的一部获得台湾电影金马奖的成功之作。这部影片以一位拾荒老人帮助主人公拾荒少年寻找母亲为线索，讲述了发生在看似毫不相干的两人之间心酸而温暖的感人故事。导演在这部影视作品中所展现出来的对人与人之间发自本心的善良情感的关怀以及对残酷社会现状的拷问，使这部作品在短短的三十分钟里迸发出了巨大的正能量。

影片之所以能在如此短的时间里将事件的起伏变化表现得淋漓尽致，离不开其精湛的拍摄手法。影片一开始，导演就运用一组快切镜头，将社会百态向观众一一展示，从而为事件的发生和进一步发展做足了铺垫，同时也是对之后的情节中社会丑恶面的一个先期隐喻。此外，导演在不同的状况下对景别的运用也十分讲究。当少年为保护自己而装哑时，导演多运用中景或近景镜头对人物形象进行塑造，着重展现人物的头部和手部动作，少年那与年龄不相称的脏乎乎的手，一双清澈而无辜的大眼睛，无不让观众顿生怜悯之情。而自少年开口说话之后，随着事件的不断深入发展，导演则毫不吝啬地使用大量的特写镜头，对人物进行不遗余力的展现，于是一个小小年纪、身世悲惨、无依无靠却坚强而执着于寻找母爱的有血有肉的少年形象就跃然于银幕之上了。正是导演这种精细的镜头处理和巧妙的拍摄手法，使得影片在主人公对话极少的情况下，却有着极其出众的情感表现和升华效果。

另外，影片的画面构图也为表现导演的思想做出了极大的贡献，可以称作影片的又一大亮点。在整部影片的故事架构中，拾荒老人和拾荒少年经历了一个由相互警惕到同病相怜再到最后相依为命的过程。而在此过程中，影片的画面构图一直在悄然地发生着变化。影片前半部分，少年通常沉默不语，与老人互相对立并时时刻刻保持着警惕，这时画面中的两个人多呈对角线式分布构图，表现出两人在并不信任对方的情况下所自然呈现的对立状态；而随着一系列事件的发生，两人彼此逐渐有了了解和相怜之感，这时候两人的对话和动作则多以左右式分布构图为主，这表明两人之间的关系已经发生了本质的变化，由原先的互相对立到互相信任再到互相依赖，并重新燃起了对生活的信心。这种构图的不同使观众无须去听过多的对白就已经对人物情感的变化了然于心。在拾荒老人和少年共度元旦的场景中，俩人并肩坐在杂乱寒酸却备感温暖的饭桌旁互相夹菜时，画面呈现常规而严谨的构图，两人几乎占据了整幅画面的80％，镜头的水平拍摄则使观众与画中人物达成亲切的交流以及情感上的共鸣，传达出两人之间已经建立的深厚而温暖的情谊，同时也让观众对事件的发展有了更深的期待，从而为以后高潮的到来蓄足声势。

影片中一个个物象的运用也起到了不小的隐喻作用。三轮车上那在黑夜中摇晃着的小灯，隐喻着老人和少年卑微的社会地位和不堪一击的"希望"。这些在以后老人回到旧址发现围墙上已写着大大的"拆"字和被告知少年母亲的照片只是一个书签时的情节中都得到了体现和呼应。而之后，老人将信封中的钱拿出来，买了三十本《故事会》，在这里，《故事会》已不仅仅是一本故事书那么简单了——它象征着老人将所有的希望和爱都给予了这个少年，少年寻母已是比他看到女儿和家人都重要的事情了。而在影片接近尾声时，少年默默地拿出给老人买来的酒，此刻，老人编织袋中的书、少年手中的酒，似乎都在告诉观众，俩人已是彼此的希望和寄托，即使前方的路途再艰难，他们也会坚定勇敢地互相搀扶着继续走下去。

《拾荒少年》这部影片在短短的三十分钟里，为广大观众演绎了一段在荒芜的废墟里萌生出的不是亲人却有着永恒亲情的感人至深的故事，情节看似简单却十分曲折生动，开放式的结局更是出人意料，令人回味无穷。《拾荒少年》最大的成功之处在于其强大的视听表现力，它的每一个分支所引申出的意义都值得观众去细细品味，给予每个人以震撼和深思。这是一段破碎无果的寻母之旅，却也是一次处于社会底层的个体的生命尊严和善良人性的深情回归。

范文点评

这篇文章开篇就提出了全文的中心论点，即"导演在这部影视作品中所展现出来的对人与人之间发自本心的善良情感的关怀以及对残酷社会现状的拷问，使这部作品在短短的三十分钟里迸发出了巨大的正能量"。其后用大量细节论据从拍摄手法、画面构图以及物象（即道具）的运用等方面对影片进行了不同层面的解读，整篇文章有理有据，思路清晰。

这篇文章最大的特色同时也是值得考生去学习的一个地方是，该作者的观影感觉非常敏锐，观影技巧也都运用自如，所以，他对影片中多处细节的把握准确而到位，并能将这些细节归纳整理后作为论据应用于主要观点的论证。例如，影片中多种场景下多处快切镜头、中近景以及特写镜头的使用；拾荒老人和拾荒少年呈现出来的两种画面分布构图等等，都是很重要也很有创新性的细节发现。

培养敏锐的观影感觉，是写好一篇影片的关键要素之一。

影片信息

中文名：拾荒少年　　　　　　　　上映时间：2012 年
导演：张思庆　　　　　　　　　　编剧：张思庆
类型：短片、微电影　　　　　　　主演：鲍振江、叶昭、周敦明、杨才
主要奖项：第 49 届台湾电影金马奖最佳创作短片奖

心怀大爱　向死而生

——评电影《入殓师》

生亦何欢,死亦何苦?面对死亡、入殓等一系列灰暗的词语,用怎样的情感才可抹去冰冷,饰以温暖?电影《入殓师》以日本大和民族式的哲思与人生态度为针线,细腻而又饱含深情地穿引而成一幅有关生死之思、人世之情、伦常之理的深刻作品。

影片丰满立体且情感细腻的人物形象塑造支柱般地撑起其整体结构。小林大悟这一主人公的塑造无疑是十分成功的,影片开头,小林驾驶的一辆车在白茫茫的大雾中由远及近慢慢驶来,导演运用中景、近景侧面拍摄,将观众成功置身于主人公身边,引入一个如雾般空灵、迷蒙的生死人间。主人公小林幼时父母离异,母丧与父弃的人生经历令他迅速成熟却依旧保有一份孩子般无助与缺乏安全感的惶恐,当他工作的乐团宣布解散时,画面中惊讶、无助、失落的神情和动作与依旧镇定并迅速离开的其他人形成鲜明对比,为后来他与妻子搬离东京来到乡下做好了铺垫。而这也正展现了一种无常的人生、命运对个体的不可预知之掌控。在这无常弄人的命运的掌控之下,小林阴差阳错成为一名入殓师,这意味着他要近距离直面死亡。死亡对于每一位亡者的亲属而言,是埋葬生前一切矛盾、误解、痛恨的土;而死亡对于小林来说,则是顿悟人生意义的重要媒介。因而他不再是无助地如小孩般将脑袋埋入妻子怀里索取温暖、无法释怀父母离异之痛的小林,而是一个人吃着面包、开着车,在充满生机的嫩绿原野上拉一段幽怨的大提琴乐曲的小林,认真、娴熟地送已亡人最后一段路程的慈悲而坚强的小林。

独具匠心的镜头语言的恰到好处的运用是影片感人至深不可或缺的重要因素。整部影片中,极少运用大远景、近景、特写镜头,而这种以大量全景、中景镜头为特点的镜头运用恰到好处地控制了整部影片平稳的速度与行云流水般的情节发展。影片多次用固定镜头来叙事,而这种剥离了复杂技巧的固定镜头正体现出影片对于自然、生命等一切事物本质的敬重,而其中少数运动镜头所展现的画面点到为止,锦上添花地为影片撑起一份温馨浪漫。如小林在房间中演奏大提琴这一段,摇拉镜头流畅如悠扬的乐声,旋转镜头婉转如空灵的曲调,画面在小林的回忆中转入他童年时端坐于此为父母演奏大提琴,虽然小林对于童年的记忆充满了失望痛苦,但在悠扬的音乐声中,全景、中景镜头依旧展现了小林对于记忆犹新的母亲柔情的爱的怀念与对记忆模糊的父亲的追忆与思索。

影片对音乐与大量主人公独白的运用也为其增添了一份含蓄蕴藉的意味,体现了一份独特的东方美学、哲学的深厚底蕴。安静的音乐与同期声内敛含蓄,平衡了电影中盛放温和与悲伤的情感天平。主人公的内心独白恰到好处地揭示了其内心情感的变化发展,缓缓流露却可直击观众内心最柔软的部分且与之产生情感的共鸣。如此温柔、缓慢的情境已在不知不觉中深入每位观众的内心。

　　具有隐喻意味的具象事物在影片中起到画龙点睛的妙用。一只被小林放生的活章鱼、一条被小林目睹回溯迎接死亡的鱼都暗含了导演对于生死的深入思考，也深入浅出地表达了对生命思考的主题意蕴。而另一个道具——石头的运用，更是体现了小林的父子情，即电影对于亲情的解读。当小林在死去的父亲已僵硬的双手中找到一块光滑的鹅卵石，并将它放入怀孕妻子的手中时，这一仪式性的场景表达了一种怨恨的化解、情意的延续。即便一切有所残缺，小林却不再孤单。

　　无论是生前不受脾气暴躁丈夫关注的中年妇女、男儿身的"女孩"、误入歧途的问题少女，还是备受爱戴而寿终正寝的爷爷，小林都以一种慈悲、大爱之心，用一双温柔、充满热度的双手送他们最后一程。这份曾令他厌恶的工作如今也得心应手起来，犹如弹奏一曲悠扬的音乐，而在乐曲即将终结之际，他终于记忆起父亲曾经存在于他脑海中的模糊的面容，心中的那一份情也终于完整，爱也最终降临。

范文点评

　　这是一篇不错的影评，不仅逻辑清晰，而且对于生与死的解读十分深刻。文章一开始便提出了主要论点：电影《入殓师》以日本大和民族式的哲思与人生态度为针线，细腻而又饱含深情地穿引而成一幅有关生死之思、人世之情、伦常之理的深刻作品。

　　正文部分，作者分别从人物形象的塑造方面、独具匠心的镜头语言运用方面以及影片中的音乐、独白、道具等方面，对主要论点中的生死之思、人世之情和伦常之理进行了深入分析。通过这篇文章可以发现，作者在观看影片时是十分认真的，因为作者在行文时对于很多细节的把握都非常准确和到位，例如，当小林工作的乐团宣布解散时，作者对小林的表情描述非常到位，即惊讶、无助、失落等，而对这些细节的把握和恰到好处的运用，能够大大提升文章观点的说服力，所以希望考生在平时观看影片时一定要养成随时记观影笔记的习惯，这样在真正写作时才会言之有物。

影片信息

中文名：入殓师　　　　　　　外文名：Okuribito
上映时间：2008 年　　　　　　导演：泷田洋二郎
编剧：小山薰堂　　　　　　　类型：剧情
主演：本木雅弘、山崎努、广末凉子、吉行和子
主要奖项：第 81 届奥斯卡金像奖最佳外语片奖、第 32 届日本电影学院奖最佳影片奖、第 32 届日本电影学院奖最佳导演奖、第 32 届日本电影学院奖最佳编剧奖、第 32 届日本电影学院奖最佳摄影奖、第 29 届香港电影金像奖最佳亚洲电影奖

隐于俗世中的天使

——评《北京遇上西雅图》

在导演薛晓路眼中,"西雅图"不仅仅是一个地名,它更像是一个童话般的梦想王国。继《西雅图不眠夜》之后,由汤唯、吴秀波主演的《北京遇上西雅图》,成为第二个西雅图爱情神话,流连在观众心中回味无穷。与其他反映社会现实问题的同类型电影相比,《北京遇上西雅图》已不再只是停留在单纯地再现某一种生活状态或是讲述一个精彩故事的基础层面上,而是演变成为一种揭示社会问题和评价时事生活的有力工具。借助这种工具,导演大胆地将自己锐利深刻的思想融入电影之中,以一种批判的目光来审视现实社会中无数个体的生存心理状态,并不断追溯这种状态后所沉淀下来的人性之美。

在任何一部电影中,演员都是其灵魂核心之所在。在《北京遇上西雅图》这部电影中,汤唯、于秀波、海清等主演们精彩的对手戏、千锤百炼的经典对白、舒缓有致的叙事节奏等,无一不透露出世俗社会中熠熠生辉的人性光芒和无处不在的大爱情怀。在娱乐业蓬勃发展的今天,现代爱情类型电影成百上千,而唯独文佳佳在影片之中等到了自己的爱情童话,整个过程犹如酿造一坛美酒,只有经历过漫长而备受煎熬的发酵过程,才能赢得满堂彩的酒香四溢。初到西雅图的文佳佳是极尽张扬的,金黄色暖色调的映衬下是对世事直截了当而又有些刻薄的言语,不似一位母亲而更像一个童言无忌的孩童。然而,这只是一种表象,犹如一块未经打磨过的璞玉,粗糙尖利的外表之下裹藏着一颗晶莹剔透、坚而不摧的心。影片中,当她失去了财力依靠——老钟后,生活的无常、无奈与艰辛使她开始学着收敛和谦逊,衣着亦由暖色调的橙、黄转变为冷色调或暗淡的灰棕色。这小小的变化反映的不仅是人物的心境,更是经历过后的无奈与皈依。此时此刻,导演在选用拍摄景别上也大幅度地减少了对她的特写和近景的使用,这并非是采用了一种不关心和冷漠的态度对待她,恰恰相反,导演只是将影片后期的注意点拉到了一种近似科学的距离,从而使观众看清楚,人物在这个现实社会中所处的总体位置以及剧中患难朋友之间在特殊境地下所产生出的那种无以言表的大爱。

此外,在这部电影中,使用变化多样的灯光效果来烘托和表现主题是一次大胆而又成功的尝试。同时,背景音乐的适时出现、主题曲恰如其分的搭配,也使整部影片严肃中不失活泼,痛楚中充满温情。在这部电影的人物塑造中,灯光运用上有一个非常出彩的地方,或许薛晓路是借鉴了张艺谋导演《大红灯笼高高挂》中对人物的表现,所以这里的"老钟"也是一个从未露面的重要人物,几次拍摄大都采用了轮廓光和逆光,于一片黑暗和朦胧中给予观众最多的猜测和神秘感。鲁迅曾语:"一千个故事是一个故事,那主题始终是一个主题。"的确,老钟虽然从未露面却是"中国富豪"最具典型性的代表。在他身上,观众看到了中国现实社会中那些有钱人的影子:自私冷漠、财大气粗、视财如命,却又偷偷摸摸，做着挖国家墙角和剥削劳动人民的勾当。同样，在灯效运用上，影片前期对文佳佳的拍摄采用的多为自然光和修饰光，从而营造出一种梦幻中不失女孩率性的氛围，而在老钟"为了爱情而几次宣读誓言"时，亦梦亦幻的光影跃然于银幕上，暗示了日后这个美丽多彩的泡沫终将化为现实的尘埃罢了。同一首钢琴曲，同一个晚上，却在《北京遇上西雅图》中分别两次出现，然而物是人非，时过境迁的关系轻吟出不一样的感情。

　　光与影的交织下，薛晓路导演运用高超的视听语言，加上富含大量隐喻蒙太奇式的表达，使《北京遇上西雅图》成为现代社会中的"童话经典"。这部电影带给观众的感受不仅仅是对纯美爱情的追求，更是对"小三"问题所引起的一系列连锁反应的现世意义的警示和反省，爱钱贪权的"小三"们最终逃不开命运的悲剧，她们的出路在于自强自立，勇敢地寻找一份真正属于自己的爱情，其中包含着爱的承担与奉献的责任。小隐隐于野，大隐隐于市，影片中所塑造的文佳佳正是引领她们走出泥沼的天使。

范文点评

　　这篇影评文章有一个非常好的地方，那就是对于主题的认识很深刻。毫无疑问，《北京遇上西雅图》是一部典型的爱情类型电影，所以很多考生在解读过程中，过分关注于主人公最终遇到真爱而功德圆满这一方面。可以说，这个主题是非常恰当的，却不够深刻，而不够深刻的影评是得不了高分的。

　　所以，这篇影评的深刻之处在于，作者在爱情的华丽外衣下，看到了丑恶的现实问题，即"小三"问题、"中国富豪"问题，甚至是去国外超生问题等等。透过现象看本质，是大多数考生都应该具备的一种写作功力。

影片信息

中文名：北京遇上西雅图　　　　　　外文名：Seeking Mr. Right

上映时间：2013 年　　　　　　　　导演：薛晓路

编剧：薛晓路　　　　　　　　　　类型：爱情、喜剧

主演：汤唯、吴秀波

主要奖项：第 14 届华语电影传媒大奖观众票选最受瞩目电影、第 21 届北京大学生电影节最佳女演员奖（汤唯）、第 10 届广州大学生电影节最受欢迎角色奖（吴秀波）、第 9 届中美电影节最佳电影金天使奖

青春追梦·悲喜人生

——评电影《中国合伙人》

对梦想的追求,对青春的祭奠,对友情的叹惋,对爱情的悼念。电影《中国合伙人》以梦想为主线,牵动着人们对 20 世纪 80 年代的奋斗、青春,以及由爱情和友情交织而成的悲喜人生的感慨与回忆。有人曾说:"什么是好电影? 好电影就是能抓住人心的电影,能使人落泪的电影!"陈可辛导演的《中国合伙人》,就是这样一部喜剧外表之下的心酸巨作!

"梦想,就是让你感到坚持就是幸福的东西。"本片可以说是一部励志大片。人们对梦想的追求、渴望以一条主线的形式将整个故事贯穿起来,虽然有痛,虽然有苦,但人们仍然保持着对梦想的追求,就像孟晓骏所说:"改变身边每一个人,改变身边每一件事,唯一不变的是此时此刻的勇气。"不仅仅是孟晓骏,当影片以一个俯视镜头拍摄 1978 年的成东青时,他正苦苦哀求母亲再让他高考一次,俯拍镜头暗示了一种潜在宿命感的压迫。同时,这一镜头也从反面衬托出成东青对命运的搏击,以及对梦想的不懈追求。导演以交叉蒙太奇的手法,将王阳、成东青、孟晓骏三个人穿插在一起,有条不紊,思路清晰,三个人的道路各不相同,然而对于梦想的追求却是出奇的一致,这引发了诸多观众对于自己奋斗历程的追忆。当然交叉蒙太奇之所以被运用得这么成功,旁白起到了很大的作用。影片中关于三个人的不同的讲述方式,各具特色,却又弥补了美中不足,由此成功架构起了一个关于青春奋斗的永恒故事,之间还穿插着喜剧色彩,这样的情节安排虽然不至于令观众产生笑中带泪的悲壮感,但是在莞尔一笑的同时,内心也留下了诸多反思的空间。剧中三位男主角的奋斗历程正是一个时代的缩影,几乎每个观众都会从中看到自己当年的影子,回忆起自己为梦想而奋斗的艰辛、快乐和悲伤。所以陈可辛导演成功地引爆了观众内心深处的正能量,不断地鼓舞着人们要为梦想而战!

泰戈尔曾说:"青春时代是一个短暂的美梦。"《中国合伙人》虽然没有像《致我们终将逝去的青春》那样大篇幅地祭奠我们已经逝去的青春年华,却也无形之中勾起了观众对于自己青春梦的缅怀。可以说,剧中故事情节的选取非常具有时代性和典型性,大学时期的打架斗殴,申奥失败时的恼怒愤懑,与警察顶撞时的年轻无畏等等,都使观众看到了自己血气方刚的青年时代。当孟晓骏、王阳执着于美国梦,与正在上课的老师意见不合,快速切换的镜头,犀利的对话,把年轻人的那股子冲劲儿、鲁莽劲表现得淋漓尽致,最终招致公愤,被暴打已无可避免,此时剧烈摇晃的镜头不但增强了主观上的真实感,更是剧中三人不安分的青春期心理的写照,同时也体现出东西方文化的激烈碰撞,此时再搭配上崔健摇滚乐那不羁的歌声,最终把青春时代的勇敢、无畏、拼搏、奔放推向了极致。同样是一种冲突,当成东青、孟晓骏、王阳三人因违法办学而被带入派出所,孟晓骏与警察争辩时,导演很巧妙地使用全景,用一块有色玻璃挡住了他,而警察在另一个窗框中,这一镜头既巧妙又戏剧性地表现出了东西方文化、法律之间的差异,从侧面烘托出青春年少时那不服输、敢拼敢闯的勇气。这一场戏极具张力,同时也是最能引发观众共鸣的桥段,想必观影过程中很多人都会扪心自问:"自己还有当年的勇气吗?到底是我改变了世界?还是世界改变了我?"

在这部电影中,成东青、孟晓骏、王阳三人的朋友情义是一个重要的基础结构,正是因为他们三人的不离不弃、共同合作,才最终成就了新梦想的辉煌未来。然而,要想淬炼出一柄坚不可摧的友情之剑,烈火的数次灼烧和冷水的反复浇灌是必不可少的环节,所以影片中也不乏泪点的存在。当记者询问陈可辛导演为何有这么多哭戏时,陈导回答:"男人哭比女人哭更容易打动人,更能令人深思。"的确,三大男主角同台飙哭戏,引发观众海啸般的共鸣。在成东青、王阳送孟晓骏去美国时,镜头由原先的舒缓有致而逐渐增快切换,将人物内心的不舍、苦楚刻画得淋漓尽致。中景的景别表现着成东青、孟晓骏、王阳三人的关系;近景、特写以及音乐的配合催人泪下;最后,三人相拥,导演以一个俯拍镜头清晰地描绘了三人的兄弟情义,又同时表现出朋友感情的脆弱性。与这场戏相反的是,成东青、孟晓骏二人大打出手时,王阳成为二人的和解纽带。在会议室里,成东青、孟晓骏二人之间站着王阳,当王阳分别向两人递结婚请柬时,又将破裂的友情黏合在了一起。该处的场面调度既清晰地展现了三人的关系,又再一次将友情进行了深化和强调,发人深思:朋友不求多,人生得一二知己足矣。

当然,陈可辛导演的拿手好戏——"爱情主题"也得以在本片中呈现。但是该片没有《甜蜜蜜》的温馨,也没有《如果·爱》的心酸,有的只是生命个体在由青年步入成熟过程中所经历过的爱情的悲欢离合。在音乐的烘托下,整个过程用以下几个镜头进行了描述:崔健那首《花房姑娘》响起,成东青的爱情轰轰烈烈地开始了;当一曲《Leaving on a Jet Plane》响起时两个人已经注定要分离,就像成东青隔着玻璃望向苏梅,只是可望而不可及。本片并没有对爱情加以太多的渲染,却仍旧能够勾起人们对自己往事的回忆,这正是这部电影最为成功的地方。

《中国合伙人》中可圈可点之处很多,但是有一处镜头却令很多观众感慨万千,久久回味,那就是王阳在第一次拿到那么多钱后在KTV庆祝时的场景,这个镜头最能概括出一个人的成长历程。梦幻的彩色灯光,特色的镜头,慢放的手法,以及黄家驹的那首《海阔天空》,无一不将人在成长中的痛苦、感情上的失落、社会的现实将自己打磨得体无完肤的痛、奋斗过程中的汗水与泪水全部发泄出来……人生曲折如此,人生辉煌亦如此。

范文点评

陈可辛导演的电影《中国合伙人》是一部青春励志大片,"追求梦想"是其主题,可以说这个主题在整部电影中表现得非常突出,很多学生都能够理解到这一点。然而这种主题既单一又浅显的电影也最难评价,因为主题太明显了,反而没有了评价的深意和可以发挥的广阔空间。

这篇文章的出色之处在于,作者从"梦想共鸣"这一点入手对影片进行了深入的剖析,即很多观众在观影的过程中会不断联想到自己的青春、奋斗、梦想,这是很有新意的地方,这样的评析文章不但会抓住观众的心,更会抓住阅卷考官的眼球。另外,这篇文章还有一个取巧之处是,在重要段落的第一句适时地引用了名人名言,考生们可以学习这样的写作方式。

影片信息

中文名:中国合伙人　　　　　外文名:American dreams in China

上映时间:2013 年　　　　　导演:陈可辛

编剧:周智勇、张冀、林爱华　　　类型:剧情、励志、青春

主演:黄晓明、邓超、佟大为

主要奖项:第 29 届中国电影金鸡奖最佳影片奖、第 15 届中国电影华表奖优秀故事片奖、第 32 届大众电影百花奖优秀故事片奖

父爱的救赎·人性的光辉

——评析《全民目击》

《红楼梦》中云:"假作真时真亦假,无为有处有还无。"所谓亦真亦假,似神似鬼:他是一个杀人凶手,还是一位满怀父爱的父亲? 人性是纯净神圣的,还是有着隐藏于华丽外表下的丑恶? 在堪称"中国好电影"的《全民目击》中,导演非行以其特殊的叙事方式、引人入胜的戏剧冲突、镜头音乐的出色运用,成功地为观众塑造了这样一位父亲的形象:作为一位父亲,他坚决选择用自己的生命来换取女儿的自由;作为一位父亲,他完美诠释了父爱的伟大、人性之光辉,正如"人生在世总有一些东西比命更重要"一样催人泪下。

龙背墙下的故事原来也可以这样表现:"父亲",基于一个神圣的身份,完成了对女儿的保护,诠释了生死之间闪烁耀眼的父爱。影片中,整个故事其实一直被林泰所导演着,而这条主线却总是给人若隐若现、若即若离的感觉,欲擒故纵,欲语还休,不断吸引着观众的好奇心和探求欲,更是驱使故事向更深层次发展的主要推动力。在讲述故事的过程中,"倒叙"不时穿插其间,特别是临近影片结尾,林萌萌独自看着自己与父亲的视频泪流满面。同样,在林萌萌被抓走的那场戏中,导演刻意以特写描绘林泰激动、愤怒的心理状态,慢放的镜头不仅加剧了父亲对女儿的深厚爱恋和无私保护,而且增强了与广大观众的互动性,直击人心,从而产生了一种对父爱的眷顾之情,甚至是对父亲充满歉意的愧疚情愫。当"龙背墙"的故事以画外音的形式搭配嘈杂的雨声、昏暗的色调讲述时,人们更是产生了对父爱之伟大的敬仰,配之缓慢的摇、移镜头,表达出的是林萌萌、童涛、周莉以及所有观众对父亲的理解,对一个父亲对自己女儿这般挽救的叹惋以及对一开始因为那段假视频而来定罪林泰的悔恨。此时天空落下的倾盆大雨似乎是为了洗清那丑恶的外表,让原本真诚、饱满的父爱暴露在所有人的眼前,可这种父爱的光芒是刺眼的,很多人会因内心的颤动、震撼而无法直视。

强烈的歉意感总能最直接地打动观众的心。无论是林萌萌对父亲的撕心裂肺的伤痛,还是以林泰为老板,为林萌萌辩护的周莉对林泰的挽救,以及一直与林泰为敌,但后来却因发现真相而对林泰产生悔意与歉意的童涛,都在表达自己对真相的服从,对自我良知的发现。戏剧冲突是戏剧反映社会生活的基本冲突,是构成剧本作品的根本因素,它集中而形象地概括生活中的矛盾和斗争,在尖锐激烈的矛盾中推动电影情节的发展,揭示电影内在所反映的深层次问题。《全民目击》正是以强烈的戏剧冲突不断牵引观众的心,推动其故事情节的发展,将人们对林泰的猜疑、咒骂、愤怒、悔恨一步步推向高潮,最终崩塌于观众面前,因为剧烈的心灵震动而碎了一地。丑恶的东西总是迷惑人们的眼睛,使人们忘记了真善美,但《全民目击》正是因为掀开丑恶唤醒人们内心最美好的情感而深受观众好评。

当真相被发现，一切都浮现出来时，人性的光辉灼伤了人们的丑恶，过分的猜疑、无知的咒骂和那些戴着有色眼镜看待事物的人，都被人性的光芒所照射。周莉从只为了金钱辩护，转变为为了真相而辩护；童涛由对林泰的过度猜疑，转变为为自己过度猜疑而忏悔。此时，近景与特写镜头的运用都将其人性的变化刻画得一清二楚，令观众不忍直视。这种前后对比的手法，完成了真相浮出后，对人们心灵的生动反映以及对人性的升华。在周莉、童涛、林萌萌这三条线索之中，最后一场戏都是一场大雨的洗礼，而这场雨是对人们过度猜疑的洗涤，对金钱、利益、铜臭味儿的洗刷，也是对一个孩子由稚嫩慢慢成长的洗礼。当林萌萌被释放的当晚，她独自看着窗外，一池水纹映在她稚嫩的脸上，纯净、美丽，那些早已被争吵、心机所遮盖的清纯重现在观众面前，使那冰封的心，被这一丝人性的温暖融化开来，重拾人性之美。

《全民目击》给观众呈现的不仅仅是一件凶杀案背后的利益纠葛，更是一次直击内心深处的灵魂之旅！这是一部关于"父爱救赎"的温情电影，同时也是一部闪耀着人性光辉的"中国好电影"。

范文点评

这是一篇思路清晰、论证有力的好文章！这里值得考生们学习的是，在论证结构上，作者没有采取常用的"总—分论点1、2、3—总"的分论点并列呈现的结构形式进行写作，而是采用了分论点逐层递进的方式进行写作。具体而言，文章中分论点一阐述了父爱的伟大；分论点二由父爱延伸到了其他人的内心感动；而分论点三则由其他人深入到了人性角度，层层递进，有理有据！在考试过程中，考生们可以尝试采用这样的方式进行写作，能够给考官耳目一新的感觉。

影片信息

中文名：全民目击　　　　　　外文名：Silent Witness

上映时间：2013 年　　　　　　导演：非行

编剧：非行　　　　　　　　　类型：犯罪、悬疑

主演：孙红雷、郭富城、余男

主要奖项：第 5 届英国万像国际华语电影节最佳影片奖

抗战题材下的另类喜剧狂欢

——评电影《厨子·戏子·痞子》

管虎新作《厨子·戏子·痞子》集结了三大影帝的加盟,而且在整部电影的制作上首次尝试了一种独立制片的新模式。三大影帝零片酬出演,并担任影片的出品人,管虎自己直接参与投资。这是一部抗战题材的影片,以二战乱世里的北京城为背景,以一场大瘟疫危机为引子,刘烨、张涵予、黄渤饰演的三个小人物,阴差阳错卷入同一场事件中。电影《厨子·戏子·痞子》可以说是一个"贼中贼""黑吃黑"的喜剧类型片,导演以新现实主义手法和黑色幽默的镜头语言在虚构的怪诞情节中离奇地展示群贼抢劫分赃的荒谬行为,影片中充斥着大量喜剧元素的拼贴,影片风格戏谑而荒诞,打破了国内常见的主旋律电影的表现惯例。

影片放弃单线叙事,用闪回的结构方式重新对影片进行组接,这是《厨子·戏子·痞子》在剧作结构方面最大的特点。影片一开始,黄渤饰演的痞子打劫之后"误打误撞"进入日本料理店,和素不相识的戏子、厨子临时组成了一个分赃宝贝的团伙。看到此时,观众几乎已沉浸在单一故事文本的叙事之中,但是导演接下来却用闪回的方式为观众提供了另外的一种潜在文本,而这一文本则彻底推翻了以前的叙事。原来黄渤的打劫,戏子、厨子的出场等,都是精心策划之举,目的是让日本人交出解毒的疫苗配方。看到这里,观众方恍然大悟,惊喜之余则会对之前的戏份加以认真地回忆、分析,并对之前戏份的合理性和目的性进行考量推究,并获得一种异样的思维层面的快感,这也可以说是闪回的结构方式的独特魅力之所在。这种方式正与《盗梦空间》等影片的结构方式相同,能够让观众主动思考,并能够体会到思考之后所带来的乐趣,这也正是影片吸引观众的原因之一。

影片通过癫狂的人物形象将这种喜剧风格做到了最完美的展示。黄渤饰演的痞子、刘烨饰演的厨子、张涵予饰演的戏子,可以说是影片中戏份最多的人物,三位影帝通过个性化的表演将喜剧性传达给广大观众。流里流气的痞子、阴阳怪气的厨子、神神叨叨的戏子,在荒诞的表现上更多的是让观众感受到了笑意。影片中三人合计卖掉解毒药方各自分得一笔钱财的场面极具喜剧化色彩:此时的厨子和自己的老婆立马拿出算盘噼里啪啦地计算着;戏子的表现更是与之前的"爷活的就是一口气,民族气"的大义凛然形成了鲜明的对比;痞子积极钻营,掐着指头算着收益……在这里,演员的表演将一种近似于荒诞的幽默喜剧风格表现了出来。片中人物形象的癫狂在对日本生化专家的审讯中表现得也足够出彩:戏子穿着古代官袍仿效古代官吏升堂审讯案件,厨子作为小吏在一旁敲着堂棍喊着"武威",痞子在对专家进行着诸如"烧烤""冰冻"等酷刑的拷问。这些场景一方面将人物的癫狂荒诞展示了出来,另外更多的则是为影片增添了戏谑元素和喜剧色彩,彰显了影片另类的喜剧风格。此外,片中黄渤饰演的痞子为配合整蛊情节身着华丽服饰反串跳艳舞的场景，配合着《爱爱爱》的诙谐音乐，扭臀、拍屁股、眼睛放电、大跳热舞，荒诞之余又令观众捧腹大笑。

影片中人物方言的混合使用，甚至大量机智、诙谐、粗俗的语言对话也毋庸置疑地成为笑点，将影片的喜剧风格进一步加深。方言的运用不单单是对于纪实的追求，同时也是电影追求声音效果的一种突出手段。影片开始时痞子满嘴粗话，一口山东方言乱喊着"日本人啊"；身材高大的厨子阴阳怪气，用东北方言反问着"支那人啊"；戏子的出场，则是一口京剧唱腔"嘛呢，谁呀"；侦缉队队长的"这是什么鳖孙玩意"具有象征性的豫北方言特色……几种独具风格的方言杂糅在一起，别有一番风味，追加、弥补了影片的地域风情和生活质感，也使得影片的狂欢喜剧性更加凸显。

喜剧狂欢的背后，动作的设计也为影片增添了另一份精彩。《厨子·戏子·痞子》里安排了一场打斗的戏，一大群真刀真枪的日本敢死队冲进饭店，被三个男主角一一撂倒。在这场动作戏中，厨子的短刀掠过，刀光剑影闪现；痞子的毒针针无虚发，所到之处敌人应声倒地；戏子挥舞各种枪械，声势震天。他们将动作戏的激情、魅力一一展示出来，为影片的喜剧风格增添了另一份色彩。这种以一敌百的处理方式在抗战题材影片中运用得比较多，甚至有些滥。这种动作设计和处理方式很多时候会遭到观众和评论人士的调侃，但是其目的却是将一种暴力美学的韵味和视听快感传递给观众。当然，这本就是一个虚构的故事，观众在这样一个纯虚构的娱乐文本下欣然接受这种设计也不无可能。影片中这段戏的另一个合理性在于，日本人想要把人质活着救出，而且这段戏的结束也是因为毒物的扩散而不是因为这三个人的高超武艺。

可以说，这是一部比较成熟和成功的商业喜剧类型电影。《厨子·戏子·痞子》借助抗战题材，通过巧妙的故事结构、近乎癫狂的人物形象、独具韵味的方言，以及出色的动作设计等，为观众上演了一出狂欢喜剧。整部电影搞笑有余，打斗十足，热血中有快感，荒诞中有升华，情绪感官上的感性体验与民族大义的理性坚守相统一。作为一部抗日题材的电影，影片将大量的荒诞和喜剧风格融入其中，为国内新的类型电影提供了可资借鉴与参照的成功范式。

范文点评

要想写出一篇高质量的影视评论文章，仅仅训练写作技巧是远远不够的，影评写作是一项系统的工程，除了考查考生的写作能力、文学修养，更多的则是对影视专业知识方面的检验。我们在写《厨子·戏子·痞子》这部电影的评论文章时，要注意到它的地位和特殊性：首先，这是由著名导演管虎执导的一部影片，集合了三大重量级影帝加盟出演；其次，也是最为重要的一点，就是这部电影还是管虎导演转变风格，首次执导商业型另类喜剧影片的一次大胆且较为成功的尝试，考生只要认识到了这一点，在解读影片时，就可以由点到面，另辟蹊径了。所以说，考生要想写好影评文章，平日里一定要多加强对影视专业知识的学习和了解。

影片信息

中文名：厨子·戏子·痞子　　　外文名：The Chef，The Actor，The Scoundrel
上映时间：2013 年　　　　　导演：管虎　　　　编剧：管虎、董润年
类型：剧情、动作、战争　　　主演：刘烨、张涵予、黄渤

一担生活的压力，一份严谨的父爱

——评微电影《我爸》

社会是残酷的，生活是窘迫的，但那份父亲对孩子的爱却是永远不变的温暖，深深打动着观众的心。在整部影片 17 分 30 秒的短暂时间里，导演南鑫以其清晰的叙事、对镜头语言的娴熟运用，以及纪实性的风格影像，向观众展现出心酸生活下一份庄重而严肃的父爱。

为了成功塑造杜大伟在生活的无奈中所展现出的包容的父爱，导演在细节上下足了功夫。孔子曰："动于中而形于外。"对于电影艺术来说，则是通过电影的外在表现来解读其深层的内在含义。父爱是一种包容。尽管导演运用玻璃这一道具，来表现杜大伟与其父、与其子之间难以消除的隔膜，但在杜大伟与蛋哥谈话时，导演又以那一束柔和鲜亮的阳光，以及对话中时时透露出的杜大伟对老父亲、年幼儿子的感恩与关怀之情，来消除这对父子之间的隔膜。杜大伟之父一次又一次地管教杜大伟，呵斥的严词利语中是一个父亲对儿子恨铁不成钢的心疼和无奈，同时也是杜大伟与其父之间隔膜淡化的表现，试问人世间有哪个做爸妈的想真正放弃对儿子的教导以及那一份本应承担的责任?! 影片末尾那一幅名为《老爸》的杜大伟之子的画，更是直接地表现出了杜大伟与其子杜小山之间坚冰的融化，尽管杜小山之前对父亲那么无礼。细节构造包容的父爱，融化亲情之间的坚冰。

美国纪录电影之父弗拉哈迪曾说："镜头是表达电影中人物情感的最基本的方法。"而南鑫导演正是精湛地运用场景的快速切换、多处摇晃的镜头表达以及多处有意无意的无焦点镜头阐述，向观众展现出了父爱的无私与伟大。杜大伟向蛋哥请教赚钱方式时，近景、特写镜头的快速切换，使犯罪与父爱之间形成了强烈冲突，两人的谈话进行到一半时，杜大伟拉扯着杜小山来到桌前，此时导演运用一个全景镜头，将父子两人的对抗关系客观而冷漠地呈现在观众面前：儿子的一味抗拒、杜大伟无力的坚持，是一位父亲得不到儿子认可的悲哀与无奈。与生俱来且急于释放的父爱找寻不到喷发的出口，杜大伟实在不甘心，他跟随杜小山放学，在儿子与其他小孩面前，一再强调"杜小山我是你爸爸"，这是一个父亲最真挚的内心告白。此时摇晃的镜头增加了其喝醉酒的真实感，令观众感觉颤颤巍巍，而无焦点镜头的应用，则表达了杜大伟对杜小山承认自己的一种渴望，以及它的可望而不可即。看到这里，无奈的不仅仅是剧中的父亲杜大伟，还有观影的广大观众。这部微电影虽然形式短小精悍，剧情结构简练，然而却在简简单单中积蓄了最为强大的情绪力量，它会令观众情不自禁地陷入一种深深的思索："父亲"到底是什么? 只是社会上一个普普通通的男人，抑或只是一个身份认同的固有称呼? 都不是!"父亲"的真正意义在于，他是孩子背后最稳固高大的那座山;是一种可以无条件地牺牲自我，为孩子无私奉献的勇气!《我爸》中的父爱如同一块沾满污垢的橡皮泥,即使孩子再怎么无礼地对待自己,父亲都会义无反顾地为了满足孩子的愿望而置自己于万劫不复的境地。

《我爸》只是一部十几分钟的小电影,它既没有史诗大片《一九四二》那样令观众震撼的宏大场面描述,也没有商业电影《全民目击》那么强烈的戏剧冲突,它有的只是通过细节不厌其烦地刻画而表现出的一种真实感。最真的东西,最能打动人心。当杜大伟站在巷子中,两旁的高墙就像是现实生活的写真,压迫、囚禁着杜大伟,生活的压力无处不在,人生的悲剧俨然形成。这时巷子又被阳光分成了两部分,一部分偏暗,一部分偏亮,而杜大伟又恰恰属于昏暗的那一边,这加深了那种落寞、困窘的感觉。此外,自然光的运用更是把杜大伟对杜小山的这份爱表现得更加真实!伟大的父爱在某种意义上只是一种歌咏,真实的父爱才能直击身体里面那颗火热的柔软之心。

微电影《我爸》中彰显出的父爱,不只是针对某一个体的生活体验,更是升华为人世间的一种崇高精神的凝聚。这一份父爱,是极尽包容的,是无私奉献的,同时却也是真实而心酸的。但是无论生活多么艰难,这份压力都不会压垮父亲对子女的爱,反而会使父亲的爱更加庄重,更加迷人。

范文点评

近年来,伴随着微电影的风靡和微电影自身的独特优势(即放映时间短,结构形式完整,内容富含深意等),在艺考中,微电影越来越受到广大招生院校的青睐。

以上这篇影评文章,看得出还是按照普通时长电影的影评模式进行写作的,能够将一部不到二十分钟的微电影剖析出一千五百多字的影评文章,足见作者的写作功底之深,但是这并不是每一位考生都能做到的。

总体而言,微电影的影评写作本质上与普通时长电影的影评写作结构和模式都是一样的,然而,进行微电影的影评写作,难度可能会更大一些,因为微电影受到时长的限制,大多故事情节简单、视听语言运用有限、主题浅显易懂,这就大大限制了考生写作时发挥的余地。那怎样进行微电影的影评写作呢?这里教给大家一个方法,就是微电影的写作切忌就电影而分析电影,一定要在选取某个角度后,触类旁通,旁征博引,这样才会把思路拓展开来。

影片信息

中文名:我爸   外文名:My dad

上映时间:2012 年   导演:南鑫

编剧:南鑫   类型:文艺

主演:王春成、王宏政

主要奖项:滨海国际微电影节最佳影片奖(提名)、滨海国际微电影节最佳导演奖、滨海国际微电影节最佳男主演奖、北京大学生电影节精品微电影奖(入围)

亲情的呼唤，生命的救赎

——浅析微电影《宵禁》

《宵禁》是一部荣获第85届奥斯卡金像奖最佳真人短片奖的影片，它以其独特的镜头语言阐述了一段生命与爱被救赎的过程。瑞奇、索菲亚、玛姬他们三人都缺少爱，生活压抑似乎已让生存的意义丧失，但是，一通电话改变了他们，也完成了他们各自的救赎。

瑞奇是一个十足的瘾君子，他的生活跌入低谷，本想放弃生命却被妹妹的一个求助电话唤回生的欲望。他洗掉身上的血渍，包扎好伤口，接受妹妹玛姬的请求开始照顾外甥女索菲亚，几个小时后，索菲亚渐渐依赖上他。瑞奇和妹妹发生争执后，又想到了死，但是妹妹的需要让他再次放弃自杀。瑞奇在索菲亚那里重又感受到责任与温情，在玛姬那里感受到她的无助以及自己被家人需要的牵动。电影中的索菲亚是一个略带点叛逆的任性的漂亮女孩，开始时情绪低落、脾气冷漠，在影片最后变得开朗乐观，并学会了微笑和拥抱。瑞奇的妹妹玛姬小时候勇敢地保护着哥哥，却到后来对哥哥产生了嫌弃和憎恶，在经历了一些事情后，最终重新接受了瑞奇。所以说整部电影就是一场爱的呼唤，那一通电话连接了三个人的情感，也救赎了他们的生命。生命的魅力，有时就在于需要与被需要，就像《请回答1988》里面一样，儿子对自己妈妈所表达的爱的方式就是什么都需要她，这种被需要感，让人感觉到的是浓浓的爱。

多变的景别，不同的人物位置，使得影片的画面具有了一定的带入性。影片伊始，便通过血色弥漫的浴室、一部红色老式电话机、"滴答滴答"的水声、一根细细的电话线这些大特写营造了一种颓废、死亡的气息，而那根电话线连接的是充满死亡色彩的浴室和外面律动的世界。突然，响起的电话铃声打断了一个年轻人正要把自己鲜活的生命献祭给绝望的仪式。当瑞奇去接索菲亚时，他孤零零地立在画面中间，显得与周围的世界格格不入，为了掩饰尴尬想抽支烟却被一脸冷漠的老太太警告。当索菲亚下楼时，她站在高高的台阶上，俯视着瑞奇，那么的孤傲，镜头的距离感扑面而来。影片中，有这样一幕令人印象深刻：保龄球厕所边，瑞奇一个人被挤在画面的左边，一个极不舒服的位置，他想让画面右边的两个女性闭嘴但又不敢大声言语，对他人的请求也变成了无谓的自言自语。后来瑞奇面对两位女性的无视终于忍受不了了，变得歇斯底里起来。心理弱势者的诉求在受到压抑直至爆发后变得难以接受和理解。这时索菲亚走出，靠在瑞奇身边，瑞奇怜爱地摸着她的头发，整个画面中主角又重新居中，充满温情。

短短二十分钟的影片里，镜头很少但是却都有不同的深意，有些推镜头不仅讲述着故事，也在讲述着人物的心情。一通电话将瑞奇和索菲亚联系在了一起，电话中妹妹冷漠而疏离地请求瑞奇帮忙照看索菲亚，镜头随着妹妹的话不断地推近，全景、中景、近景再到特写，一步步一层层推近人物，瑞奇的茫然、无措以及紧张感迎面而来，这种推镜头的表现方式将观众带入了影片和人物的情绪中，也在一定意义上揭示了救赎的主题，不断推近是情感的不断融入以及生命不断地被需要，这是爱的呼唤。当瑞奇和索菲亚之间的感情恢复后,宵禁到了。瑞奇将索菲亚送到妹妹家,在妹妹的书桌上看到了法院关于家庭暴力的政令,这使得瑞奇陷入困惑中,他不断地在床边挪动位置,内心无比挣扎,极度痛苦。妹妹的疏离让他无所适从,也无法理解记忆中那个英勇的妹妹怎么变得如此软弱可欺。摇镜头的运用,极好地渲染了瑞奇的痛苦、挣扎甚至是绝望等一系列复杂的心绪。在瑞奇和妹妹说着以前他受欺负了,"妹妹狠狠地揍了别人……什么都变了"时,正反打的过肩镜头将两人的矛盾冲突发挥到极致,而不断变化的镜头位置也表现了两人情感的交织,对瑞奇脸部的不断推近、不断压迫,使得瑞奇的情感宣泄完全爆发。而影片最为精彩的地方莫过于索菲亚在保龄球馆的一段舞蹈了,当周围的人随着音乐的节拍一起律动时,瑞奇却显得茫然无措,长焦镜头下背景被模糊了,瑞奇就像被隔离在这个世界之外,莫名的无助和孤独——一如多少个不眠夜他独自躺在冰冷的浴缸里自残,囚困在自己的一方天地而不为人知。镜头是电影最完美、最直接的语言,它使得一部影片变得更具情感。

音乐是本片浓墨重彩的一笔。影片一开始,悠扬的音乐声便渐渐响起,与躺在浴缸里毫无生气的瑞奇形成了强烈的对比,美好而纯净的音乐,血色弥漫、死气沉沉的浴室,在视觉和听觉上给予观众强大的视听冲击。在影片的高潮部分,索菲亚随着音乐的节拍,尽情地在球场上跳舞,突然间,所有人都开始跟着音乐律动起来,画面中,入眼的是整齐的手、整齐的脚、整齐的舞步……通过瑞奇的目光,一系列主观镜头和声画合一的镜头语言,将索菲亚的快乐、瑞奇的疑惑传达给观众。此时瑞奇和索菲亚之间的感情不断交织,瑞奇重获新生,索菲亚对瑞奇也已产生依赖,两人黑暗的生命从此有了色彩。

在瑞奇、索菲亚、玛姬三人之间,是爱的呼唤让他们冲破隔阂重新感受到生命的温暖,完成了自我的救赎,所以,爱一个人一定要让他感到被需要。

(文/梁安琪)

范文点评

从编导类影评应试角度分析,这不是一篇成功的参考范文,整篇文章存在的问题不少。其最大的缺点就是结构不清晰,逻辑性不强,论证过程也显得混乱。但是之所以把这样一篇文章选为范文,是希望考生能够学习其最重要的可取之处,可以说,这是一篇把影片中的细节分析到极致的影评。例如,文章中对于推镜头的分析:一通电话将瑞奇和索菲亚联系在了一起,电话中妹妹冷漠而疏离地请求瑞奇帮忙照看索菲亚,镜头随着妹妹的话不断地推近,全景、中景、近景再到特写,一步步一层层推近人物,瑞奇的茫然、无措以及紧张感迎面而来,这种推镜头的表现方式将观众带入了影片和人物的情绪中,也在一定意义上揭示了救赎的主题,不断推近是情感的不断融入以及生命不断地被需要,这是爱的呼唤。再如,对于景别的分析:保龄球厕所边,瑞奇一个人被挤在画面的左边,一个极不舒服的位置,他想让画面右边的两个女性闭嘴但又不敢大声言语,对他人的请求也变成了无谓的自言自语……以上这些都是值得考生借鉴学习的地方。

影片信息

中文名:宵禁　　　　上映时间:2013 年　　　　导演:肖恩·克里斯汀森
类型:剧情　　　　主演:肖恩·克里斯汀森、法提玛·普塔塞克、金·艾伦
主要奖项:第 85 届奥斯卡金像奖最佳真人短片奖

敬畏·自由·生态

——浅析电影《狼图腾》

　　电影《狼图腾》改编自姜戎同名小说,由法国著名导演让·雅克·阿诺历时 7 年摄制完成。影片讲述了"文化大革命"背景下,城市知青陈阵和杨克尝试逃离首都,到蒙古草原寻求心灵家园的故事。影片借助知青的视角将草原狼的生存和小狼的成长展现在观众面前。美国学者苏珊·朗格曾说过,"艺术,是人类情感的符号形式的创造",《狼图腾》借助毕利格老人将蒙古草原上的图腾崇拜以及敬畏生命的文化传统进行了淋漓尽致的展示,借助小狼这一具象符号表现了对自由的追求。与此同时,影片最为深刻之处在于对人类生态意识的传达,这也正是导演借助电影这一艺术形式将自己的情感外露的体现。

　　影片借助草原的美丽场景表现了对于自然的敬畏,借助蒙古人的图腾文化表达了对于生命的崇拜。毕利格老人在片中是一个具有意象性的代表人物,是草原的智者及草原人的领袖,而且其人物形象中充满了狼的寓意特征。在影片中,有狼图腾的蒙古包是他的居住地,这也正是对于其领袖地位的认可和象征,是对于其睿智的赞叹。毕利格老人懂得狼在蒙古人心里是一种精神信仰,是一种图腾崇拜,是一种对于生命的崇尚。影片中他将"大命"与"小命"这个简单的逻辑告诉知青陈阵,这个睿智的逻辑也是蒙古人对草原游牧民族古老信仰坚守的表现。透过毕利格老人对草原深沉的爱和宗教般神圣的情感,可以强烈感受到人类需要敬畏自然,需要敬畏腾格里的天命和草原的大命。不仅如此,导演在作品中同样借助影像拍摄技巧将敬畏主题加以表现。影片中知青陈阵、杨克作为"闯入者"进入草原时,导演运用远景镜头将草原的壮阔、美丽呈现在画面中。除了蒙古包等少许场景运用了近镜头外,草原上的大多数场景都是通过大全景与远景来呈现的,以充分强调草原的广袤无边与美丽绚烂。此外,大全景与远景拍摄不像近景和特写镜头那样更多地具有强制性,让观众以导演的强制视角去观察影像画面,难以进行主观思考,大远景和全景拍摄能给观众留下思考的空间,感受到人类相对于自然的渺小,表现出人类对于自然的敬畏。

　　影片中小狼正是自由的象征符号,这一形象凸显了影片对于追寻自由这一主题的表达。小狼是知青陈阵的情感寄托物,陈阵在猎杀狼崽的行动中拯救了这只小狼。在陈阵的想法中,如果小狼一直在自己的人工喂养和呵护下长大,应该会完全摆脱狼性,成为一个乖顺而温柔的"狼狗"。影片中,小狼不断地想摆脱锁链的束缚。当它嗅到同伴的尸体时突发野性,咬伤了养它长大的陈阵,展现了小狼在人性与狼性中不断挣扎的状态。在陈阵与阿爸转换居住地时,小狼被陈阵放在马车的筐子里,特写镜头下,小狼锋利的狼牙恶狠狠地咬着束缚自己的"笼子"。这个场景正是借助小狼将影片追求自由的主题进行了最为直白的表达。自由，是草原文化的重要内涵之一。游牧民族不依赖于土地，过着迁徙的自由生活。对于自由的追寻已经深深刻入蒙古草原游牧民族的血液之中。最终，影片以小狼回归大自然作为结尾，进一步以狼的形象为符号，表现了草原文化中游牧民族崇尚自由、践行自由的深刻内涵。

《狼图腾》最深刻地揭示了人类与生态环境的关系。"草原与草都是大命，而剩下的人、狼群都是小命，微小的生命需要依靠大命才能延续……"，影片中简单的对白蕴含了深刻的生态意识。毕利格老人不断地在给知青陈阵诉说这一生态法则。影片中表现人们破坏生态平衡的情节有很多。冬天人们偷走狼群埋藏的黄羊时，影片用大远景和全景俯拍，这一拍摄方法表现了人类的残暴和贪婪。特写镜头下，狼默默看着人类的"无耻"行径，愤怒、无奈、复仇……一场危机的发生已不可避免。毕利格老人说过，"狼群藏下来的肉被人抢光了，它们已经要挨饿了。再去掏狼崽，狼会愤怒和报复的，它们会很强烈地反击"。影片在表现狼报复人类这场戏中，对于狼群围攻马群的展示，镜头更多选择的是俯拍的大全景镜头与航拍的大全景移动镜头，大全景镜头展现给观众气势恢宏的场面，表现出军马队伍的壮大及狼群的规模。而展现狼撕咬军马的中近景镜头，则将狼的愤怒、残暴、野性表露无遗。在这次有计划的围剿报复中，马群被狼群逼入冰湖，最终被冻死成一座座"壮美"的冰雕，摄人心魄，壮哉哀哉！这就是大自然的生态法则，任何违背者都将受到严厉的惩罚！

电影《狼图腾》向我们展现了美丽的草原画面，让观众凝视了草原狼深邃的目光。狼图腾是游牧民族对狼的崇敬，也是对自然的感激。影片中毕利格老人和巴图的尸体被郑重地放置在草原上实行"天葬"的那一刻，在游牧民族的心里，这才是生命最后的尊严和最好的归宿。《狼图腾》是献给"曾经美丽的内蒙古草原"的一首歌，歌曲里面吟唱的是对美丽的内蒙古草原的喜爱，是一切生物对于自由的追寻，是对人类破坏草原的无情批判，更是对那些永不被人类驯服的草原狼的崇敬。

（文/李子良）

范文点评

作者从蒙古人的图腾崇拜表达了对于自然和生命的敬畏、"小狼正是自由的象征符号"以及"人类与生态环境的关系"三个方面入手对《狼图腾》进行了评析，整篇文章结构严谨，层层递进，非常符合编导类专业影视评论的考试要求。与此同时，文章作者还立足电影本身对人类应该如何对待我们的生存环境进行了反思；从某种程度上讲，我们应该向古老的蒙古文化学习，感激自然更要保护自然，这才是对生命真正的敬畏。在写作影评文章时，能够作出这样的更进一步的主题升华是十分必要的。

影片信息

中文名：狼图腾　　　　　　　　　　外文名：Wolf Totem
上映时间：2015 年　　　　　　　　导演：让·雅克·阿诺
编剧：让·雅克·阿诺、约翰·科里、芦苇　　类型：剧情、冒险
主演：冯绍峰、窦骁、昂和妮玛、巴森扎布、尹铸胜、包海龙、图门巴雅尔
主要奖项：第 33 届大众电影百花奖最佳男主角奖

管虎镜头下的华丽篇章

——浅评电影《老炮儿》

管虎,被称为第六代导演中的怪才,他的作品以主题犀利、情节生动著称。影片《老炮儿》关注普通人的生活状态,没有哗众取宠的主题设置,也没有博人眼球的视听享受,而是将新旧两代人的思想观念碰撞,化作带有哲理思考的幽默元素糅合进了细微的故事情节之中。

第六代导演们普遍注重电影的艺术属性,管虎更是赋予电影《老炮儿》独特的艺术语言风格。这部影片与其他国产片最大的区别之处在于它采用了"粗口"式的媚俗语言营造影片的京味,这一现象是影片语言修辞上的一大特色,对于故事情节的自然流动起到了微妙的推波助澜作用,将整个事件置于一种正邪共存、强弱对峙的大环境下。在整部影片中,有不少于十次的口头禅"你妈的"呈现出来,这样的设计不仅仅是交待了社会环境和人物的生存境遇,更有力地揭示了人物的性格特征。影片中另一大语言风格特色就是黑色幽默化。黑色幽默是采用喜剧形式来表现绝境中的悲剧,不但使得影片的艺术效果更加丰富,更为影片故事的发展埋下了伏笔。在六爷张学军与许晴饰演的话匣子的激情戏中,张学军以一句"分了神了"结束了略显尴尬的场面,不仅给人以戏剧般的"笑果",还表明了随着时间的流逝,不得不承认的老去,为下文张学军带病赴会为儿子"找理"做了铺垫。

传统与现代精神的矛盾与碰撞就是这部影片所要表达的主题之一。从主题角度看,《老炮儿》可以看作是导演管虎向上一代或是自我逝去的青春的致敬之作。影片最初有个南方小孩找六爷问路,不打招呼,话语生硬,没有礼貌,这惹得六爷十分不高兴,并借此事教训了小孩一番。但之后,他遇到了一个似乎懂礼貌的人,同样是混迹于社会的打手问他:"我能问个路吗?"那礼节讲究得极为到位,毫无差池,但最后问候六爷的却是拳脚相加。这就是时代的转变,这样一来,一旦执拗变成了执着,那些只有老哥们几个相信的规矩,也就成了一种信仰。六爷在胡同以外的很多镜头中背景都是虚化的,尤其在走出围观跳楼的人群时,镜头细腻地雕刻着他冷峻的背影,人群中的他显得那么孤独渺小,直至下一秒无力地倒下。影片最后,六爷代表的老派势力与小飞代表的新派势力冰湖约战,六爷威严地打开柜门取出军刀,一种浓烈的仪式感迎面而来,六爷踏上冰面时从冰下发出了闷雷般的碎裂声如同六爷无声的怒吼。当六爷挥刀冲向对岸时,影片没有表现他的吼声,但每一步却在逼退着洪流,用生命最后的火焰维持着这举步维艰。六爷在冰湖上高举军刀冲上去的场面,体现了一种中国特有的、世俗化的信仰,即使社会再怎么发展,仍然有那么一批人在顽强地坚守着。

导演在传统叙事结构的基础上,突破常规,以鲜明的二元对立模式,构建起了影片的新架构。老炮儿们代表着的普通民众与谭小飞等富二代代表的高级小混混形成了强烈对比,高楼大厦的拔地而起象征着一个全新的时代已经悄然建立,老炮儿们再有本事也已是那个年代的如烟往事,现在的他们只能无可奈何地深居在四合院里用自我的固执来抵抗道义的倒塌,影片以快节奏的现代都市为背景却在一处悠闲的胡同里叙述着应该发生的故事,这种二元对立式的戏剧结构显示了导演深厚的艺术功力。

管虎的作品往往选取边缘化的题材,关照普通人的生活状态,表达边缘与中心以及难遣的城市情怀。《老炮儿》借早年称霸京城一方的顽主六爷被时代抛弃的残酷现实,表现了时代发展、社会变革下人们精神世界遭受到的挤压,塑造了一个顽固倔强但又坚守传统道义,不断寻求生命价值,不断挑战时代潮流的老年英雄形象。影片凭借不故意张扬的主题、独特的语言风格和严谨的二元结构,赢得了业内人士的广泛好评。

(文/侯梦鑫)

范文点评

《老炮儿》是由管虎导演,冯小刚、张涵予、许晴、李易峰、吴亦凡等主演的电影,该片可谓是大腕云集,却不是当下流行的小鲜肉式的无聊电影,而是有着很深的主题思想和社会意义。正如作者所言:影片《老炮儿》关注普通人的生活状态,没有哗众取宠的主题设置,也没有博人眼球的视听享受,而是将新旧两代人的思想观念碰撞,化作带有哲理思考的幽默元素糅合进了细微的故事情节之中。总体来说,这部影片可解读的地方比较多,评析主题思想和人物形象都是比较好的思路。本文作者从语言风格、主题内涵、叙事结构等方面对影片进行了综合性评述,语言流畅,条理基本清晰。但文章有一个很大的缺点就是过于短小精悍,很多观点表述不够丰满,这是考生在学习时需要注意的地方。

影片信息

中文名:老炮儿　　　　　　　　外文名:Mr. Six

上映时间:2015 年　　　　　　导演:管虎

编剧:管虎、董润年　　　　　　类型:剧情、动作

主演:冯小刚、张涵予、许晴、李易峰、吴亦凡、刘桦、梁静、白举纲

主要奖项:台湾电影金马奖最佳男主角奖、中国电影导演协会年度影片奖、中国电影导演协会年度导演奖、中国电影导演协会年度男演员奖、第 33 届大众电影百花奖最佳女主角奖

孤独情歌

——浅析影片《塔洛》

　　《塔洛》是由藏族导演万玛才旦执导的第五部长片,改编自导演本人创作的同名小说。影片讲述了单纯善良并且孤独的牧羊人塔洛,他一心想为人民服务,在进城办理身份证的波折过程中,偶遇了藏族女孩杨措,以为遇到了真爱,结果残酷的现实却使他最终梦碎的故事。影片颇具悲剧气氛,导演运用黑白影像和独具特色的视觉画面,以及具有象征意味的道具镜子等将主题加以呈现。影片的主人公塔洛是一位单纯的牧羊人,他独自和羊群生活在空旷的大山里,质朴的生活,简单的镜头,黑白的画风,一下子把观众带回到了20世纪七八十年代。

　　《塔洛》从头到尾采用了黑与白的镜头表现形式,影片中黑白影像一清二楚,明明白白。黑的世界,比如大山里牧场的夜晚,野外的枯草,照相馆的暗室,还有女主人公被金钱迷失了的心灵;白的世界,比如塔洛的羊群,繁华的县城,明晃晃的街道,塔洛的笑容。在这黑白分明的世界里,既有寂寞、孤独、冷、衰败、暧昧、恶的一面,又有温暖、光明、进步与善的一面。我们认为人性是非黑即白、好坏清晰的,然而那些灰色的、暧昧的大多数总是给我们上一堂堂真实又残酷的课。就像走出大山的塔洛以为遇到了自己的爱情,连带不属于自己的那些羊也全都卖了钱交给杨措,想与她一起去看看远方,然而杨措却卷钱走人,这黑与白也是塔洛与杨措的形象写照,一个一心想为人民服务,一个被内心的贪欲蒙蔽了心灵。在《塔洛》的开场,一个藏族男性用诵经腔十足的普通话流利地背着毛泽东的《为人民服务》,十多分钟的固定机位,黑白画面,无趣且冗长,但在杨措出现后,回头一望这个片段却意义非凡。"为人民服务"和"死后重于泰山"似乎是塔洛的人生信条,黑白画面将他的人生信念与杨措的行为形成了鲜明的对比。

　　毋庸置疑,鲜明的视觉风格是本片最直接且最有冲击力的观影体验。《塔洛》在视觉上简洁又丰富,用看似质朴的手法精心打造出细腻而唯美的画面。其中对于镜子的运用是最明显的视觉特征之一。在镜子里,真实的世界、模糊的场景、清晰的镜像,最后都成为一种虚幻的过往、杂乱的生活、变形的形象、不安的人性和坍塌的世界。影片中所有在理发店的镜头都是对准镜像的,塔洛坐在理发店里,看着镜子中模糊缥缈的杨措,他爱上的也许就是这个镜子里的杨措。在洗完头后,塔洛隔着一条街坐在理发店对面的摩托车上注视着杨措,他身后左右颠倒的"德吉照相馆"广告牌和理发店门口闪烁的光影以及塔洛稍显扭曲变形的身影都暗示着塔洛与杨措的关系并不是真实的,而是不现实的,而那点点光影也暗示了关于理发店的一切都如光斑一样虚无缥缈,为之后的情节做了铺垫。在杨措为塔洛剪去小辫子时,两个人处于画面的左下角,镜子里的两个人亲密无间,几乎没有距离,当杨措看到塔洛摆在镜子前的16万时,忽然从镜子里消失,她的身影从镜头前走过,出现在镜子右面的空间里。这时的两个人,一个在镜子里,一个在镜头能看到的现实中,这实际上也暗示出两个人处于不同的世界里,这为两人之后的分裂埋下了伏笔。全片变形最为严重的一个镜头是塔洛第二次在理发店过夜后的清晨,他发现杨措和钱都消失了。通过老式电视机的荧屏反射出来的扭曲画面,连带着塔洛翻找电视柜带来的轻微晃动,让观众不需要看他的表情就能体会到他内心的焦虑。此时理发店对面的"德吉照相馆"广告牌变回了正常模样,而县城大街上的场景则变得模糊而扭曲。回到大山里,派出所的"为人民服务"五个大字变成了左右颠倒的镜像。幻境彻底打破了,一如塔洛对杨措、对爱情的幻想,而塔洛再也不能完整流利地背出《为人民服务》了,他认为自己成了坏人。

塔洛的小辫子是塔洛身份的象征,片子从头到尾都在追问一个问题:谁是塔洛?整部影片也就围绕着塔洛身份的确认展开。在派出所,多杰所长和塔洛就身份证的对话,看似平常却又富有意味。"你叫什么?""小辫子。""真名叫什么?""塔洛。"所长说塔洛这个名字很美,塔洛腼腆地笑了,说已经很久没有人这么叫我了。于是"小辫子"和"塔洛",成为这个藏族男人的两重身份,"小辫子"是生活在大山里的真正的他,而"塔洛"成了他要去追寻和确定的身份。他以为他找到了真正的自己,当他收获爱情时,他以为他成了一个完整的人,他试着去融入现代文明,去唱卡拉 OK,但他在寻找自己的过程中却丢失了自我,象征着他身份的小辫子在理发女杨措的推刀下,永远地失去了,小辫子的留存与失去,也意味着他牧羊人身份的留存与失去,意味着他原本熟悉的生活的失去,意味着他对自己身份的再度选择。而这个选择注定是一首孤独又悲伤的情歌,这是塔洛的孤独。

每个人心中都有一个扎着小辫子的塔洛,他从懵懂、无知到成熟,经历着社会的洗礼,在每一次碰壁之后忍着痛塑造着自己全新的面孔。回头看看那万年雪山,沉默高原。

（文/李子良）

范文点评

《塔洛》是一部纯粹的西藏题材影片,但是在这部影片中我们看不到那些神秘的西藏风光,也没有猎奇与异域感强烈的民俗,导演只是用平实的目光将镜头集中到了塔洛这一个体人物身上,表现了一个单纯的牧羊人在接受现代文明洗礼后的精神蜕变和信念的崩塌。少数民族题材影片因为难以在大众中普及,一般不会成为编导考试的宠儿,但是本片所反映出的社会意义和人生哲理,使得它被当作一部影评练习影片还是非常好的。而在练习过程中,本文则是考生可以借鉴学习的最好范本。

影片信息

中文名:塔洛　　　　　　　上映时间:2016 年
导演:万玛才旦　　　　　　编剧:万玛才旦
类型:剧情　　　　　　　　主演:西德尼玛、杨秀措、扎西、金巴
主要奖项:第 72 届威尼斯国际电影节"地平线"单元竞赛影片

爱乐城中的理想赞歌

——浅析电影《爱乐之城》

电影《爱乐之城》是新锐导演达米恩·查泽雷的作品,他凭借此部电影,荣获了第86届奥斯卡金像奖最佳导演奖。影片总共分为五个章节:冬、春、夏、秋,然后又回到了冬季,主要讲述了女主人公米娅渴望成为一名演员,但经过大大小小的试镜却都以失败告终,结果只能在咖啡厅里卖咖啡。一次偶然的机会米娅认识了深爱爵士乐的塞巴斯汀,两个人因为对理想的共同追求而不断相互鼓励,渐渐走到了一起。然而随着时间的推移,彼此间的距离却越来越远。面对理想和爱情,他们不得不作出选择。

影片并没有特别强烈的戏剧冲突,而是更加贴近生活,从而使观众不自觉地融入其中。正如导演查泽雷所说:"《爱乐之城》是关乎艺术家在梦想与现实之间挣扎的故事",这个主题非常符合、贴近现代年轻人的一种生存状态。与上一部作品《爆裂鼓手》相比,它们都讲述了一种带有人情味儿的东西,那就是对于理想的追求。在对理想近乎偏执的追求中,主人公通常会走向两种结局:一种是撞了南墙头破血流后立刻放弃;另一种则是撞了南墙后结局怎样要看个人的天赋和不懈的努力。男主人公塞巴斯汀一炮而红后受到金钱诱惑走上了爵士乐的商业道路,而米娅却因天赋不足而屡次失败。两个主人公的不同结局印证了导演一直想要对观众讲述的对于现实主义的深刻反思,在他们的身上我们总能找到与自己相匹配的对应点。

影片采用好莱坞传统歌舞片的形式去讲述这场关于理想和爱情的故事。通过歌舞推动情节发展,代替对白元素,所以对于整部影片来说,配乐才是重头戏。如今,歌舞片已经失去了20世纪五六十年代的辉煌,《爱乐之城》的返璞归真正如默片《艺术家》一样都是在创造一种怀旧的基调,但是,《爱乐之城》虽是歌舞片形式却依旧现代感十足,并没有违背当今观众的口味。塞巴斯汀酷爱爵士乐,影片也在借着爵士乐诉说着歌舞片的未来,就像塞巴斯汀的同学在组建乐队时所说:"如果你固守传统,怎么能成革新者?你抱着过去不放,但爵士乐讲的是未来。"这样的隐喻告诉我们,当代的歌舞片应该创新,呼吸新鲜的空气,才能充满活力,不该墨守成规。同时,整部影片也在通过这种方式,向经典音乐致敬!例如,塞巴斯汀在餐厅里演奏的音乐是耳熟能详的圣诞歌曲《We Wish You A Marry Christmas》和《Deck The Halls》,第一首歌曲出自老一辈的美国圣诞电影,塞巴斯汀以轻松幽默的方式演奏出来,不仅俘获了年轻观众的心,弹奏的动作也很有喜感。塞巴斯汀和米娅在厨房烹饪时,出现的配乐《Summer Montage》是《公园长椅上的盖伊与玛德琳》的旋律之一。两个人在电影院第一次接吻时用的是《爆裂鼓手》的插曲《No Two Words》。在影片刚开始不久,米娅试镜失败,三个室友拉她去参加派对时演绎的是《Someone In The Crowd》,欢快的节奏衬托出米娅追梦路上屡遭失败的悲伤,即便如此她们也没有失去积极面对挫折的勇气和信心，就像歌词中所说："只要你是金子，总有一天你会发光"。而最让人印象深刻的则是男女主人公在山上第一次合唱的《A Lovely Night》，同时也暗示了春夏秋冬中"春"的主题，两个人的情愫悄然产生，随之他们的"春天"也即将到来。可爱的两个人度过了属于他们自己的美好夜晚，最后伴随着惊艳的双人踢踏舞，一切水到渠成。最经典的《City Of Stars》在整部影片中总共出现了三次，这是一首关于理想的赞歌，就像歌词中所说："星光之城啊，你是否只愿为我闪耀。星光之城啊，世间有太多不明了，谁又能明了。"星光之下，理想总是显得很渺小，男主人公用钢琴完成了他和星星的对话，并勇敢地吐露了自己的心声。这些音乐元素的加入对于影片在表达时所产生的表意性、象征性都具有深远的意义，同时也是我们体会影片深刻内涵并且进行思考的动力，成为影片中多种思维线路的根本。

除此之外，《爱乐之城》在摄影技术上也接近满分。瑞典摄影师莱纳斯·桑德格伦首次提名奥斯卡并获得了最佳摄影奖。他总能将老旧、传统的手法用新的、现代化的方式表现出来，并且恰到好处。他坚持用胶片拍摄是为了保持那份原本的质感和色彩的丰富性。例如塞巴斯汀和米娅在山顶共舞，摄影师为了捕捉夜晚最完美的光线，表现自然与城市的混合美，用每十几分钟就得换上百米胶卷的摄影机拍摄，并且这个工作重复了两个晚上才给观众留下了深刻的印象以及视觉享受。不管影片能给观众造成多少视觉冲击，都离不开摄影中的基本构图。男女主人公在酒吧听乐队演唱时，他们的座位运用了九宫格构图，把两人放到了视觉中心，使观众能够第一时间注意到。黄金分割比被公认为是最能引起美感的比例，在《爱乐之城》中，摄影师就曾多次使用这种构图方式，除了营造出一种由远及近的距离感，它也起到了强调元素主次的效果。例如塞巴斯汀在和自己的乐队开演唱会时，影片所拍摄的他弹钢琴的角度就明显体现出了其主角地位，强调了塞巴斯汀的行为动作以及面部表情。还有框架式构图，影片运用门窗之类的东西塑造出一种"画框"的效果，不仅具有戏剧感还能吸引注意力。例如男女主人公在拱形桥下牵手的场景就是用一个半圆框将他们"框"起来，在突出主体的同时，他们恋爱的甜蜜感也感染了观众。

一部成功的艺术作品，其每一个组成部分都透露着艺术精髓。不管是饱满的情感、丰富的剧情内容，还是所折射的理念、运用的技术手法，毫无疑问都是具有艺术价值的。《爱乐之城》这部影片从理想和现实出发，让观众从心底有所感悟。导演也充分地展现了他的思想。影片所带来的光芒不仅是对歌舞片的致敬，也是对一种曾经辉煌的艺术的怀念与坚守，更是查泽雷写给电影的一封情书。

（文/李姝翰）

范文点评

这是一篇很好的应试影评范文，建议考生要好好学习其写法。这篇文章无论是从行文结构还是论点阐述上都有许多可取之处，尤其是后者，可以说是有不少出彩的地方。

首先在结构上，作者采取的是大众化式谋篇布局，首段提出中心论点，其后用三段式结构分别论述，最后结尾段总结总论点，然后文章结束。这样的结构我们在点评范文时经常讲到，这里就不再赘述了。我们主要来看一下该文在论点阐述上的优势。很多文章往往在结构上条理清晰,却在阐述论点时,不是偏视听元素就是重文学表述,总让人感觉单一化,而这篇文章却将两者结合得恰到好处。尤其是论述摄影构图的部分尤为精彩,例如,点出影片坚持用胶片拍摄、九宫格构图、黄金分割,以及运用门窗之类的东西塑造出"画框"效果,男女主人公恋爱的甜蜜感跃然于银幕等。

影片信息

中文名:爱乐之城　　　　　　外文名:La La Land

上映时间:2016 年　　　　　　导演:达米恩·查泽雷

编剧:达米恩·查泽雷　　　　类型:喜剧、剧情、歌舞

主演:艾玛·斯通、瑞恩·高斯林、J·K·西蒙斯

主要奖项:第 89 届奥斯卡金像奖最佳导演奖、第 89 届奥斯卡金像奖最佳女主角奖、第 74 届金球奖音乐喜剧类最佳影片奖、第 74 届金球奖最佳男主角奖、第 74 届金球奖最佳女主角奖

第二卷　主题角度分析影评范文

一部关于生命与生存的力作

——评影片《九香》

　　中国的现实主义来自于现实生活中的社会,其本质就是对生命个体的思索与关怀、对生命状态的探索与追求、对生存的反思与期望。本来人生历程,尤其是作为社会底层最平凡的生命个体的历程,便是一个无休无止战斗的过程。《九香》在纯朴而沉默的叙事中,在人性的理解与人文的关怀下,把目光对准了社会生命个体的生命状态与生存状态。

　　黑暗中我无法控制自己的情绪,泪水夺眶而出。不知是感激还是感动,孙沙的《九香》向我慢慢走来时,我只能潸然泪下地去解读它。早已厌倦了第四代导演以知识分子为中心对伦理道德的重建、第五代导演那历史寓言的构筑,更不堪第六代导演在摇滚中的沉沦。曾经因为《红西服》与《没事偷着乐》这些影片对生命个体的关怀、对生存状态的关注而眼前一亮。但《红西服》中女主人公再上岗而获得奖金,男主人公因赌博而致富,这些虽然让人看到了幸福,满足了观众求得圆满的心理状态,但是,难道现实中生命个体用一生去奔波也未必求得的幸福就这样唾手可得吗?《没事偷着乐》虽然更为深刻,但大民最后住上新房,妹夫有钱而使贫困与辛酸离去,还是让人多少有一些遗憾。而影片《九香》却以逼近现实的影像向我们清晰地展示了底层生命个体的不易、辛酸与勤勤恳恳的生活态度,把一个艰辛却执着追求的普通人的生命探索与生存状态真实再现。其中所包含的哲理与对人性的探索、对人文的关怀,让我们回味、思索与反思。

　　《九香》是一部逼近现实生活的艺术作品,在纯朴与沉默中像一首耐人寻味的诗。影片没有王家卫式的光怪陆离,没有张艺谋的寓言构筑,却在纯朴与真实中让心灵得以撞击与净化。影片展示的只有九香与孩子们艰难而又平凡的生活,只有破烂不堪的家、全家合睡的火炕,只有为吃饱肚子而四处奔波的不易与吃孩子们剩饭的辛酸。九香的艰难生活便是底层生命个体的生存状态的再现。如果说暴风雪中打柴,便隐喻了平凡人生命的艰难与困苦,那么茫茫雪原中曲曲折折一望无际的路更是以艺术的语言向我们展示了底层生命个体人生的艰难跋涉,那迷茫的雪路好似喻指他们这条辛酸之路也许需要用一生去走完,但九香却用生命的激情艰难而又执着地走着。这便是底层生命个体的人生:九香没日没夜地维系着这个家,虽然是艰辛的,但她与孩子们也体验着辛酸的幸福。这便是这些最广泛生命个体的生命状态。片中九香因养不了五个孩子而把天星送人,只是一个简练的镜头便用辛酸的泪水表现了他们的生存状态。这便是底层生命个体与生存状态的真实写照。他们是艰辛的,也是无奈的,他们用含着泪水的双眼去期待幸福,用沉重而艰辛的脚步执着地追求幸福。虽然艰辛、无奈甚至前途未卜,但他们用生命去实现去追寻。在艰难与不易中苦苦追寻幸福,这便是辛酸而真实的幸福。

　　社会的不圆满可以用人性的关怀来取得满足,情感的不圆满可以用爱来取得关怀。

爱是人类亘古不变的话题，因此母爱是伟大的，母爱作为一个母题是永恒的。九香为了爱孩子放弃了与老关的爱，九香与老关这种长期的患难与共而产生的爱本来是坚固而深厚的，但这种爱情的本我与母亲的超我发生撞击时，这段本可以至死不渝的爱便被深埋，只能用含蓄来表达。这便是九香的不幸，而且是像九香一样的底层生命个体的不幸与无奈，这便是社会与命运的不公与现实的残酷。但母爱却作为一种精神力量与依托，来维系这些生命个体，让他们饱受辛酸、伤痕累累的心得到抚慰而继续前行。九香与九香的爱共同支撑着这个风雨飘摇的家。影片结尾五个孩子与九香回家，虽然依旧雪路漫漫一望无际，虽然前方的人生依旧风雪坎坷，但那圆圆的夕阳那么宁静安详，给人一种抚慰，一种希望。也许他们一家走上了幸福之路！望着那隐喻极深而美丽如画的影像，观众不禁感动得流泪。导演再次展现了对人性的理解对人文的关怀，对底层生命个体的生命与生存状态满怀希望，这也许便是《九香》让人感动难忘的缘故吧！

这便是我们周围最真实生活的再现，也许它因为我们深入其中而变得模糊，感谢孙沙把这种生活真实再现，使我们能够更清晰地认识。认识只是一种形式，去关注与关怀他们的生命与生存状态，也许才是导演的用心所在。

范文点评

这是一篇比较成功的影评习作。整体而言，整篇文章架构合理，条理清晰，有主有次，分析文字头头是道，概括性文字也异常准确，文笔流畅老练，语言细腻朴素，既能驾轻就熟地运用评论语言，又能将浓厚的情感融入冷静而缜密的分析之中，对于一个高中生来说，这是十分难得的。

首先，我们看到，这个考生有着良好的电影素养。这种素养，不但体现在对电影技术的熟悉程度、对视听语言的敏感、对理论术语的运用上，更体现在能在影片中准确概括主题，分析人物，并用熟练的影评语言将之顺利地表达出来。这无疑是平时积累的结果。要写出一篇好的影评，就要在平时做个有心人，不但要多看影片，而且要学会分析、总结和归纳所看过的电影。需要真正动脑子，思考问题。为了分析电影《九香》，作者从电影的现实主义风格、生命和生存的宏大主题入手，进行细致的阐释，在这个过程中，作者从自己广阔的电影史视野出发，将该片与几部相近风格的电影进行比较分析，并能够从导演的代际出发，进行总结："早已厌倦了第四代导演以知识分子为中心对伦理道德的重建、第五代导演那历史寓言的构筑，更不堪第六代导演在摇滚中的沉沦。曾经因为《红西服》与《没事偷着乐》这些影片对生命个体的关怀对生存状态的关注而眼前一亮。但《红西服》中女主人公再上岗而获得奖金，男主人公因赌博而致富，这些虽然让人看到了幸福，满足了观众求得圆满的心理状态，但是，难道现实中生命个体用一生去奔波也未必求得的幸福就这样唾手可得吗？"

其次，整篇影评的结构也是可圈可点的。该影评的题目——"一部关于生命与生存的力作"，牢牢地抓住了电影的主题（生命与生存），也确定了自己的切入点，即从电影主题出发，进行论述。在影评开始的第一段与第二段，作者对该片进行了初步的总结，用乡土、现实主义等关键词，引入评论，却娓娓道来，充满了情感性因素："黑暗中我无法控制自己的情绪，泪水夺眶而出。不知是感激还是感动，孙沙的《九香》向我慢慢走来时，我只能潸然泪下地去解读它。"我们通常讲，影评，是文学评论的一种，也是一种议论文，然而，议论文的写作，并不排斥情感性的因素，只要运用恰当，还能起到出其不意的作用，但是，切忌不能用情感性因素，替代议论文的理性分析要素，否则，将会使整篇影评陷入"文体的尴尬"，变得不伦不类，失去影评应有的功能。文章的第三段和第四段，是分析的重点，也就是所谓的"猪肚"部分。如何将一篇影评写得充实而饱满呢？该作者的做法值得学习。他很清楚地使用了总—分—总的模式，在中间部分，上承总论点（生命与生存的关注），进行再次的分论点概括，将之总结为"一部逼近现实生活的艺术再现，在纯朴与沉默中像一首耐人寻味的诗""社会的不圆满可以用人性的关怀来取得满足，情感的不圆满可以用爱来取得关怀"两句话，进而围绕着这两个分论点，进行细致的论述。我们看到，第三段和第四段之间，也不是毫无关系的。第四段的主旨，无疑是第三段分论点的深化与升华，从对严峻现实的关注，引入电影导演的意图和良苦用心，点出"伦理性情感"对于该电影的重要意义。结尾也符合影评的要求，那就是再次点题，加深我们的认识，引发我们的进一步思考："这便是我们周围最真实生活的再现，也许它因为我们深入其中而变得模糊，感谢孙沙把这种生活真实再现，使我们能够更清晰地认识。认识只是一种形式，去关注与关怀他们的生命与生存状态，也许才是导演的用心所在。"

应该说，这是一篇合格的影评。在影评考试中，如何能在短暂的时间内写出一篇合格的影评，模式无疑是很重要的。该考生的做法，值得大家借鉴。

影片信息

中文名：九香	出品时间：1994 年
导演：孙沙	编剧：杜丽娟
类型：剧情	主演：宋春丽、张洪杰、强音、张贵生

用符号记叙矛盾挣扎

——从道具看《高考 1977》的主题

　　《高考 1977》是在 2008 年开拍的,恰逢改革开放 30 周年,是唯一一部关于高考纪念日的片子。它主要记录了那一年的集体记忆,再现了那个年代的组织和人以及那个年代的时代精神,展现了那个时代人们的生存状态,并且希望通过这部片子引起现代人的关注,以寻求两代人在精神上的沟通,可以理解当时高考制度的改革对于那个时代人们的不亚于精神上的解放的意义,引发人们对于现代生活的思索。而在《高考 1977》里出现的满是时代烙印的种种道具,见证了那段历史,给人更深的感悟,发人深省。

一、矛盾冲突的见证

　　农场是时代印记的最佳见证。1957 年第一个国民经济五年计划完成的时候,社会主义改造基本完成,建立起了公有制占绝对统治地位的计划经济体制。而在片中最富有时代特征的就是在大环境下的农场,采用军事管理制度,场长、连长共同管理。完全的军事教育和主流思想,对于广大的青年产生的近乎是破灭性的影响。"不在沉默中爆发,就在沉默中灭亡",在失去精神命脉的时候,对于精神的渴求是那么迫切,所以在高考改革时人们的反应可想而知。这就使故事的发展具备合理性,而且这也是可以引发矛盾的关键。因为一般知青都是分散居住的,没人管,而在这种情况下,大环境下的矛盾就是一级组织——农场对于高考制度的阻碍,同时还有价值观念的冲突:场长希望有志青年扎根边疆,为国家的发展做贡献,他认为这样的价值和高考的价值等同,因为一样是要为国家奉献的,为什么不能安心于自己的岗位? 而对于这些知青来说,知识就是力量,他们要改变命运,在这个位置上他们无法实现个人价值,所以就迫切追求上进和改变。高考作为他们唯一的机会,就具有了必须抓住的必要。故事的矛盾因此而升级了!

　　老迟,这是一个人——而又不仅仅如此,他更是组织的代表和化身,那枚公章就是权力的象征,能够影响每个人的命运。而他每天将公章别在裤腰上,即使是贴通知都要盖章,当时的时代正是这样一个时代——组织至上的时代,曾经的人们生活在其中,老迟这样的当权派,用权力禁锢着人们的自由(人身的和精神的),这个人物的塑造反映了"文革"对人们的摧残。而陈甫德的形象塑造也具有同样的意义。他代表了那个时代的一类人,即被"文革"打压到最底层的知识分子,作为时代的异类,他不信奉组织,他只信奉真理。为了女儿他可以冒着危险,违背组织的意志。正是这样升级了矛盾,一个权力至上,一个亲情至上,当权力遭遇亲情,败退的是权力! 本片着重弘扬了一种精神,一种现实社会的真情,同时还原了历史的真实状态。

　　瞭望塔上的喇叭,是一个很有意思的物件,象征着权威的声音。这种权威压死了一个人,同时也压死了那个时代的一批人,他们赶上了那个时代,却因为种种原因无法抓住改变命运的机会,最后死于权威之下。他们有理想却没有将其实现的能力,实在是可悲可叹! 但是这一切确实是曾经实实在在的人生和社会。

影片在故事大背景的冲突下,还隐藏着许多小冲突。例如:偷书。人们对于知识的渴求决定他们的行为,而书,对于他们来说却是禁忌之物。还有爱情。陈琼为了潘志友可以不参加高考,因为身份问题不能结合,就可以把自己随便嫁人,唯愿与相爱之人相伴,而潘志友必须为所爱的人负责,可是他的承诺又与理想相冲突,那么如何选择? ……种种冲突的设置增加了影片的戏剧性,丰富了情节。

二、时代氛围的渲染

本片中有很多情节都是很有意义和韵味的,同时具有很深的思想性,可以把它们当作一种符号来探讨。这些情节将那个时代的氛围渲染到了极致,发人深省。

燎原大火。"星星之火,可以燎原",在草原上的那场大火意义非凡。高考改革就像普罗米修斯的火种一样,传递着文明,而我们的民族就像渴求文明的蛮荒社会。当高考改革的火种被播撒下,那么势必会引起燎原之势。这也向我们传递了一种信息:知识也将会这样疯狂而不可遏制地传播开来,我们的社会也将以这样的速度发展下去!

狂追火车。追赶火车,代表了一系列的意象。其实他们追赶的是命运,这种"狂"追,可以用《霸王别姬》里段小楼的一句话来形容:"不疯魔,不成活啊!"他们绝食反抗,不惜以死相逼来获取这次机会,这是何等的疯狂! 在追赶火车的过程中,所有人都开始跑,有摔倒的,有跑不动的,有半路放弃的,追赶上的就成功了,而倒下的必然为时代的洪流所冲走! 而这就是命运。"生命诚可贵,爱情价更高。若为自由故,二者皆可抛。"他们寻求的就是一种精神上的自由和满足,所幸时代给了他们这样一个机会。

本片确实发人深省。时代的大环境无法改变,那么我们如何生存? 而当时代变化了,我们又该怎样抓住时代的脉搏适应这个社会? 这些符号为我们见证了一个风起云涌的时代!

(文/张敏)

范文点评

本文作者所选取的评析角度是很好的,从道具看影片的主题,可以说是比较新颖的,比单纯地对道具和主题进行评析好得多。在所有艺术门类中,形式都是为内容服务的,电影也不例外。不论是细节、服装、环境、道具等,都是为影片的叙事和主题来服务的,都服务于影片所要表达的中心思想。本文在对电影《高考 1977》进行评析时,所选择的农场、公章、瞭望塔、大火等具有代表性的道具和环境,都为本文所要阐述的"矛盾挣扎"这一主题做了有力的支撑。

影片信息

中文名:高考 1977　　　　外文名:Examination1977　　　上映时间:2009 年

导演:江海洋　　　　　　编剧:江海洋、谷白、宗福先　　类型:文艺

主演:王学兵、孙海英、周显欣、赵有亮

主要奖项:第 13 届中国电影华表奖优秀故事片奖、第 27 届中国电影金鸡奖最佳编剧奖

持久不变的社会评论

——浅析《我的舅舅》的主题

雅克·塔蒂因自导自演的喜剧影片《我的舅舅》获得奥斯卡金像奖最佳外语片奖而名扬国际,攀上艺术的巅峰。影片讲述了生活在巴黎郊区的舅舅被妹妹和妹夫改造的故事,并引发了一系列有趣的情节,令人捧腹。这位被誉为"法国卓别林"的艺术家用自己轻松、幽默、风趣的艺术风格和带幽默片韵味的气息,在片中探讨了一个严肃而又永恒的话题,即对社会的评论。时代向前迈进,文明带来的不仅仅是进步,还有资产阶级思想方式和生活方式的僵化、呆板以及底层人对社会的不适,甚至被淘汰。这使得我们不得不深思:什么才是真正好的生活方式以及底层人如何面对社会的改变。

影片首先反映了资产阶级思想和生活方式的呆板与僵化。以阿尔贝夫妇为代表的中产阶级生活在巴黎新城的别墅里,庭院奢华,装饰新颖。生活中,阿尔贝家充斥着现代化和科技化气息,特别是自动化的厨房和车库,以及几何形的家具。但这些在生活上都带来了明显的不便。具有代表性的就是在家中举行聚会时,因为喷泉坏掉了,一行人不得不抬着桌子在院子里寻找合适的地方,但转了一圈又回到了原点。舅舅踩着地上的石板而进入水池,因为水中的浮萍和地板一样。舅舅和阿尔贝以及助理在花园里讨论事情时,舅舅滑稽的步伐更是惹人大笑……这一系列搞笑情节都反映出非人性的现代科技给人们的家庭生活带来的不便。在思想上,只有客人来,阿尔贝夫妇才将喷泉打开,但又经常搞错,从而给他们心理上带来惶恐和不安。另外,阿尔贝无法容忍舅舅的生活及思想方式,对他进行排挤和批评,心生厌恶。总之,影片对阿尔贝夫妇的生活进行了调侃和讽刺,表现了非人性化的生活让人们变得呆板和僵化。

其次,影片反映了底层人对社会发展的不适应。舅舅生活在巴黎郊区,影片中运用了大量的长镜头来表现郊区的街景,如:流浪狗的追逐,清洁工与路人的争辩,卖菜的场景以及舅舅回家上楼的情景等等。在幽默调侃的氛围中反映了以舅舅为代表的底层人的生活条件。旧城与新城就隔了一道被拆了一段的栏杆。当舅舅骑着破旧的自行车经过栏杆进入新城,就会惹出一系列的笑话:如舅舅被误会为流氓的场景,以及在姐夫工厂里工作的场景等等。在滑稽与幽默中,我们可以体会到舅舅对现代化生活和工作的不适。舅舅不知道在厨房里如何点烟,在面试中脱鞋,在工厂里不懂潜规则以及技术,他无法适应新城的生活和工作,所以他被妹夫阿尔贝送走了,去寻找未知的未来。结果如何,观众无从得知。以舅舅为代表的社会底层的人们,他们面临的不仅仅是生活上的压力,还有社会发展对他们原有生活的冲击,这值得人们关注。

最后,影片表现出对社会的反思和评论。究竟怎样的生活方式才是最佳的,影片对这一话题进行了深刻的探讨。阿尔贝与舅舅的生活方式是完全不同的,是社会的两个代表。社会是进步的,这是主流,然而主流也带来了非人性的生活方式,阿尔贝的儿子在这种生活方式中没有得到快乐,这从儿子回家脱鞋和吃鸡蛋的细节中可以看出来。而舅舅代表了另一种生活方式,舅舅虽然没有固定的工作和收入,但生活得很轻松和惬意,如舅舅与楼下小姑娘谈话和分享糖果,与清洁工聊天。儿子最快乐的时光是和舅舅一起度过的,舅舅骑着自行车带着他到处玩,与街头小朋友追逐,玩证人的游戏,这是他在自己家得不到的。从这方面讲,旧的生活方式和环境优于新的,但社会在进步,人们的思想和生活是不可能停留在原处的,新的代替旧的是必然的。影片以舅舅被送走,路边的工人正在拆旧房子,远处高楼耸立而结尾,这符合社会的发展规律。

在社会发展中,我们追寻的是舒适和快乐的生活方式,科技应更加人性化,底层民众应该跟上社会的步伐,适者才能生存。雅克·塔蒂用幽默的电影探讨了社会发展这一严肃话题,有深度,更精确,又不失幽默,使观众容易接受和理解,可见雅克·塔蒂作为艺术大师的艺术才华,值得后人尊重和学习。

(文/张彤彤)

范文点评

这篇影评是从主题的角度对影片《我的舅舅》展开评析的,作者在文中对主题进行总结时,先用精炼的语句对影片内容进行概述,再引出这篇文章的中心论点。“影片讲述了生活在巴黎郊区的舅舅被妹妹和妹夫改造的故事,并引发了一系列有趣的情节,令人捧腹。这位被誉为‘法国卓别林’的艺术家用自己轻松、幽默、风趣的艺术风格和带幽默片韵味的气息,在片中探讨了一个严肃而又永恒的话题,即对社会的评论。”这种在开头第一段就交代中心论点的方式是比较好的,能让阅卷老师在第一时间就明白考生文章的评述重点。作者在具体的行文过程中,对影片细节的运用也是非常到位的。但是,对电影的视听语言的运用涉及得较少,电影性稍显不足。

影片信息

中文名:我的舅舅　　　　　　上映时间:1958 年
导演:雅克·塔蒂　　　　　　编剧:Jacques Lagrange
类型:喜剧
主演:雅克·塔蒂、Jean—Pierre Zola、Adrienne Servantie
主要奖项:第 11 届戛纳国际电影节评审团特别奖、第 31 届奥斯卡金像奖最佳外语片奖

孤独而自怜的人生

——评影片《小武》的主题

　　电影《小武》是贾樟柯的首部长片,作为第六代导演的领军人物,贾樟柯的这部电影也带有了与第五代导演不同的创作风格。他在《小武》里将目光投向破烂不堪的边远小镇而不是繁华的大都市,着力表现生活在那里的边缘化人群。影片主人公小武作为边缘化人群中的一员,是一个惯偷,他总爱歪着脑袋,脸上挂着对一切不屑一顾的表情,这种表情让人觉得可恨。但是,可恨之人却也有可爱之处,他的可爱在于他对友情的珍惜、对爱情的渴望及对亲情的重视。可是,作为一个被边缘化了的人,他终究无法逃脱被抛弃的命运。

　　首先是友情的背叛。好友小勇结婚却没有通知小武,他们曾经是很要好的朋友,否则他们不会带着四毛一分钱闯北京,也不会把两个人的名字刻在那堵古老的青砖墙上。小武曾给小勇许诺在他结婚时送他六斤钱,尽管没有收到请柬,小武却依然记得承诺。他为了送礼在"严打"期间偷钱,回来后用秤称钱的重量,这一切都让人看出小武对这份友情的重视。他拿着包好的钱去了小勇家,两人抽着烟相对而坐,对话也异常简单,小勇话语中带着搪塞和欺骗,小武的回答也充满了失望和失落。小勇为小武点了一支烟,打火机里飘出了音乐《致爱丽丝》,在那个狭小的空间,这段音乐是那么突兀,小武黯然离开,并且顺手拿走了那只打火机。当电视上播放小勇结婚的喜讯时,小武的表情很落寞,他木然地摆弄着会唱歌的打火机,这时歌声越来越刺耳,也暗示着小武和小勇关系的破裂与变质。

　　其次是爱情的背叛。失去了好朋友的小武备感空虚,于是到"大上海"歌舞厅听歌,在那里他遇到了怀揣明星梦却最终沦为歌厅小姐的胡梅梅。也许是由于同处于社会最底层,也许是由于外出散步时胡梅梅那不经意的一吻,小武爱上了胡梅梅。市侩的老板调侃似地问:"真看上了?"她语气中充满了质疑,不知道是质疑爱情来得太快还是不相信这里会有真的爱情发生。但是小武腼腆而幸福地回答:"真看上了",让观众相信了这份感情。他为胡梅梅学习唱歌跳舞,还为她买呼机,在和胡梅梅交往的过程中,小武的幸福感溢于言表,而且单纯得像个孩子。当他买了金戒指想讨胡梅梅欢心时却发现胡梅梅已经离开了,小武漫无目的地走在大街上,这也昭示着他在爱情的路上迷失了。小武因为偷东西时呼机响了而被抓,暗示出这段爱情对小武的伤害,最后小武被捕后却收到了胡梅梅发来的"万事如意"的祝福,真是一个绝妙的讽刺,最终爱情也欺骗了他。

　　最后是亲情的背叛。在爱情中受伤的小武只好回到家中,他想用亲情来弥补一下创伤。他把戒指送给了母亲,可是母亲却只是关心戒指的真伪,父亲对其讽刺挖苦,妹妹嘲笑他无能,侄子也不让他抱,当他转身走在村子的路上,那看似无所谓的背影却让人感到失落。二哥和未过门的媳妇与家人围坐在桌子前拉家常,小武蹲在一边,无聊地摆弄着手里的东西,与周围的环境格格不入。当他发现母亲把戒指转手送给二嫂时,愤怒地和母亲吵了一架。这愤怒也许是因为买戒指的钱来得不容易,也许是出于对二嫂这个外来人的排斥,也许是还对胡梅梅有留恋,但是这枚戒指在家里引发了一场战争却是不可改变的事实,他被父亲赶出了家门。这枚戒指没有给他带来亲情,反而伤害了他的亲情。

不仅亲情、爱情、友情背叛了他,就连他最关心的徒弟也背叛了他,这时的小武真正地感到了世态炎凉。影片最后一个画面给观众留下了深刻的印象:小武蹲在人群中间,周围人对他指指点点,他处于中心却是最孤独无助的,带着一丝孤寂而自怜的美。可在这个脏乱而拥挤的小镇,又有几个人不孤独呢?小武被所有人抛弃了,小勇为了融入主流社会也不得不和好朋友划清界限,梅梅不得不放弃梦想接受现实的生活,不远处的黄土村落里父亲盘着腿坐在床上似睡非睡,青春期的小孩子在空旷的街头走向人生的空巷,警察在死寂的小屋里抽着烟。每个人的生活都那么平静那么无望,那么琐碎而平庸,每个人的内心又是那么的孤独。在现实的世界里,陪伴自己的只有自己,自己所做的任何事情都不会有人捧场,除了自己,无人怜爱自己,也许在这个看不清容颜的城市里,孤独和自怜才是生活的本色。

(文/程赟)

范文点评

贾樟柯的电影,作为第六代导演的作品,非常具有代表性,这也表现在这些电影的解读难度。这篇针对《小武》的影评,基本上还是比较成功的,是将主题和人物形象结合在一起来分析的,通过对人物的详尽分析来阐释主题。作者围绕着四个"背叛"来表现小武被抛弃的命运,即"友情的背叛""爱情的背叛""亲情的背叛""徒弟的背叛"。作者对主题的分析和阐释是比较深刻的,在每个分论点的论证过程中,所选取的论据也比较有代表性,整个论证过程严谨扎实,显示了作者思考的深度和科学的思维。如果能在具体的评析过程中加入一些对影片镜头造型意识的分析会更好些。

影片信息

中文名:小武　　　　　　　　　外文名:Pickpocket

上映时间:1998 年　　　　　　　导演:贾樟柯

编剧:贾樟柯　　　　　　　　　类型:剧情

主演:王宏伟、郝鸿建、左雯璐

主要奖项:第 20 届法国南特三大洲电影节金热气球奖、第 48 届柏林国际电影节沃尔福冈·施多德奖、第 3 届釜山国际电影节新浪潮奖、第 17 届温哥华国际电影节龙虎奖、第 48 届柏林国际电影节 NETPEC 亚洲电影促进联盟奖

小店·大社会

——评《夜·店》的主题

　　喜剧一般以夸张的手法、巧妙的结构、诙谐的台词及对喜剧人物性格的刻画,来引导人们对丑的、滑稽的事物予以嘲笑,对正常的人生和美好的理想予以肯定。《夜·店》以喜剧的形式,把镜头局限在一个小小的超市里,通过对夜色中各色人等的演绎,来观照百态的社会现状,启迪人的思考。

　　影片中的人物李俊伟和朱辽的老实、绝对的服从可以说都是在电棍的威力之下生效的。同样,电棍和手枪作为一种强权和专制的符号被具象化。电棍和手枪本身就是统治阶级进行专制统治的工具,是特权阶级的象征,私人拥有这些东西是一种僭越和犯法,尤其是在中国。因此,影片中不论是何三水还是陕西抢劫钻石的逃犯都是以不合法的身份出现的。虽然何三水的做法在他自己看来天经地义,但他却是以电棍的威力来控制这个小店的,使里面的人不敢轻举妄动,乖乖地听从;手枪也是这样,只不过它的威力更大一些罢了,在枪口之下,满屋子的人只剩下了乞求。在强大的胁迫之下,人的尊严和人格是那样脆弱与不堪一击,"轮胎"和朱辽被脱光了衣服,虽然导演在这里用了"超值价——5 折"的标签来达到一种搞笑和幽默的效果,以及试图降低这一主题的严肃性,但是观众仍然可以看到人在强大的外力压迫下的无奈和扭曲。镜头视角空间狭窄化处理让人在其中感到了一种无可名状的压抑感,这样一种空间设置就为各色人等的登场做了铺垫,影片中何三水出场时颓废的形象就是这种压抑感的表征。

　　同时,电棍和手枪又是满足人的私欲和尊严的武器。当朱辽和唐晓莲用计电倒"轮胎",朱辽在何三水面前威胁和炫耀时,观众可以看到这些东西对人的重要性,或者说是对人性的戕害。当陕西抢劫钻石的逃犯将要杀害他人生命时,朱辽说出了钻石的下落,却遭到了来自自私自利的众人的暴打和谴责,一群人唯唯诺诺地任由逃犯摆布,而全然不知采取任何自救的措施,这真是让人感到可悲。影片中电棍和手枪的成功运用,让这部看起来很浅薄的喜剧片多了几分厚重和深沉。

　　影片以"夜·店"命名似乎有着导演的深意:人作为一种最会掩饰和所谓知道廉耻的生物,在光天化日之下也许是衣冠楚楚的正人君子,只有在晚上,在黑暗的掩饰之下,人性阴暗的一面才会暴露无遗,黑暗是一个让罪恶滋生、理性丧失的深渊。且不说两场打劫都发生在这个时候,单是进入到这个小店的顾客就可以让人从中窥视一二:首先是一对吵架的夫妻,"你吃我的,喝我的,还当着我的面泡别的女人,你还有没有人性",这就展现了人在物欲横流下的情感危机以及对现代虚假爱情婚姻的嘲讽。接下来是一个为了自己的利益,哪怕是一个小小的吸管也要大发议论的人,一口气说出了小店的三个问题,满口讲的是我的权利和你们的义务。仰拍镜头的处理让观众觉出这个人的恶心和渺小,是一个典型的市侩形象。第三个顾客，可以说是一个假借友情来骗取自身利益的小人，而且，还通过炫耀来满足自己的虚荣心，"混得一般啦，两房两车"，却逃付那162.8元钱，友情——同学之谊在这儿只是作为一种实实在在的利益交换品，让人唏嘘不已。

　　还有就是贯穿在影片中的一个含蓄而委婉的爱情故事。在这个都市快节奏的生活里，快餐式的爱情充斥在人们面前，当海誓山盟背后的虚伪造作被揭穿时，人们不禁怀疑真正的爱情哪儿去了！而影片中李俊伟和唐晓莲的爱情虽然只是一条辅线，却美丽动人，让人感到了人性的光辉。李俊伟这个人物是一个老实得有点懦弱的形象，影片中他两次充当"帮凶"，而且还真情实意地付出，特别是对何三水，他不仅老老实实地帮忙，还帮何三水出主意促销。但他对爱情的真诚和付出，让观众对其刮目相看，当他被叫出去时对唐晓莲的回眸一笑，悠扬的音乐响起让观众看到了他们之间朦胧爱情的美好，以及在困境中相濡以沫的相互扶持。直到最后，李俊伟不惜用生命来换取对爱情的追求，影片结尾用那样一种首尾照应的方式来结束，让人们真心地为他们祝福。

　　当然影片中还有对农民工处于一种被边缘化的地位而得不到社会公平待遇现象的批评，比如"轮胎"被骗钱的遭遇。还有一种对城市生活的隐忧和批判，比如王素芬夜间的麻将生活和办公室的KTV包间都隐喻了这一主题。

　　一部《夜·店》，一个百态的社会，导演杨庆这个名不见经传的小人物用他的真诚和笑声为观众奉献了一部好片子，感谢杨庆，感谢所有给人们带来欢声笑语、关注人性和社会的人们。

（文/李化栋）

范文点评

　　对电影主题的分析最忌隔靴搔痒，没有实质性的分析，要通过电影所讲述的事件看到深层的本质问题。在这篇影评中，作者通过《夜·店》这部喜剧电影，看到了社会百态，并进行了深入的思考，这种深入的思考体现在作者的具体语句表述中，如"同样，电棍和手枪作为一种强权和专制的符号被具象化"，这种抽象思维对电影主题的深刻探讨是非常好的。当然，本文在结构上并没有一个清晰的线索和内在关联，不过都是针对"小店·大社会"的评析主题来展开的。

影片信息

中文名：夜·店　　　　　　　　外文名：One Night in Supermarket

上映时间：2009年　　　　　　导演：杨庆

编剧：杨庆　　　　　　　　　类型：喜剧

主演：徐峥、李小璐、乔任梁、杨青

主要奖项：第12届上海国际电影节电影频道传媒大奖最受关注男演员奖（徐峥）、第12届上海国际电影节电影频道传媒大奖最受关注编剧奖、第62届洛迦诺国际电影节亚洲电影促进联盟奖

《盲井》：乌鸦有乌鸦的命运

　　《盲井》最根本的出色之处在于，它的起点是和生活持平的。原著小说作者刘庆邦在煤矿工作多年，创作出的小说本身给了影片一个与生活持平的起点。在这个起点上，导演李杨给我们讲了一个底层人命运的故事。

　　众所周知，艺术来源于生活，却高于生活。但现实的情况是，许多打着艺术创作旗号的人把这话理解错了，他们理解的"高"不是内核的提炼与升华，而是高高在上，俯视苍生。就像在太空望地球，看起来像一颗蓝色的宝石，却怎么也让人想不到，就在这颗宝石上，有那么多苦难和罪恶。

　　想要看清生活，首先要和生活构成一种平视的关系。否则，生活就是口号，就是标语，就是大好形势，就是那些让人一看就泛酸的影视作品。在那些作品中，城市总是灯火辉煌，农村总是地杰人灵，矛盾只有在爱情、警匪或者婆媳关系间展开。这样的艺术远远地脱离了生活，因为生活总是水深火热的。

　　《盲井》的前半部分充满了喜剧色彩。两个民工简直是一对最佳拍档，他们把从民工市场寻觅来的某个民工带到小煤矿里干活，伺机杀害，然后冒充亲属从矿主手中领取一笔抚恤金。这就是他们的谋生之道，乌鸦有乌鸦的生活和命运。

　　比《盲井》中两个主角更卑微的人，是他们害死的矿工。在这些真正的矿工面前，他们时而严厉、时而尖刻、时而关怀、时而嘲弄。影片开始，他们问那个老实巴交的民工是否想家，民工说，就是有点想俺娃；他们说你是想娃他娘了吧，民工羞涩地笑了；他们又问娃他娘长得啥样，民工说不好看，嘴大；他们说听说嘴大的女人在床上特别能干，你不在家不怕她跟别的男人睡觉？民工笑着说俺村的男人都出去打工了；他们说那我们送你回家吧，民工说不行啊，这月工钱还没领咋回家；他们目露凶光，说这就送你回家……冰冷的榔头紧接着就砸到民工的脑袋上，这名刚刚还回忆着老婆孩子的音容笑貌、幻想着家庭的甜蜜生活的可怜民工，就在这口不见天日的矿井中命丧黄泉了。

　　两个民工欺骗的都是心狠手辣、刚愎自用的小矿主，在这些小矿主眼中，矿工命如蝼蚁，同情心一文不值，为了钱，都坚决保持着一颗比煤炭还黑的心。他们在这些小矿主眼前演戏的时候表现非常精彩，演技可以同《O记三合会档案》中的吴镇宇和刘青云媲美。冒充亲属的埋头痛哭，一口咬定只有把受害人父母叫来才能做主；冒充朋友的要去报案，然后再给矿主当中间人从中调和，讨价还价。他们一脸的无辜和悲伤让每场戏完美收场，每场戏的结尾都是刚刚还好言好语的小矿主在终于和他们一手交钱一手签字后说出最后一句台词：赶紧给我滚。他们得意地滚了，滚到下一场情节雷同的戏中。

　　他们牵挂的还是家中的妻儿，每次作案成功，第一件事就是往家里汇款；虽然都是杀过人的人，他们依然对城里人望而生畏，被轿车司机破口大骂也只是默默地闪到路的一边，把头缩得更低；唯一可以让他们发泄的，是路边洗头城的妓女，一百块钱一次，在她们身体里冲撞着长期压抑的快乐。

《盲井》从后半部分开始变得越来越沉重，这是因为那个叫风鸣的男孩的出现，让其中一名民工动了恻隐之心，实在不忍心下手，另外一名民工却早已丧尽天良，每日催促同伴抓紧行动。悲剧的发生当然不可避免。

尽管影片没有具体交代，但可以想象，这两个害人的人，当初可能也是矿工出身。在艰苦的生存条件下，人性中的恶往往会爆发出来。旧社会赶上大旱，人吃人的现象总有发生。但人性中总是有善良的部分，一旦生存得到了保障，这些善良的部分就会随着对生活的希望慢慢复苏。没有复苏的那个人，是因为他还没有找到希望——"我那个孩子捣得很，和我一个迷样。"而"孩子学习好的"那个人，看到了风鸣，就想起了自己的孩子，希望之火在内心燃烧起来，化解了心头的罪恶之冰。也因此，他和同伙的矛盾才越来越明显，最终爆发了冲突，一同在冲突中死去。

《盲井》的结尾就像一个人性的寓言：火化炉的烟囱冒出来的，是随风消失的罪恶，风鸣拿到四万块钱，可以继续上学去了。一个人的善良得到了回报，罪恶也得到了惩罚。这个结尾表面上看无可挑剔，属于从生活中拔高到了一个理想的层面上。但是，这个结尾是可疑的。听说为了通过审查，导演李杨拍了五个结尾。我非常想知道那四个是什么，后来想想，知道了又如何？这个故事也许没有结尾会更完美，能让人思考的地方会更多，也许到最后一天，让三个人一起下井作业就出片尾字幕，更能令人回味。

电影就是一门遗憾的艺术，正是这些遗憾，让我们对下部电影有更强的期待。我们期待越来越多的电影能够平视生活，关照我们自身。更重要的是，让我们能够看清楚自己脸上的粉刺和雀斑，而不光是无比光鲜的新衣服。

范文点评

将影片分为前后两个部分，并从"平视"这个角度对影片揭示的内容进行分析，是这篇文章的可贵之处。作者还在文末大胆地对影片的结尾提出了质疑，认为太过圆满的结局不一定会给观众带来回味的余地。这样的意见是真实而且有一定道理的。

本文的不足之处是，作者在分析中心论点并展开论证过程时，论据不太充分。论证的过程过于单一，导致的是论证不够有力。比如在论证平视视角对揭示主题的作用时，完全还可以从影片的拍摄角度、表现手法等方面对平视视角在电影技术上的表现加以补充阐述，从而丰富论证过程。

影片信息

中文名：盲井　　　　　　　外文名：Blind Shaft

上映时间：2003 年　　　　导演：李杨

编剧：李杨　　　　　　　　类型：剧情

主演：王双宝、王宝强、李易祥、安静、赵军

主要奖项：第 40 届台湾电影金马奖最佳跨媒介改编剧本奖、第 40 届台湾电影金马奖最佳新人奖（王宝强）、第 5 届法国亚洲电影节最佳影片奖

生活的伤疤

——分析《手机》的现实价值

"与所有手机持有者共免",这是电影《手机》电影海报的宣传用语。很有意思的是这个"免"字的用法,只有当你看完整部影片时才知道那不是一个错别字,这里面其实包含着一种劝勉式的说教。与之相对应,这部电影只用了相当有限的叙事(尽管冯导说它叙事圆满)、剪辑和摄影技巧,服装和美工也相当"克制",甚至为大众所熟知的"冯氏调侃"也十分节省,那么对它的探究似乎只能停留在有关我们目前社会的思想意义上,即它的现实价值。

脱离开影片的目标观众来谈影片的现实价值是没有意义的,所以首先要弄清的就是这部影片的目标观众是谁。手机,这一现代社会科技与文明的产物,现在在城镇几乎是人手一部,而影片的宣传中也提到了"所有手机持有者",那么就出现了一种概率很小的情况,就是影片自身的逻辑和现实世界的逻辑几乎等同起来。由此可见,导演的野心何其之大,竟然要把全社会都当作他的目标观众。可以理解,影片借用费墨之口指出:你们的手机里藏满了秘密;而在现实世界里,谁的手机里没有收藏些许秘密?导演在这一点上艰难地与最广大的观众达成了一种默契(观众是不愿意有这样的默契的),从而也真的把他的目标观众锁定在了全社会。因而,这部电影的价值就变得非常富有现实性,甚至逼得人喘不过气来,影片还是借用费墨之口说出,"近,太近了"。所以这是一部主题相当沉重的影片,甚至可以说压抑。那么这部影片所指涉的现实价值究竟是什么?以笔者看来,主要是隐私与谎言。

隐私这一主题何以看出?影片先是交代严守一的前史,然后是字幕,字幕之后的第一个场景就是拨给严守一的手机信号瞬间穿越广阔空间传递到严守一的手机上——这一切体现到摄影机的运动上之后我们就看到了一个宏伟的升降镜头,体现出了对隐私权的粗暴侵犯——从稍后的场景中我们听到:还是带在身上踏实。所以,手机对严守一来说就是他个人隐私的一个载体。同样的摄影机的运动在影片将近结束的时候又重复使用了一次,这次跟随的是严守一惊惶不安的表情,由此可以看出对他个人隐私权的侵犯给他造成了相当严重的心理创伤。影片中还有为数不少的细节体现着这一主题,比如严守一时刻不忘删除他认为属于隐私的通话和短信记录,打电话也要躲在厕所里,不止一次地反对沈雪整理他的手提包,甚至前妻和儿子的照片也需要费墨代为收管等等,但总体来说手机仍然是个人隐私的主要保留地。这一主题也是大多数人在现实世界里无法回避的一个主题。"隐私"这个词在《现代汉语词典》里的解释是:"不愿告人的或不愿公开的个人的事。"隐私可以是生活中具体的行为,也可以是个人的思想状况等等。隐私权是公民以个人生活自由为内容禁止他人干涉的人格权。然而在现实生活中,我们的个人隐私却屡屡遭遇到尴尬场景。尽管片中主人公的所谓个人隐私应该受到道德上的谴责,但不可否认,那仍然是隐私,仍然带有"隐私权"所具有的对抗性——一方要隐私,另一方却想方设法地窥私——正是因为这种对抗，才出现了一幕幕婚姻悲剧；也正是因为这种对抗，才出现了影片的另一主题：谎言。

严守一在影片中说道：要想说真话，恐怕就得返回到肢体语言时代了。可以肯定的一点是，肢体语言时代我们是回不去了。这样就出现了一个很有意思的三段论：在当今这个社会里，我们就没法讲真话了。这可能真的是严守——种习惯性的思维逻辑，他可是一个善于编织语言、撒谎成为习惯的人——当严守一在于文芳的产房里接到沈雪电话的时候，他竟然毫不犹豫地说"在开会呢"。这是很有含义的一个场景，比他在策划会上接到武月的那个电话的场景更富有含义：一方面我们很清楚地看到，撒谎已经成为严守一的一种习惯，甚至可以不顾已经成为前妻的于文芳的鄙视；另一方面我们也可以看出，他的撒谎乃是出于一种保护个人隐私的本能，他不希望沈雪知道他与自己的前妻还保持着联系。在这里，我们就看到了隐私与谎言的内在关系——隐私是谎言的由头，谎言包裹了隐私。还不止如此，谎言不仅包裹了隐私，还纵容了隐私，进而夸大了隐私，让隐私成为一根在喉的鲠，提醒着当事人时刻不忘自己的隐私，于是，就产生了更多的谎言……谎言，在我们这个时代里已经占据了语言日产量的相当比重。既然已经成为一种现象，那就不能再去一味地谴责，而不得不去加以正视了。影片对这一现象的提出只是一种表面揭示，更重要的是去揭示表面之下的生活。如何揭示？影片中出现过这么一段唱词：牛三斤，牛三斤，你的媳妇叫吕桂花，吕桂花叫问一问，最近你还回家吗？这段唱词在影片开始的时候出现了一次，在影片结束的时候又出现了一次，这样就构成了一种环形结构，或者说是轮回。唱词第一次出现的时候可以说是在交代严守一的前史，但当第二次出现的时候，就已经是严守一的一个心理轮回了，它告诉我们：在人类社会里，科技的进步不一定带来人性的发展。

"我还是想一如既往地深挖生活，甚至揭生活的伤疤。"冯小刚这样说道。也确实如此，我还是第一次看到能如此强烈地和现实生活产生互动的影片。不论生活最终的结局如何，这样的影片我还是希望越多越好。

范文点评

这篇影评是从影片主题对现实的意义这个角度切入的，重点是对影片主题的挖掘。从主题出发找到影片的深意是影评写作常用的思路，值得反复学习并成为一种应试的惯常思路。

作者在论述"隐私"这一主题时，发现了运动镜头的应用，并清楚地指出了这一镜头运动在影片中的重要作用。同时作者从影片中发现了大量能够塑造主人公严守一内在世界的细节，并一一例证，成为非常丰富的证据。这都是考生们在写作中应该学习的。即懂得一些基本的电影理论知识，并将一些电影中常见的镜头和蒙太奇手法熟记于心，以提高我们的写作水平。

影片信息

中文名：手机　　　　外文名：Cell Phone　　　　上映时间：2003 年
导演：冯小刚　　　　编剧：刘震云　　　　　　类型：剧情
主演：葛优、范冰冰、徐帆、张国立
主要奖项：第 27 届大众电影百花奖最佳故事片奖、第 27 届大众电影百花奖最佳男演员奖（葛优）、第 27 届大众电影百花奖最佳女演员奖（范冰冰）、第 4 届华语电影传媒大奖传媒评审团奖、第 4 届华语电影传媒大奖内地最受欢迎电影奖

爱的美丽与讽刺的忧伤

——评电影《不能没有你》的主题

电影《不能没有你》海报上写着这样一句话:"全世界观众感动落泪,一则父亲与女儿最令人动容的亲情告白。"在纷繁复杂的世界中,导演戴立忍似乎正试图努力地诠释——在何种艰难之下爱从一而终的存在。该部电影运用巧妙的情节设置、包含深意的镜头语言和表意丰富的视听语言,透露出对丑恶的嘲讽,渲染开一场亲情之爱的故事。

运用精巧的故事情节设置映射主题。情节属于叙事和戏剧类艺术作品的内容因素,是指一个或者多个事件在一定时间和空间里的延宕和发展的过程。情节的建构是电影取胜的关键性因素,也是电影导演丰富的艺术想象力和感知能力的体现。影视作品对观众的吸引往往就来自于影片情节的丰富、生动、深邃。同时,情节也是用来揭示电影主题的最佳工具。在电影《不能没有你》中,导演在情节的细微安排上大下工夫,在展现社会的残酷的同时,又将社会中的爱与美映入观者眼前。李武雄第二次为了女儿上学的事情奔波到台北,不但被拒,而且还被误认为是恐怖分子,失落之下抱着女儿去天桥寻死。高雄人透过电视看到这一场景时,多是事不关己高高挂起的看热闹心态,甚至还拿人命打赌,催促李武雄赶紧跳下去后好继续上工。这一场景使观者看后心寒,人性的冷漠无情莫过于此。这是导演对社会上冷漠人性的彰显和嘲讽。然而,在一部以彰显温暖的爱为核心主题的电影里,导演当然不会只表现赤裸裸的人性之恶。在这群人观看之时,李武雄的朋友阿财恰好经过。阿财被这一场景激怒,不顾势单力薄与这群人发生争执。他的愤怒,他的不顾一切的拼搏,虽然并无实际的意义,却是人性美的最佳体现。李武雄和妹仔的生活是困窘的,第二次上台北时,为了能让妹仔上学,李武雄狠下心买了一盒水果礼盒。礼盒虽轻,但是对于困境中的人来说,这个礼盒顶得上黄金千万。妹仔被社会局带走后,李武雄坚持去学校等待妹仔,明知人海茫茫,明知机会渺茫,但还是天天坚持。每次失落的眼神和每次期盼的眺望,这种种情节的设置,都让人感受到一股温暖的力量。

运用具有示意作用的镜头语言表现主题。镜头是影视作品构成的最基本单位。影视作品透露的主题思想主要是通过镜头的示意作用表达的。电影《不能没有你》的主题也是在镜头的帮助下展现在人们面前。如李武雄抱着妹仔要跳下天桥时,天桥上挂着的横幅上写着"博爱红十字会","博爱"两字在当时的情景下看就是最大的讽刺。通过回忆,我们想到了政府官员的圆滑、办事员的不近人情、记者的事不关己……这种种都与博爱形成了巨大的反差,从而产生讽刺效果。又如,影片刚开始不久,清晨,李武雄起床后走出门外。这个再自然不过的日常生活场景,导演运用了逆光的镜头处理。李武雄是迎着光走出去的,观众只看见了他逆光而上的背影。这个镜头包含着很多内在的意蕴,是对人物生活艰辛的一种暗示,也是人物在逆境中仍努力生活的精神的彰显。李武雄第二次去台北的时候,在警署门口被拒。年纪较长的记者以一句"我们是政治线的,不认识什么王组长"回绝了他。一个全景镜头,两边站岗的似乎没有情感的卫兵,李武雄无助的背影,还有警署里大大的"精爱"两字,代替了一切语言,沉重地击打着观众的心灵。而镜头对爱的彰显也是那么的深邃和信手拈来:第一次,父亲其实是没看到女儿在船沿的轮廓的,体现的是女儿对父亲不在于言表的关心,而且当时也是没有背景音乐的;第二次,父亲无意之间看到了女儿的轮廓,虽然透过并不清澈的海水无法看清女儿当时的表情,但是作为父亲,他完全可以想象得到女儿那时的神态,睁着一双大眼睛,神情焦虑,盼望着父亲平安无事,期待着父亲早点上来,此时,电影也恰当地安排了一段仿如心声的钢琴曲充当背景音乐,这段音乐不仅代表着父亲当时心里的那份感动,也悄然拨动了观众的心弦;第三次,父亲生命垂危,父亲的呼吸声中,女儿的轮廓只是父亲的想象而已,也正是这个想象出来的轮廓才使父亲有了游上来的动力,因为他知道,他一定要见到女儿,女儿也正在船上等着他上来。

　　运用音乐和语言的会意来深化主题。音乐是一种声音,与色彩一样,本来属于物质的自然属性。音乐是影视作品、戏剧作品中不可或缺的重要元素之一。音乐凝结着导演对声音的美学理解和创造阐释。而语言则是影视作品表情达意的最重要的工具和物质材料。首先说音乐的使用。李武雄为了女儿上学的事情去台北,去的时候由于内心的担忧,因而画面中一直没有音乐的出现,反而是压抑的摩托车发动机的声音代替了一切声响。回来的时候,由于获得了林进益口头上的帮助,李武雄与女儿顿时信心满满,此时音乐响起,在中高音区弹跳的钢琴,伴着轻快的口哨奏成的乐曲,都透露出了人物内心的喜悦,也侧面反映出了李武雄对女儿上学的重视,以及对女儿的爱。而在语言的运用上,其中一段人物的对话给人以深刻的印象。女儿:"你在海里好久,我想和你在一起。"父亲:"我看你每次都趴在那边,你真的看得到我吗?"女儿:"看得到啊!"父亲:"海水那么深,你要怎么看到我?"女儿:"我一直看,一直看,一直看,就看得到。"短短的对话,就像生活一样平常,却是父女间爱的最深沉的体现。

　　两个人在一起,只需安宁度日,悲也可放下,喜也可放下。每个日子都是对彼此的承诺。《不能没有你》通过动人心弦的情节、深邃的镜头语言,以及音乐和语言的会意作用,缓缓诉说着一场关于柔情和残酷的传说⋯⋯

(文/王愉贵子)

范文点评

　　这是一篇比较"规矩"的影评,做到了首尾照应,文气相连,读起来有一种意义上的相通之感。作者在开头写道:"该部电影运用巧妙的情节设置、包含深意的镜头语言和表意丰富的视听语言,透露出对丑恶的嘲讽,渲染开一场亲情之爱的故事。"文章的第二、第三、第四段就是针对情节设置、镜头语言、音乐和语言三个角度来进行评析的。在结尾时也不忘再次强调,有了形式上的完整感,将开头的思想一贯到底。

　　作者为了论证自己小论点的权威性和正确性,引用了电影艺术理论知识来进行阐释,增加了文章的理论色彩,同时使自己的论点得到了更详细的说明,可谓一举两得。考生在应试时,如引用电影理论或电影艺术家名言,一定要注意和自己文章的衔接要密切,不可有堆砌之感，不能生搬硬套。

影片信息

中文名：不能没有你　　　　　　外文名：Not Without You

上映时间：2009 年　　　　　　　导演：戴立忍

编剧：陈文彬、戴立忍　　　　　　类型：剧情、家庭

主演：陈文彬、赵祐萱、林志儒

主要奖项：第 46 届台湾电影金马奖最佳剧情片奖、第 46 届台湾电影金马奖最佳导演奖、第 11 届台北电影节剧情长片类百万首奖、2009 年日本 SKIP CITY 国际电影节最佳影片奖、2009 年智利圣地亚哥国际影展评审团特别奖、第 10 届华语电影传媒大奖最佳电影奖

时代环境下边缘人群的情感诉求

——从人物表征和道具分析《红河》的主题意蕴

《红河》是章家瑞导演继《芳香之旅》后的又一部力作,该片讲述的是改革开放初期中越边境一些特殊人群的故事。导演采用以小见大的手法,通过一个智障女孩和一个底层中年男商贩真挚感情的发展历程,侧面描述了时代景象,为我们展示了 20 世纪末改革开放背景下的社会情态——对物质利益的追逐正在改变人与人之间的关系,在特殊情况下我们对于真情的迫切需求,使得阿桃和阿水的感情具有了社会意义;同时也让我们进一步反思战争对于人们的影响——一些伤害也许在当时我们无法看清,但是时间的淘洗让我们看到一个又一个的仿佛宿命般的悲剧。

一、典型人物形象的设计

导演借助影片塑造了性格鲜明的人物形象,并且赋予人物以特殊意义,这些人物并不仅仅代表其自身,同时也代表着社会上的各类人群,这使得影片更加具有社会意义。

阿水,在利益与亲情间游走,是一个越南按摩店的女老板、时代造就的女强人。这一典型性人物同时也代表着在改革开放后,为追逐经济利益而进入我国的异国人。在影片的开头,年轻的阿水只是一个在红河上打鱼的年轻姑娘,就像现在的阿桃般纯真,但是在阿桃长大后,我们看到的阿水变成了一个市侩的越南按摩店老板,和各色人等应酬交际,趋炎附势,眼里几乎只有钱,连阿桃的小费也被她用两块钱换走,为了达到目的不择手段;同时在她的心里,还保留着人性最底线的一些东西,也是影片颂扬的东西,她会探视在狱中的阿夏,同时也一直寻找着失踪的阿桃。

阿桃,在父爱与爱情间徘徊,作为一个智障女孩,她善良、纯真、愿意分享和相信世界上的一切东西,那双大眼睛里流露的是对于世界的一切美好的渴望。导演设置女主角智障,正是因为智障人反而会比正常人更加敏感和单纯,智障就像一抹保护色,使她可以活在自己的世界里,相信一切的善,同时也是对正常人的一种讽刺。阿桃的情感也很简单,她对阿夏的付出和给予仅仅是因为阿夏和父亲长得一样,并由恋父走向真正的爱情之旅。爱情在潜移默化中滋生,尤其是阿夏对着阿桃哭,这是一对恋人相知的结果,他们开始走入彼此的心灵。在阿花再一次走进阿桃和阿夏共有的家,试图苟且时,虽然阿桃的心理年龄只有几岁,但极度的嫉妒、对爱情独占的本能使得阿桃开始反击。而在瑶族寨子里看过婚礼之后,她就更加明白自己想要的是什么。因为其单纯,所以阿桃的感情是那么自然地流露着:帮阿夏买鞋子;在以为阿夏被打死的情况下,她做了坏人才会做的事,而这一切仅仅是因为由爱而生的愤怒。她的纯真决定她所做的一切皆是发自内心,也让观众从心底理解这种行为。而咬指则是她感情最深的流露,新娘咬新郎的手指象征着生死相依的感情，而她的感情则已经启蒙，从而升华了影片。

阿夏，一个生活在底层以卡拉 OK 为生的小商贩，会逃电费，会召妓，没有什么大志，只求有一地容身和一口饭吃，以酒为生，没有钱买汽油就去偷，但是也渴望幸福。他对着阿桃大哭，而阿桃也理解了这种哀伤，两人达到了一种心理共鸣，也是爱情上的一种皈依。由此从爸爸到老板，又从老板到阿夏，为他身份的转变奠定了基础。因为这种难以名状的真情，他开始帮阿桃，在阿桃叫他爸爸时，他开始微笑，以为称呼上的变化已经意味着这一期间的相濡以沫已演变成爱情。当阿桃最后狂奔而来，只为的是咬指，阿夏就明白了誓言："掀起红盖头，咬指永相守"；所以他对于阿桃始终不放弃追寻，最后因为追寻歌声而死，亦是因为追寻爱情而死。本质上阿夏是阿桃恋父情结下的一种创伤体验，由于缺失父爱而将自己的情感寄托在阿夏身上，在父亲的影响下，阿夏的形象变得高大，这种感情也因而变得刻骨铭心。

沙巴老板，人性的最好阐释。虽然有钱有势，但是在某种意义上也属于边缘人群。他在越战中被打伤了腿变得残疾，但是靠着走私香烟而获取暴利迅速致富，有了权势地位；某种程度上这也属于生活的一种悖论。他暴力血腥，但是在心理上只是一个孤寂的老人，并没有什么真正的情感皈依。直到看到阿桃，她的纯真善良让他从心底想关爱，想保护，所以费尽心机也要得到阿桃，让她幸福。在沙巴的眼里，显然阿夏并不具有这种能力，出于一个父亲的爱心，他认为这份感情并不能再进行下去。所以阿夏的一条腿被打伤，只是他给的一个教训（因为阿桃对于杀人的恐惧已经开始让其向善），然而这也造就了他自己的死亡。这一系列的连锁反应仿若多米诺骨牌般宿命，从侧面展示了命运的不可知和不可抗拒。

二、道具的精心阐释

插曲《红河鱼》是对于人间真情的最好阐释。《红河鱼》是描写真挚爱情的越南歌曲，也是带动故事情节发展的线索性事物；水是一种生命开始的象征，而鱼就像是人一样。阿山和阿香彼此相爱，是一种在市场经济的浪潮下也丝毫不会被腐蚀的纯真爱情，并与阿水的情感形成了鲜明的对比。正是这种对比，使得他们的爱情弥足珍贵。

表链连接着两代人的感情——从阿桃父女的亲情到阿夏和阿桃的感情转变，是一个关键性的连接，就像时间的线索一般，冥冥中引领着故事的发展。父亲和女儿的照片更重要的是为以后这种感情的纯粹做了引导，有着和照片上一样的痣的阿夏注定会被智障的阿桃当作爸爸，一切有着宿命般的意味。他们的感情也具有并非男女之情的纯粹意味。

火车的频繁出现印证着命运的不可知，同时预示着突发事件的发生。第一次火车出现，阿夏误认为阿桃失踪，实际上阿桃是去买代表爱意的鞋子，第二次则是沙巴追到他们，一系列的打斗出现，进而阿夏被打伤，第三次就是阿桃误以为阿夏死掉，所以枪杀了沙巴，这一切事情的发生及不可逆转，就像是火车行进一般的不可逆，这就是属于命运的轨迹，生活本就是不可知的，现代工业文明在带来便利的同时还有不可预计的伤害，火车更是意味着生活中的灾祸。

　　影片的结尾让人心酸,但是这也是真实生活的真实反映,也许一切有无限种可能,但是当命运的车轮开始滚动,一切都无法停止。影片对于人文的思考给人很大的警醒,尤其是对于弱势边缘人群的关注,反映了一些社会问题,如拜金、黑恶势力、文化冲击等等,使得故事的发展有了新的张力。对于人的关注更是符合时代的主题。人最本真的也是最纯净的。故事结束了,但是红河仍会不断地流淌着……

(文/张敏)

范文点评

　　好的标题可以使文章骤然生动,为文章增色,更好地突出文章主旨。本文的标题是一个直接判断的标题,具有很醒目的揭示作用。"时代环境下边缘人群的情感诉求",应该说这句话具有高度的涵盖性,精辟,有读者意识,其中包含了三个元素:"时代环境""边缘人群""情感诉求"。属于大而不泛的标题,利于下文的展开。

　　对片中几个主要人物的分析,应该说比较详尽、具体,对人物的外在形象、行为动作到人的本性都做了较为具体的阐释。

影片信息

　　中文名:红河　　　　　　　　外文名:Red River

　　上映时间:2009 年　　　　　导演:章家瑞

　　编剧:孟家宗、章家瑞　　　　类型:剧情

　　主演:张家辉、张静初、李丽珍、李修贤

　　主要奖项:第 3 届首尔忠武路国际电影节全场最佳影片奖、第 16 届北京大学生电影节最佳导演奖(章家瑞)、第 16 届北京大学生电影节最受欢迎女演员奖(张静初)

解读生存与生活

——评电影《高兴》折射出的现实

快节奏的现代生活让人们总是在路上奔波,在水泥钢筋的森林下无休止地追名逐利,为达到自己向往的目的不惜一切。而且往往在目的达成、获取了充裕的物质生活条件之后,又开始了与孤独寂寞为伴,追寻和怀恋昔日的欢声笑语,而后陷入一片茫然,寻找不到自己生活的目的。实际上这种迷茫是对于生活和生存的混淆。怎样才能找到生活和生存的差别?阿甘用《高兴》给予了诠释。

关于生存

上帝把我们丢在了这个世界上,我们便存活了下来,这是我们生存的开始。我们必须不断地创造物质财富才能使得我们的生命不断地延续。现实生活中的人们无时无刻不在挣扎,不停地在给自己的账户数字后面加零,而后迷失在声色犬马和灯红酒绿之间。这仿佛是一个魔咒,紧紧地使我们在生活中无法摆脱心灵的贫瘠,许多人物质生活的充裕仅仅是给自己的生存着上一件华丽的外衣。至于影片中的刘高兴和五富以及后来的黄八、孟夷纯、杏胡等,他们都是从乡里来到城里打工,想摆脱自己贫穷的生存状态。他们渴望得到更好的生存条件以及别人对自己的尊重。

关于生活

生活是人们在生存得到满足的情况下对于自己理想的追求以及人生价值的实现。张闻天曾经说过:"生活的理想,就是为了理想的生活。"现实生活中许多人在物质生活得到很好满足的情况下便不知道了自己的下一个目标。有的人富起来之后便开始带领其他人共同富裕;有的人会回馈社会,做一些公益事业;还有一些人会百般地积聚自己的财富然后过着奢靡的生活,但是浮华背后是一具沾满铜臭的躯壳,至死仍然没有摆脱生存,不晓得什么才是生活。实际上生活是指人与人之间的相互交流与沟通,任何一个人都无法独立于社会生活之外。生活的本质在于我们不仅仅是在物质上充裕,更要紧的是思想境界也随之提升,有了更多更大的追求,此时的追求便不仅仅是在物质上的。同时在社会中还必须有一些制约人们行为的准绳,这就是道德与法律,尤其是道德,它提倡诚信,与人为善,互帮互爱,提倡坚持不懈,之所以强调道德,是因为真正懂得生活的人,他的道德水准会达到一个很高的境界。

生活之于电影

影片中的刘高兴就是很多优秀道德品质的代言人,在市场经济的大潮中,有些人为了一己之利放弃自己的道德底线,比如诚信,而这些品质在影片中一个收破烂的农民工身上体现得淋漓尽致,这既是对现实生活中一些不良现象的一种讽刺,也是对未来美好生活的一种希冀。生活是自己能在生存中得到快乐,得到在生活中别人的肯定以及自我价值的一种升华。诚然,即使是生存在社会最底层的人们也有享受生活的权利,影片中的刘高兴就是其中之一,他常说"人穷志不短",他虽然从事最苦最累的工作,但仍然没有丢掉自己做人的尊严,当一个女人喊他和五富"破烂"的时候,他宁可不收,也不让他人侮辱,他还反唇相讥称对方"肥婆",看到这儿的时候可能我们会发笑,但是回头想想,里面似乎包含了他对于现实的无奈和抗争,以期捍卫自己的尊严。刘高兴是一个传统、地道的中国农民,他身上有着中国人民特有的优秀品质,乐于助人,关爱他人,有着自己不断为之奋斗的理想——"破烂王",以及要驾驶自己的飞机飞上天,他对待自己的朋友有着雷打不动的承诺,答应五富带他在西安城飞上一圈,他便履行自己的承诺,这与电影《落叶归根》有着某种默契,都表现了人间的真情,把承诺作为了某种信仰。包括他每天给坐在轮椅上的老人一束鲜花,虽然是自己采的几朵花,却有着一种无法替代的力量,可能老人的儿女都已成家立业,或者老人自己有着一处很大的房子,但是他最最缺乏的是儿女每天的陪伴,即使是平常聊天,可能对于老人来说都变成了一种奢侈,此时的一束花会让人倍感温暖。生活中其实有很多的信手拈来的东西,或许只是一抬手一驻足,但即使是一个信任或鼓励的微笑,都能让人感到生活中的无比温暖。

电影之于生活

上帝是公平的,同时给予我们生存和生活的机会,是二者兼有还是仅仅为了物质?这的确值得我们思考。电影虽然看完,但生活仍要继续,每个人都应该在繁忙之余思考一下,自己的生活是不是应该缤纷一些、充实一下?尽管电影很是搞笑,但是现实生活可能会很残酷,生存不是问题,生存之后的生活可能比较让人苦恼,只有热爱生活的人才有资格享受它。21世纪什么最重要?是高兴,是爱上生活。

(文/许志豪)

范文点评

这是一篇比较有特点的影评,作者对电影所映射出来的社会现实生活问题的分析大于对电影本体的分析,也属于影评类型中的一种。这篇文章的评析方向在文章的副标题中有所指向,不存在跑题的嫌疑。可以说这篇文章所论述的道理还是比较深刻的,但是建议考生在应试时不要采用这种写作方式,要对电影的本体即电影的电影性进行分析。

影片信息

中文名:高兴　　　　　外文名:Happy
上映时间:2009年　　　导演:阿甘
编剧:阿甘　　　　　　类型:歌舞、喜剧、纯爱
主演:郭涛、田原、黄渤、苗圃、冯巩

漂浮在社会底层的那人那事

——评影片《卡拉是条狗》的人文内涵

　　都市生活的喧嚣掩盖了生活在社会角落里的小人物的烦恼与生活状态,他们的喜怒哀乐似乎与这个物欲横流的世界脱了节,但其最本质的自我始终都是一脉相连,不可分割。导演路学长抽离了庸俗的意识观念,将镜头对准了生活在社会最底层最具有代表性的劳动阶层,用电影语言把小人物最真实的生存状态赤裸裸地表现出来,通过对琐碎的日常生活的演绎及人性诉说,再现当代都市小人物的生存困惑与迷茫。

　　《卡拉是条狗》以一条狗的遭遇构建起了电影骨架,讲述了十八小时内与卡拉相关的人们的生活状态,反映出一些在社会上普遍存在的问题,具有强烈的人性内在张力和富于时代特征的戏剧紧张感,这些都为影片中的典型人物典型事件的表述增添了亮色。

　　影片将镜头对准了具有代表性的老二一家:昏暗的生活区,飘忽不定的灯光,吵架的人群,微薄的工资,儿子的叛逆……这些都代表了普通百姓的日常生活。他们或许会为了一片空地争吵不休,或许会为了几毛钱闹得不可开交,而对于那些生活在社会上层的大人物来说,这些事情甚至都不值得一提。两种阶层的生活状态对比鲜明,这是一种讽刺,一种无奈,更是一种对社会表象的真实反映,这些平民的迷惘的生活状态才是值得我们去关注的。

　　路学长并没有给主人公一个多么响亮而有内涵的名字,只是一个普通得不能再普通的——老二。抛开电影本身的内容来讲,只单论老二这个名字就可以得知,影片的主人公是一个根本不入流的小人物,每天早起上班,深夜入睡,如果没有对卡拉的营救,老二的生活依旧波澜不惊。卡拉将所有人——没有权力任人宰割的小人物老二,视感情如粪土的李丽,无理取闹的"黄毛"父母,以假当真的唯利是图的商人,学会社会上人情世故的孩子们……看似没有关联的所有人,在这十八个小时内串联在一起。影片反映了社会各阶层的真实的生活状态,同时也将他们的迷惘、无奈、可悲与荒唐裸露于大众面前。影片揭示的是一个精神困惑的漂浮在社会底层的迷惘群体,来自生活的各种压力让这些小人物难以呼吸,却又不得不为了生存而生活着。

　　影片开始于一条昏暗的楼道,光线忽明忽暗,上下移动,飘忽不定,其中还掺杂着人们的嘈杂声、脚步声,将这些置于让人压抑的夏日夜晚,更显现出难以抑制、躁动不安。路学长赋予镜头深刻的意义,真实地反映了当下城市平民的生活如同这吵闹狭窄的楼道,令人窒息。在举步维艰的境地中,他们艰难地做着各种无奈的选择,进退两难。

　　营救卡拉的十八小时贯穿了影片的始终,以十八小时的表达方式,带给观众一种紧张情绪,更着重表达在这短短的十八小时内人们所要作出的艰难选择,将人性与现实的矛盾激发到极致。老二在这十八小时内所遇到的形形色色的人和事,几乎涵盖了小人物的日常生活。托关系、假证、黑市、麻将、进局子……这些社会的负面问题将观众带进了一个迷惘却真实的世界,这些真实震撼着观众的心灵,让我们用心感受到生活在社会底层人们的无奈消极,得过且过,以及面对现实的无力感。并且在为主人公的生活感到无奈迷惘的同时,也深刻地思考着自己的生活。我们很容易就可以从影片中找到些交集,甚至有些就是我们的生活状态,这正是影片的真正意义之所在。

在营救卡拉的过程中,老二一家一直处于矛盾之中,不停地在人性与金钱之间做选择。老二对于卡拉的感情,我们或许有些不理解,其实老二已经将卡拉当作自己家庭的一分子,将自己对生活的乐趣全部投放在了卡拉身上。正如老二在影片中所说:"每天都是我变着法儿地让家人高兴,但只有在卡拉那儿,我才感觉有点人味。"这正是小人物的悲哀,也是由社会本身的阶级属性所决定的,贫与富、善与恶,这些矛盾体一直存在于社会中的各个方面,无法改变。当老二看到幼小的生命在笼子中挣扎时,他内心最柔软的部分被触动了,此时卡拉俨然成为老二的化身,那生活的重担似乎就是困住自己的牢笼,生命脆弱到可以任人宰割。当然,影片最后中国大团圆式的结局满足了观众的需求,给予了大家一定的心理补偿,否则,我们就应该更多地去关注我们这个社会。

影片将老二与卡拉融为一个整体,老二是卡拉,卡拉是老二。他们的生活脆弱到不堪一击,随时都可能成为别人的牺牲品,这也正是社会的残酷。老二敢于反抗,敢于做别人不敢做的事情,这也许会成为别人的话柄,但老二活得安生,社会的无奈让卡拉与老二选择了彼此共同面对生活中的种种无奈与迷惘。影片中生命的存亡及人性的得失的二元性尖锐冲突充斥着人性的方方面面,从中着力提炼出了极具典型意义的时代与人性的主题,是主人公老二内心世界的鲜明表现。影片在反映小人物的真实画卷中,呈现出人性最真实的东西,那就是善良与爱以及未被泯灭的良心,这是我们唯一可以欣喜的部分,爱与正义将会贯穿着生命始终。

都市生活的灯红酒绿并不能承受小人物的悲痛和迷茫,它不堪一击。《卡拉是条狗》通过反映小人物的生活历程,触摸到了都市本体的所在,听到了最真实的声音。只有在该片中,我们才能呼吸到最纯净的空气,感受到最真实的情感,在这里,我们摒弃世俗的杂念,净化心灵,思考生命的真实意义。

(文/李婷婷)

范文点评

《卡拉是条狗》是一部略带苦涩、黑色幽默的小市民喜剧。从老二寻狗这件小事上,折射出小市民卑微的生活状态、现实生活中的酸甜苦辣,表达了导演对底层市民在当代的艰难生活的深切同情与思考。

就这篇影评而言,作者对影片的认识是比较深刻的,"再现当代都市小人物的生存困惑与迷茫"的主题在文中得以贯穿始终。影评同样对于电影的本体表现形式也做了比较具体的分析,对片中的人物关系也做了较为明晰的阐述。整体的行文比较流畅,论证严谨有力。

影片信息

中文名:卡拉是条狗　　　外文名:Cala, My Dog!　　　上映时间:2003 年
导演:路学长　　　　　编剧:路学长　　　　　　类型:剧情
主演:葛优、丁嘉丽、李滨
主要奖项:第 10 届北京大学生电影节最佳故事片奖、第 4 届华语电影传媒大奖最佳电影奖

生前·死后

——评《入殓师》的主题

人的一生都是在追求中度过的,因此在忙碌与艰辛的前进道路上我们的目光只是一味地向前,从而忽略了身后和两边,于是一道道美丽的风景被我们错过,一个个本需要用心去交流的人与我们失之交臂。当我们在人生的道路上渐行渐远而突然想起时,再回首,一切已经是人去楼空物是人非,后悔与无奈的泪水只能在自己的心底默默地流!

在影片《入殓师》所讲述的故事中,入殓师小林大悟所经历的每一场送别,似乎都是刻骨铭心的,逝者已矣,而生者所表现出来的爱与恨,甚至因为悔恨而流下的眼泪,都成为触动观众心灵情感的最重要的因素。当意识到斯人已去,似乎以前的恩怨、纠葛都已不再重要,永远地失去成了心中再也无法释怀的痛,生前的忽视与不解幻化成死后的体谅与不舍,所付出的代价是余生的遗憾与悔恨。

树欲静而风不止,子欲养而亲不待。这就是人生的无奈与无常。世事难料,而作为活着的我们却永远不懂得去珍惜,总是失去以后才追悔莫及,但是此时却早已经是劳燕分飞、阴阳两隔。影片中的丈夫居然不知道妻子一直用的口红,在妻子死后,面对化完妆判若两人的妻子失声痛哭,"今天是我见过她最美的一次",这是他内心辛酸与悔恨的最真实的写照,直到见到妻子的最后一面才发现自己从来没有好好仔细地看过这张最美的脸。正如公司的女职员说的:"烧起来都一样,躺在里面也一样",其实人死后即使衣着华丽妆容精致甚至是棺材高档又能怎样,生前所拥有的一切才是最重要的,因为失去以后永远不会再有重来的机会,造成的遗憾也许就会是永远的缺憾。或许在死者生前给死者一个眼神就能说明很多问题,而在其死后纵使能为死者做再多的事情也已经苍白无力,没有了任何意义。于是人生中残酷的一面再一次得到了显现:昨天的不以为然造成彼此永恒的擦肩而过,今天再回首去追寻才发现一切都已经失去不再来,明天也只能到另一个世界去寻找曾经最熟悉的容颜。这段令人心酸的路程,正是属于人生的无解。

其实不仅仅只有丈夫在妻子死后才发现妻子最美的一面,很多逝者已去而生者幡然醒悟的例子一直在演绎着:因车祸而死的问题少女,父母在最后才意识到自己的女儿与原来的不一样,并且因为自己没有好好抚养女儿最终导致其走上不归路而后悔莫及挥泪痛哭;生前遭人歧视的变性青年,死后带着笑容离开,最终也得到了父母的理解,其父那句"即使扮成女孩子,果然还是我的孩子啊",着实令人心酸;为大家开澡堂几十年的奶奶,因澡堂问题与儿子有分歧却坚持不肯离开,最后在澡堂结束了自己的一生,在火化的那一刻儿子终于理解了她,伴随着痛哭与泪水呼喊着妈妈道出那一句句迟来的"对不起"……误解与冷漠所带来的忽视造就着死者看似畸形的人生,他们存在的价值并没有得到人们的支持与认可,而死后却开始得到人们的怀念。当入殓师严谨、温柔而郑重、毫不含糊地替死者完成人生中最后一件重要事情的时候,也仅仅是表达对死者的一种哀思,其实这也是这项工作于事无补没有意义的一面,在其生前不懂得珍惜,在其死后再做这一切对于死者已经不再重要。或许对死者的重新认识才是未亡人该做的,虽然没有生前来得有意义。人生无常,又有多少人可以生如夏花之绚烂?入殓师所能做的或许就是让死者可以逝如秋叶之静美。

作为一个入殓师,小林大悟可谓是这些生离死别的见证者,殊不知这一次次的经历却也使他的灵魂与思想得到了净化与升华。电影自始至终穿插了小林与其心目中抛妻弃子的父亲的故事,他不齿父亲这一不负责任的做法,并且一直对父亲充满了恨,当父亲的死讯传来,他选择了犹豫,因为他无法接受父亲先前所做的一切。然而当他发现父亲手中的鹅卵石,看着父亲那张陌生而又熟悉的脸,又痛哭着将自己对父亲的爱毫无保留地释放出来。回忆中父亲那张由模糊渐渐转为清晰的脸,将大悟对父亲先前的不理解完全释放,因为不理解,在父亲生前他们已经错过了很多,同时也失去了很多,如果在其生前能做到理解与爱并存,也就不会在逝者死后才去悔恨,看着亲人、爱人的离去而无能为力。当灵魂得到洗刷的大悟意识到了理解与爱的重要性,即将为人父的他不想他与父亲的悲剧发生在他还未出生的孩子身上,于是将那颗象征爱与理解的鹅卵石放在妻子隆起的小腹上,让爱与理解的存在避免他与孩子重蹈他与父亲的覆辙,同时也是影片所表现出来的爱与理解的传承。

死亡并没有那么可怕,因为只有死亡才能证明生命的存在,也只有死亡才能证明生存的价值。面对死后变得苍白的一切,我们何不在活着时多一些爱与理解,珍惜并把握住生命所赋予我们的一切,纵使它们可能不那么尽如人意!《入殓师》就是向我们展现在生与死的一线之间,人们所释放出来的爱与理解,虽然来得迟了,但终究还是来了。当双手抓不住本该抓住的东西,无奈与后悔在所难免,因为自己的忽视而错失,却在离别的一瞬间意识到,那才是生命历程中最大的悲哀。不要等到一切都追悔莫及,因为生命之旅是短暂的,而死亡却没有尽头。

(文/陈庆萍)

范文点评

这是一篇比较优秀的鉴赏类的考生影评。影评的开头比较别致,它没有使用通常的总结概括的模式,即先对电影的主题进行"通过 A 显示了 B"式的中心思想式的抽象概括,而是用抒情的笔触对影片的主题思想进行情绪化的渲染。这种评析方式也是基于影片《入殓师》所探讨的生死主题,应该说这篇文章对这一主题的分析和探讨是深刻的、富有感染力的。但是,由于作者的情绪感染过多,因而使自己的中心论点和小论点都淹没在浓重的抒情笔墨中,这点对于专业考试来说不是特别好,应该注意中心论点的提炼。

影片信息

中文名:入殓师　　　　外文名:Okuribito　　　　上映时间:2008 年
导演:泷田洋二郎　　　编剧:小山薫堂　　　　　类型:剧情
主演:本木雅弘、山崎努、广末凉子、吉行和子
主要奖项:第 81 届奥斯卡金像奖最佳外语片奖、第 32 届日本电影学院奖最佳影片奖、第 32 届日本电影学院奖最佳导演奖、第 32 届日本电影学院奖最佳编剧奖、第 32 届日本电影学院奖最佳摄影奖、第 29 届香港电影金像奖最佳亚洲电影奖

岁月的人生悲欢

——评电影《岁月神偷》的主题意蕴

　　《岁月神偷》这部影片以导演罗启锐本人的亲身经历为蓝本,以20世纪60年代香港小市民家庭艰辛奋斗的感人事迹为线索,再现了那个风云岁月里港人顽强不屈的奋斗历程,堪称一幅"香港往事"的影像画卷。

　　《岁月神偷》讲述了香港20世纪60年代,一个底层家庭在苦难中相守相望的故事。在大时代背景下的小人物承载了太多沉重的担子,影片截取了夫妻俩相濡以沫的坚守,罗进一和芳菲梦幻般的初恋,还有小主人公罗进二的成长历程。通过这些情节的设置,表达了编导者罗启锐对人生无常、如戏人生的追忆和感叹。

　　凄美的初恋情怀,如《桃花扇》般的岁月悲歌。罗进一和芳菲的初恋与所有的年轻人一样充满了羞涩和甜美,他们童话般的爱恋像热带鱼和花花草草一样让人赏心悦目。但正如影片《我的美丽乡愁》中的鱼儿一样,离开了水的鱼就无法找到回家的路,同样,在影片中当罗进一用塑料袋把自己最喜欢的"红彩雀"送给芳菲时,美丽的童话在现实面前被击打得粉碎,家庭地位的悬殊,"红彩雀"的隔离,自尊心的自我保护,注定了罗进一与芳菲小姐的初恋是来不及爆破的爱情,疾病、物质和自卑打压下的爱情,注定昙花一现。影片对两个人的初恋描写得很唯美,来自家庭、旧礼教的束缚很少甚至是微不足道的,影片中芳菲的家人对罗进一还算客气,并没有富人的傲慢。但编导者用摄影机将永利街的破败和芳菲家的别墅做了对比,暗示出两个人之间不可逾越的鸿沟,从而消解了两个人的反抗精神,隐喻了在世事变幻的时代大背景下岁月无情的洗礼,个人情感得失真的是十分渺小。当飞机呼啸而过即宣告两人初恋之火的熄灭,而当芳菲再一次出现时,只剩一个无法实现的诺言和罗进一令人凄然泪下的葬礼,从此阴阳两隔。

　　罗氏夫妻之间的恩爱是相濡以沫的,相互扶持是家庭的守护神和命运的坚守者。影片将罗氏夫妻的爱情处理得很干净、很温馨,就如同进一和芳菲的初恋一样纯净。生活的压力,事业的不尽如人意,让他们疲于奔命,而他们的生活又处处充满了爱的气息。影片中的父亲在承担着儿子得绝症的痛苦和家庭的日益困窘的同时,为了减少妻子照看儿子的劳累,他为妻子设计了一款鞋子,他那细心、体贴的情怀让观众看到了重压下父爱的细腻和博大。然而当他们面对苦难,他们更多的是无奈。就像影片中的罗太太那样,一直用"做人,总要信"来勉励自己,但当她用红漆刷着那饱经风雨的破损招牌时,观众都明白此时这个人物内心的酸楚和苦涩。台风、儿子的绝症、不公平的社会,这一切被简单概括为"逆境",但对当事人来说却是难以逾越的苦难,也令故事进入另一个阶段,并且将主题升华。随着父子俩的先后逝去,岁月这个最大的小偷在给了这个家庭一个又一个人生的苦难与考验的同时,也偷走了太多的东西,然而它却无法带走人间的真情与信念。于是在影片最后，观众看到了一个依然坚守着信念的母亲，一个长大后懂事的孩子，一个破碎却温馨的家庭。

《岁月神偷》始终以一个孩子的视角进行讲述，没有大的时间跨越，或小或大的事情接连发生，影片的上半部分活泼明朗，下半部分则渐渐弥漫着感伤的气氛。罗进二见证了整个家庭的悲欢离合，甚至是当时时代的折光，他是一个家庭和时代的见证者。《岁月神偷》缓缓地去烘托、温暖观者的心房，使你流下的泪水也不冰冷。影片中最令人动容的一幕是，每次爸爸问小儿子今天上学学到了什么，小儿子都敷衍了事，可当家庭处于最阴暗的时刻，小儿子张口便背诵："唧唧复唧唧，木兰当户织……"罗进二随着家庭的变故，自己也经历了一个情感成长的过程，他似乎隐隐约约地感觉到自己应该为家庭承担一些责任，罗进二对《木兰辞》的诵读，是其成长的一个见证。为了挽救哥哥的生命，天真的弟弟想起奶奶告诉他的留住亲人的办法，于是毫不犹豫地将自己所有的"宝物"统统投入了"苦海"，这一刻骨肉亲情的深切不言而喻。而当哥哥去世时，导演让弟弟突然间惊慌地大哭，观众能明显感觉到孩子的那种天真世界突然崩溃时的绝望和恐惧。影片此时没有什么过多的台词，只是用小孩子简单的行为就将情绪升华，也许在冥冥之中亲情的牵系在这里得到了最酣畅淋漓的表征。

导演罗启锐说："其实人生命运中，岁月才是真正的神偷。它带走了我们的初恋、心痛、亲人和爱情，那些值得怀念的刻骨铭心，都像水流去，我拍这部电影就是想留住时光的影子。"这部电影要传达的与其说是人生的无奈，倒不如说是对过往岁月的追忆和沉思，岁月的人生悲欢让人在苦痛中坚毅地活下去，好好地活下去。

（文/李化栋）

范文点评

电影《岁月神偷》是一部香港本土电影，影片的成功在于传达了底层草根人物积极的生活态度。虽没有神功或枪战，但浓厚的人情味使得这部电影回到港产片的传统时代，本土特色也成为它最真诚的标签。

这篇影评对影片的主旨把握是正确的，分析也是比较有条理的。特别是开头第一句对影片内容的概括显示了作者扎实的评论写作功底："《岁月神偷》这部影片以导演罗启锐本人的亲身经历为蓝本，以上世纪60年代香港小市民家庭艰辛奋斗的感人事迹为线索，再现了那个风云岁月里港人顽强不屈的奋斗历程，堪称一幅'香港往事'的影像画卷。"这句话是对影片内容的高度浓缩，也体现出了作者对影片的基本态度，这样的语言是需要广大考生仔细琢磨体味的。

影片信息

中文名：岁月神偷　　　　外文名：Echoes Of The Rainbow　　　　上映时间：2010 年

导演：罗启锐　　　　编剧：罗启锐　　　　　　　　　　　　　　类型：剧情

主演：任达华、吴君如、李治廷、钟绍图、秦沛、蔡颖恩、许鞍华

主要奖项：第 29 届香港电影金像奖最佳编剧奖、第 29 届香港电影金像奖最佳男主角奖（任达华）、第 29 届香港电影金像奖最佳新演员奖（李治廷）、第 60 届柏林国际电影节新生代单元水晶熊最佳影片奖

寻，在守的束缚里

——评影片《马东的假期》的主题思想

　　童稚的笑颜与古老的傩文化，一并被留守在绵延的山岚里。信念与希冀，冲破束缚绽放在找寻的路途上。由白羽导演的影片《马东的假期》，以其朴素却不失静雅、直面现实却不缺失艺术美感的风格，展现出一种人道主义关怀的情感。影片将"寻父"与"学艺"两条叙事主线贯穿，将"留守儿童"的心灵成长史、古老的傩文化与现代文明的结合史相并推进。绝望与希冀，脆弱与坚执，古朽与纯净，纵使残酷如青春与命运，生命也能以其热烈的姿态寻觅到荒山的缝隙，载着孩童的梦，擎着傩者的念，将人性之美挣脱外界束缚的印迹勾勒清晰。

　　孤寂与被遗忘，"留守"即是这样一个充满残酷与疼痛的词语。无论是一个还未经历成长之殇的农民工子女，还是一种未被广泛接纳的文化遗产，被群山环抱在永无出头之日的锁闭空间里，孤寂便贯穿于生命的始终。影片中的小主人公马东是留守儿童的代表者，也是孤独童年的经历者。影片一开始有一个特写镜头——马东挂着泪却坚定的脸。少年的面庞在灰石底血色字的墓碑前定格，是孤独让他早熟于其他的孩子，也是孤独让他叛逆偏执。一个敏感点如果能始终牵动着人的思绪，它就是生命中最关心却缺失的那一点，对于马东而言，"父亲"就是这个敏感点。当小胖说到马东没爹，当村长要把马东交给其他人去监护，少年内心脆弱的线被扯裂：在满是翠绿却总显荒凉的空镜头中，和着原始而荒芜的山歌声，摇镜头后出现在树林间挥舞着锄头的马东，他脸上的愤怒诉说着一个少年无法主宰自己命运的心痛，也展现出留守的孤独所带来的精神创伤。"父亲"这个词始终是马东心头的伤疤，拒绝让钟师傅在试卷上签名的马东遭到了老师的批评，他从郁郁葱葱的树林尽头愤懑地奔跑而来，在空旷无人的山中呼喊父亲的名字，少年缺失的亲情只能在呐喊中被回应，而回应他的只有山谷的回音。影片中少有蒙太奇的运用，却在这一叙事段落出现了一组平行蒙太奇。与少年奔跑的镜头相平行的是钟师傅摸着傩戏面具的情形，推镜头以缓慢的速度由室外缓缓推向室内，墙壁上整齐地挂满傩戏面具，钟师傅就站在那儿仔细端详着，镜头进而切出面具的特写，神秘而原始的气息中满载着绝望与希冀。这一组平行蒙太奇展示的虽是两种情景却表达了同一种情愫，孤独地守在深山中的不只有马东，还有钟师傅和他的传统戏。传统文化与现代文化的殊途让作为傩者的钟师傅内心孤寂。在影片后来的一个叙事段落中，当踏上去往省城路的钟师傅一下车，从特写镜头中可以看出他不安的内心。高楼大厦间再也难寻传统而纯净的气息，傩戏作为一种宝贵的非物质文化遗产却难以被现代人所忆起，挚爱着傩戏的钟师傅独啜苦涩。

　　当孤独与孤独相碰，或许能够为孤独的灵魂找到一个突破的出口。两个毫无关联的人,他们的命运却可以被一个面具所牵连,"带上它可以看见你想见的人",或许这就是傩戏面具的独特神秘之处。面具在影片中便成为一个带着隐喻意义的器具,它不仅能起到叙事意义上的作用,更具有传情达意的用处。是面具,或者说是傩戏,让马东有了能见到父亲的希望,也是它一直牵动着钟师傅生活的希望。于是,"寻父"与"学艺"这两条叙事主线由此相并,连接起这两条线索的就是傩戏,它同时也成为代表着精神归属的文化符号。由最初的相互排斥,到最后的相互信任,马东与钟师傅之间情感的转变过程也是人物自我与道德认知觉醒的过程。马东初进钟家大院,在俯拍镜头中,三个人物如被扣在井底一般,人的渺小与环境的广阔相对比,呈现出一种无力感,而唯有傩戏面具染着鲜红的色泽,带着古朴而富有生命力的气息,给人以希望之感。马东第二次进入大院时的一组镜头,让人不禁联想到《大红灯笼高高挂》中颂莲第一次踏入陈家的情形,近景中的马东被框在门框里,他向钟师傅仪式性地行礼,仿佛一只被绣在屏风中的鸟。然而,不同的是,表面被傩戏框住的鸟儿其实也同时因此而获得了涅槃的机会。影片中有一组独具诗意美的长镜头——镜头由大远景逐渐升推到近景,马东与钟师傅两人终于开始放下对彼此的不信任,并肩坐在岩石上,人物从群山的后景中凸显出来,仿佛预示着主人公将有机会主宰自己的梦想与命运。由此,两个孤独的守望者终于开始真正地相互理解和扶持,被封闭已久的精神,也终于找到出口。

　　生命融合于生命之中,精神交融于精神之里,纵使理想与现实咫尺天涯,生命也总能以无畏的姿态热烈绽放。人间的喧哗总掩不住个体的形单影只,每颗灵魂注定寂寞,尤其是在城市的喧嚣中,纯真几近无处寻觅。影片的故事虽然发生在一个偏远的小山村里,虽然原始而古朴的气息还未褪去,但是,人情美与人性爱却也为都市生活中的你我带去几分纯美的遐想与感动。同是父母不在身边的孩子,他们之间比普通家庭的孩子间多了几分惺惺相惜。静谧的夜里,马东被钟师傅罚倒立,苗苗为他擦去脸上的汗滴;纵使没有父亲的消息,马东仍不忘小胖的嘱托,为他的父亲捎去腊肉;迷路在城市中,马东遇到了卖报的小浩,两人并肩坐在路边数挣来的小钱,带着抒情意味的推镜头逐渐展现出两人欢乐的笑脸,如潺潺溪水的音乐奏起,仿佛诉说着:生活中总有希望。最能够展示出人与人之间感情之美的情节仍旧是在钟师傅与马东之间:钟师傅带着马东一次又一次寻找父亲,在钢筋建筑为后景的框架结构中,两个人的剪影仿佛被束缚在城市的嘈杂里,然而,因为有彼此相伴,越来越像马东精神上的父亲的钟师傅终究会带他冲出阴霾。当马东终于明白父亲将永远不会回来,悲伤过后的他已然寻找到自己生命的意义。在影片的尾声,平行蒙太奇再次被运用,一边是马东在夜色中苦练傩戏的情景,一边叠印出钟师傅含泪凝望他的特写镜头。"寻父"与"学艺",这两条叙事主线最终凝结在那场演出里。影片的结尾定格在马东脸部的特写镜头上,少年的坚毅映照在红色的背景中,充分展示出生命的热烈与无惧。是傩戏,是一种承载着民族精华的精神,让马东去寻找父亲,寻找到了成长的路,也让钟师傅找到了自己的精神出路。留守并不代表着放弃,被遗忘更提醒着人们要去挣脱束缚,找寻属于自我的生命含义。

　　影片《马东的假期》,以其平实、内敛而细腻的风格,展现出留守儿童以及农民工的心灵世界,展现出执着的民间艺者内心的辛酸与甘甜,也展现出在无处遁逃时生命的顽强。

影片在反映现实的广度与深度的同时，以带着浓浓诗意品格的艺术美感具有文化氛围的故事，引导着人们去深思当下的社会，引导着人道主义关怀之美的绽放。

（文/杨小玢）

范文点评

这是一篇非常成熟的影评文章。这篇影评的特点在于，缜密的思维逻辑能力和细腻贴切、寓情于理的论述性语言。可以说，这篇影评的语言和理论运用，都比较圆熟。作者对电影的解读是比较准确而深刻的，这种深刻是作者思考深度的体现。在影评写作中，对主题的分析一定要有深度，不能停留在影片所讲述的事件的表象上，要透过现象看到本质，看到影片所讲述的深层次的内核。"面具在影片中便成为一个带着隐喻意义的器具，它不仅能起到叙事意义上的作用，更具有传情达意的用处。"这样的描述就表现出了作者深度的思考和对电影理论的娴熟运用。

成熟大气的影评文章在具体的遣词造句方面也有自己的独到之处，本文中的"艺术美感""人道主义关怀""叙事主线""心灵成长史""独具诗意美的长镜头""平实、内敛而细腻的风格"等关键词语，都对文章的文学性和电影艺术特性的体现起到了重要作用。

影片信息

中文名：马东的假期　　　外文名：Ma Dong's Holiday

上映时间：2009 年　　　导演：白羽

编剧：崔倩　　　类型：剧情

主演：韩童生、林浩、刘哲、王迅、朱少宇、周卫星

舞动的母女情

——评《两个人的芭蕾》的主题意蕴及创作特色

如果"爱"的表达是所有有关人间亲情的影片都力求表现的主题的话,那么导演陈力的《两个人的芭蕾》无疑将这种表现爱尤其是母女之爱主题的作品推向了极致。影片《两个人的芭蕾》以"我"为视点,采用倒叙蒙太奇的方式,讲述了"姥姥与妈妈"之间感人至深的母女亲情。这种感人至深的母女亲情是导演运用独具特色的创作手法,通过优美曲折的电影画面展现给观者的。

影片中导演主要在色彩、声音、镜头角度、场景设置上进行了艺术处理,才使这种特殊情况下虽平凡但博大的母女亲情完美感人地展现。

首先,导演对影片色彩的选用是十分精明的。他在相同地点的不同事件发生后,巧妙地改变影片色彩,恰到好处地为表现主题做好铺垫。影片中姥姥与妈妈的衣饰选取及其背景设置也十分讲究。如影片一开始姥姥骑车就穿着灰色衣服出场,让人感觉到一种纯朴的色彩包含其中,这就为姥姥为哺育妈妈成长而过艰辛的生活做了铺垫,同时也侧面反映了姥姥吃苦能干的品质;而影片中的妈妈在很多时候都是身着红衣服出场的。当妈妈还是个婴儿的时候,姥姥背妈妈用的是红色的围被,腰上缠着的是红线绳。这种婴儿身上热烈的红既体现了作为婴儿的妈妈是多么渴望爱的给予,又体现了虽然姥姥的生活是艰辛困难的,但她对婴儿的母爱却是如火一般炽烈;影片中多次出现在黑暗幽深的巷子里扫大街和跳舞的妈妈,这样将母女俩都置于冷色调中,既体现了母女生活处境的艰辛,又是困境中母女俩相依为命的见证。这些色彩运用也体现出导演非凡的电影美术功底。

其次,声音是一种平凡的电影艺术手法,但导演独特的处理却使它在影片中起到了不平凡的作用,既推动了故事的发展又渲染了母女之爱的表达。影片中声音的独到运用主要有两个方面:第一,旁白的运用是一种很好的开场、收场方式。影片一开始就以现在的"我"通过自叙展开影片故事。中间又在适当的位置加入旁白推动故事发展。最后,"我"的旁白"妈妈说跳得越远离姥姥的心就越近,因为她是在陪着姥姥的心跳",更是以"我"的视角深化母女亲情这一主题。第二,音乐在影片中有着不容忽视的作用。影片中姥姥扫大街时多次在灰暗背景下加入郁闷低沉的音乐,这强化了姥姥为了母女俩的生存而奔波的艰难。虽然整部影片音乐的旋律是低沉、忧伤的,但有一处却是悠扬而抒情的。那就是妈妈在屋里为老师表演跳舞唱歌时近拍姥姥陶醉的面部表情,这时插入的悠扬缓慢抒情的音乐,将姥姥看到妈妈成才时那欣慰的心情通过音乐展现了出来。由此可以看出导演对声音的运用是多么精湛。

再次,导演在镜头拍摄的选取上也是十分有深意的。影片中运用了大量的仰俯拍镜头来表现人物的生活环境和人物活动。导演这样处理是有其深刻用意的。如在姥姥和孟奶奶第二次在巷子里对话的这场戏中,就是用俯拍镜头来拍姥姥和孟奶奶的,但两人在角度上也有不同,在拍摄孟奶奶时摄影机的镜位比拍姥姥时还要低。导演处理成这样意在展示丧夫之后的妇女不但要遭受生活中的困窘,还要受到别人的冷落。这样就强化了母爱的给予那个时代、那种环境中是多么不易,烘托了姥姥给予妈妈的爱的伟大。

最后,影片的场景设置是十分到位、十分成功的。场景的设置既直接表达了母女之间真爱的主题,又更加深刻地升华了这一主题。在我看来,影片中有两处场景的设置是比较经典的。一次是姥姥"刺激"妈妈的那场戏中,姥姥和妈妈都穿着红衣服,姥姥在阴暗的地板上为妈妈表演舞蹈,姥姥跌倒后爬起再跌倒再爬起,先后七次这样的镜头,加上落地时沉重的声音,最后妈妈关上门后娘俩躺在一起由小全景拉出大全景,这样的场景正是为母女俩之间和谐而温馨的爱而建造的。另一次是最后姥姥在剧院跳舞的场景。红色温暖的音乐,空旷幽静的剧院,姥姥穿着灰棉袄再一次伴着柔美忧伤的音乐为妈妈跳起了舞。这既是姥姥作为母亲对经历过的辛酸往事的淡然,也是母爱之花的再一次的迸发,更是对母爱主题的进一步阐释。

总之,影片《两个人的芭蕾》通过以上几种独具匠心的创作手法,用电影画面完成了真情演绎,堪称创作手法和主题意蕴都十分有深意的好片子。

范文点评

这也是一篇从主题角度来阐释的影评。但是作者的主题分析是从一些技术的角度入手的,即从色彩、声音、镜头角度、场景设置几个方面,来展示虽"平凡但博大的母女亲情"的特点。这也反映了"人物—主题—技术"三者之间的互动关系,人物分析和技术分析,都可以为主题分析服务。但是,我们同时看到,这篇影评也存在一些问题:首先,就是主题分析显得比较薄弱。虽然我们可以从电影技术的角度来阐释主题,但技术分析绝不能替代主题分析,而主题分析是否深刻,是建立在作者对主题的深刻理解上的。这里,既要有比较精彩的人物和故事细节的分析,也要有对主题的层次性的分析,或者说,对主题的内在结构条分缕析地进行阐释,并配合细节化的论证证据,才能真正地做到有说服力。就这一点而言,该影评是有一定的欠缺的。同时,在技术分析中,作者对电影理论术语的运用,还有一点生涩,有的地方也存在着错用和误用的情况。而在细节分析的过程中,有些地方还比较粗糙,没有能分析出镜头中的多个层次的内在含义。

影片信息

中文名:两个人的芭蕾　　　　外文名:Ballet Of Two Dancers
上映时间:2005 年　　　　　　导演:陈力
编剧:苏润娟　　　　　　　　类型:剧情
主演:倪萍、李璐
主要奖项:第 24 届中国电影金鸡奖最佳摄影奖、第 24 届中国电影金鸡奖最佳美术奖(提名)、第 10 届精神文明建设"五个一工程"奖

兄弟情深深几许

——评《投名状》的主题意蕴

兄弟情深,且把一腔义气挥舞成刀刃的白光,盛进龙纹的剑鞘,图一个好汉美名扬;兄弟情深,且把一腔义气注入生命的脉搏,流淌成生死与共的音符,谱一曲肝胆永相照。然而,"天大地大不如兄弟情大"的豪言真的如披甲执坚的铁骑雄师,能挡得住世间欲望的侵蚀吗?

影片《投名状》以姜午阳的视角,向观众展示了清末三位结拜兄弟的故事。大哥庞青云利用兄弟之情攀登权力的宝座,最终却因利欲熏心而死于非命。影片以那段黑暗的年代作为大的时代背景,把人性中最脆弱的内容血淋淋地展示在观众面前,传达出权欲可使感情变质的主题。

导演陈可辛摒弃了以往颂扬可歌可泣的兄弟之情的传统题材,选取了现实中存在却一直被世俗道德观所压制的反面题材,敢于直面人性的肮脏与欲望的无度,这本身就是影片的一大亮点。此外,为了很好地表现主题意蕴,导演在灯光色彩、镜头语言等方面下了一番功夫,尤其是塑造了庞青云这个性格人物,成功表达了影片的主旨。

首先,庞青云这个性格人物的成功塑造,很好地传达了影片的主题。导演将他设置成由好变坏的角色,并通过他的行为来展示人性的善与恶。在影片中,庞青云骁勇善战、隐忍自信,在受到朝廷官员的冷嘲热讽时,他受得住胯下之辱并能够卧薪尝胆,最终凭借微弱兵力东山再起,屡建奇功。他的军事才能与隐忍的性格令人佩服之极。然而,在人物的塑造上,导演并没有停留在对庞青云的正面描写上,随着军事才能的逐步施展,庞青云的权力欲开始占据他的心灵。他有指挥若定的军事才华,却也有屠杀俘虏的失信之举;他有东山再起的青云之志,却把牺牲兄弟感情作为手段。导演把庞青云塑造成了优点鲜明、缺点同样明显的圆形人物,并通过他的成与败来传达出影片的主题意蕴:欲望如海水,越喝越渴,越渴越喝,而如果成功是建立在出卖兄弟、背叛情义的基础上,那么这种成功便是过眼烟云。

其次,影片中灯光色彩的恰当运用,很好地烘托了影片的叙事氛围,表现着影片的主题。整部影片色调灰暗,并且时常夹杂着风霜雨雪,特殊的天气背景预示着不祥的人物命运。赵二虎中计遇害时,大雨滂沱,闪电交加,阴暗的灰黑色画面隐喻着可怕的阴谋;在二虎妻遇害时,对红色和绿色窗帘的述说,看似无意的絮叨,实则表现着她对生存的渴望。影片用色彩来表现人物的内心情感,用天气来预示人物命运,尤其是片尾的密密细雨昭示着兄弟情义的断裂,烘托着影片的主旨。

再次,蒙太奇的运用在本片中也非常出彩。作为电影的基本技法,蒙太奇以其特有的表现力,成功地组接起影片的故事结构,形成流畅的叙事节奏。在某些情节,蒙太奇的恰当使用起到了很好的叙事效果。比如在攻打苏州城时,影片采用京剧故事与现实战争交替快速切换的做法,既让人产生紧张激烈的心理感受,又避免了冗长重复的作战情节,影片的艺术之美便在无形中呈现在观众面前。另外,影片在不同的地方分别采用快镜头和慢镜头,制造出了不同的艺术效果。比如在庞青云带领 8000 名土匪兵将敌军搅得大乱后,援兵将领骑马的慢镜头之后紧跟作战时的快镜头,就给人以强烈的视觉冲击。此外,复现式蒙太奇的运用,将他们兄弟三人对天盟誓时的场景反复回现,表达出他们已然领悟到,权力的欲望和政治野心是吞噬感情的恶魔。

　　独特的选材角度,高超的艺术表现力,强大的明星阵容,使得《投名状》成为一部不可多得的优秀影片。观摩《投名状》犹如经历人生的风雨沧桑,在欣赏完影片之后,人的心灵也能得到洗礼与震撼,而且这种震撼是持久的、令人深思的。

(文/刘娇艳)

范文点评

　　这篇文章是从主题这一角度对影片进行评析的,结构清晰,语言优美从容。但是对主题的总结挖掘不够深入,陈可辛导演想表达的更多的是对人性的思考。复杂多面的人性、游弋变化的情感、宏大纷繁的时代背景、角力的政治斗争内幕,无疑都很好地诠释了这一主题。

　　作者提出论点之后,从人物形象的塑造、灯光色彩和蒙太奇的运用三个方面对论点做了论证,但是结尾处的总结过于简单仓促,论据也略微有些单薄,如果能够更加具体深入地进行论证,效果会更好一些。当然,作为一篇应试文章,本文还是具有一定的借鉴意义的。

影片信息

中文名:投名状　　　　　　　　　外文名:The Warlords

上映时间:2007 年　　　　　　　　导演:陈可辛、叶伟民

编剧:须兰、秦天南、林爱华等　　　类型:剧情、动作、战争、历史

主演:李连杰、刘德华、金城武、徐静蕾

主要奖项:第 27 届香港电影金像奖最佳影片奖、第 27 届香港电影金像奖最佳导演奖、第 27 届香港电影金像奖最佳男主角奖(李连杰)、第 45 届台湾电影金马奖最佳影片奖、第 45 届台湾电影金马奖最佳导演奖、第 45 届台湾电影金马奖最佳视觉效果奖、第 2 届亚洲电影大奖最佳视觉效果奖

信仰何处寻

——评电影《圣殇》的主题意蕴

电影是一门净化心灵的艺术,更是一项塑造灵魂的工程。一部好的电影带给人的震撼,绝不仅仅停留在银幕镜头所造成的强烈的感官刺激上,而是旨在冲击人的内在精神层面和进行人性的洗礼。韩国电影《圣殇》就是这样一部深切触动观众心灵的影片。其变幻流动的光影间,弥漫着残损肉体的气息,充斥着破落房屋的黯淡,布满着扭曲狰狞的面孔。这一切烘托出了一幅幅大千世界形形色色的人类破碎的灵魂映像,让我们看到现代社会里那不堪一击的人性之殇。

复仇是人类社会永恒的主题。现代社会高度发达的人类文明始终无法掩饰隐藏在黑暗地下的洪流暗涌。在电影《圣殇》中,男主人公江道无数次将刀子插进墙壁上悬挂的女子头像,只是源于一个儿子对弃子母亲的强烈怨恨,这是儿子对母亲的无形报复,更是对母爱被亵渎的隐忍复仇。一个陌生女人突然出现在江道的生活里,自称是曾遗弃过他的母亲。为此这个陌生的女人甘愿承受来自江道的暴力侵袭,被他拳打脚踢。而为了验证出自己对于江道的爱意,她竟能吞下江道从身上割下的肉,甚至还在夜里用自己的双手为江道解决生理问题。一个女人竟能用如此匪夷所思的举动来补偿亏欠儿子的母爱,令人动容。可这一切却也是源于恨意,源于一位母亲为自己儿子的复仇情结。这个女人用精神上的鞭刑惩罚这个残害自己儿子的凶手,这样的复仇真实地触及人性里最深层的东西,关于爱,关于恨,或者爱与恨早已混淆了界限。江道破坏了那么多幸福美满的家庭,残害了那么多健康健全的人,引发的后果只能是受过伤害的人对江道的疯狂报复。一个年仅七八岁的孩子为了给父亲复仇,竟然懂得将铅笔这样一种本该书写文明的工具当作杀人凶器插进仇人的身体里。本该天真美好的灼灼年华被浇灌了仇恨的汽油之后,熊熊火焰将灼烧掉一个孩子完整的人生。被弄残废的启松为了复仇,绑架了江道的"母亲"作为报复,试图让江道体会到亲人在自己面前遭受伤害时的苦痛,借以折磨他那形同虚设的灵魂。可事实证明,最后没有赢家。所有人都输了,母亲、儿子以及所有的复仇者。人们总是试图用"复仇"来救赎自己饱受苦难的心灵,却不知最终吃到的只是苦涩的果实,从来没有解脱的快感。

金钱只是人类社会欲望的延伸。现代社会高速发展的经济改变的不仅是人们的物质生活环境,还腐化了人们纯真质朴的精神世界。在庞大的经济机器的碾压下,人们的梦想死了,坚守的信仰消解掉了,随之却催生出了不断膨胀的欲望,而金钱正是人类社会欲望的延伸。清江溪的传统手工业作坊在现代经济的挤压下无法生存,许多手工业者只得通过借债来维持日常生活。借贷本是一种无奈之举,但是久而久之却也会形成"习惯",它不仅填补着人们物质生活上的空缺,更是在慰藉人们心灵上的空虚和落寞。当人们的心灵变得脆弱不堪、精神变得疲惫不支时,金钱便会把人性中的自私、贪婪释放出来。"你用钱去试探人性的恶魔",这是那个女人对江道的批判。江道也正是通过金钱这个重器把拖欠债务的人砸翻在地,在他看来,那些人都是沉溺于金钱泥潭中的恶魔。电影《圣殇》中的很多矛盾触点表面看来都是由金钱所致,然而深层里却是人性中不断膨胀的欲望使然。在现代经济的大潮中,金钱只是人类社会欲望的延伸。人类用金钱点燃了欲望的火焰,最终却把自己灼烧得体无完肤。

没有信仰的人是可怕的。在电影《圣殇》的开端,当灯光投射到黑暗破落的围墙上时,出现了歪歪斜斜的六个字"信耶稣得永生"。在电影的中篇,"信耶稣得永生"六个字又一次投射到人们的视野中。现实与理想的强烈反差形成了莫大的讽刺。在这部影片中,信仰只是无比现实的人们的一种奢侈品和调味剂。残忍的江道没有信仰,他不惧怕血腥,也不忌讳死亡。人世间所设置的正义、道德、法律,对于江道而言都是空谈。没有精神信仰的他可以安然地将一个健全的人残害成废人,在这之后换取保险金,在他看来这就是自己的一份普通工作。江道沦落为残忍的杀人机器,他不相信善恶的因果报应,在他的生活里,只剩下了血腥与杀戮。在奔涌的经济大潮中逐渐消解掉信仰的人是可怕的。那个十六岁便来到清溪川的外来租客在生命最后的时光也丧失掉了信仰。"我在这儿坚持了五十年,最终却一无所有",强烈的失落感让这个租客抛弃了曾经的坚持。他借来大笔债务只是为了在最后的时光挥霍,以补偿内心的残缺。现代经济的高度发展,看似无所不能的金钱诱惑,吞噬着人们的生存空间,以及人们曾经坚守的信仰。租客从高楼纵身一跃便结束了自己的一生,"死亡算什么"!对于没有信仰的人来说,生命不值一文,死亡也只是一场随时可玩的游戏而已。

"一切事物的开始也是终点,爱情,名利,暴力,愤怒,憎恶,嫉妒,复仇,死亡。"金基德导演借电影中的人物语言很巧妙地道出了电影《圣殇》的主题诉求。"金基德懂得了爱与怜悯,他却依旧信不过这个世界。"于是,在电影《圣殇》的光影中,观众看到了没有信仰的人、疯狂复仇的人、被欲望充斥的人,所有的人都背负上悲剧式的符号。而这些也是电影对现代社会中人性的拷问:现代生活中的人们是否被复仇迷昏了心智?是否让欲望蒙蔽了双眼?是否还坚持信仰的存在?

范文点评

这篇文章的评析角度比较常规,主要是从影片的主题意蕴方面进行解读。这一角度是考生在平时的写作练习和考试中经常用到的角度,相比而言,也是最"有话可说"的角度之一。因为除了极少数微电影外,大多数电影的主题表达都比较深刻而多样,而且每一部电影的主题表达都存在"仁者见仁,智者见智"的情况,所以只要是考生能够提出一个合理的论点,并在此基础上自圆其说的话,一般都不会出现大的纰漏。

这篇文章的文笔可圈可点,思想也有一定的深刻性,对影片的理解比较到位。作者的可贵之处是能够将影片中散乱的细节和不同的人物以及各种意象进行总结分类,归纳出"复仇""金钱""信仰"三个分论点,文章的结尾升华主题,上升到对现代社会中人性的拷问,高屋建瓴,发人深省。

影片信息

中文名:圣殇　　　外文名:Pieta　　　上映时间:2012 年
导演:金基德　　　编剧:金基德　　　类型:剧情　　　主演:李廷镇、赵敏秀
主要奖项:第 69 届威尼斯国际电影节金狮奖、第 27 届韩国电影评论家协会奖最佳电影奖

拾荒:苦涩中的甜蜜

——评电影《拾荒少年》的主题意蕴

苏珊·朗格曾经说过:"任何的艺术形式都是有意味的形式。"《拾荒少年》这部影片具有浓厚的现实主义风格,是一种能够使观众回味无穷的"大众艺术"。影片通过叙述马哥领一个小男孩寻找妈妈却未能称心如意的故事,为观众展现了这寻亲过程中的人情冷暖。导演张思庆运用了大量的细节描写、音乐渲染以及高超的镜头、景别运用,体现了剧中人物那善良、真实的内心世界。导演饱含着人文主义情怀为观众展现了一部无尽忧伤又不失温暖的感情化色彩丰富的电影。

首先,是对细节的捕捉。细节是影视创作中微小的且经常出现的语言、动作或者物件,对于塑造人物形象、表现人物新性格和表达主题有重要的作用。影片中"妈妈的照片"作为全剧的重要线索多次出现。马哥和小男孩一见面,男孩抢钱包并且抱住马哥的腿便引出了照片的第一次出现。导演运用大量的摇镜头和正反打镜头刻画出两人追赶后的气喘吁吁,引出影片的一大矛盾,照片出现后影片的节奏较慢,体现了两人内心情感的巨大变化,是全剧的转折点。在与人贩子生死较量之后,小男孩对马哥的"利益观"深感厌恶与痛心,在一间灰暗的小屋里,小男孩从地上捡起被撕碎的照片用沾满泥土的小手重新拼起,泪水浸润了他的眼眶。在这一刻充满小男孩内心的,也许是对寻亲无望的沮丧,也许是对人心冷漠的绝望。导演通过这一细节凸显了主题,展现出了小人物那细腻、敏感、更易受伤害的内心世界,而这种淋漓尽致的人性关怀也使影片渗透着无限崇高的人文主义情怀。照片第三次出现是在一个大领导的办公室里,他的眼神里满是怀疑与冷漠,此处影片巧妙地运用特写镜头,突出强调了现代人精神的荒芜与道德的缺失,也表达了导演强烈的主观色彩,带有讽刺意味。最后,在种种不可能之中,马哥成就了内心的可能,他举着小男孩的手,两人消失在那无边的废墟里。"你特别想找妈妈?""想。""那俺带你去找。"……就这样,影片在一段朴实的画面中戛然而止,而留给观众的却是无限的同情、对人性的深刻反思。因此,细节对影片主题的表达起着至关重要的作用。

影片中音乐的运用也恰到好处。面对眼前强大敌人的威胁,马哥的选择是舍生取义,是从自己的内心最深处迸发出来的保护这个年幼的孩子的意愿,当他们两个人面对面而过时,一段沉重且悲怆的音乐响起了,镜头也放慢,一个"快跑"的口型即是对小人物的大无畏精神的无限赞扬。在这里,音乐使人物形象塑造更加立体化,同时起到了推动情节发展而进一步深化主题的作用。影片末尾运用了一段略带忧伤却极具情感性的音乐,刻画出两个人在那茫茫的废墟中消失的场景,淡淡的温情、丝丝的暖意旨在突出、渲染人物的思想情感,殊不知,观众感到更多的是一种苦楚,一种悲悯,一种对当今冷淡时代的呻吟与呐喊,此处的音乐明显强化了主题,引发了人们无尽的联想与思考。

这部影片生活化的叙事风格、真实的人物形象塑造以及巧妙的声音运用,无不一一体现着导演那娴熟的拍摄手法。影片以一种人性化的视角给予小人物无限的关怀与爱,唤醒了人们那昏昏沉睡的心灵。这部影片的成功即在于此。

范文点评

好的影评文章的首要任务是能够抓住考官的眼球。这篇文章就是如此。就整篇文章来看,作者的文字功底比较深厚,也很懂得取巧。例如,文章第一段的第一句话就用了苏珊·朗格的名句,"'任何的艺术形式都是有意味的形式。'《拾荒少年》这部影片具有浓厚的现实主义风格,是一种能够使观众回味无穷的'大众艺术'"。利用名人名言引出要解读的影片作品,是一种非常省力且十分巧妙的行文思路,广大考生应该加以学习。

另外,这篇文章的思路十分清晰,主要是从细节和音乐两大方面对影片的主题思想进行评析,其中掺杂了大量对于镜头等视听语言的解读,这使得整篇影评看起来更加专业。

总体来说,这是一篇非常好的影评文章,尤其是对于那些初学写影评的考生来说有很强的借鉴意义。

影片信息

中文名:拾荒少年   上映时间:2012 年
导演:张思庆   编剧:张思庆
类型:短片、微电影   主演:鲍振江、叶昭、周敦明、杨才
主要奖项:第 49 届台湾电影金马奖最佳创作短片奖

荒唐的年代,灿烂的青春

——评《阳光灿烂的日子》的主题意蕴

姜文执导的青春成长类电影《阳光灿烂的日子》改编自王朔的小说《动物凶猛》,由号称"中国第一摄影师"的顾长卫摄影。该部电影虽然是姜文导演的处女作,却成为最受广大观众和影评人喜爱的电影之一。而最有性格的编剧、最有思想的导演、最有技术的摄影的"三强联手",不仅使该部电影具有了独特的视听享受,更揭示出了深厚的主题意蕴。

《阳光灿烂的日子》主要讲述了马小军对自己残酷青春的亦真亦幻的追忆,在自尊的觉醒、情感的萌动、友情的迷乱、家庭的变化中,他的人生被打磨、改变。青春因残酷而深刻,因伤痛而真实,通过回忆,表达了对荒唐岁月的自嘲和对革命年代成长道路的回味!

特殊的年代,"混乱"反而成为"正常"。疯狂的岁月里自尊心极度膨胀着。影片在开篇即呈现给我们"文革"的时代背景,看似热闹非凡、个人崇拜的歌舞升平中,实则隐藏着躁动、混乱、腐朽的危机。而马小军与他年纪相仿的一群人,正是在这个荒唐的年代里度过了他们另类的青春。一个经典场景是马小军升入中学后的一节历史课,原本严肃的课堂因学生们的闹剧而被迫中断,刻板木讷的老师虽努力维护秩序、挽回面子,却也不得不向流窜于校内外、不学无术的小混混们低头。一组镜头连贯流畅,演员表演自然真实,反映出学校这一本应是秩序、知识象征的文明之地已被破坏得面目全非,学生们早已无心学习,从而以小见大地投射出大社会的荒唐。在家庭无拘无束、学校毫无压力的大环境中,马小军等人的青春叛逆如荒草般疯长开来。青春的疯狂中精力似乎永远不会耗尽,没有束缚的马小军迷上了"溜门撬锁",通过在别人家闲逛、偷窥来获得刺激。在一场胡同打架的戏中,昏黄的灯光、斑驳的院墙更加激发了青春少年体内的躁动和自我膨胀,被拍了砖头后那张布满鲜血、紧张惊恐的面孔表现出那个特殊年代的"暴力"特征,反讽了人心的浮躁和社会的不平。

青春荷尔蒙的冲动、性意识的启蒙,既能让人体会到初恋的美好,又难免爱情粉碎的残酷。影片以光影及色彩的修饰铺垫出马小军的爱情幻想对象。在一次不小心打开暗锁进入到别人家的经历中,马小军进入了一个干净整洁的房间。室内光线明亮、温暖,将房间包裹得梦幻而朦胧。通过对墙上望远镜的把玩,我们从马小军的主观视角中看到一张一闪而过的女孩照片,然而放下望远镜,女孩的照片却消失不见,这为女孩的出现增添了神秘色彩。镜头的推进让女孩的面孔逐渐清晰,马小军顿时迷失于女孩那俏丽的笑容中,随后他便时常来女孩家"串门",但对女孩的了解却只能停留在床上若有若无的香气和平静如水的照片中。无论他如何蹲守等待女孩的出现,甚至像猫一样在房顶游窜,都无法寻到女孩的踪迹。恋人的神秘使他更加痴迷,然而当他终于等到女孩的归来,却只能狼狈地躲到床下偷看女孩的脚。突破性的进展使马小军陷入了更加有动力的追寻中。

当他终于找到了心中的"女神"——米兰后，却被其冠以"小孩儿"的称呼，无比轻视。可被欣喜冲昏头脑的马小军在得到成为米兰弟弟的允许后，并没有意识到二人关系的隐患也由此埋下以及注定无法走到一起的残酷结局。在与米兰交流、帮米兰洗头等温馨镜头中，影片常以暖黄明媚的阳光渲染马小军柔情腼腆的一面，但二人的对话始终以"姐弟"的身份展开。当马小军将米兰邀请到大院的"小团队"中，看到自己心爱的人被分享，马小军第一次感到了危机和恐慌。此时影片中有一个镜头意味深长，充分地表现了这一点。镜头中，刘忆苦和米兰在交谈，刘忆苦抬起的胳膊将米兰圈入景框，形成以米兰为中心的框中框，暗示了刘忆苦对米兰的控制和占有欲，而马小军的边缘位置使他在爱情中沦为一个旁观者。当马小军从老家回来发现与米兰的关系变得陌生而客套时，在郁闷、嫉妒和失恋的心痛中，马小军的回忆也游离于幻想与现实的错乱之间，初恋仿佛只是他一个人的独角戏，在成长中破碎为泡影。

　　爱情的破灭使友情也变了味道，在遭遇自尊受挫、爱情决裂后，友情的防线也终于失守，如溺水般的窒息感让这段如夏日般灿烂的青春在眩晕中走向结束。大院中"小团队"的行动往往以极具动感的镜头展现，配乐多采用革命年代中的红色歌曲，如打架过程中《国际歌》的插入，表现出友情沸腾的热情朝气，也影射出多年后对当年冲动岁月的自嘲。而影片中两组平行交叉蒙太奇手法产生的强烈对比效果使我们感受到友情的变化。为引人注目马小军逞强从大烟囱落下，众人的飞奔查看和担心关切让马小军在后怕之余也感到温暖和感动，而同样的再次"登高"结局却大不相同。从跳水台跳下的马小军没有抓到想象中朋友的援手，却一次次被无情地踹入水中，翻涌的水花和以马小军的主观视角看到的一双双手已变为对他的排斥和嘲讽，被青春折磨到遍体鳞伤的马小军如死尸般漂浮在空落的冷水中，绝望而悲伤。

范文点评

　　从文章中可以看出作者非常有才气，整篇文章如同行云流水般一气呵成。

　　值得考生们学习的地方有：无论是总论点（第二段的末尾句）还是分论点（第三、第四、第五段的开头句）都非常清晰鲜明；其次，作者对于镜头的剖析非常细致，例如第四段中对于马小军爱情环节的论证过程就非常的深入，细节把握和对人物心理的分析都非常到位。

　　但是本文存在的不足之处是：中间论证段落过长，从而给人以繁琐的感觉；其次，结尾段落体现得也不够明显。

影片信息

中文名：阳光灿烂的日子　　　　　　外文名：In the Heat of the Sun

上映时间：1995 年　　　　　　　　导演：姜文

编剧：姜文　　　　　　　　　类型：剧情　　　　主演：夏雨、耿乐、宁静

主要奖项：第 51 届威尼斯国际电影节沃尔皮杯最佳男演员奖（夏雨）、第 33 届台湾电影金马奖最佳剧情片奖、第 33 届台湾电影金马奖最佳导演奖、第 33 届台湾电影金马奖最佳男主角奖（夏雨）、第 33 届台湾电影金马奖最佳摄影奖、第 33 届台湾电影金马奖最佳改编剧本奖、第 33 届台湾电影金马奖最佳音效奖、第 7 届新加坡国际电影节最佳男主角奖（夏雨）

人性回归与自我救赎

——评《金陵十三钗》的主题

　　筹备四年、投资六个亿拍摄的战争史诗电影《金陵十三钗》是中国电影史上迄今为止投资制作规模最大的一部电影。这部影片讲述了南京沦陷之际，一群本不应有任何交集的人——教会女学生、秦淮女子、军人、美国殡葬师、教会人员，在一座教堂内神奇地集聚，在这个"孤岛"中，他们面对日本人多种形式的暴虐，经历劫难而完成了人性回归与自我救赎的传奇故事。电影没有停留在战争本身，影片中鲜有波澜壮阔的战争场面，也没有对南京大屠杀的悲壮描绘，张艺谋在这部电影中将视角对准了战争中的普通人物，正如他所说，"越复杂的故事，越宏大的背景，越要关注人物、人物的细节"。

　　这部影片为我们展现了一幅处于最底层的人物完成了最完美的人性回归的画面，彰显了人性的光辉。影片开始时，导演运用细节刻画，将以玉墨为首的秦淮河风尘女子的轻佻猖狂展现给观众，她们言语轻浮、行为放荡、搔首弄姿、衣冠不整，在教堂里抽烟、打麻将、与约翰调情，在她们的世界里完全看不到战争的影子。然而，正是这群看似轻佻猖狂的底层人物，在最后拯救了纯真质朴的女学生们，让人感受到人性的美好。同时，这群底层人物也完成了完美的人性回归。妓女是处于社会最底层的人物，是被社会边缘化、被社会所鄙视的群体。影片中，从女学生们对待以玉墨为首的秦淮女子的态度上，便可以看出社会对其身份的鄙夷，书娟以及其他的学生看她们时都是斜视的，目光中充满了不屑，甚至连厕所这种地方都不愿意与其共用，双方还为此大打出手。在这个场景中，影片通过特写等镜头将妓女们的尖酸刻薄表现得淋漓尽致，为后面的人性转变做足了铺垫。在影片的最后，当玉墨她们发现以书娟为首的学生们爬上教堂楼顶准备用自杀的方式来拒绝参加日本人的庆祝宴会时，这群平日里搔首弄姿、轻佻猖狂的秦淮妓女们决定挺身而出，用自己的实际行动对这群"未曾绽放的花朵"进行身体救赎。秦淮女子们用自己的人性回归改变了"商女不知亡国恨，隔江犹唱后庭花"的偏见与迂腐，将她们身上最美好的人性的光辉展现了出来。影片的结尾，她们修改棉衣、裹上抹胸、剪学生头……妓女们所做的不仅仅是形体上的改变，她们收束的虽然只是身体，但是回归的却是最为善良的灵魂。在装扮自己的过程中，连她们自己都忘记了与女学生们的区别，看似肮脏的肉体同样能够穿得上纯洁的唱诗棉衣。此时的她们正如严歌苓在原著中所写的那样："她们是南京城里漂亮的一群'女学生'。这是我想象的，因为学生对她们是个梦，她们是按梦想来着装扮演女学生的，因此就加上了梦的美化。"影片中"十三钗"穿着唱诗棉衣唱起《秦淮景》的场景，看似只是电影剧情的一个"小插曲"，但实际上却将影片推上了高潮，她们的人性终于在血与火的洗礼下完成了复活，观众在音乐的伴奏下能够更加深入她们的灵魂，能够进一步体会到生命谢幕的悲壮。这时的《秦淮景》已经不是你侬我侬的调情小曲，而是一首生命落幕的悲壮之歌！

　　在这部影片中，人性的回归、人性光辉的彰显背后，更多的是一种精神的自我救赎。

其实,影片中不仅仅是这群秦淮女子完成了一种自我救赎,假神父约翰、书娟的父亲等形形色色的人物更是表现出了在战争这种极端环境下的自我救赎。假神父约翰只是一个流浪街头的"入殓师",为了躲避战争暂时逃进了教堂。在影片开始,导演将其刻画成一个唯利是图、贪恋女色、贪生怕死的小丑。最初日本人搜查教堂时,他的本能反应是将自己藏进柜子里,以保住小命。但当他听到女学生们撕心裂肺的喊叫声并目睹了为逃避日军的追杀凌辱而惨死在自己面前的学生时,约翰终于按捺不住心中的怒火,离开柜子不顾生死打出基督教的旗号并严词喝止住日军的残暴行为。在这样一个环境中,面对残暴的杀戮和凌辱,面对纯洁学生的惨死,约翰由一个流氓、胆小鬼变成了一位挺身而出的英雄,也正是约翰,在最后时刻拯救了这帮纯洁的学生,将"未曾绽放的花朵"完好地保存了下来。约翰的灵魂由渺小卑微到伟大崇高的蜕变,更深层次代表的是一种宗教的救赎。神父的相片就像是影片教堂里那扇色彩斑斓的窗子一样,成了高高在上又无处不在的上帝之眼,让约翰完成了灵魂的净化。作者严歌苓说过:"《金陵十三钗》也确实是震撼人心的,影片中对我触动最大的是假神父这个角色,这个角色让我感到战争环境能使一个带有瑕疵的人格发生突然裂变,从中迸发出和平环境中也许会永远沉睡的高尚。"

《金陵十三钗》在很多人看来是对于国耻的揭露,而在笔者看来,在电影作品中勇敢地正视我们民族最沉痛的伤疤,绝非羞耻和怯懦,相反,这恰恰是《金陵十三钗》的勇气和力量之所在,也是历史题材影视作品的进步之所在。同以往南京大屠杀的题材不同,张艺谋选择的是"三十万分之十三"来折射当时的南京惨象,表达出了对战争的反思与声讨。《金陵十三钗》将视角对准了社会底层的人物,将人性回归与自我救赎的主题传达给无数观众,引发了强烈反思。可以说这是张艺谋的一部用心之作,正如张艺谋所说:"从2006年第一次看到严歌苓的原著小说到现在,这四五年间,从选角到拍摄,是一次十分艰苦的创作。牢记历史是希望珍惜今天的和平,善良、救赎和爱是这部电影的主题。"

范文点评

这是一篇十分不错的影评文章,思路清晰,论证有力,尤其是文章中的分论点简洁明了。综合本文,分论点主要是影片"为我们展现了一幅处于最底层的人物完成了最完美的人性回归的画面,彰显了人性的光辉"和"人性的回归、人性光辉的彰显背后,更多的是一种精神的自我救赎"这两部分,呈现出一种逐渐深入的关系。

该文章令人眼前一亮的地方还在于,在文章的结尾段落,作者升华了自己的思想观点,由原先立足于电影本身的"人性回归与自我救赎"这一主题,深化为对整部电影作品的总体评价,即这部电影"勇敢地正视我们民族最沉痛的伤疤,绝非羞耻和怯懦,……恰恰是勇气和力量之所在",从而将整篇文章提升到了一个新的高度。

影片信息

中文名:金陵十三钗　　　外文名:The Flowers Of War　　　上映时间:2011年
导演:张艺谋　　　　　　编剧:刘恒、严歌苓　　　　　　类型:剧情、战争、历史
主演:克里斯蒂安·贝尔、倪妮、佟大为、张歆怡、渡部笃郎
主要奖项:第15届中国电影华表奖优秀故事片奖、第6届亚洲电影大奖最佳新演员奖(倪妮)、第21届上海影评人奖"十佳影片"奖

长路归来焉能识,久别重逢宛如遇

——浅析《归来》的主题思想

《归来》是张艺谋导演 2014 年的新作,也是他继《山楂树之恋》后阔别四年回归文艺风格的又一尝试,改编自严歌苓的小说《陆犯焉识》。除了再次回归文艺领域,这部影片更是首次采用了世界最尖端的 4K 高视效制作技术,是中国电影史上首部 IMAX 文艺大片。该片被编剧邹静之称为苦心之作;被作家莫言称为直指人心的电影;被导演斯皮尔伯格评为震撼、感人与深刻的电影。《陆犯焉识》讲述了知识分子陆焉识与妻子冯婉瑜在大时代际遇下的情感变迁故事。

影片的整个基调是不紧不慢、缓缓悠长的,让人们的心在观影的期间也不免沉静下来。在等待与守候之间,这对温文尔雅的夫妻用时间印证了真爱。对于那个年代,彼情彼景,我们虽不明晰,却在别人的故事里真真切切地被打动。他们的爱是不声张的,是耻于宣传的,因为两人之间的爱情已经随着程度的加深融于血而转化为不变的亲情了。影片中的每一个镜头无时无刻不在流淌着浓浓的悲情,同时又在爱的伟大中融化。

影片中的高潮出现在焉识为唤醒妻子的记忆而亲自弹奏钢琴曲的时候。在那间狭小逼仄的房间里,焉识走进来,身上不再穿着千篇一律的中山装,取而代之的是一袭灰色毛呢长大衣。他仿佛又回到那个激扬文字挥斥方遒的黄金年代,仍然是器宇轩昂的大学教授、文人子弟,谦谦君子,温润如玉,不禁令人怀想起中国那最后的贵族。带着恭谨和一丝期望,他虔诚地端坐在钢琴前,指尖微动,轻缓的《渔光曲》淙淙流淌,一如夕阳洒落在他肩头浅浅淡淡的光彩,那般缱绻,交融着静谧的哀伤,宛然流入了那些岁月静好的没有伤痕的旧时光。他失忆的妻站在楼道侧耳倾听,凭借琴音分辨出那是她日日夜夜心心念念的丈夫,迷茫的双瞳逐渐变得露水般的凝新,清凉的光彩烁动着,宛然忆起那尘封已久的前尘往事。她伸出手,宁洁的阳光里那只颤抖的落叶般枯槁的手,犹豫着徘徊不前。清水玲珑般的乐曲悠扬着,身前的肩膀在手指的游动下有规律地微微起伏着。终于,那只颤抖的手扶上了那律动的肩头,乐声戛然而止。他依然没有转身,短暂的令人窒息的安静里,那副肩膀开始抑制不住地颤抖起来,伴着低低的啜泣。那一刻,那个历经半世风雨沧桑的男人终于把持不住他沉静的等待与隐忍的坚强。是喜悦,无助,还是委屈?他终于像孩子一般呜呜咽咽地软弱地哭泣起来。他的颤抖与哭泣牵动着银幕前观众的心,情不自禁随着他一同流泪与喜悦。有情人终成眷属,还有什么比这更美的祝愿?他转过身,带着明媚如朝阳般的渴盼。然而现实却如同戏剧般荒诞,残忍依旧是残忍。婉瑜受伤的记忆里,他依然是一个形同陌路的人。至此终于让人泪流满面,为两个人相爱但不曾相识的难过而心疼。

之后又度过了无数的岁岁年年。婉瑜依然牢牢记着每月那个特殊的日子,日光熹微时起来端坐在镜子前，慎重而虔诚地梳妆打扮，木梳细细缓缓地理过她日益苍白的鬓发，镜中映出她备受岁月摧残的憔悴姿容。而她如此谨慎地装扮着，如同奔赴一场盛大的邀约。那是相距了二十年的遥远而执着的等待。一次又一次守候在火车站执着地等待，一次又一次地失望而归。然而失望是短暂的，不久她便会忘记，再开始新一轮甜蜜而漫长的等待。她就在这月复一月的等待里老衰了年华，等待成了她的希望，也是她的劫难，是他与她相守一生的劫难。而他也在时光的磨蚀中放弃了努力与改变。有人说，希望与虚妄相同。虚妄的起初不也如同希望一般美好？而最终依然落了一场虚无。唯有那年年月月没有归期的归来。

影片最后细小的飞雪漫天凋零着，年迈的宛瑜端坐在茫茫苍苍的纯白里，眼中含着同样茫然而执拗的期待。身边是同样苍老的陆焉识，平静地高举着标写有自己名字的纸牌。仍是那样沉默而长久地站立，那样荒诞而默契地等待。漆黑雕花的铁栅门在身后沉重无情地闭阖。而她倚着他，他伴着她，一同守候那个她心里永远在归途中的人，那个即将如愿以偿的幻念：一生的守候——她对他，他对她。满天风雪里，焉识伸手抚去宛瑜苍白发丝上的浮雪，而后者依然执着而虔诚地凝望着前方……

整部影片的悲情气氛让观影的心变得敏感而脆弱，为一个故事一段际遇，哭着笑着，以一个旁观者的姿态，一路走马观花，阅尽无数春朝秋月悲欢际遇，洒落一路的欢声与泪光。为得到一种情感上的满足，也是一种麻痹。而我们何时，才能有勇气真正面对自己的悲喜离殇？

惟将终夜长开眼，报答平生未展眉。宛瑜为他沦陷入劫难，一生苦苦等待。而他将用后半生的守护来报偿，尽管以一个陌路人的身份。这就是曾经沧海难为水的深情吧。若有万苦，请，皆加吾身。

范文点评

这是一篇文笔非常优美的影评，可以看出作者的文字功底很扎实，在分析影片的镜头画面时，融入了自己的感受，以抒情性的文笔写出，对读者的感染力非常强。"长路归来焉能识，久别重逢宛如遇"。以一句诗来概括整部影片的主题，很形象地抓住了考官的眼球，有很强的借鉴意义。

影片信息

中文名：归来　　　　　　外文名：Coming Home

上映时间：2014 年　　　　导演：张艺谋

编剧：邹静之　　　　　　类型：剧情、爱情、历史、人文、传记

主演：陈道明、巩俐、张慧雯、郭涛、刘佩琦、祖峰、闫妮、张嘉译

主要奖项：入选第 67 届戛纳国际电影节特别展映单元影片、第 34 届香港电影金像奖最佳两岸华语电影奖、第 6 届澳门国际电影节最佳影片奖

一场关于善与恶的战争

——浅评《无人区》的主题思想

　　作为一部让影迷苦等四年、三年间不断修改补拍的影片,导演宁浩四年磨一剑,这一次确实让观众看出了他的诚意。以往以喜剧商业片为主这次却大变风格首次尝试一般人不会轻易碰触的西部公路类型影片,宁浩让观众看到了他的另一种"疯狂"。影片中一幕幕环环相扣的故事情节与昏暗隐晦的背景画面将狂野血腥的基调展现得淋漓尽致,以人性善与恶的主题来贯穿影片更是引发无数的深思。《无人区》主要讲述的是小有名气但利欲熏心的律师潘肖远赴西北打官司,本想大捞一笔,谁知却迷失在茫茫五百里无人区,遭遇了货车司机、舞女、走私贩、盗贼、警察各色人等,上演了一出惊心动魄的逃亡之旅。影片中的每个人都曾在善与恶之间徘徊,然而结局却取决于每一个人的最终选择,黑色幽默的表达方式让人耳目一新,最值得思考的当然还是其中深刻的主题思想。

　　首先从题材上讲,《无人区》是一部名副其实的中国好电影。这不仅仅在于它的导演是打造过"疯狂"系列、跻身电影票房亿元俱乐部的宁浩,也不仅仅在于它会聚了徐峥、黄渤、余男等个人风格特异的一群好演员,而是在于它开辟了中国电影的一种新类型。以往中国的导演是很少触及西部公路片的,这不仅因为取景制作危险性高等,还因为高成本电影观众反而不买账将导致票房不理想两方都尴尬,然而这次《无人区》的成功却打破了惯例,2.6亿的票房给足了这一革新电影面子。综其原因,电影主题的鲜明与深度是成功的主要因素。

　　无人区是整部影片的背景,更是善与恶之所以如此清晰的源头。我们的城市充满了规矩与条例,每个人都在按照自己的想法扮演着或者是"表演着"自己的角色,善与恶鲜明。然而总有一个地方是人类无法触及的区域,那里没有规则,更没有妥协,法律在那里的作用微乎其微,这个地方就是——无人区。只有在这个地方,人性的善与恶才一览无余,恶的只会更恶,善的也可能变恶,在这样一个游离于法律范畴之外的灰色地带,竟然来了一位号称是代表法律权威性、严肃性的律师,企图以一己之力赢得这场超越人类本性的战争。影片运用如此差异的情节制造出戏谑与嘲讽。影片中的每一个人物都不是性本善的代表,律师潘肖小气奸诈为了利益出卖良心;黄渤饰演的杀手与盗猎团伙老大暴力血腥杀人不眨眼;余男饰演的舞女为了生存谎话连篇……一伙人因为利益聚在一起,没有最恶只有更恶。也正是这种极恶的环境才使得潘肖内心深处真正的善迸发出来,将人性至善至美的意义演绎到极点。

　　影片的开头是从旁白讲述的关于动物的故事开始的,结尾也以动物结束。其实,无人区中所有的角色都可以被看作是动物,在这样一块不适宜善良生存的土地上,只有丢弃人的社会属性,像野兽一样捕食,才可以生存。然而,尽管都是动物,他们的级别却不尽相同:律师潘肖以及舞女都是这个食物链里的初级消费者,他们或许在无人区外是强者,可是在这里,他们只能被任意宰割,但颇具讽刺意义的一点是,最后往往能生存下来的就是他们;黄渤饰演的盗猎者以及两位引发整个悲剧事件的卡车司机,他们充其量只能算作次级消费者,他们够坏、够狠,但离开了最高级生物的庇佑,他们往往都会死得很惨,不论是被枪杀还是被锤死;夜巴黎的老板以及多布杰饰演的盗猎者,作为处于整个食物链最顶端的最高级消费者,掌控着一切,在这里,他们说了算,不论是 100 块钱一个的打火机还是那价值 100 万的鹰隼。在大自然这般残酷而无情的竞争中,杀戮随处可见,杀戮无声无息,就如同在无人区里你撞死了人都不会被发现一样。在这里,人类只能像野兽一样战斗,否则,就会被比自己更无情、更残忍的同类所吞噬,于是乎,在这长达 500 千米的无人区内,人性与兽性长达 2 个小时的较量开始了。

每一部影片基本都需要一个实物来贯穿整个主题。《无人区》选择的则是价值连城的稀有动物——鹰隼。杀手为了它不惜违法犯罪甚至自相残杀,油站老板为了它也被利益蒙蔽了双眼,只有潘肖与舞女没有把它放在眼里,由此也可以看出最后两人选择善这一条路的原因。因为他们的良心还没有完全泯灭,内心深处最原始的善使他们作出了最后的选择。有些人在恶的环境中被黑暗蒙住了双眼,只剩下了本能的欲望,所以只能深陷行尸走肉的生活,而有些人是可以在极恶的环境中有所醒悟,从而完成救赎的。潘肖就是这样一个人。尽管之前他唯利是图,不慎撞"死"人后还试图毁尸灭迹,行为品性完全与他那神圣的职业不相符,但在种种巧合(也许是冥冥中自有定数)之下,最终没完全堕入黑暗,并在"偶然"的情况下邂逅舞女,然后从舞女身上得到启示,通过舞女完成了对自己的救赎。同样,舞女也是在与律师的相处过程中逐渐认识到了人性的光辉,认识到了人性的力量,并最终带着这股力量幸存了下来。这也是整部影片所要表达的,人与动物最根本的区别是人会用火,用心中那团为理想燃烧的光热,为他人舍弃自己的一切。放弃自私不是出于妥协和顺从,而是自己心甘情愿。当潘肖最后为了去救舞女,不顾个人生命安危弄翻了警车导致警察受伤,在最后点燃了打火机与鹰贩同归于尽时,我们才看到了这个律师作为一个有情有义的人的一面。

在善与恶的战争中,有的人赢了,尽管付出了生命,有的人输了,以生命的灭亡为代价,但他们是不一样的,前者留给我们的是善的顿悟,后者留下的却是恶的执迷不悟。

范文点评

宁浩的作品大多为黑色幽默的喜剧,《无人区》的转型是他的一次成功尝试。这篇影评作者通过对影片中人物善与恶在无人区中的两级表现将主题升华,将两者的关系诠释得更加立体,恶的终点不仅仅是恶,还可能是善,而善的选择则是洗刷灵魂最美好的方式。文章条理清晰,语言优美,是一篇不错的影评。

影片信息

中文名:无人区	外文名:No Man's Land	上映时间:2013 年
导演:宁浩	编剧:述平、常君	类型:剧情、惊悚
主演:徐峥、黄渤、多杰布、余男	主要奖项:第 64 届柏林国际电影节金熊奖(提名)	

遗失的童心

——评微电影《红气球》的主题意蕴

　　美好的东西总是容易引起大家的向往,正如画家看到美丽的大自然时,会情不自禁地拿起画笔来歌颂创造的伟大。《红气球》的导演显然窥见了这样一份美好,他将这份美好寄托在一个梦幻、美丽的气球上,通过讲述一只玩具气球与一个男孩之间充满趣味的故事,将人类遗失的幸福和满足在一个孩子的身上展现了出来,这是人间,是上帝创造的失乐园,每一个走失在荒野中的灵魂,都像影片中那个孤独的孩子,在寻找着自己的"红气球",有的人找到了,有的人找到却又毁掉了,有的人有幸遇到却错过了,而有的人自始至终都不曾看见过。

　　导演虽然运用轻快的音乐作为辅助叙事的手段,但在轻快之中,这部电影又弥漫着浅浅的感伤。影片在一开始将镜头对准上学的路上:一个小男孩解救了被绑在路旁柱子上的红气球,从此他多了一个形影不离的好朋友。在男孩的世界里,气球是一份友谊,为他的世界带来了情感上的慰藉,他无微不至地照顾着它,却引起了同伴们的嫉妒,调皮捣蛋的孩子们策划了一场"谋杀",他们在追到红气球后将它拾起来,用弹弓瞄准它,直到最后红气球瘪了肚子,渐渐地瘫软在地上,虽然这一切看起来不过是孩子们的一场恶作剧,但当一群孩子争先恐后地去射击气球的时候,一种人性的残忍在画面背后油然而生,似乎人类天生嫉恨得不到的美好,就像被关在笼子里面的金丝雀、养在鱼缸里面的金鱼,人类总希望把美丽锁起来占为己有,在无法拥有的时候就毁掉。

　　飘飞在半空中的红气球就像一个拥有美好灵性的精灵,那是上帝送给人间的宝贵礼物。这部电影的可爱之处在于红气球的拟人化,那只跟在男孩身后的红气球就像一个有趣的好朋友,时而调皮,时而乖巧,在你开心的时候陪伴你,在你孤独的时候依旧陪在你身旁,不离不弃,这样的纯真每一个人都无法拒绝。人类灵魂深处饲养着一头野兽,在人间流离的时候,它渴望自由,渴望幸福,虽然渴望却始终无法完全拥有,人生世间总是寂寞与孤独相随,幸福与痛苦相伴,而微电影《红气球》为这头野兽找到了一条放生的路,就是童真的回归。《马太福音》说:"你们若不回转,变成小孩子的样子,断不得进天国。"在上学的路上,小男孩与红气球兜兜转转,就像是在与一个好朋友捉迷藏:小男孩被关禁闭,红气球陪伴着他;去教堂的路上,红气球也尾随着他。这样简单、快乐的画面,无法不引起观众灵魂深处的共鸣。

　　导演在用小孩子的视角诠释着大人们的孤独,愈是对比,愈是强烈。当小男孩拿着红气球飞奔在马路上的时候,镜头掠过巴黎街头行色匆匆的路人、灰暗的街道、阴郁的天气,铜墙铁壁的城市内部在有条不紊地运行着,人们上班下班,风尘仆仆,举着红气球飞奔的男孩格外扎眼,成人的世界少了太多趣味和想象力,就像那个关小男孩禁闭的老师,影片用了几分钟的时间将镜头对准了这个老师的生活,他对红气球置若罔闻,他发现不了红气球的美好,因为他的灵魂本身已经丧失灵性,这样的世界是无趣的,每一个长大了的人的心灵都像裹了一层厚厚的茧,不会被轻易感动,也不会再被轻易伤害,行人的脸上大多挂着冷漠的表情,就像拒绝乘载拿着红气球的小男孩的公交车,正是这样强烈的对比,红气球的故事才显得更加有趣与可贵。

　　导演运用童心去表达一份对自由与幸福的渴求,这样的表达方式任何时候都不会出错。孩子是这个世界最宝贵的存在,也是人类内心的希望和生命的延续。影片最后,当五颜六色的气球在巴黎的上空腾起,将小男孩带离地面的时候,观众的心情也跟着放飞了起来,对于孩子来说,失去是很容易愈合的伤痕,导演用对气球的拟人化建构了这样一份美好,也在用一种较为温和的方式解读着世间的黑暗与冷漠:即使曾经黑暗,自由与对自由的渴望仍像那抹鲜艳的红色,在人类的灵魂深处存在着,就像在灰暗的巴黎上空飘飞的五颜六色的气球带给人的轻快一样,导演用这样一个充满诗意的童话故事慰藉着每一个在世间流浪的孩子。

(文/权瑞芳)

范文点评

　　整篇文章洋洋洒洒、一气呵成,可以看得出这是一位有才气的作者。该文从结构布局上看,不是中规中矩的影评应试范文,但是其内在逻辑关系却非常紧密。作者首先提出中心论点,即"导演通过讲述一只玩具气球与一个男孩之间充满趣味的故事,将人类遗失的幸福和满足在一个孩子的身上展现了出来",进而从影片的感情基调、影片的主要物象红气球以及导演的表现视角等三个方面分别论述了人们的麻木不仁、红气球带给一个孤独孩子的美好和满足以及遗失的童心。总体来说,《红气球》这部短片所要表达的主题意蕴相对单一,而这样的影评文章则最见作者的文字功底。

影片信息

中文名:红气球　　　　　　外文名:Le Ballon Rouge
上映时间:1956 年　　　　　导演:Albert Lamorisse
编剧:Albert Lamorisse　　　类型:短片、奇幻、家庭
主演:Pascal Lamorisse、Georges Sellier
主要奖项:1957 年奥斯卡金像奖最佳原创剧本奖、英国电影和电视艺术学院特别奖、1956 年戛纳国际电影节金棕榈奖最佳短片奖、1956 年路易·德吕克奖

一梦一醒一浮生

——评电影《旺角卡门》的主题

"到有一天你需要那个杯子的时候，就打一个电话给我，我会告诉你放在什么地方。"这是王家卫的电影《旺角卡门》里最经典的一句台词。出演这部电影的时候，刘德华 26 岁，张曼玉 23 岁，自古以来，青葱洁白与缠绵悱恻最相般配，因此，当这句台词从那个年华正好的阿娥嘴里说出来的时候，惊艳了不知多少人的心。

的确，王家卫最会制造暧昧。大多时候，情感在他的故事里更倾向于一种状态，而非某个过程。因此，在电影里，当身影摇曳的阿娥一出场，一切仿佛已经注定。如白月光般美好的女子，命运都不忍心亏欠她一场轰轰烈烈的爱情。于是，在某条幽暗狭窄的走廊里，爱情变成了想要握住却又小心松开的手，最终只剩指尖那抹浓重的烟草香暧昧到惊心动魄。这就是王氏独特的情感处理法，狂热又含蓄，身影疏离而目光缠绕，明明本该是眼角一不小心就呼之欲出的泪滴，最终却凝成了嘴角一个安慰且宽容的微笑。

可除去爱情，电影里还有别的部分，例如众人所感慨的兄弟情，以及隐藏在喧闹背景之下的人心的孤寂。无论是电影还是现实，让人们惧怕的并不是俗世里激烈的打斗与腥风血雨，而是人心中的困兽，是身处喧嚣群体中的每个个体生命深重的寂寞，是彼此紧密拥抱的肉体和无法相互理解的内心之间的鸿沟。正是因为爱与孤独之间永不抵消所产生的恐惧，电影中的人物更加迫切地与俗世中的其他人物建立亲密的联系，妄图以此获救。

爱与孤独，是两个名词。选择，是一个动词。人生在世，孤独是一种必然，而爱则是选择的结果。选择见诸自我，爱让人们不再恐惧孤独，因此爱是一种自救。正是基于此，电影中的人物在爱与孤独的纠缠中，在自欺与反自欺的漩涡中，一次次作出选择。例如乌蝇，人人都不耻于他的价值观，人人都为他"宁做一日英雄，不做一世狗熊"的雄心抱负感到悲哀，人人都认为他不配得到阿华的包容和爱护。可光影流转，当他拿着自己用命换来的安家费为母亲买了一个空调，想见母亲最后一面却被拒之后，我们突然便可理解这个悲哀生命的一次次不可理喻的偏执了。乌蝇太孤寂了，他真正的雄心抱负根本就不是"一日英雄"，而仅仅是某一日他的母亲和身边的人可以以他为荣。他偏执地认为做了英雄便可以获得母亲的爱，便可以不再那么孤独、恐惧。而同样的，乌蝇是这样，阿华也是这样。

古人常说，放下屠刀，立地成佛。可佛是什么？对阿华来说，阿娥是佛。对乌蝇来说，阿华是佛。在很多人看来，这样的说法好像再贴切不过。但仔细观察，我们不难发现，在电影中，自始至终，都不是乌蝇离不开阿华，反而是阿华离不开乌蝇。乌蝇虽愚钝，但他始终都有一个明确的人生目标。而阿华呢，他反而是那个不知道自己明天将会怎样的人。这种彷徨，让他感到深深的寂寞和恐惧。于是，他把自己的生命与乌蝇的生命捆绑在了一起。他为乌蝇两肋插刀，只是因为只有在乌蝇的生命中他才能洞见自己生命的价值。或许，也正是因为如此，他的生命注定随着乌蝇生命的陨落而陨落。

但在电影中，无论是乌蝇还是阿华，与其说他们的选择是一次次无厘头的犯傻，不如说他们是在自己孤寂的人生中一次次的挣扎、跳脱、自我救赎。人生在世，每个个体的生命都是孤独的。但正是因为这种不可消弭的孤独，才让人们体察到了个体的独立性。而那些不被理解的偏执反而是个体独立存在最好的体现，因为大多时候，柔和的相似的可妥协的往往都是群体所共同确认的，反而偏执的强硬的不可理喻的才是自我。因此，无论是乌蝇还是阿华，他们那种自我毁灭式的偏执正是与自我的一次次对话。

这样看来，在电影《旺角卡门》中，阿娥反而才是那个最有智慧、最能抓住自我的人。对阿娥来说，阿华像是一阵肆意的风，她明明知道她最终抓不住那风，却仍旧留下了那只玻璃杯，给了自己一个不顾一切的机会。并且，在第二次送别的车站，阿娥其实早早预感到阿华此次恐怕再难归来，却还是没有强迫他留下来。如此敞亮的女子，明白尊重自己，也懂得尊重别人，可阿娥的这种智慧虽然温厚宽容，却也最显沉痛。阿娥的爱是含蓄的，就像那只被藏起的玻璃杯，如果没有"找"的契机，仿佛就会被永远埋葬在时光里。这样的含蓄，看似有分寸，进退得当，实则连一次拼尽所有的权利都没有给过自己。在这世上，每一个人都要为自己的人生作出选择，而别人再声嘶力竭，也不能替他人作出任何一个决定。可明白却死性不改往往才是生活本身。因此，才有了繁华中的痴怨纠缠，百态人生。

在这浩瀚的宇宙中，爱情有时候更像是一场幻想，甚至连自我都不够真实。庄周梦蝶，蝶梦庄周，到最后什么是真实的呢？细细想来，浮沉在岁月里的，唯有那些情绪，才是最真切的所在。像许多年以后，沧海桑田几经变换，阿华、阿娥、乌蝇、美宝终会消失不见。伫立在那里的唯有旺角卡门——那灯红酒绿，那摇摆不定，那灯火中摇曳的风里都藏着情绪。若有人来，轻轻呼吸，总会嗅到那弥漫在空气中的曾发生过的爱恨情仇。这就是为什么《旺角卡门》讲的明明是感情，却要以一个地点来命名的原因。不得不说，王家卫真是擅长制造幻觉的高手。

1988年后，从《旺角卡门》开始，《阿飞正传》《东邪西毒》《春光乍泄》《2046》《一代宗师》等诸部电影，无论纯熟与否，都始终有一股情绪的流牵引着观众，席卷着观众。有人说，王家卫是极冷静的。青蓝色调堆砌的城市群那般寂寞，他却仿佛躲在暗处的旁观者，静静地点上一支烟，冷眼相对，不动声色。以至于他电影里的每一个角色，即便身影摇曳，却又都寂寞到了极点。在寂寞的、忧郁的、冷色调的图像下，他既抽离，用旁观者的目光洞察一切；又沉迷，在爱恨纠葛里沉浮。最终，他用光影记录下了自己的王氏独白。

（文/张晗）

范文点评

本文写法纯熟，颇具文采，用近似于王家卫式风格的文笔写出了一篇解读王家卫电影的文章。总体来说，作者主要立足于故事题材和王家卫的创作风格对影片进行了评析，对于镜头语言等电影本身的元素涉及较少，而且文章结构上稍显松散，内在逻辑性也不强,这是需要考生注意的地方。但是本文在表述语言上是非常值得借鉴的,尤其是对于那些在语言模式上总是摆脱不了"该镜头表达了……阐释了……"等的影评写作新手而言。

影片信息

中文名:旺角卡门　　　　　　　外文名:As Tears Go By

上映时间:1988 年　　　　　　　导演:王家卫

编剧:王家卫　　　　　　　　　　类型:剧情、爱情、犯罪

主演:刘德华、张曼玉、张学友、万梓良

主要奖项:第 8 届香港电影金像奖最佳男配角奖

希望之桥：爱的延续

——评微电影《桥》的主题意蕴及创作特色

　　由 Bobby Garabedian 执导的《桥》，荣获 2004 年第 76 届奥斯卡金像奖最佳真人短片提名奖，以及美国温馨电影展水晶心奖。导演用 32 分钟展示了一场生命的轮回：父亲与自己唯一的儿子相依为命，两人的生活虽清贫却充满温情。一日，在儿子的央求下，父亲同意带他一起去自己工作的地方。身为铁路工作者的父亲负责一座吊桥的升降，以保证来往火车和船只的顺利通行，然而就在那一日，因火车的提前到来，一场悲剧酿成了：儿子为了帮助父亲放下吊桥被卷入铁轨下，父亲声嘶力竭地想要挽救儿子，但火车越来越近，一车人的生命掌握在父亲手中，父亲忍着剧痛拉下手杆放下了吊桥。红帽女孩在列车上目睹了这一切，痛失爱子的父亲在绝望的同时竟无意间给予了红帽女孩生活的希望，将她从生死边缘拉回。导演运用独具特色的创作手法，在影片结构、色调、配乐方面进行了极具艺术性的处理，将影片的主题意蕴完美地呈现在观众眼前。

　　巧妙的结构推动影片叙事发展，完美呈现了主题意蕴。影片的结构采用了以父亲与儿子为主线辅以多条副线的方式来完成叙事。影片开头是父亲透过玻璃看街上行人的特写，通过父亲的回忆引出故事。整部影片以父亲和儿子的经历为主线，车站情侣、母子、红帽女孩和她的朋友这几组副线同时展开，其中又以红帽女孩这一暗线为主辅助主线完成影片叙事，为主题意蕴的呈现奠定了基础。另外，影片在结构上采用了倒叙蒙太奇、交叉蒙太奇和平行蒙太奇的手法。影片以父亲独自行走在大街上开始，其间穿插父亲的回忆，结尾又再次回到大街上，表现父亲独自行走在人群中，遇见了红帽女孩和她的孩子，整部影片结构严谨，前后呼应，为主题的完美呈现写下了浓墨重彩的一笔。父亲在拉下手杆后狂奔到火车轨道旁，火车从父亲眼前呼啸而过，父亲知道自己的儿子此刻就在火车下被碾压，父亲捡起石子打着车厢竭力嘶吼着，而此时火车里的人们依然在继续着之前的事情，平行蒙太奇的使用将父亲的痛苦与列车上乘客的悲欢同时呈现，每个人都在续写着各自的故事，而每个人又都是别人故事里的过客。父亲的那句"到头来我总该有所发现"链接了影片的始末，父亲在痛失爱子绝望万分的同时，有了"新的发现"，红帽女孩得到了救赎，抱着她可爱的孩子与父亲在街头相遇。影片前后的相互照应完美阐释了"轮回"的概念，不管是影片中的父亲还是红帽女孩，都是在"爱与责任"的鼓舞下树立起迎接新生活的信心。

　　在这部短片中，色调的对比变化极具深意。影片伊始，映入眼帘的是一片灰暗悲凉的色调，父亲透过玻璃看向街上的行人、电车，特写将父亲的面部表情呈现在银幕上，营造出一种凄清的氛围，为故事叙述的展开奠定感情基调。黑夜中，父亲独自沿着铁轨向远处走去，黑色的身影在清冷的夜里显得更加凄凉，极尽孤独而又无限落寞。当父亲开始回忆与儿子在一起的温馨场景时，色调变得温暖起来。儿子与父亲约定好第二天去父亲工作的地方，父子俩穿过森林一边欢笑一边打闹，但此时的色调却悄然陷入暗沉，为即将到来的悲剧埋下伏笔。导演用一个长镜头表现红帽少女在火车轨道上行走，少女的身影从黑暗变为光亮,父亲失去了儿子却无意中救赎了少女。影片结束之际,红帽少女脱去了红帽、身着浅色大衣,十分显眼地从穿戴黑灰色的人群中走向父亲,与父亲相视而笑,此处色调的鲜明对比,营造出一种宛若新生般的感觉,父亲撞上少女怀中孩子清澈的眼神,顿时心胸开阔,也露出了久违而纯净的笑容。

电影是声画结合的综合艺术,一部成功的影片离不开对声音的合理使用。整部影片的配乐多为柔和的钢琴和萨克斯演奏的背景乐,曲调优美节奏轻缓,没有大起大落大喜大悲,即便是在父亲痛失儿子万分悲痛的情况下,也没有配以很强烈的音乐渲染。然而,相对于情绪化强烈的音乐,这种"中立"的背景乐的运用则会留给观众更多的想象空间和思考的自由。除了整部影片的背景乐以外,影片中几个特别场景的声音运用也十分到位。在儿子掉下铁轨后,父亲面临着一个艰难的抉择:救自己的儿子?还是救一整列火车上的乘客?此时列车即将到来的轰隆声、列车上乘客播放的音乐声、铁轨发出的咔嚓声、火车的鸣笛刹车声、火车即将到来的敲铃声都被无限扩大化,借以表现此时父亲心中的慌乱,父亲亲眼看着火车从自己面前无情驶过却无力拯救爱子,站在铁轨旁哭得撕心裂肺,此处消去了父亲的悲鸣声,仅有火车通过的轰隆声以及轻缓的略带哀伤的背景乐,从而达到了"此处无声胜有声"的最佳效果,将父亲的悲痛无限放大,因悲鸣而扭曲的脸撞击着每一位观影者的心,挥之不去。

影片最后,父亲的那句"到头来我总该有所发现,全新的城市,全新的人群,全然不同的梦,全然不同的生活",将影片的主题意蕴升华到至高点。生活固然残酷,但希望总是有的,因为有爱。这是童话式寓言的延续,也该是生活应有的样子。

(文/李婧)

范文点评

由于微电影时长较短,所以导演可能会赋予每一个镜头以深刻的含义,这就要求广大考生在观看微电影时一定要集中精力,认真观看每一个镜头和细节,这样才会在写作微电影的影评时有话可说,并且言之有物。

这篇文章可以说是一篇以"细节"分析撑起来的影评。首先,作者看到导演以"特写"——父亲看着玻璃窗外的行人开始影片,引出故事。其后又看到影片在结构上采用了倒叙蒙太奇、交叉蒙太奇以及平行蒙太奇等手法,几条线索交相呼应,是本片的特色之一。作者甚至还看到,由于火车提前到来,儿子为帮父亲尽快放下吊桥,却意外失足掉下铁轨,千钧一发之际,父亲艰难地选择救下一火车的人而痛失爱子,看着火车无情驶过,父亲"捡起石子""打着车厢""竭力嘶吼",而火车上的人们则依旧若无其事,"聊天""听音乐"……这样的细节对比瞬间放大了影片的感染力。

但是,这篇文章也有一处极大的败笔,就是作者在论述分论点——影片的"色调"时,使用了一个词语,叫"极具深意",但是后面的论证过程却没让人看出丝毫新意之所在,甚至有些地方有牵强附会之嫌。

影片信息

中文名:桥   类型:剧情   主演:Vladimír Javorský、Ladislav Ondrej
主要奖项:第76届奥斯卡金像奖最佳真人短片奖(提名)、2003年棕榈泉国际短片电影节最佳影片奖、2003年美国温馨电影展(HeartLand Film Festival)水晶心奖

机械文明下的雇佣关系

——评微电影《雇佣人生》的主题意蕴

阿根廷短片《雇佣人生》,用仅仅六分钟的时长为我们展现了一个高度机械化的时代,影片通过一个秃头男人的日常来展现一个病态的社会,试图借此探讨社会和人际关系。影片在故事层面、人物塑造以及镜头画面的运用上独具匠心,讽刺了阶级化、秩序化分明的人类社会中的冷漠。

从故事层面上看,《雇佣人生》这部影片极具讽刺意味。七点十五分铃声大作,主人公——一个秃头男人疲惫地从床上爬起来,洗漱、穿衣、吃早饭、出门上班,这一套原本寻常无异的流程却是在"雇佣者"的配合下完成的。影片中,主人公家里,几乎所有的家具摆设——台灯、桌椅、镜子、衣架等都是由人来担任的,男人出门后雇用了一辆人力"出租车"前往公司上班,就连马路上的红绿灯以及公司里的大门、电梯、储物柜都是由人在呆板而机械地操作,男人到了公司后担任起自己的职责:在办公室门口充当一块脚垫。在这个神奇的世界,所有的工具都由人来担任,每个人都面无表情地干着自己的本职工作,共同组建成了一个冷酷的世界。影片中的人物等级森严,男主人公和他的雇工们,男主人公和他的雇主,一层层向上延伸,每个人都只不过是社会的一个"零件",各自靠自身的努力处于不同的等级、售卖着自己的灵魂,整个故事诙谐又极具讽刺意味。

在人物形象的塑造上,机械麻木是人物身上贴着的统一标签。每个人物都面无表情和麻木不仁,像极了工厂批量生产出来的机器人,短片中的每个人都是整个社会大机器里的一颗螺丝钉,都是"社会链条"中的一个环节,即使是影片最后从男主人公身上踏过的雇主,也不过是整个社会阶层中的某一个被雇佣者,影片中每个人物都环环相扣,紧密结合成一条封闭的链条,每个人在这个社会中都只有两种身份:雇佣者和被雇佣者,而影片中的人物对于自己所处的阶层坦然接受,冷漠的表情中看不出一丝一毫的不满和反抗,可能他们早已经被社会所同化而变得麻木不仁。影片的最后,身为台灯的雇工将自己头上的灯罩摘下扔掉,似乎又代表着意识的觉醒、反抗的开始,但无论如何,想要完全地脱离社会而独立存在是不可能的,影片中的台灯人、桌子人、红绿灯人等等,不过是这个机械化社会中的一个小环节,用来表现主人公与社会、与社会中各个元素之间的千丝万缕的联系。影片中的主人公来到公司里,在门前躺下充当了一块脚垫,代表着这个荒诞的社会就是由无数个"主人公"拼凑而成的,你我也是其中之一。

为了体现出"荒诞的世界"这一主题,整部影片的镜头语言采用了旁观者的视角进行展现。影片一开始就以冷眼旁观的第三者的视角来展现男主人公一天的生活,描绘出物化的世界、物化的人,整部影片采用灰色和暗色调,从伊始就奠定了整个故事的主调——诙谐、讽刺,现实主义风格明显。男主人公起床后洗脸刷牙、吃早饭的全过程都是在人被当作工具的情况下完成的，主人公坐在人凳子上，安然自若津津有味地吃着早饭，而身为椅子和凳子的雇工们正如真正的桌椅板凳一样，脸上毫无表情。大街上到处都是人力出租车背着雇主在匆匆跑着，每个人都一脸呆板麻木，空洞地看着前方。一个更诙谐的镜头是十字路口的红绿灯：两个男人穿着同样颜色的大衣，呆呆地站着，根据时间来确定谁将大衣敞开露出里面穿着的红色或绿色衣服。公司的大门同样也是由几个面无表情的人担当着，随着来往人群左右移步。这样一群没有思想、没有意识和存在感的人，在一个机械化的社会里存在着，着实引人深思。

　　短片《雇佣人生》是一部没有配乐、没有对白、极具讽刺和隐喻的动画片，篇幅短小却蕴含深刻的哲理，从中我们看到了人类社会的冷漠、等级分明的阶级性以及程式化流水线般的人物。导演通过荒诞的故事情节、冰冷机械的人物形象以及极简主义的镜头画面为我们展现了一个极具讽刺意味的社会，在这个社会中，麻木地进行机械运作似乎已经成为主流，但作为一个完整意义上的人，独立的思维以及对自由的追求也许是我们更应该去关注和深思的问题。

（文/李婧）

范文点评

　　《雇佣人生》是阿根廷的一部不到十分钟的电影短片，该片以独特的视角解读了社会与人性的本质，既深刻又犀利，至今已在全世界获得了 102 个奖项。但是这部影片也是一部充满争议的短片，有人看到的是阴暗和冷漠，也有人感知到了超脱和淡然。这种含义丰富的影片有些时候对于考生而言是一个契机，只要考生能够提炼出一个合理的中心论点，并且自圆其说，应对考试基本是没有问题的，而且如果考生能够挖掘出一个独特角度，让考官眼前一亮的话，还能得到较高的分值。很明显，本文作者是选取了一个大众化的角度去评述，即"每个人都是这个社会大机器里的一颗螺丝钉"，这样的文章走的是四平八稳的路线，大多数考生可以借鉴这种思路去写作。

影片信息

中文名：雇佣人生　　　　　　　原版名称：The Employment

上映时间：2008 年　　　　　　　导演：Santiago Grasso

编剧：Patricio Gabriel Plaza　　　类型：剧情、动画、短片

主要奖项：2009 年 ANIMA-科多巴国际动画电影节评委会大奖、2009 年安纳西国际动画节电影节国际影评人费比西奖、2009 年利尔达拉美电影节最佳短片奖

山河已逝,故人不在

——评电影《山河故人》的主题意蕴

　　从聚焦时代到聚焦人物,贾樟柯的《山河故人》和他以往的作品一样,关注着时代变迁下社会小人物的悲欢离合,不断地诉说着对逝去的故乡和旧人的无限怀念。《山河故人》延续了贾樟柯不同寻常的诗意表达,以传统的线性叙述,通过段落化的叙事讲述了沈涛、张晋生、梁子之间跨越了 26 年的情感纠纷,把过去、现在和未来连接在一起,共同组成了时代变化的情感历程。情感之下看到的尽是对社会变迁的无力感伤,影片中一个个真实而肃穆的镜头,一重重耐人寻味的意象和一串串淳厚而伤感的故事,向世人谱写了一曲"山河已逝,故人不在"的悲凉赞歌。

　　时代的变迁不仅撕裂了爱情、婚姻,友情和亲情也被撑开。时光流逝,沈涛和张晋生的婚姻以失败而告终,亲情在沈涛的世界里完全崩塌,亲生骨肉近在身边却咫尺天涯,父亲的离去更是让她的亲情世界化为灰烬。旧日情人的回归并没有给沈涛带来情感上的慰藉,反而更让她感到孤独。影片的最后,镜头拉回到山西汾阳,沈涛在飞雪中翩翩起舞,背景音乐依然是《Go West》,但是只剩下沈涛孤身一人,这在首尾呼应的同时也是对情感的升华。与此同时,身患绝症的梁子回到故里却感到一丝悲凉,贾樟柯通过真实的镜头和昏暗的光线展示出变迁的故里,这里已经不再是旧日的山河和昔日的沈涛,时代的变迁终究是梁子无法摆脱的伤痛。和沈涛情感破裂的张晋生也没有逃脱时代的更迭。影片中张晋生与张到乐的亲情是电影的重要组成部分,张到乐从小就移居上海,导致与亲生母亲长期分离,而后又被移民澳大利亚,语言和文化上的障碍让他和父亲之间无法进行最基本的交流,这是非常可笑的,但同时也是悲哀的。此外,2025 年之后张晋生的第二任妻子再也没有出现,或许时代的变迁再次造成了婚姻的破裂。

　　时代的变迁造就了社会的沧桑,社会的沧桑映射着个人的悲剧。影片始终在讲述小人物的悲欢离合,不管是情场失意远赴他乡的梁子,还是随着时代变化不断在迁移的张晋生,甚至是仍然守在原地坚守山河的沈涛,都逃脱不了孤独的命运。面对无法回去的故乡以及无限感怀的旧人,贾樟柯通过不一样的镜头语言赋予不同人物以不同的生命轨迹。在爱情的较量中落败的梁子,逃离了汾阳却逃离不了命运对他的剥夺,成了彻头彻尾的失败者。张晋生看似获取了一定的胜利,成于金钱和爱情,却最终也败于金钱和爱情,成了一个远赴他乡的漂泊者,相比于梁子的失败,张晋生最后的失意和落寞似乎更像是精神世界的崩塌。即便是冷静面对生死离别的沈涛,也终究无法摆脱命运的孤独和悲剧,坚守家园和故土的她换来的依然是孤独的一生。而影片中两次出现背着关公刀的少年在人流中来往,更是为整部影片增添了不少漂泊之意。无论个人进行怎样的挣扎,都终究在时代变迁的道路上无法回头,每个人都义无反顾地走向孤独、走向漂泊。

影片对细节的捕捉和思考,展现了不一样的山河与故人。《山河故人》从表面看上去是表现一段简单的三角恋,但实际上贾樟柯是希望通过这种关系去揭开真实历史中存在的创伤。那些具有符号化的镜头语言和意象就是对这些创伤的完美解读。叶倩文的歌曲、古老的街道、破碎的山河以及经常出现的饺子,让一个个不同的山河和故人跃然于银幕之上。除此之外,贾樟柯运用电影技术参与叙事,不同比例的画幅分别代表了不同的时代,代表了不一样的山河故人,更引起了观众的时代记忆。在影片中,无论是过去、现在还是将来,都出现了"饺子"这一意象,它象征着中国的团圆和情感的归属,这正是现代人所缺失的。物质生活的充盈让人们的精神世界和情感世界不断缺失,这也正是大时代剧变下所带来的情感哀愁。

《山河故人》以饱含深情的情怀诉说着时代变迁中小人物的迷失、孤独与脆弱,映射出现代人的生存状态,具有深刻的现实主义情怀。向观众展示的也不再是"山河依旧,故人安在"的传统意义的怀旧形式,而是"山河已逝,故人不在"的现代主义感伤。

(文/赵冰)

范文点评

有人说,中国的第四代导演执着于伦理道德,第五代导演迷恋于历史寓言,而第六代导演则陶醉于都市摇滚。但是,贾樟柯作为第六代导演的代表人物之一,却是特立独行的存在,他更擅长于用镜头语言去描绘一个巨大的转型时代普通人所要承受的代价和命运发生的转变。贾樟柯的电影,对于编导艺考而言,总是考官们的宠儿,而对于广大艺考生而言,却是一道难题。其实只要掌握了贾樟柯一以贯之的创作风格,分析他的电影并不困难。

《山河故人》是一部很典型的贾樟柯式电影,本文作者对于主题思想的把握也非常准确,开篇便提出:"从聚焦时代到聚焦人物,贾樟柯的《山河故人》和他以往的作品一样,关注着社会变迁下小人物的悲欢离合,不断地诉说着对逝去的故乡和旧人的无限怀念。"其后再分段进行分论点阐述,有理有据,条理非常清晰,是一篇不错的应试范文。

影片信息

中文名:山河故人　　　　　外文名:Mountains may depart

上映时间:2015 年　　　　　导演:贾樟柯

编剧:贾樟柯　　　　　　　类型:剧情、家庭

主演:张译、赵涛、张艾嘉、董子健、刘陆、梁景东

主要奖项:第 68 届戛纳国际电影节主竞赛单元金棕榈奖(提名)、第 52 届台湾电影金马奖最佳剧情片奖(提名)、第 52 届台湾电影金马奖最佳女主角奖(提名)、第 63 届西班牙圣塞巴斯蒂安国际电影节公众大奖

第三卷 人物形象角度分析影评范文

西藏盛开的雪莲

——谈《遥望查里拉》中宋建军的人物形象

看过了《遥望查里拉》这部影片,我更深切地体会到别林斯基的那句话——艺术性就在于以明确、突出、浮雕般的形象,以充分表现思想的形象说话。的确,片中的军人宋建军在陪安云找丈夫的过程中,把其性格完全展现给了观众,让每一位观众通过宋建军本人,深刻认识到了西藏军人的思想和精神。同时,这部影片有感人的一面,而感人的一面恰恰是因为西藏军人的精神所产生的。可以说,宋建军是西藏军人的典型,他的性格是显而易见的,他的这些性格特点,会给人们带来新的启示。

直率,是宋建军的性格之一。影片的开始,宋建军和安云在飞机上初次相遇,就对一个当时的陌生人公开说了自己脾气不好,火气大。又说前妻经常对自己发火。这几个镜头看似很平淡,但仔细体味,这不但是宋建军坦然面对自己的职业、面对面前的安云,也是把自己内心真实的一面向安云、向观众展示出来。在他知道安云是来离婚时,首先是大动肝火,发起脾气来。因为他认为安云对西藏军人是不了解的,并不知道西藏军人无论是物质生活还是精神生活的艰难,而且安云还错怪丈夫。性格直率的宋建军抑制不住对安云的强烈不满,训斥了安云。这种训斥是针对那些不理解西藏军人的所有人的,而不仅仅是安云一个人。导演通过他直率的性格给了每一位观众一次思考的机会,从而更深刻地挖掘影片的一种思想。在看到雪莲后,在公共汽车上,宋建军说了这样一句话:西藏军人到了别处什么都不是。字里行间,一位军人的想法和直率的性格表露了出来。在言谈和举止中,没有人说宋建军是圆滑的,因为他表现给观众的,也是导演意在表达的,就是他直率的一面。

心胸的博大,也被宋建军体现得淋漓尽致。因为妻子的不理解而离婚后,显然他并没有因此而仇视妻子或斤斤计较,而是处处想着妻子,想着妻子甚至每位军人家属生活上的艰辛,从而体谅她们。在片中这方面的体现虽是只言片语,但它给我们留下了广阔的思想空间,让我们从中受到启迪。宋建军之所以没有了自己的家,是因为在他心里,西藏人民比自己的妻子和孩子更重要。在无形中,导演依靠宋建军将他自己的家与西藏、与整个中国进行了比较。宋建军选择了大家舍弃了小家。人们可以清晰地看到宋建军博大的心胸、伟大的精神。他与司机到达查里拉而像儿童一样欢呼、奔跑、翻跟头的一组镜头,就体现了他对西藏的热爱。到了西藏的怀抱中,那种愉悦的神情和超乎寻常的行为,足以让观众感受到宋建军当时的内心世界。加上影片中的几个对西藏壮美河山的远景镜头,更让观众着实感受到宋建军的心胸正如这西藏的天空和河山一样宽广,西藏人民是时刻生活在宋建军心中的。这一点,又被宋建军生动地演绎了出来。

宋建军那执着的精神,观众有目共睹。对自己事业的执着,首先在他与安云的相处间体现出来。一个对自己的工作不热爱的人,是不会去谴责不理解自己工作的人的,同样,一个对工作很热衷的人,也不会容许别人说半句关于自己工作的片面之言。所以,由于宋建军对事业的执着,才会有了对安云的斥责。这不仅仅源于他的直率,也源于他对事业的态度。如果他回到妻子和孩子身边,他的家庭不会破碎,而他没有那样做,看着妻子离开了自己而没有半句的后悔之言,这一切,又不仅仅因为他的心胸博大,还在于他的执着。他的心胸博大和他对事业的执着是相通的,也是导演对他的赞美,同时也是这部影片所要告诉观众的又一方面。在他执着精神的促使下,他也永远地离开了西藏人民。他为挽救西藏人民而死在泥石流中,但他的精神却铭刻在观众的心里。影片的最后,安云在车里的脸部特写镜头,流露出了安云对宋建军、对丈夫和西藏人民的理解、敬佩与感动,同时也是对自己曾经的想法和做法的一种自责。导演和观众产生了共鸣,因为观众通过宋建军认识了西藏军人,懂得了如何看待和理解曾经不理解的一些人,这也是导演意在表达的,而且也赞扬了军人们。

如果要想让人真正体会一部影片的思想内涵,影片中的人物就应该让观众懂得一些东西,正如高尔基的那句话——思想和印象必须化为形象。《遥望查里拉》中宋建军这一形象,真正给人们留下了深刻的印象,因为他将这部影片最值得称道的地方成功地演绎了出来,给了观众无限的启发和深刻的感受。

范文点评

这是一篇比较成功的电影评论。它从人物形象的角度入手,很好地概括了电影、分析了电影,并牢牢地抓住了电影的主旨。首先,它比较符合影评的一些基本要求,在该文中,作者从"直率""心胸的博大""执着的精神"三个方面,进行了熟练的分析和论证。只有先熟练地掌握了评论的基本写法,才能更好地把握影评写作,写出条理清晰、逻辑缜密、论点明确、分析丝丝入扣的好的影评文章。其次,在符合影评要求的基础上,该考生的影评结构组织能力、影评语言逻辑能力,也是比较强的。在这篇影评中,他的题目是"西藏盛开的雪莲",通过比喻的手法,说明要写的是片中的主要人物宋建军,并突出该人物像雪莲一般高洁的品质。副标题则进一步点题,说明了阐释的方向。

当然,该影评也有一些缺点,例如,如果在技术分析上更为细致一些,将会让影评更加出彩。

影片信息

中文名:遥望查里拉　　　　　　出品时间:1999 年
导演:王小列　　　　　　　　编剧:裘山山
类型:剧情　　　　　　　　　主演:李琳、孙敏、王戚、小达珍
主要奖项:第 7 届精神文明建设"五个一工程"入选作品奖、第 5 届中国电影华表奖评委会奖、第 9 届上海影评人奖"十佳影片"奖

通向天堂的使者

——评电影《入殓师》中的人物

　　生活在并不完美的世界当中,每一个普通的人或许都会在残酷的现实面前充满无奈和迷茫,面临艰难的抉择。影片《入殓师》对小林这一人物形象匠心独具的摹写,让人们读懂了一个入殓师充满酸甜苦辣的百味人生。

　　小林是一个富有责任心的人。这一人物形象极富东方的伦理规范,极具家庭的责任感。小林努力地工作就是为了能和妻子过上幸福的生活,让妻子生活得更美好,所以当自己失去大提琴师的工作时他对妻子充满了歉意和悔恨。从影片中人们可以看到小林是一个好丈夫,当失业后被迫迁往农村居住时,为了生活他选择了入殓师的工作。为了安慰妻子,害怕妻子受到伤害,他一个人默默地承担着一切来自心灵和生理上的打击,强烈的生理反应和来自内心的剧烈的撕裂感在折磨着这个年轻的心灵,他在妻子面前装出一副若无其事的样子,这就是一种爱,一种刻骨铭心的爱,虽没有海誓山盟的爱情誓言,但这的确是真真切切的爱,是小林用实际行动对妻子和家庭的责任表征。

　　同样,小林对自己入殓师的工作也充满了责任心和执着。小林由开始对这项工作的"误解"到最后的选择,内心经历了一个艰难的成长历程。东京大提琴师工作失败的打击,让小林对自己的生活充满了迷茫和困惑,在妻子的鼓励之下他又开始了新的生活,然而,入殓师的工作选择又让他内心充满了尴尬和羞辱感。但是,在社长的帮助下,他逐渐认识到了这项工作的神圣,所以不管什么时候,入殓的电话一响,他都会义无反顾地去工作。尤其让观众感动的是,即使他最珍爱的妻子由于对这项工作的偏见要离开他时,他都没有放弃,而是选择了坚持。

　　小林的内心充满了对生命的尊重、敬畏和宽容。当看到小林在工作时那种专注且执着的眼神时,观众都会被感动,这不仅是对工作的认真负责,更是对死者的尊重、对生者的告慰。影片中每一个逝者都有一段故事,有长有短,有显有隐,每一个故事都会给人们以启发,或多或少,或深或浅。活着的时候,人们应该互相理解,相互宽容,否则死亡一旦降临,就再也没有机会对逝者表达自己的感情了。小林送走的每一个人,与他们的家人,都有一段难以言表的故事,随着死者的逝去,所有的故事与感情都化作眼泪与灰烬。影片这些故事情节的设置都是为了解决小林与父亲的矛盾关系。他和父亲的关系,每每令小林感到痛苦,是理解还是痛恨?一切都在一念之间,乃至于生死。小林在经历了这么多的死亡之后,他对于父亲的思念也与日俱增,他逐渐读懂了父亲在他儿时送给他的那块石头,这么多年的怨恨和不理解,在父亲去世的一刹那间似乎都烟消云散了,反而充满了对父亲的哀思和怀念。当小林认真地为自己的父亲入殓时,他那专注的眼神在回忆与父亲在一起的快乐时光。这样一种仪式,与影片《那山那人那狗》《和你在一起》中父子关系以儿子最终认可了父亲的价值观，父子关系达到一种和谐的状态相比，具有异曲同工的妙处。

作为入殓师的小林是一个对死亡超度的使者。影片以"入殓"为主要故事情节线，以喜剧的方式来表现葬礼与死亡，显然是为了让人们不要畏惧死亡，正如影片中对于死亡的理解："这是很普通的事。"作为大提琴师的小林，为活着的生命制造美；作为入殓师的小林，为死去的生命制造美。小林的工作是伟大的，至少在死难者的家人看来，是这样的。观众能注意到，小林在给死者入殓以后，死者的家人都对他充满了感激，就像影片中那个失去妻子的中年男人一样，认为小林化妆过的妻子是最漂亮的。小林正如一个伟大的化妆师，为去地狱旅行的人们梳妆打扮，让这些曾经在这里生活的人留下人生最美的一瞬。他是一个使者，一个让生者和死者都感到慰藉的"天使"，因为他给每个充满悲伤的家庭带来了一缕爱的温暖和抚慰。

小林这个人物形象寄托了导演对于生死的理解与感悟。影片更是以一种东方式的启迪来引起观众的思索，而不是布道式地说教。对自己的入殓师工作耿耿于怀的小林，有一天在桥上看到河里的鱼，拼命地向上游游，然而从上游却漂来了几条死去的鱼，小林很是感慨。这时，他的一个朋友正好经过桥上，于是停下来和他一起看鱼，小林说："真是悲哀啊，为了死而努力，终归一死，不那么努力也可以啊。"他的朋友说："是自然定理吧，它们天生就是这样。"导演泷田洋二郎对于生与死的解读仍然充满了东方式的哲学思考，他把人与自然看作生命和谐的本源。影片中对自然环境的影像呈现，以及小林在其中沉醉地拉大提琴，让人们感受到了自然的美好，生死只不过是大自然新陈代谢的自然现象而已。从某种层面上讲，生命的真谛就在片中老火化工人的话里：死，只是一扇门。生也是。我们穿越生之门，呱呱坠地，然后很多年后，我们就走了，轻轻掩上门，就像当初来的时候般简单。所以，大可不必为生命的逝去悲痛欲绝。虽然有些生命的存在在这个世界显得格格不入，有些死亡的到来也让人猝不及防，但是当生命由存在突然化为虚无，人们应该慢慢释然。

小林的妻子美香是剧中的女主角，她在影片中的作用是承担了家庭和爱情的象征，美香对自己丈夫的支持和鼓励使小林很快地走出了第一次事业失败的打击，重新面对新的生活。她处处体贴丈夫，是个温柔贤良的女性形象。她一开始反对丈夫从事入殓师的工作，但在亲眼见证过丈夫的工作后，默然地接受了丈夫及他所选择的职业。影片结尾时，她终于大胆地说出了"我的丈夫是一个入殓师"这句简单的话，说明了美香对丈夫的支持和尊重。影片对美香这一人物形象的塑造，更加突出了小林这一人物形象的真实性。

影片对小林这一人物形象的刻画，增强了影片的欣赏趣味，丰富了影片的主题，对于提升这部影片的艺术价值具有重要的作用，这也是这部影片获得如此成功的重要因素。

（文／李化栋）

范文点评

电影《入殓师》讲述了一位葬仪助手的成长历程。这部电影情感绵长，略带喜剧效果，轻快且感人至深。影片围绕日本式的葬礼场面展开，植入了夫妻爱、生死观等一系列隽永的主题。这篇影评针对片中的主人公——小林大悟展开评析,同时也加入了本文作者对影片生死主题的探讨。对人物形象进行分析,要分析人物形象所体现出的性格复杂性。这篇影评主要是针对小林的责任心、对生命的敬畏和尊重、对死亡的超度等不同的侧面来进行评析的,反映了主人公形象所体现出的复杂性和丰富性,对影片的理解是准确和深刻的。同时作者也运用了对比的手法来凸显所评述的主题,如引入同《那山那人那狗》和《和你在一起》等影片的对比,显示出作者善于调度自己丰富的观影经验为影评写作服务,这种做法是值得广大考生借鉴的。

影片信息

中文名:入殓师　　　　　　外文名:Okuribito

上映时间:2008 年　　　　　导演:泷田洋二郎

编剧:小山薰堂　　　　　　类型:剧情

主演:本木雅弘、山崎努、广末凉子、吉行和子

主要奖项:第 81 届奥斯卡金像奖最佳外语片奖、第 32 届日本电影学院奖最佳影片奖、第 32 届日本电影学院奖最佳导演奖、第 32 届日本电影学院奖最佳编剧奖、第 32 届日本电影学院奖最佳摄影奖、第 29 届香港电影金像奖最佳亚洲电影奖

独特的手法　完整的形象

——评电影《拆弹部队》塑造人物形象的手法

　　《拆弹部队》是一部具有反思性质的战争题材电影,采用纪录影像风格,手持摄影,没有商业片强烈的视觉冲击,没有惊心动魄的画面,而是简单的写实主义,将战争极现实地搬上银幕。导演选取了一批很特殊的人物群体来进行刻画描写,表现残酷的战争对人心理的影响。其中最成功的人物形象是主角詹姆斯,影片运用了多种手法来塑造这一人物形象,可谓用心良苦。

　　影片运用了对比的手法来刻画人物,揭示面对战争面对恐惧时人与人的不同,更突出地表现出詹姆斯勇敢可贵的品质。詹姆斯与桑伯恩、艾缀奇在对待拆弹的观念上形成鲜明对比。桑伯恩看重所谓的名誉,这点完全与人道主义背道而驰,而詹姆斯不顾生死坚持到最后一刻去营救每一个可以拯救的生命,两者形成对比;艾缀奇害怕死亡,总是胆怯不敢做,也与詹姆斯勇敢莽撞的性格形成对比。这两组人物的对比刻画都旨在表现詹姆斯高贵、勇敢、充满正义感的品质。

　　影片还运用多处细节描写来塑造人物,将人与人之间的细微不同、人物的性格逻辑和心理变化极现实地表达出来。在三人的沙漠遇袭一段中,沙漠中的狙击看似枯燥简单,但从细节上表现出了真实战争的残酷,紧张对峙导致的身体虚脱,面对死亡的慌乱,人性的脆弱受到考验,重要的是詹姆斯充满爱心、善良的品质得到充分展现。在狙击点,詹姆斯自己渴得要死,到最后却把水给了同伴。导演凯瑟琳·毕格罗用一种独特的女性视角,将人性美在最危急最落魄最恶劣的环境下展现得淋漓尽致。导演舍弃奢华震撼的画面效果,完全采用纪实手法,拍摄真实的战争场景,将人物放置在恶劣的环境中,从而细腻地刻画人性的美。在沙漠那一片段中,在苍蝇、尘土、回旋风等的侵扰下,詹姆斯仍能够想着战友,并与战友坚持到最后,可谓是导演在塑造人物形象时的独具匠心。另外,詹姆斯在战争中多次激励那个胆小懦弱的战友,展现了他对战友的情谊和善良的心。片中,当詹姆斯拆完一车危险而繁琐的炸弹后,有位长官很是敬佩,并问他总共拆过多少炸弹,詹姆斯在短暂犹豫和谦虚后肯定地回答:"873个,长官。"拆弹本来是很让人惧怕让人胆怯的工作,他却在每次拆完弹后收藏一些残片作为纪念,一个虽然细小的情节安排,却可以展现出詹姆斯对工作对使命的认真,让男主角的形象更加高大。

　　影片还从人物语言上来表现战争对人心理的影响,为塑造詹姆斯高尚、勇敢、有魄力的形象起到了重要作用。离开战场回到正常生活的詹姆斯惘然若失,他对着妻子说:"他们需要补充拆弹员。"詹姆斯对着幼子自言自语:"然后你会忘记你真正所爱的少数东西,当你长到我这么大时,它们或许只是一两件东西,对于我来说,则只剩下一件了。"他最后剩下的那件东西就是拆弹。战场上血腥的丑恶、无辜的杀戮,让詹姆斯找到了自己的价值——拆弹,这也反映出人性闪亮的一面:不畏惧死亡,而是变得更加坚强。借助传神的语言,人物形象被刻画得细致入微。

《拆弹部队》运用各种手法塑造了詹姆斯完整的人物形象,影片一举横扫第 82 届奥斯卡最佳影片、最佳导演、最佳原创剧本等六项大奖,人物形象的成功塑造是影片成功的因素之一。

(文/段少营)

范文点评

艺术形式和技巧是为内容服务的,电影艺术也不例外。作为电影内容之一的人物形象,其形象的鲜明和独特也是离不开多种电影艺术表现手法的。在这篇影评文章中,作者没有停留在对人物形象的具体阐述上,而是重点分析了人物对比、细节描写、人物语言三种艺术手法是如何为塑造人物形象服务的。同时,作者还列举了影片中的具体情节来例证这些艺术手法。观点鲜明,结构严谨,论证扎实有力。本文的标题也是比较有特点的,既交代了文章的两个重点评述方向——艺术手法和人物形象,形式也比较新颖。

影片信息

中文名:拆弹部队　　　　　外文名:The Hurt Locker

上映时间:2008 年　　　　　导演:凯瑟琳・毕格罗

编剧:马克・鲍尔　　　　　类型:剧情、动作、战争

主演:杰瑞米・雷纳、安东尼・麦凯、布莱恩・格拉格提、拉尔夫・范恩斯

主要奖项:第 82 届奥斯卡金像奖最佳影片奖、第 82 届奥斯卡金像奖最佳导演奖、第 82 届奥斯卡金像奖最佳原创剧本奖、第 82 届奥斯卡金像奖最佳音响效果奖、第 82 届奥斯卡金像奖最佳电影剪辑奖、第 82 届奥斯卡金像奖最佳音效剪辑奖

在悬崖边独舞的别样男人

——评影片《小武》中小武的人物形象

看多了画面精美、道具精良、服装华丽的片子,眼球不禁产生一种视觉疲劳,看多了描述小人物的电影,又不禁产生一种审美疲劳,于是人们在寻求一种异样的感觉。贾樟柯以其自我创作模式向我们展示了他执导的电影——《小武》的独特魅力。于其中,我们读懂了小武这个小人物的内心,欣赏到了在人生的悬崖边独舞的别样男人。

《小武》讲述的是 20 世纪 90 年代山西汾阳县城一个小偷的故事。这个小偷并不是《纵横四海》或《偷天陷阱》中的那类通天大盗,他是那种"盗亦有道"的小偷。有一句话,叫作"乱世出英雄",刻画这个人物形象当然离不开当时的社会环境。20 世纪 90 年代的小县城,处处充斥着劣质文化的强烈味道。肮脏的街道,暗色调的自行车和行人,无处不在的小型歌舞厅,满大街的港台流行歌曲……小武就在这种环境中挣扎,寻求属于自己的一方天地。影片全部启用非职业演员,这正是为了追求导演匠心独运的纪实风格,是其对中国底层人民真实生活状态的透彻写照。看似灰淡中,有一种存在的合理性和人生思考。这样的小人物中国有成千上万,他们往往只拥有自己渺小生命的一部分,然后被淹没在体制化的社会里,有关平凡生命的一切喜怒哀乐都不被知晓,不被关注。这些琐碎、无力、粗糙、卑贱,受尽挫伤地生存在浮华媚俗的泡沫之下蒙蒙然如一片尘土。小武是一个典型,一个道德与反道德的矛盾集中体,他的内心实际上是善良友爱的,却被生活不自觉地强暴,失去了健康的职业意识。然而小武为了自己的梦想必须要生存,寻求他作为小人物的自尊。

做一个成功的"干手艺活"的人是他的第一个梦。影片一开始,小武就以一个反道德的形象出现在观众的视野里,带着比脸大一号的黑框眼镜,身体被裹在大一号的皱巴巴的西装里,胳膊上刺着文身,他自称是"警察"不买票,手却在下面偷着钱包,他把被盗者的身份证寄给警察,他对胡梅梅说他是个"手艺人"。我们再看一下他的家庭状况:年迈的父母,木讷的跟他一样戴着大黑框眼镜的大哥二哥,拥挤的空间,家人们在聊着农活,他或是出现在一个不起眼的小角落或是被隐藏于电影中无所事事。终于他因为戒指与家人发生争执,被逐出了家门。亲情狠心地抛弃了他。他的第一个梦想破灭,再次游混在肮脏、破烂不堪的歌声漫天的汾阳县城。

拥有一份甜蜜的爱情是他的第二个梦想。在与舞厅小姐胡梅梅唱歌、逛街、做头发、打电话、被吻后,他爱上了她。他的心里有了寄托。她病了,他去她宿舍看她,他给她买暖水袋,给她倒热水,细心呵护。"宿舍谈情"长镜头的运用恰到好处,她给他唱歌,胡梅梅抱着被子和热水袋,和小武并排坐在床上,阳光在他们的身后尽情地灿烂着,金色的光圈包围着两个年轻人的身影,温柔地停留在扶着胡梅梅肩头的小武的手上,多么温馨浪漫的画面！胡梅梅唱着唱着，无声地哭了。每个人的心里都有一首歌，小武唱给胡梅梅的歌，是打火机替他唱的跑了调的《致爱丽斯》。他喷在胡梅梅头上的那一口烟，模糊了他们各自的脸、各自的身份，以及各自的现在。在澡堂里，小武脱去衣服裸露在观众面前，轻松地走进浴池，他卸去身上所有的羁绊，在脏兮兮的池塘里放声唱着《心雨》，歌声与热气穿过浴池顶部飞向外边。他既是为心里的烦恼与苦闷而唱，同时也是为自己拥有了爱情而歌，他被压抑的感情在这儿得到了释放。他开始与胡梅梅对唱，跳舞，相互依偎，他陶醉在爱情里，面对外人的打扰他轻轻地说声"滚"。晴天一个霹雳，当他去给胡梅梅送戒指时，舍友说她走了，他望着他们曾经一起坐过的床发呆。之后镜头没有对准失望的小武，而是定格在了冒烟的三轮车的空镜头上，此时无声胜有声，他的美妙爱情如肥皂泡般再次破灭。他孤独了，现实就是这么无情与惊人。

拥有真诚的友情是他的又一个梦想。他曾经一起"奋斗"过的哥们小勇成了有名的企业家，电视台报道了他即将结婚的消息，小勇木讷地接受着采访。所有的哥们都被通知参加婚礼了，唯独小武没有被邀请，因为小勇怕他是小偷，毁了场面，然而小勇却忘了自己曾经的身份。我们看到小勇在灰暗的青砖砌成的墙边来回走动着向朋友解释不请小武的原因。虽然发牢骚，小武依旧没有食言他曾许诺给小勇的"六斤钱"。他把偷来的钱换成整的包起来给小勇送去。"我真的忘了通知你。"小勇不负责任的话语彻底伤了他的心。"你他妈的变了。"小武失望委屈地说。友情再一次狠狠地抛弃了他，把他推入了万丈深渊。当小武回到汾阳准备再次偷窃时，当初为了方便胡梅梅联系他而购置的呼机忽然响了，他也因此当场被抓。老警察在将小武押送到别处的途中，因为临时有事便将小武随手铐到街边的电线杆上，被铐着的小武蹲在那里，这时街上的人群开始围观，他们看着小武的目光有的漠然，有的鄙夷，有的麻木，同时小武也在观察着他们，观察着这个熟悉而又陌生的世界。

影片里全程都可以看见破落的街头、听见广播里的政策法规，市井的叫卖"谁要买猪肉请到我家来"和弘扬的大道理"国家……"形成鲜明对比。老百姓其实在国家面前是渺小的、柔弱的，他们更关心的是自己的菜篮子和琐碎的生活。小武亦是如此，他当初本来可以为了自己的幸福生活跟小勇一样继续偷，走上发财之路，然而他没有，他的内心还有一份善的东西存；他偷了钱包后依然把被偷者的身份证寄给警察，给警察留线索，为自己谋生路；他可以真心地去爱胡梅梅……这都再次说明其实他是道德的，内心还是善的。只是这个社会对他不公，他不太适应这个社会，他追求的友情、爱情等已被社会物态化，其他人早已麻木、堕落于现实，从这个层面来说小武又是清醒的，他没有被同化，他只是用自己的方式来诠释自己的宿命，保护着属于他自己的尊严，所以他被社会挤在了边缘，几近被抛弃，丧失尊严，呈现一种无能为力的孤独。

贾樟柯语："我想用电影去关心普通人，首先要尊重世俗生活。在缓慢的时光流程中，感觉每个平淡的生命的喜悦或沉重。"导演以其独特的拍摄技巧借小武这一人物形象揭示了生活在社会边缘的人物为尊严而抗争的生命历程，并给予了人性的关怀，使我们每个人观后都恍然自问：这是惊人的现实还是现实的惊人？！

（文/孙晶晶）

范文点评

　　对电影人物的分析,要有抽象和概括的能力,在适当的抽象和概括的典型化之后,再对之进行条分缕析的、层层深入的分析,从而证明并升华到主题的深刻。而这种抽象和概括,往往是一个人物在原型设计时的"真相"之所在。该影评从电影人物的孤独和独特出发,评析电影《小武》中的小武形象,可以说比较好地掌握了电影人物分析的影评写作方式。具体而言,"悬崖边"指的是小武的生存环境和境遇,"独舞"指的是他孤独的性格和命运,"别样"指的是他的特殊身份和在电影人物中的独特类型。应该说,这篇影评对小武这个人物的分析做到了人物形象分析与具体的电影形式分析的结合。当然,这篇影评也有缺点,对于分论点的提炼不具体明晰,另外具体的分析语言也稍显啰嗦,要注意语言的锤炼。

影片信息

中文名:小武　　　　　　　外文名:Pickpocket

上映时间:1998 年　　　　　导演:贾樟柯

编剧:贾樟柯　　　　　　　类型:剧情

主演:王宏伟、郝鸿建、左雯璐

主要奖项:第 20 届法国南特三大洲电影节金热气球奖、第 48 届柏林国际电影节沃尔福冈·施多德奖、第 3 届釜山国际电影节新浪潮奖、第 17 届温哥华国际电影节龙虎奖、第 48 届柏林国际电影节 NETPEC 亚洲电影促进联盟奖

清风一缕弥久香

——浅谈《黄河绝恋》中花花的人物塑造

　　冯小宁的《黄河绝恋》无疑为处于困境中的中国电影人带来了一抹亮色。该片融传统战争片与现代枪战片于一体,既塑造了神话化的抗战英雄,又提供了海上空战、血腥屠杀等刺激场面,以西方人"他者"的眼光来讲述一个发生在东方神秘土地上的"革命＋恋爱"的传奇故事。片中一泻千里的黄河、如诗如画的山川、逶迤绵延的长城等自然景象给人以强烈的视觉冲击,而激昂高亢的秦腔表演、泼辣婉转的信天游对唱等民俗奇观又增强了视觉震撼。有意识的民族主义、国际主义主题灌输,与无意识的审美超越、情感宣泄相结合,从而既获得了主流意识形态的认可,又获得了较好的票房回报,为寻求中国电影主流政治与大众娱乐的统一提供了有益的探索和蓝本。

　　应该说,《黄河绝恋》制作策略的成功来自于对好莱坞电影叙事模式和影像经验的成功借鉴。然而,又难以避免地留下了好莱坞电影人物形象类型单一、缺乏性格深度和人性魅力的先天胎记。黑子和安洁作为军人,是刚强不屈的民族精神的象征,影片重在表现他们以民族命运为大义、舍生忘死的革命英雄主义精神,在他们身上更多体现的是军人的责任心、使命感,群体共性大于个性特征。而片中一个小人物花花的设置则匠心独具,入情入理,加之演员表演真实自然,惹人喜爱,成为一道亮丽的风景线,为相对扁平的主人公形象做了弥补和匡正。影片进行到 40 多分钟,这个瞪着大眼睛、扎着小辫、胆怯而又好奇的陕北小姑娘才出现在观众的视野里,平易朴实的名字激起观众强烈的解读期待。导演没有像对黑子、安洁那样过分抬高对象,而是从孩子的天性中着力表现人物。她爱哭爱闹,单纯幼稚,爱和"洋大大"嬉戏玩耍,同时也潜藏着对鬼子和汉奸的刻骨仇恨。"我不告诉你!"一句儿童味十足的话语,既表现出花花天真幼稚、欲盖弥彰的孩子心态,又传达出对亲敌求荣的三炮的憎恶和抗议。正如大师作画,寥寥几笔,却又形神俱绝。

　　《黄河绝恋》作为冯小宁"西方视野里的中国"系列之二,隐线就是以西方人"他者"视觉观照、审视东方文明和文化观念,对中国观众熟视无睹的现象"陌生化",在相互的对峙和渗透中,达到彼此的理解和认同。"吃蝎子"一场戏中,花花手提蝎子,满脸"狡猾"地极力怂恿"洋大大"吃下去,欧文则闭眼伸脖、张魄壮胆般吞下西方人认为"只有公鸡才吃的虫子"。花花客观上成了历经千年的东方农耕文化的代言人,欧文的苦脸则增强了中国观众自身的心理优势和民族自豪感,伤病的痊愈验证了这个古老国度的神奇和智慧,从而完成了欧文对东方文明的认识和敬仰的全过程。花花凝神屏息把蝎子夹进鬼子衣服时,受众心理的紧张被推到顶点,而后鬼子狼嚎般的嘶叫和花花娇憨而痛快的笑声,又使观众潜在的报复欲望得以释放,获得压抑解除后难以遏制的欢畅和愉悦,这种孩童式的恶作剧般的惩敌行为增强了情节的张力，又使人物丰满、生动、充满童趣。而面对敌人的胁迫，花花由胆怯哭叫到咬紧牙关、一言不发，其行为转变的心理动机无疑来自于对父辈事业的理解和对杀母害兄的敌人的极端仇视。"国恨"以"家仇"的形式转移到这个倔强勇敢的小姑娘身上，合情合理，真实可信。

在《红河谷》中，那个调皮质朴、聪颖镇定的藏族小男孩嘎嘎曾给观众留下深刻印象，已初现冯小宁在小人物塑造上的功力，而《黄河绝恋》中这位身穿蓝袄青裤的集童真、童趣、童美于一体的小姑娘花花，则以一颗深谙热爱与仇恨、通晓善良和邪恶的超乎其年龄的美好心灵再次震撼了我们。花花的出现为时下扁平苍白的电影人物画廊重重地涂抹上绚丽的一笔，如来自原野上的一缕清风，挥之不去，历久弥香。

（文/张满锋）

范文点评

这是一篇很成功的电影评论！这篇文章是从花花这个小人物入手去深入挖掘导演冯小宁在影片中所内蕴的那种悲天悯人、强烈的人文关怀的价值和精神的。文章以"清风一缕弥久香"为标题展开了对电影的解读，通过分析花花这个天真、可爱、无邪、爱憎分明的小角色，使人物评论的丰富性跃然纸上，真实可信。人物评论是影评考试中一个很重要的评论角度，也是一个基本的写作角度，所以，考生们要认真学习和掌握。

影片信息

中文名：黄河绝恋　　　　　　外文名：Grief Over the Yellow River

上映时间：1999 年　　　　　　导演：冯小宁

编剧：冯小宁　　　　　　　　类型：剧情、战争、历史、军事、爱情

主演：宁静、波尔·克塞、王新军

主要奖项：第 9 届上海影评人奖"十佳影片"奖

真实历史环境下的人物还原

——《一九四二》人物形象塑造分析

冯小刚"十八年磨一剑"执导的战争与剧情大片《一九四二》,自上映以来获得了广大观众和电影专家的高度赞扬,中央戏剧学院电影电视系原主任、教授路海波评价:《一九四二》是一部温暖的电影,它体现了中国电影艺术的良心和道德感,超越了中华民族的普世情感。《一九四二》这部影片气势宏大,画面精美,镜头运用十分精湛,音效制作自然而真实。然而我认为,这部电影最大的成功之处在于其人物塑造。冯小刚在真实的历史环境下为观众塑造了一系列温暖的人物形象,例如老东家、花枝、白修德等,观众从这些人物形象身上感受到了一种熠熠生辉的人性之美。尤其是影片中老东家这一人物形象的塑造,更是将人性中本真的善良和散发出的温暖之感诠释得淋漓尽致。

导演用一种对比的手法刻画出了老东家这一人物形象在大灾面前所完成的人性蜕变与升华。对比是塑造人物形象的一种行之有效的方法,通常运用在小说和戏剧等艺术形式中,作品中人物的性格、心理变化,只有在对比手法的运用下才能够得到全面而透彻的凸显。同样,对比的艺术手法也可以应用于电影艺术中典型人物形象的塑造。在影片刚开始时,张国立饰演的老东家是一位财大气粗却自私自利的地主,当穷人们来"吃大户"时,导演用大全景的俯拍和一系列特写镜头来表现灾民的饥饿、老东家的吝啬以及诡计多端。但是随着剧情的发展,老东家也无奈地走上了逃荒的道路,甚至最后也沦为彻彻底底的灾民,亲人都死了,银元被抢了,粮食吃光了,只剩下他孤零零的一个人。在这样一种人生境遇的强烈反差对比之下,老东家这一人物形象的典型性凸显无遗。此时的老东家已不再是那个家大业大、衣食无忧的守财奴地主,而是一个逃荒路上缺衣少食、无依无靠的孤老头。然而在这样艰难的处境中,老东家却毫不犹豫地收养了一个父母双亡的小女孩,从而实现了他人性的蜕变与升华。影片中祖孙俩互相搀扶着继续走在逃荒的道路上,此时,这个小女孩已经不仅仅是老东家从路边捡来的"孙女",更是他的精神支柱,小女孩帮老东家完成了一次精神层面上的人性救赎。

在老东家这个人物形象的塑造上,演员的语言使得人物形象更加丰满、真实、可信。高尔基在《论剧本》中说:"剧本(悲剧和喜剧)是最难运用的一种文学形式,其所以难,是因为剧本要求每个剧中人物用自己的语言和行动来表现自己的特征,而不用作者提示。"在电影这一艺术形式中,同样也是要通过人物语言和动作来表现人物的特性,从这一点来看,语言在电影中的作用不言而喻。在这部影片中,主要人物范殿元(即老东家)由国内知名演员、艺术表演经验丰富的张国立老师饰演,他在戏里将河南话说得原汁原味、真实自然。在《一九四二》中河南话的使用一方面是历史真实性的要求,另一方面能够无限拉近电影与观众的心理距离,使观众在观影时仿佛置身于那一段真实的历史时空,同时激发出一种悲天悯人的情愫。在影片结尾处,老东家对小女孩的那句"妮儿,你叫我一声爷,咱俩就算认识了"，简单的语言却能够表现出灾难下人性的温暖和善良。正是影片中这些原生态、自然、纯朴的人物语言，使得影片能够成功地对历史真实进行最本真的还原，同时将人物形象塑造得更加真实动人。

为了成功地塑造老东家这一人物形象，导演在细节上也下足了功夫，尤其是在人物的服饰和穿着上。孔子曰："动于中而行于外"。对于电影艺术而言，观众是通过人物的外在形象来了解人物的。影视作品中的服装设计是为人物性格的塑造以及剧情的发展而服务的，它依附于剧情的需要而存在。在电影的开篇，从近景和特写镜头中可以看出老东家的穿着干净而体面，体现着一个地主固有的姿态和尊严；在逃荒刚开始的时候，老东家一家人的吃穿用度也在难民中卓尔不群；然而随着逃荒中各种不幸遭遇的接踵而至，老东家的穿着越来越单薄、衣服越来越破烂；直到影片的最后，导演用大量的中近景和看似无意的特写镜头再次向观众展现了老东家那富有视觉冲击力的人物形象——衣衫褴褛、驼背弯腰、目光呆滞、步履蹒跚。身体的外在表现恰恰传达了人物的内在心理，这些人物形象的外在表现，表明了此时人物的精神状况也达到了濒临崩溃的边缘。整部影片中张国立饰演的老东家的服饰演变，有力地推动了剧情的发展和高潮的到来，使观众看到在大灾难面前无数个体生命所受到的摧残和迫害，以及人物精神所受到的压制和折磨。

一部优秀的影视作品总是能够塑造出令观众难以忘怀的人物形象，同时任何影视作品中的人物形象也都应该符合当时的社会历史环境。电影《一九四二》中人物形象的塑造从表现手法、人物语言和服饰等多方面进行了努力，为观众成功地塑造了一个由自私奸猾蜕变成有情有义的老东家的鲜明人物形象，从而传达出导演的一种超越民族大义、超越道德伦理的深层次人文关怀。正如冯小刚在《一九四二》访谈中所说："这部电影能让现在的观众对民族历史多一些了解和认识，包括我自己在拍这部电影的过程当中，我自己对自己的认识和对自己民族性的认识都有质的提升。"

范文点评

这篇影评的最大特点就是简洁有力、条理清晰。文章语言不拖泥带水，总论点突出，论据选择很直白，甚至是很浅显，但是直白论点下的论证过程却超乎一般的严谨细致，论证更是充足而有力，显示出作者较强的综合思维能力。这些优点都值得广大考生学习。

总体而言，这篇影评采取的是"总—分—总"的行文格式，这是在考生平时的练习和考试当中经常用到的，也是比较保险的一种文章结构。文章第一段提出总论点："这部电影最大的成功之处在于其人物塑造……尤其是影片中老东家人物形象的塑造更是将人性中本真的善良和散发出的温暖之感诠释得淋漓尽致。"然后分别从"对比手法""演员语言"和"演员服饰"三个方面对人物形象的塑造进行分析，文章最后一段总结论点。整篇影评写得四平八稳。

影片信息

中文名：一九四二　　外文名：Untitled Remembering 1942 Project　　上映时间：2012 年
导演：冯小刚　　编剧：刘震云　　类型：剧情、灾难、历史、战争
主演：张国立、陈道明、李雪健、张涵予、蒂姆·罗宾斯、亚德里安·布劳迪、徐帆
主要奖项：第 32 届香港电影金像奖最佳两岸华语电影奖、第 3 届北京国际电影节天坛奖最佳影片奖

细嗅蔷薇的那只猛虎

——《少年派的奇幻漂流》中的人性探讨

电影比人生简单，比人生理想，它的魅力也在于此。十年一觉电影梦，李安对于自己的电影如此定义。当凭借《少年派的奇幻漂流》夺得人生第二座奥斯卡金像奖最佳导演奖的小金人时，李安已然把电影当成了自己的人生。《少年派的奇幻漂流》往往被人们贴上"剧情、冒险"的标签，可我更愿意把这部电影看作是李安导演用自己的人生领悟铸造出的一座精神丰碑。故事看似与现实生活毫无联系，然而却是李安对于人生的领悟和对于人性的解读，这些泛着晶莹光辉的思想早已渗透在了电影当中。

人性本就如此纯真。《少年派的奇幻漂流》全篇故事都围绕在派这个男主人公身上，理解了这个少年的价值取向，也便知晓了这部电影的主题。尽管派经常被同伴取笑其名字的怪异，但他却能够用自己的方式让人们重新定义自己，派用自己的坚持和智慧，让人们理解了派(π)是一个无限循环的无理小数，而不再是小便。派能够同时接纳每一种不同的宗教，尽管教规不同，礼仪不同，他却依然故我地用自己对神的虔诚完成生活中的一次次信仰旅程。在这个少年的心中，宗教与科学也许本就没有冲突，有了宗教，自己也就有了信仰，自己的生活就会是一片光明。派相信一切美好，相信动物甚至最凶残的老虎也是通人性的。他可以走近老虎，他愿意相信在老虎的眼中看到了自己的倒影。派选择最纯真的爱情，他与跳舞女孩 Anandi 那种仿佛回归了伊甸园式的爱恋更是让观众看到了派身上的那份单纯与质朴。

在电影《少年派的奇幻漂流》中，少年派身上集中了一切人类美好的本性，善良、天真、坚持与单纯。也正是如此，在这次无情的海难中，派能够得以幸存。海难发生以后，派没有绝望，没有倒下，他相信上帝的眷顾，相信暴风雨之后终会有彩虹的出现。在这样的信仰支撑下，派凭借一只小艇在大洋中漂流了 227 天。所以说，打倒人的往往不是灾难本身，而是灾难所给人带来的恐惧。在漂流的过程中，老虎一直威胁着派的人身安全，但派没有想方设法地置老虎于死地，而是选择呵护它，与老虎"相依为命"。最终，派与老虎共同逃离困境。这说明，相信美好、相信上帝的派最终也得到了美好的呵护和上帝的庇佑。

人性竟也如此邪恶。若电影《少年派的奇幻漂流》没有结局处的突兀一变，只能算作一部画面精美、故事精彩的冒险题材电影。而有了最后结局处的点睛之笔，这部电影就实现了一次质的飞跃。其实这部电影里自始至终都充满了对人性的审视。故事的结尾处，派提供了一个完全不同的冒险故事，这次冒险历程与前一个故事完全不同，甚至彻底颠覆了前面的励志与精彩。在这个故事里，充满了邪恶与血腥。人性中的那份邪恶也通过血淋淋的故事暴露无遗。

　　在后来的这个故事里,派等同于老虎,母亲化身为猩猩,水手被指认为斑马,厨师则成了那只贪婪恶狠的鬣狗,他们一同逃生登上救生艇。水手受伤之后,很快死去,厨师便将其吃掉。再后来派的母亲与厨师起了争执,也被厨师杀掉,厨师把母亲的尸体扔进大海喂鲨鱼。派出于愤怒杀了厨师,并把厨师吃掉。而这样的故事也被从日本来的船员所认可,但这样的故事却不能被所有观影的受众所接受。曾经纯真的人性瞬间堕落为邪恶的变身,如此大的反差和冲击,直击到观众的心灵最深处。

　　正如影片结尾处,成年后的派对那位作家所提问的那样:"你更喜欢哪个故事?"作家思索半天,如释重负地回答道:"有老虎的那个,那个故事更好。""谢谢,对上帝也是如此。"影片最终也没有告诉我们故事的真正答案,而这也铸就了这部电影最精妙的地方,悬而未决,奇趣丛生。看完电影后,我们也应该扪心自问一下,自己更喜欢哪个故事。我们的心灵深处是否真正地被这两个截然不同的历险故事所触动到,我们的选择是否也会像上帝一样。

　　"我心里有猛虎,在细嗅着蔷薇,审视我的心灵吧,亲爱的朋友,你应战栗,因为那里才是你本来的面目。"英国当代诗人西格夫里·萨松曾写下这样的警句。假若老虎代表了我们人性里邪恶的那一面,那么蔷薇则代表了我们人性里纯真的那一面,而这也正是我们的人性里存在着的善与恶、真与伪的两面。《少年派的奇幻漂流》正视了我们人性中的两面——纯真和邪恶。虽然电影没有为观众提供真正的答案,但这已经不再重要,因为我们心底早已有了属于自己的答案。我们愿意相信派经历的是一次危险但不失勇气的探险,我们愿意相信派在海上看到了上帝,也看到了暴雨之后的彩虹,我们愿意相信那个有老虎的故事,当然我们更愿意相信属于派的一切美好的人性。

范文点评

　　李安导演的《少年派的奇幻漂流》是一部隐喻性很强的电影,可以说在解读的过程中是"仁者见仁,智者见智"。这种类型的电影既好评也难评。好评是因为在影片中可以解读的意象很多,考生不会无话可说;可是难评也恰恰在于此,因为在众多的可解读点中,如果考生把握不好,就会陷入解读肤浅、杂乱甚至不知所云的危险境地。但是这篇影评在解读上却很取巧。

　　首先,作者选择了"人性"这一影片中非常重要和极富特色的方面进行评析,大方向是正确的,但是面对这样一部隐喻性如此强的影视作品,选择人性当中的哪些方面进行解读是整篇影评文章的关键所在。这篇文章的作者非常聪明,他选择了"人性"中最单一也是最普遍的两方面进行评析,即"人性中的纯真和邪恶"。在这两方面的基础上,作者提出了自己的总论点:我们愿意相信一切美好的人性。

　　其次,整篇影评文章的结构非常清晰。文章开篇对影片及导演李安进行了简单解读和定义,正文部分分为两个大的分论点进行评析,即"人性本就如此纯真"和"人性竟也如此邪恶",最后在结尾段落明确作者对于人性的观点和态度。

　　总体而言,这是一部成功的影评作品,尤其是能对这样一部寓意丰富的电影解读到如此程度实属不易,但是整篇文章直到最后才明确了主要论点的做法,很是冒险,在考试中不提倡。

影片信息

中文名:少年派的奇幻漂流　　　　外文名:Life of Pi

上映时间:2012 年　　　　　　　导演:李安

编剧:大卫·马戈、扬·马特尔

类型:剧情、冒险、3D

主演:苏拉·沙玛、拉菲·斯波、伊尔凡·可汗、阿迪尔·胡山

主要奖项:第 85 届奥斯卡金像奖最佳导演奖、第 85 届奥斯卡金像奖最佳配乐奖

青春里流淌过的四杯酒

——浅析《致我们终将逝去的青春》中的人物形象

《致我们终将逝去的青春》(以下简称《致青春》)是中国观众比较熟悉的女演员赵薇,在三十多岁,一个处在青春尾巴的年纪,首次操刀执导的爱情文艺片。这部影片在上映后瞬间燃起了整个社会怀想、纪念青春的热情,同时也为赵薇赢得了中国大陆票房最高的女导演的殊荣。观看《致青春》的过程已经不仅仅是在欣赏艺术,而是演变成了一个庄重的仪式,在这个仪式中人们追忆曾经拥有过的青春,缅怀已经消逝的青春,同时祭奠那永远都不再回来的青春。

《致青春》自上映以来,在社会上引起了巨大反响,这部电影用一种深情的笔触真实而深刻地描绘出了"青春"这幅美好画卷,画卷中的每一处仿佛都是自己现实生活中的影子,直接触动着每一位电影观众的内心深处。在影片当中,导演用清新自然而略带怀旧感的镜头语言塑造了一个个饱满而又鲜明的人物形象,在这些不同人物的身上,观众看到了或苦或甜、或淡或涩的不同的青春轨迹。

郑微篇:入口苦涩满齿留香

郑微的青春像是灌入了一杯浓稠的烈酒,肆意狂放又不失活泼执着。在整部电影中,郑微毫无疑问是最浓墨重彩的一个人物。在她的身上,每一位观众都能最真切地捕捉到青春的气息,其中她与陈孝正的爱情故事最为"轰轰烈烈"。郑微初遇陈孝正发生误会最终却因恨生爱。郑微不在乎尊严脸面,不顾及旁人的看法,忘乎所以地去追求略显严肃冷酷的陈孝正。郑微"女追男"的方式虽有些另类,她却用这种肆意狂放的姿态定格出自己的青春,这样的青春也终将是无憾的青春,爱自己所爱,不被任何事物所羁绊,如同饮入浓稠的烈酒,喷薄而出的尽是洒脱的气息。然而影片结束,郑微并没有收获到一段圆满的爱情。郑微对陈孝正的爱情是执着的,残酷的现实却埋葬了这段本应美好的爱情;郑微对林静的爱慕也是纯真的,世俗的羁绊却让这段本应美好的爱情失去了开花结果的可能。无论如何,走过青春的郑微终究是无悔的。经历过的伤痛虽让青春略显苦涩,但自己勇于爱,敢于爱,乐于爱,这些爱满满地填充了郑微的青春,不留下一点遗憾。郑微的青春像是饮下一杯烈酒佳酿,入口虽有些苦涩,细细回味,满齿留香。

阮莞篇:浪漫摇曳倩影深红

阮莞的青春如同一杯产自法国波尔多的优质红酒,高贵优雅又无时无刻不散发着浪漫的气息。在影片中,导演对于阮莞的塑造是完美的,甚至是刻意的。她出场时,清新的镜头,柔和的光影,一袭白衣瞬间成为校园中每一个男同学心中的天使。她性格温婉,身上永远散发着一种淡然的气息,如同高贵优雅的公主,让人只敢远观而不敢亵玩焉。可在爱情上的阮莞却有着一种极端理想化的痴情。当得知男友令一位女孩怀孕时,阮莞毅然选择了宽容和谅解。影片最后,阮莞同样没能收获到自己圆满的爱情。为了与已经分手的但是曾经深爱过的男友去看一场演唱会,进行最后的爱情重温,在途中不幸遭遇车祸而香消玉殒。阮莞的青春如同饮下一杯芬芳红酒,摇曳着的深红倒映出的永远是那个高贵优雅浪漫舞动着的倩影。

黎维娟篇:涟漪过后波澜不惊

黎维娟的青春好像一杯日常生活中的白水,无色无味最为普通,但当微风袭来的时候,却依旧会荡起涟漪。黎维娟来自于穷困的小县城,窘困的家庭条件决定了这个女孩思想的成熟和现实。黎维娟也曾有自己纯真青涩的爱情,但现实环境让她选择了放弃。例如电影中,黎维娟在城市打工的男友去宿舍看她,难堪中她选择了逃避。黎维娟在爱情中是现实的,她放弃了追求真爱的权利。对于家境不好的她而言,物质远比爱情来得实在。当来自小县城的她目睹了大都市的繁华后,这样的环境让她更快地学会争强好胜,她对于殷实生活的渴望比谁都要急切,爱情也只是她达到目的的方式之一。黎维娟的青春仿似饮下一杯普通的白水,时而会有涟漪荡起,微风过后波澜不惊。

朱小北篇:乐观阳光狂放不羁

朱小北的青春像是喝下了一瓶又一瓶的啤酒,没有白酒的激烈但当积攒到一定程度,同样能够迸发出青春能量。影片中朱小北的形象健康而阳光,大大咧咧的她永远都是积极向上的样子。而朱小北又是最有自尊的一个人,家境虽然贫寒,她却坦然接受。然而也正是由于她的自尊让她本该绚丽多彩的青春早早的无疾而终。当学校超市的工作人员怀疑她偷了东西并要求搜身的时候,自尊的朱小北与他们发生了争执,并因不公平的“判决”而把超市砸个稀烂。朱小北可以坦然承受生活的卑微,却绝不承认人格的卑微。而这一举动也让她付出了失去青春的惨重代价。朱小北的青春像是饮下了一杯又一杯啤酒,过了量的她也终在青春里点燃了一把火。

其实每一个人的青春都仿佛是一杯酒,无论是香甜还是苦涩,也无论是浓烈还是清淡,只有品尝过,才会懂得其中的滋味,才能成就一个完整的人生。电影《致青春》里四个女孩的青春都流淌过一杯属于自己的酒,许多年后再来回味,只觉芳香四溢,回味悠长。

范文点评

这篇影评文章选择了一个常用的影片解读角度,即“人物形象”。整篇文章选取了电影中最具代表性的四位女性形象进行评析,看似毫无关联,却都隐藏在影片“青春”的大主题下,其实是对四个人物的不同青春进行了比较。

整篇文章的行文非常符合影片的大基调,字里行间充满了青春和活泼的气息,对于每个人物的解读,通过利用比喻的意象,即“青春是一杯酒”,而有了很好的诠释和挖掘,对于每个人物的解读也比较深刻而到位。

这篇影评思路清晰,论点准确到位,论据充足有力,文笔优美,也是一篇佳作。

影片信息

中文名:致我们终将逝去的青春　　外文名:So Young

上映时间:2013 年　　导演:赵薇

编剧:李樯　　类型:爱情、青春

主演:赵又廷、杨子姗、韩庚、江疏影、张瑶、包贝尔、郑恺

主要奖项:第 29 届中国电影金鸡奖最佳导演处女作奖、第 32 届大众电影百花奖最佳导演奖、第 50 届台湾电影金马奖最佳改编剧本奖、第 33 届香港电影金像奖最佳两岸华语电影奖、第 15 届中国电影华表奖最佳新人女演员奖(杨子姗)

蜕变是一种成长

——评《北京遇上西雅图》中文佳佳这一人物形象

在爱情电影《北京遇上西雅图》中，没有"拜金女"，没有"软饭男"。在这里，"小三"只是一种身份，落魄只是一种处境。爱情不是依附，而是各自坚强独立，再努力走到一起。作为一位女性导演，薛晓路从女性独特的视角出发，成功地演绎了一位女性的爱情成长史，完美地诠释了真爱的存在，为观众描绘出了一个美丽的爱情童话。爱情，不是财大气粗地占有，而是不离不弃地包容，更是无论我们分开了多久，你永远是我心中最期待出现的彩虹。

为了更好地刻画文佳佳这一人物形象，导演采用了一种"欲扬先抑"的表述手法，在对比中刻画出了文佳佳独自一人在异乡坚守爱情的过程中完成的成长蜕变与人性的升华。对比是一种行之有效的方法，通常用在小说和戏剧等艺术形式中，作品中人物性格、心理的变化，只有在对比手法的运用下才能够得到全面透彻的凸显。同样，对比的手法也可以应用于电影艺术中典型人物形象的塑造上。在影片的开始，汤唯饰演的文佳佳是一位花俏女郎，轻佻的表情，粗狂的话语，再搭配上镜头的快速切换，高调的灯光烘托，文佳佳犹如一头充满野性的小狮子，兼时尚与美貌于一身，却无比的傲慢和任性。但随着剧情的发展，文佳佳也无奈地走上了"被成长"的道路，仿佛是一刹那，她没有了月子中心黄太的照顾，失去了老钟的财力依托，连百依百顺的弗兰克也消失得无影无踪，只剩下她与刚会走路的儿子相依为命。然而正是这种凡事靠自己的生活激起了文佳佳骨子里那沉溺已久的奋斗潜质，她被磨练成了一头勇敢的小狮子，她恢复了自己美食编辑的工作，无所畏惧地开始了自力更生的人生旅途。在整部影片中，文佳佳的"儿子"是一个非常重要的"意象体"：因为她孕育了"儿子"，所以才坚定了要做别人"小三"的信心；同时也正是因为"儿子"，她果断地中断了无爱的婚姻，义无反顾地走出了衣食无忧的华丽牢笼。是"儿子"帮助文佳佳完成了一次精神层面上的人性回归和人生的成长。

在"文佳佳"这个人物形象塑造上，演员的语言使得这个人物形象更加丰满、真实、可信。高尔基在《剧本论》中说："剧本（悲剧和喜剧）是最难运用的一种文学形式，之所以难，是因为剧本要求每个剧中人物用自己的语言和行动来表现自己的特征，而不用作者提示。"在电影艺术形式中，同样也是通过人物的语言和动作来表现人物的特征，从这一点来看，语言在电影中的作用不言而喻。在本片中，汤唯饰演的文佳佳的人物语言极具特色，而不同语言的前后对比又恰恰切合了其形象的蜕变。影片开始，文佳佳肆无忌惮地指责前来接机的弗兰克，她的高傲、骄横、目中无人，给观众留下了深刻的心理印记；影片中段，文佳佳与弗兰克共度圣诞节，真诚却难掩失落的话语向观众刻画出了一个伤心孤独的质朴女孩；而影片最后，文佳佳恢复美食编辑的工作后，与其他两位"共患难"的朋友视频时，从话语中又使观众看到了一个自强不息、坚韧有余的全新文佳佳形象。一切都显得那么自然，无限拉近了与观众的心理距离，而"文佳佳"这一人物形象又极具典型性，具有一种现实社会下的普世意义，她不仅仅是一个个体，而是代表了一类人，观众在观影时可以从她身上看到自己的影子：欢喜、失落、痛苦、坚强，并能使观众体恤到人性的善良与温暖。正是影片中这些自然、质朴的人物语言，使得人物形象被刻画得更加真实生动，使文佳佳这一人物的成长再一次清晰地展现出来。

为了成功塑造文佳佳这一人物形象，导演在细节处理上也下足了功夫。孔子曰："动于中而形于外"。对于电影艺术而言，观众是通过人物的外在形象来了解人物的。影视作品中的服装设计是为人物性格的塑造以及情节的发展而服务的，它依附于剧情的需要而存在。影片刚开始，从近景和特写的镜头中可以看出文佳佳的穿着华丽而庄重，体现着一个"小三"固有的姿态和尊严；而在西雅图生活了一段时间后，特别是老钟突然失踪以致于信用卡无法使用后，文佳佳的吃穿用度也越来越普通，不再浓妆艳抹，而是趋于随意质朴；直到最后，导演用大量的中近景和看似无意的特写镜头再次向观众强调了文佳佳精神上的一次蜕变和成长。人物的外在表现也恰恰表达了人物内在的心理变化，文佳佳这一人物形象的外在转变，透露出这个北京女孩骨子里的那股不服输、不妥协的精神。有网友戏称："这是小三传达的正能量。"整部电影中汤唯所饰演的文佳佳的服饰变化，有力地推动了剧情的发展和高潮，使观众看到了一位母亲的坚强与不屈。

一部优秀的影视作品总是能够塑造出令观众难以忘记的人物形象，同时，任何影视作品中的人物形象都会传达出一种潜在的社会意义。电影《北京遇上西雅图》中，导演对文佳佳这一人物形象的塑造从表现手法、人物语言和服装等方面进行了努力，为观众成功塑造了一个坚强独立、渴望并勇敢追求真爱的年轻母亲的形象。

范文点评

这是一篇评析人物形象的影评文章，全篇抓住了一个人物形象——文佳佳进行解读，思路非常清晰。总论点是年轻母亲文佳佳在坚强独立中收获了自己的真爱，其后作者从三个方面来论证这一点，即对比中体现出了文佳佳的成长与蜕变、人物语言使得文佳佳这一形象更加真实而丰满、导演从大量细节中对文佳佳这一人物形象进行了深入的塑造。

此外，该文章还有一处值得考生们学习和借鉴的地方，即作者运用了大量的理论来支撑自己的论点，例如对比手法、高尔基的《剧本论》以及孔子的名言等，这些专业知识的运用，大大提升了该文章的理论色彩。

影片信息

中文名：北京遇上西雅图　　　外文名：Seeking Mr. Right　　　上映时间：2013年
导演：薛晓路　　　　　　　　编剧：薛晓路　　　　　　　　类型：爱情、喜剧
主演：汤唯、吴秀波
主要奖项：第14届华语电影传媒大奖最受瞩目电影、第21届北京大学生电影节最佳女演员奖（汤唯）、第10届广州大学生电影节最受欢迎角色奖（吴秀波）、第9届中美电影节最佳电影金天使奖

"美国梦"下的中国人

——浅析《中国合伙人》中的人物形象

2013 年中国电影刮起一阵"青春风",由赵薇导演的处女作《致我们终将逝去的青春》打头阵,陈可辛导演的《中国合伙人》紧随其后,两部影片分别从不同的角度将不同年代年轻人的灿烂岁月定格在银幕上,让人不禁缅怀起那消逝的时光与美好的青春。如果说《致我们终将逝去的青春》是对那段单纯无悔的青春岁月的追忆,那么《中国合伙人》则是在向青春岁月里那些激情燃烧、追赶梦想、不负时光的人们致敬。《中国合伙人》被导演夫人吴君如戏称为"退回到 20 年前"的作品,陈可辛这次的回归为观众以及等待的影迷交上了一份满意的答卷。

《中国合伙人》的故事主线一目了然,讲述了 20 世纪 80 年代至 21 世纪初的大时代背景下,三个年轻人从学生年代相遇、相识,拥有同样的梦想因而一起打拼事业,共同创办英语培训学校,最后功成名就实现梦想的励志故事。整部电影围绕"美国梦"与"中国梦"的破碎与实现,以三个性格迥异、追求各不相同的好朋友为代表,在那个暧昧朦胧却又浪漫的时代里,将光阴里的故事娓娓道来。这部电影的成功之处不仅仅在于故事的代表性,更让我们感动的是我们能够从电影里找到共鸣,无论那段岁月我们是否经历过,无论那些大起大落我们是否旁观过,但是现在作为观众的我们,每一个人都能从电影里的这三个人物身上或多或少地看到自己的影子,就好像同他们一起穿越回那段奋斗的时光,共同品尝着青春里的悲与喜。

成冬青

成冬青是在"美国梦"的道路上一路摔倒一路挫折的"土鳖青年"。他代表了大部分不肯甘于命运的普通人,出身贫寒、高考落榜、被女朋友抛弃、被学校开除,在阻碍重重的道路上他丢掉了很多,唯一没有丢掉的就是那份对于信仰的执着。他似乎永远都是在被动地做着决定,对改变世界也没有什么兴趣,而实际上还是心中的那股韧劲一直支撑着他前行。认准了上大学于是就算落榜两次跪着求别人也要再考一次;崇拜孟晓骏然后无条件地相信朋友;喜欢苏梅就用尽各种办法也要追到她……一系列的"执迷不悟"让他在生活中吃尽了苦头,但他似乎从来都不懂"放弃"这两个字的意义,为了最初的信仰,他不惜任何代价。在他的世界里,固定的人有固定的位置,前方的道路永远都是直来直往的,掺不了一点沙子。虽然最终或许改变不了世界,但可以确定的是世界永远也改变不了他。

孟晓骏

孟晓骏是典型的追求"美国梦"的杰出代表。他出身于"留学博士世家",肩负着老一辈的希望与任务,拥有着出色的领导能力与经济头脑,是成冬青一生的偶像与骄傲。他的目标非常清晰,未来似乎也是一目了然的,然而在逐渐靠近"美国梦"的过程中,当上天对他开了个小小的玩笑后,他才意识到原来一切都是泡影。强大的自尊心和与生俱来的优越感让他无法接受,这也为后面与成冬青逐渐升级的冲突埋下伏笔。孟晓骏的信仰是时间打磨出来的,因为见证了太多的不公,所以对于成功就格外地渴望。理想主义与现实主义在他身上交织:他为了去美国不惜任何代价然而却在与兄弟离别的时刻转过身哭得像个孩子;他向往"美国梦"然而却在这个国家被人贬得一无是处;他重视利益然而却在"新梦想"面临困境的时候毫不犹豫地挺身而出……一次次的创伤不但没有让他倒下,反而成了他以后的勋章,让他变得更强。

王 阳

王阳是一个对于"美国梦"无欲无求的"隐人"。他曾经是一个叛逆的"愤青",在大学年代肆意挥霍青春,成功泡上火辣洋妞,做了在当时被认为是违法的事,被哥们戏称为"为国争光"。喝酒、泡妞、写情诗、打群架、去录像厅……这一切都有他留下的痕迹。在三个人中王阳看似毫不在乎最看得开,其实他是真正的大智若愚。他可以因为不想回美国的女友而放弃签证;可以因为没有人读懂自己的诗而剪掉一头的长发;可以因为能做一手好菜的女同事而选择结婚。他是三个人友情的润滑剂,如果没有他的调和,成冬青与孟晓骏是一定不可能走到今天的。或许他才是最幸福的那一个人,因为只有他始终清楚自己在做什么,每一段时光都没有辜负。在婚礼上,当他以开玩笑般的淡定的语气说着"千万别跟丈母娘打麻将;千万别跟想法比你多的女人上床;千万别跟最好的朋友合伙开公司"时,其中的心酸只有这三个人才能体会。

这三个青年都曾想到过改变世界,也都曾被世界给予过严厉的打击,却从没有放弃对梦想的追求。因为对于那个年龄的他们来说,路还很长,需要做的还有很多,还有什么比拥有一颗对梦想坚定不移的心更重要的呢?人们都说青春里犯下的错误是可以被原谅的,因为它如此的脆弱,脆弱到只占了一个人漫长一生的寥寥几年,可是正是在这寥寥几年里,我们将获得今后一生都不再拥有的财富:一生受益的知识、同甘苦共患难的朋友以及在追求梦想的过程中留下的汗水与泪水。"美国梦"的破灭并不代表失败,精神与信仰的消失才是最遗憾的结局,就如同影片结尾王阳说的那一句话:"如果额头终将刻上皱纹,你只能做到,不让皱纹刻在你心上。"

范文点评

这篇影评围绕着影片中的三个主要人物分别作出评析,借助"美国梦"这个大背景下三个个性迥异的中国人在经历一次次打击后最终创业成功的故事,延伸至对于梦想的追求。文章对于人物的性格把握清晰,概括得很好,结构严谨,其中优美的语言也让读者重温了一遍青春里最美的时光。

影片信息

中文名:中国合伙人　　外文名:American dreams in China　　上映时间:2013 年
导演:陈可辛　　编剧:周智勇、张冀、林爱华
类型:剧情、励志、青春　　主演:黄晓明、邓超、佟大为
主要奖项:第 29 届中国电影金鸡奖最佳故事片奖、第 15 届中国电影华表奖优秀故事片奖、第 32 届大众电影百花奖优秀故事片奖

父亲的"成长"

——评《地球上的星星》中的父亲形象

《地球上的星星》是由印度国宝级明星阿米尔·汗执导的一部影片,故事围绕着有阅读障碍的小主人公伊夏展开,引发了人们对于孩子成长与教育问题的深思。在这部影片中,人物个性鲜明,画面色彩丰富,意象内涵深刻,音乐富有节奏。影片刻画了"严父"与"慈师"的对立形象,真正从事件矛盾点上剖析了如何教育孩子的问题,所折射出来的教育观,是影片最大的闪光点所在。

影片中的父亲,作为家庭大权的掌握者、孩子生活的监护人,穿插出现的镜头次数很多,并且每次的出场大都显露着愤怒和烦恼,令人倍感压抑。这个父亲是大多数父亲的典型代表,即非常热切地希望孩子为自己争光,是典型的"爱之深,责之切"式家长。影片对于父亲形象的刻画,既粗糙又细腻,既鲜明又隐晦,导演不仅从细节、动作、面部表情上着重点缀了人物,而且还通过对比的方式,一步步引导观众对父亲的形象进行重新认识:与其说是父亲渴望儿子成才,在社会上立足,不如说是他在追求理想中的"自我"。

影片中,父亲第一次出现,是伊夏与他人发生打架行为,对方家长上门质问。导演从伊夏的视角进行拍摄:嘈杂的吵架声、半掩的房门,让人感到一丝害怕,仰视的拍摄角度中,父亲的身影高大威严,面部表情凝重,双手插在腰间,不等孩子解释前因后果,伸手就是一巴掌。质问者走后,父亲更像是"怨妇"一般,抱怨着孩子的不堪,言语间充满恐吓……这时,镜头里分明出现了一个魔鬼般的父亲,然而在伊夏心中,这个人却依然是他最爱的爸爸。当父亲收拾行李准备出差时,伊夏急切地询问父亲的去处,父亲淡淡回了句"再也不回来了",这让伊夏十分害怕,他不停地道歉,希望通过自己的忏悔弥补可能失去父亲的悲哀。然而当他得知父亲只是出差的真相时,怒视的双眼里充满了受到大人愚弄后的悲愤。另外,导演在处理父亲与儿子之间的关系时,还会采用一些隐晦镜头,例如,伊夏逃课时,看到一个孩子坐在父亲肩上惬意地吃着冰淇淋,画面温馨而自然,但此时的伊夏却是孤独一人,如一只出逃的小鸟般茫然失措。通过这一对比,表现出儿子渴望得到父亲的重视与关爱,从侧面传达出父亲对儿子心灵的忽视。

影片对于父亲形象的塑造是立体而真实的。他表面上是一个冷漠、霸道、不友善的"严父",然而心底里却也藏着无限的温柔和爱。父亲出差回来坐在沙发上看报纸,伊夏很开心地扑进他怀里,这时父亲第一次表现出温柔的情愫,宠溺地抚摸着孩子,露出幸福的笑脸。父亲带给伊夏和哥哥的礼物也是一样的,在父亲的心目中,他们都是自己最亲爱的孩子。这里,导演很难得地为我们描绘了一幅"父子情深图"。甚至到后来,父亲发现儿子伪造请假单时,愤怒的表象下更多的是对儿子的担心,怕儿子"路上不安全,出了事怎么办,同时又害怕儿子养成撒谎的坏习惯"。电影的转折点也随着这份温存缓缓出现了，父母一起去见伊夏的老师，被告知伊夏是有障碍的，那一刻，父亲护犊心切，他坚持认为这是由于班级人数太多，老师为逃避照顾孩子的责任而对自己孩子的污蔑，这是一个父亲对儿子受到不公平待遇的呼喊，是为儿子"打抱不平"。然而很快父亲还是屈服了，他淡淡的一句"或许他需要其他的帮助"，把孩子无情地抛给了现实。

在伊夏的梦中，火车意象的出现，代表了离别，既表明他要去远方的寄宿学校，也是伊夏与快乐诀别的转折点。而这时的父亲，却表现出了前所未有的冷酷，他把伊夏放到一个陌生的地方，不顾孩子的痛苦和惶恐，头也不回地开车走了。伊夏望向窗外，镜头捕捉到了一幅"母鸟喂食"的景象，表达了他对家庭关爱的渴望。好在伊夏是幸运的，他虽然有一个情感麻木、深陷世俗的父亲，却遇到了一个能真正开启他人生精彩之路的好老师——尼克。尼克老师说："人类是瞎的，对美丽和情感都没有感觉。"的确，父亲看不到孩子的绘画才能，看不到孩子的奇思妙想，当孩子的表现与世俗冷酷的社会格格不入时，便对孩子作出了一无是处的评价。整部影片的矛盾高潮，是尼克老师来到伊夏家中，发现伊夏诵读困难。当父亲不加掩饰地表现出对伊夏的愤怒以及对哥哥的赞赏时，尼克老师采用了一种反其道而行之的方式，以怒制怒，逐渐让父亲认识到了对待儿子的问题。这时，父亲眼皮低垂，有了一丝愧疚和自责。然而父亲很快又回到了现实，他把理想的"自我"寄托在儿子身上太久了，伊夏在当今竞争激烈的社会中无法立足的想法早已根深蒂固。为此，西装革履的父亲还故作傲慢地向老师表明，自己是关心儿子的，虽然他没有拥抱过儿子，没有说过一句"我爱你"，没有一句鼓励的话语……这是一个父亲最后的内心防线。直到尼克老师讲出了那个关于"伤害"的故事，父亲终于缴械投降了。他开始真正接受伊夏与其他孩子相比有点特殊性的现实，并积极发现儿子身上的优点和特长。当父亲从楼梯上缓慢地走下来时，看到儿子在阅读，他第一次流下了眼泪。影片的最后，父亲真正释怀了，看到儿子的表现，他动情地呜咽起来，这是一个父亲最深切的爱子柔情！其实，儿子重新开怀大笑，慢慢地成长，也正是父亲真正开心、得到心灵"成长"的时候，只是父亲的"成长"更值得我们反思。

阿贝尔·冈斯曾说，构成影片的不是画面，而是画面的灵魂。父亲形象的塑造，不正是灵魂的写照吗？父亲从一开始到后来的转变，既是对教育态度的转变，也印证了父亲的"成长"。其实，每一位父亲，都是严慈相济的，也是需要成长、需要被理解的。同时，父亲也应该用一颗宽容的心去关爱孩子，而不要成为孩子眼中高大却无法接近的背影。

（文/杨玉莹）

范文点评

《地球上的星星》是一部非常感人的关于儿童成长的印度电影，影片导演试图通过诠释"每一个孩子都是特别的"这一主题让我们反思在现实生活中如何教育孩子以及如何与之相处等一系列问题。本文作者正是认识到了这一点，才选取了影片中的"关键形象"——父亲进行评析，通过分析孩子眼中无比冷酷野蛮霸道的父亲、偶然表露温柔情怀的父亲、深陷世俗难以释怀的父亲以及慈父形象彻底回归的父亲等，一步步揭示出父亲的成长与变化，并以此回归现实。其实在日常生活中，每一位父亲都是严慈相济、爱子如命的，只是有些人的表达方式不对，所以我们在要求父亲要宽容待子的同时，也应该给予父亲由衷的理解。本文最大的特点是表面上看似结构松散，实则内在逻辑十分严谨，这是值得考生学习的地方。

影片信息

中文名：地球上的星星　　　　　外文名：Taare Zameen Par

上映时间：2007 年　　　　　　　导演：阿米尔·汗

编剧：Amole Gupte　　　　　　　类型：剧情、儿童

主演：阿米尔·汗、达席尔·萨法瑞、塔奈·切赫达

主要奖项：宝莱坞第 53 届 Filmfare Awards 电影奖最佳导演奖、最佳影片奖

失意之后，总有温暖

——评微电影《宵禁》中的人物塑造

有时候，一个人好好活着就足以拯救某个人。《宵禁》讲述了一个温暖的亲情故事，导演用血淋淋的开头和结尾将这部电影的感情宣泄到极致。男主人公瑞奇是一个 loser（失败者），在他的生活中，没有希望，没有未来，也没有需要和被需要，亲妹妹因为一次意外与自己断绝了联系，电影中断断续续的影像交代了瑞奇的生活状态——吸毒、无所事事、没有工作、没有女朋友，只剩一副枯槁的皮囊，当他躺在浴缸里准备割腕自杀时，妹妹的一个电话将他从死亡线上拉了回来。导演从一开始就设定了男主人公的形象，也随之为观众留下了一连串的疑问：他为什么自杀？他的妹妹为什么和他断绝联系？接下来会发生什么？……导演巧妙地设置了一系列的悬念、矛盾冲突，在揭开层层迷雾的过程中，人物形象也逐渐丰满起来，从而使情感得到升华，灵魂完成救赎。

"我进去是为了拿这些东西，我不撒谎。"当观众随着索菲亚的视线看到瑞奇进入一个嘈杂黑暗的环境时，所有的人都像索菲亚一样误以为瑞奇又去买毒品了。但当瑞奇拿着两本曾经画过的连环画出现时，观众的心也随着索菲亚被温暖到。瑞奇的心里始终住着一个叫作索菲亚的小女孩，那是他小时候塑造的一个女英雄，即使遭遇险境，被箭射中，索菲亚也总会复活，索菲亚总有办法复活。在男主人公一塌糊涂的现实生活中，索菲亚的故事如同一个坚强的意念在他的头脑中再次燃起，他一直都无比坚信索菲亚，这是导演在男主人公性格中埋下的一个伏笔，相信童话的男人即使再颓丧也不至于堕落到无法挽回的地步，在他的人性深处始终隐藏着一个小角落，在遇到自己的外甥女索菲亚的时候，这个角落才逐渐被发现，里面隐藏的美好也开始逐渐地被放大。

"里面有一个小女孩，请你们闭嘴。"在一个阴暗混乱的环境中，两个衣衫不整的女郎在喋喋不休地谈论着男人，瑞奇为了保护索菲亚试图让她们闭嘴，但是声音小得第二个人都很难听到，这样一个细节的刻画其实揭示了瑞奇生活的封闭性和他性格中的软弱，他并不是一个十足的无法拯救的坏人，只是遇到了生活中某些必经的艰难小路，经历着低谷，难以排解。瑞奇并不是坚强的，所以会选择自杀来逃避现世的生活。人是群居动物，每一个人都需要从他人的身上得到情感的慰藉，所以我们在世界上会建立各种各样的关系——朋友、恋人、亲人，但瑞奇的生活显然是进入了一个孤立无援的状态，外甥女的出现给他的生活带来不一样的光彩，就像在保龄球馆索菲亚的那段精彩舞蹈给瑞奇带来的视觉上的幻觉一样，这个鬼马精灵为瑞奇的生活带来了烟花一般的美丽，他心里的柔软立即被激发出来，他想去保护索菲亚的纯真，不忍心让她受到世界的浸染，这是瑞奇得以走向救赎的关键所在。

"好的。"影片开头和结尾描绘的是同样的场景，不断滴水的卧室，脏兮兮的地板，红色的电话机,泛着血色的浴缸,一场预谋已久的死亡两次都被电话打断,每一次都以一句简单的"好的"结束。妹妹在瑞奇的心里也像连环画中的索菲亚一样是一个女英雄,学前一年级,妹妹为了保护哥哥向两个男生挥舞起小小的拳头,这样的记忆大概是瑞奇在走向死亡之前经常重复记起的温暖之一,所以当妹妹打来电话的时候,他即使正在滑向死亡线,也轻描淡写地说了句"好的"。有时候,一个人好好活着就足以拯救某个人,对于瑞奇崩塌的世界来说,妹妹就是那个可以使其重建希望的人。影片最后,导演安排了另一场悬念使这两人之间完成了彼此重要性的升华。当瑞奇从妹妹那里回来再次选择自杀,躺在浴缸里,拿起剃须刀片的时候,电话再次响起,他拔掉电话线,思考了几秒钟后,立马插好电话线接通了电话,就在这犹疑的几秒钟内,男主人公的灵魂完成了最后的救赎,他的生命有了被需要的意义,而此前埋下的种种伏笔也在一句"好的"中得到了完美诠释。

《宵禁》是一部以情动人的微电影,导演通过建构一个想要通过自杀结束生命的失败者的形象,将一个悲情的故事表达得格外动人。每一个灵魂都不是孤立的存在,在暗黑的夜里负重前行的时候,人们总需要一个陪伴,死亡之神在夜间游来游去,寻找每一个可吞吃的灵魂,但宵禁之后,光明即将来临。

(文/权瑞芳)

范文点评

近年来,随着微电影的大行其道,传媒类专业影评考试时也越来越偏重于考查微电影。所谓微电影,最大的特点就是时长比较短,有些短的微电影可能只有几分钟,而较长的微电影也只有半小时左右,大多数微电影时长大约十五分钟。因为微电影篇幅短,所以考生所能提取的信息量就会偏少,致使很多人都会把评论微电影看成是一件有难度的事情。其实微电影的评论和正常电影的评论在写作方法上是完全一致的,但是写作微电影评论需要考生注意的是,在观看影片时一定要精神高度集中,最好不要放过每一个镜头和细节。因为微电影的时长太短,所以导演几乎不会浪费每一个镜头去做无谓的表达,只要考生把这些细节注意到,在评论时就大有话说了。

在这篇文章中,作者就注意到了很多细微之处,例如,瑞奇想要进到一个黑暗嘈杂的环境中时所说的话:"我进去是为了拿些东西,我不撒谎。"以及瑞奇想要自杀时的场景画面:滴水的卧室、肮脏的地板、红色的话机、简单的应答"好的"等,这些细微之处恰恰成为作者进行分析的主要材料。

影片信息

中文名:宵禁　　　　　　　　　上映时间:2013 年
导演:肖恩·克里斯汀森　　　　　类型:剧情
主演:肖恩·克里斯汀森、法提玛·普塔塞克、金·艾伦
主要奖项:第 85 届奥斯卡金像奖最佳真人短片奖

犹以此热慰平生

——评《黄金时代》中的萧红形象

抱着一份执念，怀着无比赤诚，拼死活出生命的脱俗和解脱的境界，在心灵的国度为帝、为王、为主宰者。三十载岁月更替，时刻在心的世界驰骋。韶华之年流离辗转，在望不到边的浮沉大海中寻求一种思考，寻找一份慰藉和强大自身的力量。她简短的一生温暖了时代的记忆，疼痛了所有身在异乡游子灼热的内心。不拘一格的完美沉淀促成了许鞍华导演的"许氏风格"，她一改人物传记平铺直叙的固有模式，用旁白和叙述的方式强化了观众的代入感，不再照本宣科，呈现出一以贯之的女性主义视角和客观视角之下冷眼看世界的独特表现形式。萧红的孤独气质和一生寻求依傍却无果的结局，瞬间消弭了我们对人生抱有的无限憧憬和绝对乐观。

时代命运，亦是个人命运

电影将目光投向命运，它不仅是时代的命运，也是萧红沉浮起落的个人命运。在那样一个山河破碎、饱受欺凌践踏的破落中国，恐怕再难见到往日的东方巨龙威武的身姿。大部分国人选择妥协，渐渐地便变得麻木不仁。而萧红却背负着改变中国命运的沉痛和责任感在乱世中沉浮。沉浮始于漂泊，漂泊源于无所依傍，无所依傍在于洪荒时代中个人微乎其微的归属感。在舒群、胡风等人的口中，影片将镜头引向萧红一生的感情经历。对于真情的渴望，是她追求的寄托，这无疑是萧红一生漂泊的临时渡口。她徘徊于饥贫现实和重塑精神追求的汪洋大海中，却又卑微地期许着爱情所能发出的微热。框架式构图和旁白式叙述将她被封锁的压抑感逼真化，汲汲于精神追求的萧红在外界大天地的光芒和家庭的幽闭环境中，带着愤懑和无奈走向寻求精神远行的下一个渡口。

幸福源于坚守，波折亦源于坚守

觉醒的心和无力的时代，一颗注定不受奴役的灵魂始终"是既幸福又波折且千回百转的。幸福源于她的坚守，波折也源于她的坚守"。踱步于被软禁的楼顶仓库，昏暗的影调之下，画面一改特写镜头的细微表情的呈现，逆光下或坚毅或平静的精神巨人的身姿已变得模糊。就像出走的、觉醒的、从蒙昧中睁开眼睛的娜拉一样固执地走在精神饱满而无力的方寸之间。不妥协、不屈服于现实的饥贫，便铸就了精神领域充实而幸福的伟人。生活中不乏因悲苦的困境失落在理想和现实的夹缝中难以为继的人，不乏因现下的困苦瑟缩了勇敢而活下去的人。难得的是依旧有在看遍人生的悲苦、尝遍现实的苦涩之后对生活怀有希望的人，就像许鞍华复原下的时代旅人——萧红。而从旁的叙述，是对现实艺术化的真实，是一种对萧红这个角色高度概括的凝练。

面对热情,亦无所畏惧

精神世界的执迷与孤守,飘零中的孤寂和追求,外化成每一次选择面前的无所畏惧。茫茫白雪下的童话北国,慢镜头下驰骋的骏马和萧红飞扬的灵魂,在至洁的精神天地放纵阐释,文学是寄托,是表白自己的形式。所有因她的文字而爱上她的人,都是被她文字的精神气质所吸引。一个在精神上觉醒的女性,受挫于物化的现实。大全景的白和灵魂的澄澈相得益彰,至净的精神追求、屡屡受挫的情感与战争频繁的苦难社会之间,难以调和。精神上的无限动力使得在背离家庭和情感归宿时变得决绝而又无奈。而那种"热"情,又是她寻觅一生而不能得的遗憾。

狄更斯在《双城记》中提到:"那是最美好的时代,也是最糟糕的时代;那是智慧的年头,那是愚昧的年头;……那是希望的春天,那是失望的冬天。"导演许鞍华执导的《黄金时代》虽然与法国大革命的时代背景全然不同,但在精神内涵上却有着惊人的相似。我们无法判定那个时代到底是光明还是黑暗,但我们都很清楚那是萧红自己的黄金时代。

虽然《黄金时代》在票房上有些不尽如人意,这或许与其"伪纪录"性质有些关系,确实,在当今时代,没有多少人愿意为真正艺术性高的电影贡献票房,也没有多少人再关注"女权主义",可是要知道,这些在当时的社会是多么的难能可贵。

(文/张晓)

范文点评

本文最大的特点是结构清晰,人文色彩浓厚,虽然是评析"萧红"这一人物形象,然而却将落脚点放到了时代大背景的境遇下,萧红的命运很大程度上不是性格悲剧,而是时代使然,一个苦难的时代无法承受至纯至净的精神追求和无比高尚的理想情怀,于是在文章的最后,作者适时引用狄更斯《双城记》里的名句"那是最美好的时代,也是最糟糕的时代;那是智慧的年头,那是愚昧的年头;……那是希望的春天,那是失望的冬天"来印证自己的观点,既有力地切合了主题,又增加了文章的厚重感,一举两得,所以建议考生在写作影评文章时要有意识、有想法地去引用合适的名人观点,这样做会给文章增色不少。不过,作为一篇影评文章而言,本文有一个小的不足点,就是在写作过程中没有适当地结合影视元素去分析,需要引起注意。

影片信息

中文名:黄金时代　　　　　　外文名:The Golden Era

上映时间:2014 年　　　　　　导演:许鞍华

编剧:李樯　　　　　　　　　类型:剧情、爱情、传记

主演:汤唯、冯绍峰、王志文、朱亚文、黄轩、郝蕾、袁泉

主要奖项:第 34 届香港电影金像奖最佳影片奖

动物的外形，异化的人性

——评电影《驴得水》中的铜匠形象

　　人与动物的最大区别在于具有人性，可当人性被异化，人或许比动物更加可怕。电影《驴得水》借驴讽人，借古讽今，以喜剧甚至略带荒诞的表现手法讲述了在民国时期的一所偏远山区的学校中，校长和老师们将一头驴虚报成老师冒领薪水而引发的一系列啼笑皆非却又发人深省的故事。影片借助不同寻常的喜剧效果和充满荒诞色彩的故事情节完美地塑造了一个个鲜活立体的人物形象，并通过人物形象的不同变化来展示电影所想要表达的主题思想。在这其中，铜匠一前一后、一正一邪的强烈对比更是将人性的异化和丑陋表现得淋漓尽致。

　　初见铜匠——自然淳朴的原始主义者。最初的铜匠呈现出来的可以说就是人类最原始的状态，没有受到过教育，对于生活也只有最基本的要求，可以称得上纯真、朴实。导演第一次介绍铜匠的时候，用了一个小全景，将铜匠衣衫褴褛、头发蓬乱甚至汉语都说不标准的野蛮人形象展现在观众眼前，这是他的自然属性也是原始主义者的表征。而校长和老师们则从外表到内心都对铜匠做了包装和改变，从衣衫褴褛到西装革履，从别扭丑陋到有板有眼的形体动作，铜匠从内到外都在经历着不同的变化。然而，此时的铜匠憨厚的外表下隐藏着的依然是一颗天然干净的心，当他知道自己要冒充老师的时候，他的内心是拒绝的。在铜匠第一次接受了孙佳和一曼的形体教育和知识教育之后，他仍然不能够完整地讲完一节课，同时导演也用一个个特写镜头来展示铜匠的紧张和不安，这是一个质朴之人的最简单表现。最后帮助铜匠脱身的，依然是他的自然属性。在得知特派员并不懂英语之后，一曼让铜匠用他独特的语言去欺骗特派员，而这一次的欺骗也造就了铜匠的改变。

　　再见铜匠——受尽侮辱的悲情主义者。在经历过各种教育之后，铜匠这个形象开始变得有血有肉，一曼的情感和孙佳教给他的知识让他看到了不一样的世界，成就了他同时也毁灭了他。当得知自己在一曼心中只是一个牲口，当他的真心付出收回的只是一次次的谩骂，当他知道老师和校长都只是拿他当作一个工具，他的内心受到了侮辱，人格遭到了蔑视。在与一曼的当面对质中，导演用一个中近景来表现一曼和铜匠之间支离破碎的关系，这时没有任何忧伤的背景音乐加以衬托，色彩也很明亮，没有特别复杂的镜头语言，在一片寂静的氛围中让观众感受到了暴风雨来临前的宁静。一曼送给铜匠的头发从铜匠手中脱落，预示着之后的一曼剪发，同时也代表了铜匠对一曼的放弃和报复。铜匠的世界就是这么简单，我爱你，你爱我，可就是这样单纯的思想却遭到了所有人的利用和侮辱，同时也造就了他自身的悲情。

　　三见铜匠——人性异化的现实主义者。这是铜匠最后的人性状态，受尽屈辱的他开始变得冷血,变成了一个彻头彻尾的复仇者,他的人性已经开始异化,已经不再是那个简单纯真的铜匠,而是变成了一个真正的牲口。他对一曼由爱生恨,报复手段也极其残忍,完全丧失人性。面对一曼的自扇耳光,铜匠不为所动,而此时导演用一个略带仰拍的近景镜头来表现两人的关系,在画框之上的铜匠显得尤为高大,而画框之下的一曼则变得渺小而臣服,任由铜匠无休止地糟蹋自己,与此同时,淡黄的侧光和教室内昏暗的光线交相融合,斜射在二人的脸上,暖色的光线和二人冷却的关系形成了鲜明的对比,一曼的面如死灰和铜匠的冷面如铁让观众更加感受到铜匠的残忍和人性的泯灭。铜匠身上的这种人性被异化,不仅仅表现为狂妄报复、极端病态的扭曲人性,还表现为不敢承担责任、胆小怕事的小人心理。作为现实主义者的代表,铜匠自身也没有摆脱悲凉的命运,最后只能通过扮演死人来瞒天过海并且乞求美国人带他出去,这和他之前对一曼的嚣张跋扈形成了鲜明的对比,使人物形象更加立体,也完美展示了人性异化的现实主义者的两面性。

　　从自然纯朴的原始主义者到人性异化的现实主义者,这种最原始最简单到最现实最复杂的人性转变让人物形象更加立体,同时也让整部电影更有说服力。导演就是想通过这种极端的表现形式来表达人的两面性和人性异化的丑陋,而铜匠代表的也不仅仅是铜匠,他更代表的是一类人物群像。

(文/赵冰)

范文点评

　　众所周知,一部成功的影片肯定会塑造一批鲜活的人物形象,所以人物评论一直都是影评写作中很重要的分析角度。成功的人物形象塑造一定是立体的,有善良的一面又有丑恶的一面,有宽容的心胸也有自私的心理,有高尚的情怀亦有卑微的人性,就像本文作者所揭示的铜匠的形象一样,既有人类原始状态的质朴纯真,也有受尽侮辱后的人格觉醒,还有回归现实之后的凶残冷酷和胆小怕事的小人心理。可以说,电影中丰富多彩的人物形象为考生选择评论角度提供了便利。值得注意的是,首先,考生一定要选择最具有典型性的人物形象进行评析;其次,对人物形象的评论不要流于性格表面化,而是要上升到更高的人性层面上,这样的影评文章才会更加具有深度。毫无疑问,本书为广大考生提供的这篇影评文章是很好的学习范本。

影片信息

中文名:驴得水　　　　外文名:Mr. Donkey

上映时间:2016年　　　导演:周申、刘露

编剧:周申、刘露　　　类型:剧情、喜剧

主演:任素汐、大力、刘帅良、裴魁山、阿如那、韩彦博、卜冠今

第四卷　艺术技巧角度分析影评范文

于细腻中诉说

——评电影《钢琴课》的艺术特色

电影《钢琴课》是女导演简·坎皮恩执导的一部女性影片,讲述了哑女艾达冲破世俗,勇于追求自由、追求幸福的故事。影片的叙事手法很有意思,对白只是很小的一部分,而影片中的音乐、镜头画面、道具极富有张力和表达力,十分细腻、感性地表达了主人公们的内心世界,诉说着话语无法表达的情愫。

音乐在这部影片中是最具表现力的元素,时而婉转,时而强烈,用每一个跳动的音符清晰地诉说着人物的情感。出现最多、印象最深刻的就是钢琴曲《The Heart Asks Pleasure First》,每当艾达的情绪变得强烈时都会响起。当艾达再次来到海边,弹起心爱的钢琴时,轻柔的钢琴曲在她的指尖缓缓流淌,替代了任何语言,看到女儿伴着音乐声翩翩起舞,艾达脸上第一次绽放了笑容。当艾达迫不及待地再次去找贝因时,这首钢琴曲再次响起,更加急促,更加迫切,斯图尔特出现时音乐声渐渐提高,斯图尔特想要得到艾达,艾达没有畏惧,努力挣脱,坚毅的眼神拒绝着斯图尔特,音乐最终停在杂乱的弹琴声中。当斯图尔特愤怒地找到艾达,残忍地砍下艾达的手指,艾达却更加镇定。暗藏的危机、无法压抑的愤怒、坚定的内心,音乐声在起起伏伏中一一展现,富有独特的张力。影片其他的配乐也非常精彩,这些音乐前后呼应,与影片画面巧妙地配搭,有浑然天成之感,情感表达流畅自然。

影片中细腻的内心情感的表达,也有赖于丰富明晰的镜头画面。影片的开头,光影时明时暗,原来是艾达在透过手指看这个世界,这说明她是个活在自己世界里的人。钢琴被弃留在沙滩上时,艾达一直遥望着,海水冲刷着那架孤零零的钢琴,镜头渐渐拉远,黑色发带不时地飘入画面中,乌云越来越低,暴雨即将来临,艾达此时心中的落寞感被真切地展现了出来。影片用俯拍镜头拍摄了艾达、女儿、贝因离开沙滩时的场景,我们可以清晰地看到他们的脚印归于一条线上,他们的内心也渐渐融合。艾达和女儿坐船来到孤岛上时,整个画面是灰蓝色的,阴云密布,天海相接,结尾处离开时也是一样的场景,来去都是未知的旅途,不知这阴暗的背后是暴风雨还是阳光。毛利人和着原始质朴的送别歌声,由右下角向左上角推动船只,预示着离开的路途也是艰难的。不知道是不是女导演的关系,相较于以往看的电影,这部电影的镜头画面更加细腻、丰富,表达人物情感和内心世界时更为精致甚至达于极致。

影片中有许多道具,隐喻着人物的思想、情感。钢琴自然是最重要的道具,承载着艾达的情感,是艾达表达自己的途径。导演简·坎皮恩曾经这样说:"我对剧本思考越深,就越加明白,必须有一个客体来赋予这个故事以特殊性。在诸多方案里我选择了钢琴,钢琴可以说是人类双手的神秘创造,它是文明的象征。从视觉上说,钢琴与新西兰土著人的生活构成了鲜明的对照。罗曼蒂克的激情存在于我们的生活当中,并且有时我们会为它而活。尽管我相信这并非是完全明智的生活方法,也明白它所带来的结果常常是危险的,但我仍会珍惜它,并且相信它是伟大勇气的象征。"影片的结尾处,艾达执意要将钢琴扔掉,她说,钢琴已经被惯坏了。当钢琴成为束缚艾达自由的事物时,它也会被遗弃。艾达看着扔入海中的钢琴,将脚伸入绳子中,与钢琴一起坠落于大海,可是在坠落中艾达终于想通她已经找到会让她更加幸福自由的爱情,逝去的钢琴带着艾达曾经的孤傲沉寂于大海深处。镜子多次在影片中出现:在贝因房间里的艾达透过镜子审视自己的内心,问自己是否真的爱贝因;被关在木屋里的艾达想通过镜子向触摸不到的贝因表达思念;想起即将要离开的贝因,艾达再次面对镜子中的自己或者说内心中的自己,思考着如何将自己的爱意传达给贝因。观众看过影片后大概忘不了,弗洛拉常常背着天使翅膀的模样。天使的翅膀既说明弗洛拉的天真无邪,又表明在这天使外貌下那执拗的内心。道具的使用,使得许多隐晦的情愫、思想更加明朗化,从不同的侧面衬托了人物,表达了影片的主题。

看完这部影片,不仅为它的故事所动容,更为它细腻的艺术手法所折服,每一首乐曲的选择、每一个镜头画面的拍摄、每一个道具的运用都为影片增添光彩,是影片不可缺少的元素。《钢琴课》早已被定义为一部成功的女性电影,大概正是因为导演用她独特的视角、女性特质的细腻感触,描绘了女性在男权世界里追求不论是身体上还是精神上的自由的历程,深刻挖掘了女性内心深处被掩盖的欲望和情感,以引发人们对于女性这一群体的重新思考。

(文/杨璀璀)

范文点评

议论文的三要素是:论点、论据、论证。在影评写作中,扎实严谨的论证过程是非常重要的,这就要求做到文章的标题、中心论点、主题要前后呼应,首尾一致,对中心论点要在各个部分进行强调和分析。本文的标题是"于细腻中诉说",不论是在文章的开头和结尾,作者都一直在对这几个字眼进行强调,文章的各部分也是围绕着如何"诉说"展开分析论证的。当然,本文扎实严谨的论证是建立在作者对电影理论熟练掌握的基础上的,作者对音乐、道具、镜头画面的分析评论十分具体到位,对影片中的细节运用也准确精当。

另外,作者选取了三个评述角度,这三个角度并不是孤立的,而是紧紧围绕着如何"诉说"展开的,是为中心论点服务的。很多考生在进行影评写作训练时,虽然对影片的很多角度都进行了评析,但最终看来却是一盘散沙,这是因为文章的中心论点不明确,各个评述角度之间没有内在的统一的线索。希望这点能引起考生的注意。

影片信息

中文名:钢琴课　　　　外文名:The Piano　　　　上映时间:1993 年

导演:简·坎皮恩　　　　编剧:简·坎皮恩　　　　类型:剧情

主演:霍利·亨特、哈威·凯特尔、山姆·尼尔、安娜·帕奎因

主要奖项:第 46 届戛纳国际电影节金棕榈大奖、第 66 届奥斯卡金像奖最佳女主角奖(霍利·亨特)、第 66 届奥斯卡金像奖最佳原创剧本奖、第 19 届法国电影恺撒奖最佳外国影片奖

牛的多义性阐释

——评电影《斗牛》里的牛

管虎在息影多年后，终于又一次以"第六代电影人"的身份出现在影坛上，《斗牛》以幽默但不搞笑的形式为外壳载体，架构起一场斗牛的精彩，其中影片中对牛的处理和运用极具导演深意和艺术魅力。

影片中，牛是诺言的承载主体。牛二在影片中给人的感觉是一个蓬头垢面、自私自利的小农民，但当在生命安危和坚守承诺之间作出选择的时候，他又显示出了一个人最本真的善良，一个人最原始的情感。他不顾个人的生死安危来保护着这头奶牛，就是为了坚守一个承诺，一个或许随着岁月的流逝很多人都会忘却的承诺。影片实际上是放在一个外部很绝望的处境里讲故事。影片里的很多人，实际上都是为了生存，而在这种几乎是绝境的环境下人们才更能体会出人性的美，就像影片里朴实善良的群众为了一头他们答应保护的牛，全部在用生命的代价来捍卫。因为牛在牛二和群众的心目中这个时候已不再是简简单单的一头牛了，而是一种神圣的不可僭越的约定。生命的价值在这里已经不能用值不值得来衡量了，而是一种信仰的力量。就像《拯救大兵瑞恩》一样，瑞恩的生命是超价值的，同样这头牛的价值也就超越了作为动物性的本身，它是全村人生命的承载，是全村人血泪和忠贞的见证。

影片中，牛是牛二爱情的替代物。牛二与九儿的爱情是影片中残酷生存环境里的唯一一抹温情。但是牛二与九儿的爱情在这样一个偏僻的小村落里，只能是众人茶余饭后的谈资和话柄。然而，每个人都有追求爱情的权利，牛二也是如此，他虽然没有海誓山盟的爱情宣言，但他对九儿的爱是发自内心的，他想和九儿过实实在在、安静的男耕女织的生活，然而日本人的入侵打破了他美好的爱情诉求。九儿死了，但牛二的爱却是刻骨铭心的，牛二喊这头牛九儿，牛就成为牛二爱情的替代物，牛也就被物化为九儿，是九儿的替身。牛二那一声声的呼唤是对已死的九儿的深深的思念和追忆，那种凄凉无奈的惆怅，是牛二内心炽烈情感的表达。牛成为九儿的化身，牛也成为牛二爱情的寄托。影片中牛二对这头牛寄托了太多感情，他对奶牛含情脉脉地说"咱再也不出去了，就在这山上过活"，这与其说是对牛的一种感情寄托，不如说是他对爱情的期待和坚守，同时也是对毁灭这段美好爱情的无奈抗争和控诉。与所爱的人不能长相厮守，而只能阴阳相隔，牛作为九儿的替代物伴随在牛二身边，一定程度上慰藉了他伤痕累累的心，另一方面，又突显了在恶劣的生存环境中牛二人生的无序、错乱和无奈。

影片中的寡妇叫九儿，与张艺谋执导的《红高粱》中的"我奶奶"同名，同时在影片结尾，也有和《红高粱》类似的送葬之路。在影片中牛二也有时叫这头牛"娘"，俗话说"有奶便是娘"，在这个物资极具贫乏、人们的生存遭遇到威胁的时期，这头奶牛源源不断地为人们提供乳汁，无私地滋养着饥饿的人群，它就像母亲一样喂养着、奉献着，所以在牛二和得到滋养的人的心目中,这头牛又被物化为母亲这一崇高的象征。这也就不难想象为什么郎中等人密谋杀掉牛吃肉时,牛二发出愤怒和伤心欲绝的叫喊。

影片中,牛是女人命运和地位的象征。奶牛可理解成对中国农村妇女的隐喻,当战争让女人走开时,她们在用另一种决绝的方式参与这场战争。奶牛不语,任凭人们压榨和呵斥,以及影片中奶牛有段时间不能叫,都非常鲜明地表征了在当时的社会语境下女人没有话语权;奶牛的沉钝,把女人所处的弱势地位表露无遗,在男权社会里,女人只有以这样的近乎麻木的生存状态在社会的边缘苦苦地挣扎,九儿所谓的妇女解放只能是一个笑柄;奶牛被土匪拉来与黄牛强行交配,比喻女人在命运的洪流中丧失了性的主动权,沦为纯粹的生育工具。然而,没有奶牛/女人的抚育,男人都成不了人。所以,在这场男人戏中,九儿这一形象起到了四两拨千斤的效果;而在一帮糙爷们你死我活的杀戮游戏里,奶牛的出场总是显得温情脉脉。

影片中,牛又是普通的人民与政治疏离的表征。管虎作为"第六代电影人"的领军式人物,仍然在进行着他们这一代电影人的探索和追求,即疏离国家的政治意识形态,躲开民族、正义、是非这些观念,关注边缘化的小人物的生存状态,极力表现弱势边缘者的生存,以及生命在时代变革、社会冲击、价值冲突、观念激荡之下的双重悲剧乃至多重悲剧。在以抗战为时代背景的电影中,《斗牛》巧妙地构制了一种相对于权力叙事的话语张力:对普通农民的生活来说,日寇、流民、土匪、军队等,都是过眼云烟,在最朴素的生存理念的支配下,农民卑微而又坚韧地活着,城头变幻的大王旗永远无法遮蔽农民自己的那一亩三分地;最后,他们还用最质朴的契约理念无情地嘲笑了所谓的宏大价值——在市民社会呼之总不出的时候,《斗牛》用小农意识曲径通幽地玩了一把市民理念的宣泄。最后当牛二拉着他的牛坐在土坡上感叹年华的流逝时,就把这种意念表达到极致。

如何反省一场战争,反省一个时代,纪念一种精神,反思一个民族?《斗牛》用一个人和牛的感情纠结,表达了自己的价值取向和追求。影片中对牛的匠心独具的摹写,让电影《斗牛》更具思想的深度和人文关怀的厚度,同时又不失幽默的观影快感。

(文/李化栋)

范文点评

这篇文章的写作结构非常简单、清晰,采用了"总—分—总"的评论结构。文章开头以"影片中对牛的处理和运用极具导演深意和艺术魅力"为转折点,快速地提出了要评论的重点和角度。接下来采用非常鲜明的分论点式的方法全面地论述了牛在影片中的多义性指向,而且在每个分论点的段落中又采用了"总—分—总"的评论结构,使文章的论证非常严谨、有力。结尾部分上升到导演所具有的人文关怀的高度来综述这部电影作品的魅力。这篇文章另外一个亮点是对比运用得非常好,在论述"牛是诺言的承载主体"这个分论点时与《拯救大兵瑞恩》这部影片做了一个横向的对比,使论证更加具有说服力,在论述"牛是牛二爱情的替代物"这个分论点时又与电影《红高粱》进行了对比。

影片信息

中文名:斗牛　　　外文名:Cow　　　上映时间:2009 年　　　导演:管虎
编剧:管虎　　　类型:喜剧　　　主演:黄渤、闫妮
主要奖项:第 46 届台湾电影金马奖最佳剧情片奖(提名)

心灵的触动　艺术的体现

——评故事片《两个人的芭蕾》的创作特色

作为大众艺术,电影应该契合大众文化心态,即要贴近大众心理需求。但任何艺术都应当有其独特的创作手法来表达主题,使观众观赏后不仅在一定程度上实现情感的宣泄,还要从中受到感悟和启迪,也只有做到这一点,一部故事片才能称得上是一部好影片。导演陈力的故事片《两个人的芭蕾》,其赞扬母爱伟大无私、呼唤真情和谐的主题,无疑使生活在无奈现实中的大众激动、振奋。银幕以一种逼近生活的方式,将观众带进一段并不遥远的世界,让人情不自禁之下或喜或悲或轻松或沉重。影片最终以其自然的叙述方式、含蓄的视觉象征及声画的巧妙运用感染了观众,深化了主题。

自然的叙述方式。选择什么样的主题,是一部电影创作的起点,而选择什么样的叙述方式,则是一部电影成败得失的关键。在一定意义上,电影作品的题材愈严肃、深刻,便愈要求故事叙述得客观自然——叙述者藏于事件背后,隐蔽自己的情感、风格,让事件自己去叙述。正因为如此,《两个人的芭蕾》这部影片的叙述才不致给反映生活的材料加上主观意志或个人见解,也才可能展现生活的原貌,揭示出事物的本质,给观众以具体可信感。这也正如伊芙特·皮洛所说的:"对事物的观察越少受个人情感的影响,揭示的现实就越丰富。"影片欲表现倪萍所扮演的母亲形象的无私和伟大,这原本会显得零乱无头绪,而女儿的见闻却像一根线将散落的珠子穿结在一起,使观众能够深入影片,探寻主旨。导演还在影片中将母亲、孟奶奶及老金婆子等人的生活对白作为补充,辅助影片的叙述,使故事趣味盎然。其中倪萍所扮演的母亲的语言幽默风趣,既增强了叙述的趣味性,又增强了影片的可看性。这种自然的叙述方式将人物的活动、心理淋漓尽致地展现出来,容易让观众入戏,与演员置换角色并产生共鸣。

含蓄的视觉象征。与这种自然的叙述方式相辅相成的是本片含蓄的视觉象征。这部影片中可以解读为象征的视觉画面是含蓄的,不明显的,不生硬,不做作,没有人为的痕迹。它们能揭示故事的主题,是这部影片本体所必需的。如影片中母亲背着刚出生不久的女儿深夜在小巷中穿行的场景,整个画面构图上给人的视觉感很差,有亮光的地方比例很小,墙周围的阴影部分比例很大;主色调本身很冷,只有墙灯上的中心区域很暖。当母亲走过来时,导演采用了景深镜头,使暖色调增强,这可以表现出母爱的无私,对子女关怀的无微不至、乐此不疲,让观众感受到每一个幼小脆弱的生命,都是在母爱的呵护、牵引下坚强起来、羽翼渐丰的。周围的环境相对于母女俩是冷漠的,因此通过对比更能体现出暖的可贵。这是含蓄的视觉象征,并且是以事实为基础自然而然地呈献给观众的。此时画面上的小巷是实实在在的客观存在,却又被主人公们赋予了思想情感,使这一细节鲜活有色,发人深省。当母亲背着女儿挨家挨户收水费时,村民给她钱后纷纷关门,将母亲冷在门口。为了更加深刻地表现村民的冷漠与母亲工作的艰辛,导演在村民家采用框中取景的方式,只将门开了一条缝,其画面空间感不禁使人感到窒息,感到压抑。此时屋内光线很暗,声音很静,屋外光线很亮且母亲的声音清脆响亮。通过这一冷一暖、一静一动,影片创造出深刻的意境。

声画的巧妙运用。这部影片在声音运用和画面组合上也是恰如其分的。如影片开始后不久表现母亲挑水、洗头、穿红旗袍等待德贵归来时,导演采用了高速镜头,此时只有倒水的声音。等母亲得知德贵去世的消息后,镜头突然切到水缸,此时导演采用摇镜头的方式来表现母亲砸水缸的场面,声音十分繁杂:水缸被击碎的声音加上她的喘息声,不停地在观众面前呈献,让观众感受到母亲内心的失落与忧伤。当母亲为了使女儿能走路,让她学跳芭蕾舞时,这时人物没有对话,只有抒情的音乐响起,而母亲因劳累过度摔倒,脸部血流不止的特写镜头呈示给观众时,陈力导演又通过高速镜头对女儿手中的玩具落地进行了特写,表现出女儿的惊慌与恐惧。当女儿依照母亲的指示关窗关门,因受刺激学会走路时,女儿与母亲一起坐在地上,导演采用顶摄将画面呈示给观众的同时,抒情的音乐响起,声画并茂,渲染了轻松喜悦的气氛,表现出母女俩内心激动振奋的心情,并且直接激发了观众的理性思维,从而使音乐成为深化主题的手段。

《两个人的芭蕾》这部影片以自己独特的创作方式、以小见大的技巧来深化主题。荀子有句话:"不全不粹之不足以为美也"。艺术既要极丰富极全面地表现生活,又要提炼地去粗取精,更典型更普遍地反映生活,导演正是如此完成了艺术表现,形成了艺术的美,从而给观众以心灵的触动。

范文点评

这篇影评,是从电影的创作特色来谈的。作者分别从"自然的叙述方式""含蓄的视觉象征""声画的巧妙运用"三个角度,进行了分析。基本而言,还是比较成功的。该考生的一大优势是,他的分析,比较细致,对于电影技术的理解,也比较到位。例如,分析"母亲背着刚出生不久的女儿深夜在小巷中穿行的场景",画面构图、明暗、色调、景深镜头等等术语的运用,非常得当,而且,考生还能在很短的时间内,通过自己的观察,站在导演的视角上,很好地理解镜头和画面技术处理的独特内涵、各个技术要素之间的结构功能和相互关系,这无疑是非常难得的,这需要考生在平时就能够很好地观察,并进行大量的电影片断分析训练。这一点,无疑对参加影视考试的学生来说,是有很大的启发作用的。

影片信息

中文名:两个人的芭蕾　　　外文名:Ballet Of Two Dancers

上映时间:2005 年　　　　导演:陈力　　　　　　编剧:苏润娟

类型:剧情　　　　　　　　主演:倪萍、李璐

主要奖项:第 24 届中国电影金鸡奖最佳摄影奖、第 24 届中国电影金鸡奖最佳美术奖(提名)、第 10 届精神文明建设"五个一工程"奖

放大镜

——评影片《两个人的芭蕾》的细节

一部影片就像一束阳光,而影片中的细节就像是一个放大镜,阳光通过放大镜聚焦,让我们看到影片的内涵。导演陈力拍摄的《两个人的芭蕾》就是一部巧妙运用细节的影片。

影片中生动、典型、真实的细节,赋予了影片深刻的内涵,起到了画龙点睛的作用。这些细节无论是对深化主题、推动情节发展,还是对揭示人物性格与心理,都有重要的作用。

首先,细节能够惟妙惟肖、细致入微地凸显人物性格,揭示人物心理。如影片开始时,倪萍扮演的女主人公在高兴地等待丈夫回来,但她收到、见到的却是丈夫的遗物。她似乎在瞬间崩溃了,拿起锤子打破了为丈夫祝福的水缸,水哗哗流出来。这一细节的描写,展现了她刚硬的一面。对丈夫的期待随着水流走了,她独自撑起整个家。如果说这一细节只可算作因极端痛苦而为之的话,那么没过几天,她便背着抱养的孩子到村主任那儿申请当组长这一细节,也足以说明她的坚强。作为一个女人,如果只展现她刚硬、坚强的一面,未免会使人物形象很不充实。好友金梅推翻桌子,镜头从金梅的视角推过去,让观众看清桌下贴着一张剪出的鸳鸯图。这个细节让观众看到女主人公内心温柔、脆弱的一面,同时也让这一人物形象更加丰满。影片中对女主人公性格的刻画细致入微、入木三分,给观众留下深刻印象,是与一个个细节的安排分不开的。

其次,导演独具匠心地用细节来为以后做铺垫和推动情节发展。女主人公当了组长后,希望得到人们的支持。就在这个时候,孟奶奶赶来告诉她说,村里人都提出一个条件,即不能让仙仙迈人家的门槛。这个细节为以后仙仙不会走路做了铺垫。女主人公不断地说自己的女儿细胳膊细腿长得好,是跳仙女舞的料,还带她去看别人是怎样跳的。这一系列的细节刻画,为仙仙学跳舞做了铺垫。而孟奶奶的一句“这孩子都三岁了,还不会走路,得去医院看看”推动了以后情节的发展。之后,女主人公便带女儿去看医生,经检查一切正常后,又让孟奶奶拿着医院的证明去跟村民说……这一切都可以看出细节对推动故事情节发展的重要性。

细节的作用除此之外还可以深化主题。观众们对影片中多次出现的红色应有深刻印象。女主人公的红旗袍、她在馒头上点的红点以及她扎的红腰带,还有她为女儿盖的那块红布、孩子三岁时穿红衣服扎红头绳……这一次又一次的红色的出现,似乎在指引着观众的思想。红色是火热与热情的象征,这一个个红色细节的出现让观众感到影片中母女亲情的浓热与深厚,将影片所展现的亲情与母爱的伟大进一步生动地刻画和升华,把那浓浓的亲情用抽象的红色生动地显现了出来。

　　另外值得一提的是，人物的语言作为细节的一部分，也起着举足轻重的作用。当仙仙知道自己不是亲生的，她是这样面对别人的闲言碎语的："我妈肚子里没有石头，我就是我妈抱的，我和我妈都不怕你们说，我会走了，能跑了，还会跳舞了，你们都出来看呀。"这一细节极具感染力，很容易打动人，也是全片赚取眼泪最多的地方。那母女情仿佛顷刻间融化在了每一个观众心里，母女俩的形象也像是融合在了一起。还有省城的老师来接仙仙去上学，临行前她对女主人公说："我说这次来接她，实际是来看看你。"这其实是对女主人公所付出的母爱的一种肯定。这一细节无疑让倪萍所扮演的这个角色的形象更加高大，更加深入人心了。

　　影片通过表情、动作、语言等细节，塑造了一个个丰满的人物形象，将人物性格刻画得淋漓尽致，对推动情节发展也起到了重要作用，细节的放大镜作用在该片中得到充分体现。

　　影片《两个人的芭蕾》在细节的描绘下，极具艺术感染力，观众的心灵受到震撼，产生了无数新的启示，留下了深刻印象。该片的细节是一个真真正正的"放大镜"。

范文点评

　　该考生的一些好的经验，值得我们学习。首先，我们看该影评的题目："放大镜"。这是一个比喻性的说法，意图说明细节对于电影的重要性，就准确性和形象性而言，还是不错的。于是，在文章的第一段与第二段，考生紧接着对于细节在该片中的重要作用进行了点题，也就是所谓的"评"的部分："一部影片就像一束阳光，而影片中的细节就像是一个放大镜，阳光通过放大镜聚焦，让我们看到影片的内涵。导演陈力拍摄的《两个人的芭蕾》就是一部巧妙运用细节的影片。影片中生动、典型、真实的细节，赋予了影片深刻的内涵，起到了画龙点睛的作用。这些细节无论是对深化主题、推动情节发展，还是对揭示人物性格与心理，都有重要的作用。"在第三段、第四段、第五段和第六段，考生又针对细节的不同作用进行了阐释，既承接了第一段、第二段的总结，又在各自的部分中再次通过分论点的提出进行"总—分"式的论述。例如，第三段，针对细节对塑造人物的重要作用进行阐释。先在起句点题："细节能够惟妙惟肖、细致入微地凸显人物性格，揭示人物心理。"接下来，通过对电影中具体的细节性镜头进行分析，做到了有重点，有层次，有论据，有论述过程，层次清楚，观点鲜明，见解独到。再下面，考生对细节在叙事、语言和主题方面的功能，进行了进一步的阐释。在影评的最后，考生又指出："影片《两个人的芭蕾》在细节的描绘下，极具艺术感染力，观众的心灵受到震撼，产生了无数新的启示，留下了深刻印象。该片的细节是一个真真正正的'放大镜'。"再次进行点题，即放大镜式的细节化功能。

影片信息

中文名：两个人的芭蕾　　　　　　外文名：Ballet Of Two Dancers
上映时间：2005 年　　　　　　　　导演：陈力
编剧：苏润娟　　　　　　　　　　类型：剧情　　　　主演：倪萍、李璐
主要奖项：第 24 届中国电影金鸡奖最佳摄影奖、第 24 届中国电影金鸡奖最佳美术奖（提名）、第 10 届精神文明建设"五个一工程"奖

当和暖遇见清冷

——对电影《暖》的色彩影调分析

年事已高的老者,总会讲述一些繁芜冗长的故事。语速难免有些缓慢,情节难免有些平淡。但即便是这样,当一位阅尽人世沧海桑田的老人在讲述他的故事时,也不会有人去忍心打扰。有时我们甚至还会选择去安静地聆听,往往最后竟被故事感动得潸然泪下。电影《暖》就像是一位老人所讲的故事。几个热情执着的青年男女重复着许诺,重复着等待,重复着失言,重复着悔恨。故事简单得甚至没有矛盾,没有冲突,没有悬念,一切都是平铺直叙的,一切又都是顺理成章的。一部电影,如果情节是安分的,那么必定孕育着其他元素的活跃。《暖》的冷暖色调间的对比,便贯穿了整部影片,对情节发展起着举足轻重的作用。当和暖遇见清冷,擦出的火花便成就了整部影片的光彩。

关于影片的整体色彩风格

影片采用插叙的叙事方法,即现实与回忆两条线索交错。与《阳光灿烂的日子》《我的父亲母亲》等影片中主人公对现实与回忆的态度相似,影片中的"我"同样认为回忆是美好的,现实则相对残酷。上述两部电影将两个时态的色彩反用,即现实为黑白,回忆呈彩色,突出了色彩在主观层面的象征意义。而这部电影表达得却更为含蓄。导演将现实与回忆同设为彩色画面,但现实部分是冷峻、严肃的色彩搭配,回忆部分则透露出温暖与生动。冷暖两个色系随着情节的展开由最初的平行到逐渐相交,由相交又到互相地强烈碰撞,再由碰撞到最后的悄然融会。所以与其说这是一部关于男女之情的爱情故事,倒不如讲它是一曲关于色彩的爱情绝唱。

整部影片都在力求运用大块色彩的写意手法表现画面的唯美与自然。比如在影片的现实部分,男女主人公井河与暖短暂重逢后又要分手的那场送别戏,天淅淅沥沥地下着小雨,镜头所及都被笼罩在浓厚的晨雾中,背景则选择了斑驳不堪的高墙,无形当中增加了画面的压抑感。摄影师将影调关系处理得很暗、色彩感很浓厚,就像有意在画面中酌加了几笔墨彩,影射出人物此时此刻复杂的心境,曾经的恋人在离别时却无语可诉。这组镜头便体现了现实的禁锢、常理的束缚对人物的活动产生的影响。

关于对秋千的色彩处理

秋千在这部电影中不仅仅是一个简单的道具,荡秋千也不只是片中人物一种简单的娱乐方式。秋千是现实与回忆的纽带,秋千的时来时去、时高时低则是对人物命运坎坷不定的隐喻。同时在荡秋千的场景中,也蕴含着大量的信息。秋千荡到高处,人的视野也会瞬间变得开阔。摄影师采用荡秋千者的视角,交代了在同一时间中,不同地点的人物的活动情况,巧妙地推动了情节发展。例如第一次出现哑巴这个人物,例如交代暖和小武生的关系时,都巧妙地借助了荡秋千者的视角。因此对荡秋千这个多次出现的场景,导演根据剧情的需要,采用了不同的色彩处理。

荡秋千是外景拍摄,所以色彩处理受外界自然光线的影响就比较多。但是在几场重要的戏中,人为地对色彩进行的主观处理则突出了色彩的心理暗示作用。例如交代小镇的人们世代爱荡秋千的那场戏,不仅是荡秋千这个场景中的首场戏,也揭开了整个回忆的序幕。这场戏就采用了以黄色为核心的暖色调。阳光普照,颇有几分梦幻的温暖。这就与现实部分的阴凉灰暗的冷色调形成了鲜明的对比,使观众在第一眼的视觉反应上就能很容易地分辨出现实与回忆的差别。再如影片的后半部分,男女主人公井河与暖在荡秋千时不慎摔落。这虽然出现在回忆部分,但导演却没有延续暖色调的运用。原因是摔伤后的暖不幸成了瘸子,又没有考上大学,自己的理想一一破灭。这场戏是女主人公命运的一个重要的转折点,为了突出其重要性以及诠释生活的戏剧化与残酷,导演反用了与现实部分相一致的冷色调,这就暗示了故事发展的趋势,强调了主题的严肃。

关于影片的色彩对人物的表达

影片着重塑造了三个人物形象——暖、井河、哑巴。这三个人的性格有着本质的区别。几经生活的磨砺,他们的思想、感情都有了或多或少的改变。影片运用不同的色彩搭配、影调组合完成了各人物之间的横向对比,区别了同一个人物在不同时间段的纵向变化。

现实中的暖是平静的、安稳的,正是她的这种表现刺痛了井河,使他开始了漫长的回忆。回忆部分中的暖热情、积极,同时又自命不凡。所以在现实中,给暖的镜头往往光线平和、色彩暗淡。而为了突出回忆中暖的生机与活力,暖的每次出现都伴随着强烈的光照感。其次,现实中暖的衣物颜色淡雅,而回忆中她衣服的颜色则绚丽斑斓,富有变化。与暖相对比,井河在这十年间性格并没有太大改变,所以对于他,镜头的色彩处理主要遵循了影片的整体色彩风格。哑巴不仅在语言表达上有障碍,而且性格孤僻、傲然,所以无论是在现实还是回忆中,摄影师给他的光线都是生硬的、拒人于千里之外的。但是最后一场戏,当哑巴要求井河带走暖和丫时,他被给予了自然的纯暖色调,瞬间这个人物的可贵与善良跃然于银幕之上。

影片的结尾部分,我们注意到一把红色雨伞曾多次点亮灰暗忧郁的画面。整部电影用尽冷暖色调间的对比来反映现实的残酷,但最终却用这一抹红色冲破了现实的压抑,放飞了未来的希望。这也是当和暖遇见清冷后擦出的最美丽最动人的火花。

范文点评

文章开篇很有艺术性。先将自己的总体感觉表达出来,然后总结出整个评论的观点。这也是我们常用的一种开头的方法。好处是能够吸引人,并显示出作者一定的语言表达能力。不足之处就是,在使用时,有的考生往往用了很多华丽的词汇来表达个人感受,但最后不知所云,中心论点模糊无着。好在这一篇文章开篇就将中心论点在动情的感受中清晰地表达了出来,为下文的仔细展开做了一定的铺垫。

对影片色调的分析,可以说是这篇文章的出彩之处。作者从同类型影片的角度出发,用对比的手法论述了在本部影片中色调应用的特点,以及应用的目的和效果。论述有理有据。

结尾部分,作者进一步强调了自己的观点,并作出了总结,和前文的中心论点两相呼应,起到了点题、加强中心论点的作用,非常好。

影片信息

中文名:暖　　　　　　上映时间:2003 年　　　　　导演:霍建起

编剧:秋实　　　　　　类型:剧情、爱情、乡村、文艺

主演:郭晓冬、香川照之、李佳、关晓彤

主要奖项:第 16 届东京国际电影节金麒麟奖

以小见大　以微见真

——评电影《斗牛》的细节描写

　　《斗牛》虽然是战争题材的影片,但并没有从大处着手,没有选取将军士兵作为主角,而是选择了草根民众牛二这一小角色作为重点刻画对象,通过他的行为来引发所有的情节并折射出战争带来的伤害。从这一点就可看出导演善于以小见大,从细微处思考、发现生命的本质,深化主题,刻画人物。片中多处细节刻画体现出这一点。

　　电影存在于细节中,《斗牛》中所涉及的各种道具和意象将这一点体现得淋漓尽致。

　　炸弹:那枚一直没爆炸的日军炸弹成了影片重要的道具,炸弹这一意象的反复出现代表着多重含义。影片中给予炸弹多次特写镜头,这样安排是为了透露出,在如此特殊的战争年代,残酷的现实、贫瘠的生活时刻困扰着牛二这个毫无武力反抗的普通农民,从而深化了《斗牛》作为战争题材影片的主题,也为后文激起牛二反抗做了铺垫。影片在接近尾声时,牛二用尽全身的力气扛起炸弹,拼尽全力奔跑,这代表着被战争压迫的中国人要奋起反抗,而且势不可当,预示着战争的胜利。

　　蛐蛐:蛐蛐虽然是一个很小很微不足道的生物,却几度出现在不经意的画面中,这正是导演的精心设置,有意可寻。蛐蛐这一意象的首次出现源于日本兵涩谷的偶然发现,这被日本兵称作玩物丧志,带有一定的讽刺意味,预示着日本必将失败、中国必将胜利的结果。蛐蛐这一意象同样也增添了影片的喜剧效果。两个八路悄悄偷袭,日本兵跑出房间,随后蛐蛐也跟着跑出房间,然后镜头转向奶牛的轻轻一哞。镜头在奶牛与蛐蛐间的转换增添了影片的喜剧效果,又夹杂着一种对日本兵的讽刺。另外,片中奶牛与牛二多次死里逃生,而在影片最后奶牛与牛二"男耕女织"般地生活着,蛐蛐的叫声也随之出现。同他们一样,蛐蛐也只是村庄中寥寥可数的幸存者之一,它的出现增添了影片的黑色幽默效果,让观众更加深刻地感受到战争给无辜的人们带来的伤害与灾难。

　　银镯子:银镯子第一次进入观众的视线是在影片一开始,牛二在死尸中看见九儿高高举起的手,这为下文揭示牛二与九儿的关系做了铺垫、埋下了伏笔。银镯子对于牛二而言是家里祖传的宝贝,代表着中国式的传统家庭观念。而对于九儿来说,银镯子则是代表着自己许给牛二的定情之物,九儿向牛二索要银镯子,从中也能体现出九儿不受传统观念的束缚,以及她豪爽泼辣的性格特征。银镯子这一道具的介入使影片的爱情副线彰显出更为丰满的棱角,在艰苦的抗战中由银镯子牵带的两个贫苦农民的爱情显得更为纯朴。影片通过牛二拒绝送镯子、发现尸骸中戴着镯子的手等一系列细节化的事件,极为巧妙而简洁地提点出了牛二与九儿之间纯朴的乡村情愫。银镯子象征着两个人在特殊时代纯朴艰难的爱情。

　　影片中,除了多处道具的反复应用,导演也非常重视对细节化情节的描述,以小见大。

细节：影片最后把"牛二之墓"摆成了"二牛之墓"——耐人寻味，交代了牛二与九儿将誓死在一起，升华了战争年代艰难的爱情悲剧。影片中多处出现牛二牵着奶牛来来回回于悬崖边游走的镜头，这一场景的反复强调传递出一种宏大的寓意：生命的边缘，牛二在乱世中求生，寻求一种安宁与解脱。

影片从头到尾一直采用的是灰暗的色调，给人一种沉重压抑的感觉，但导演却让九儿身穿红棉袄，这一细节无疑成为影片揭示主题、刻画人物的又一亮点。九儿的红棉袄是画面中唯一的一抹亮色，让我们不禁想到《我的父亲母亲》中母亲年轻时所穿的红棉袄，但这两个角色截然不同。九儿尽管遭到排斥和鄙夷，她却穿着红色花袄顽强地活着，红色正展现了她那种"天不怕，地不怕"的豪情和爽朗泼辣的性格。另外灰色画面中的一抹红色，象征着九儿所追求的民主终将实现；象征着贫苦农民对生活的热情，对爱情的渴望；象征着中国抗战终将胜利。

《斗牛》是一部由大量细节构筑而成的电影，是一部"小格局大思考"的发力之作，导演管虎善于从细微处见真情，从最微不足道的意象中寻找生与死的真理，他借"以小见大"诠释了特殊时代下丑与美的人性，成为国产电影的典型代表与旗帜。

（文/段少莹）

范文点评

文章主要从影片使用的戏用道具和导演着意刻画的细节化的情节入手，细致地分析了这些元素的介入对电影细节评论表达的重要性。文章选取了炸弹、蛐蛐、银镯子作为道具进行了寓意性的剖析。这篇文章通过色调的细节对比，即"灰黑色调一点红"，以及和影片《我的父亲母亲》的对比，把导演别具一格的影像风格揭示了出来。这篇文章的行文结构非常严谨，具有很强的层次性，写作格式比较规范。文章的开头部分用简单明了的语言导引出要评论的细节这一方面，结尾部分进一步论述细节刻画的重要性，升华了评论的力度，和开头部分遥相呼应，构成了一篇不错的佳作。

影片信息

中文名：斗牛　　　　外文名：Cow　　　　上映时间：2009 年
导演：管虎　　　　　编剧：管虎　　　　　类型：喜剧
主演：黄渤、闫妮
主要奖项：第 46 届台湾电影金马奖最佳剧情片奖（提名）

道具三重奏

——评电影《独行杀手》的道具运用

　　道具的完美运用可以使得一部电影充满动感与质感，使人物形象丰满而高大，并突出影片所要表达的深刻韵味，形成整部电影的基调，让观众在不知不觉中感受到影片由艺术氛围所烘托出来的效果，从而更好地理解影片的主题。

　　由让-皮埃尔·梅尔维尔执导的电影《独行杀手》正是通过对道具的完美运用刻画出了杰夫这个杀手孤独背后所暗藏的种种神秘，引起了观众的好奇心，使得影片平淡之中起波澜，更使得整部影片的风格取得了前所未有的突破。

　　影片中道具的运用是一大特色，这使得人物的心理活动以及所处的环境等隐性的因素得到了一个大概的呈现，使观众的心理得到了呼应，也使得影片有了一定的内在表现，从而使影片取得了别样的效果。

　　第一个具有代表性的道具是帽子与风衣。这是一种不大引人注意但又时常暴露在镜头下的道具。杰夫经常运用帽子和风衣将自己隐藏，在大街上他会拉高风衣领子压低帽子，使他不被发现，但这样他更显得特别，反而暴露了身份，但是在另一个方面又显示出了在这种道具下的杰夫是安全的，可以不被别人发现，而且是深不可测的，从而富有神秘色彩。

　　当杰夫去刺杀俱乐部经理马提时，他戴着帽子穿着风衣，想不引起别人的注意，他在这种场合的特殊穿着反而让他显得与环境格格不入。当他杀了马提之后，捉拿罪犯的依据就是帽子与风衣，而隐藏在这下面的杰夫就显得有些无助与孤独，更被怀疑是凶手。这就为影片中描写杰夫做了铺垫，也使得观众对杰夫产生了好奇心，慢慢地，对杰夫有了初步的了解。

　　但他被带到警察局接受调查时，所有被怀疑的人都同样戴着帽子穿着风衣，然而杰夫的那一套行头还是让他显现出了与别人的不同之处。当他被要求与别人调换帽子与风衣，这使他失去了庇护，从而被认了出来，这时杰夫处于了危险的边缘，但是冷酷与镇静又让他远离了危险，这就使得观众处于一种紧张的状态，为杰夫的安危担心，这也达到了影片所要达到的目的。

　　杰夫在整部影片中几乎是一身标志性的着装——帽子与风衣，无论是从一开始还是后来被怀疑，再到受伤，查找凶手，被追捕，直到最后死亡，都依然是这一身行头，传达出杰夫这个杀手的与生俱来的孤独与无奈，也突出了他在整部影片中的位置、作为杀手的独特性和特立独行的作风。

　　第二个具有代表性的道具是手枪，手枪在影片中出现得并不多，但是每一次的出现都具有特别的含义，带有神秘色彩，也给整部电影增色不少，形成了影片紧张而神秘的基调,给观众带来视觉和心理上的感应。

当杰夫在维修车店拿到手枪时,影片给手枪的特写镜头就暗示了他杀手的命运,也将他的身份暴露了出来。当杰夫到达俱乐部刺杀经理时,拿出手枪的那一刻,他的杀手身份完全暴露,这注定了他在整部电影中的命运,使观众想进一步地了解杰夫这个角色。

最令人印象深刻的是影片结尾时关于枪的镜头。当杰夫发现整个事情背后的阴谋时,他却不得不将这个故事进行下去。当他坐在汽车里手握着枪时,影片给了枪一个特写镜头,子弹出鞘,满满的,一发不漏,向观众暗示杰夫又一次的杀手行动和将会面临的危险。在影片的尾声,杰夫拿着枪对着女钢琴师,枪无疑将两个人放在了对立面上,随着枪响,杰夫应声倒地,他的孤独也随之成为永恒。通过枪的特写镜头可以发现枪里是没有子弹的,这时女钢琴师脸上表现出来的是一种复杂的情感:惊讶与难过,使观众为杰夫深深地叹息,也给观众留下了意味深长的回味,到此影片的意义得到了升华。

这些都很明显地展现了枪所要表达出来的意味,而这又不仅仅是语言所能够传达出来的,所以枪使整部影片的主题达到了升华的效果。

最明显的具有代表性的道具是那只鸟和鸟笼,用非语言的方式将主人公的处境表现得淋漓尽致,也使观众眼前一亮。

在影片的开头运用的长镜头里,鸟和鸟笼处于正中间,而且观众不断地听到鸟的叫声,仿佛鸟在诉说着什么,这一切让人觉得很平常。

随着情节的发展,当杰夫已经被怀疑是杀人凶手时,警察偷偷地进入杰夫的家里安装了窃听器,这时鸟开始不安,镜头转到对鸟的特写,笼中的鸟不安地跳动,引导观众去体会和观察鸟的异样和警察的目的,也使得观众的心情开始紧张并想象杰夫的命运。

当杰夫回到家时,鸟焦急地乱窜,羽毛零星地脱落,正欲打电话的杰夫觉察到了屋内的异样,他开始翻箱倒柜地搜索,可是什么也没有发现,而鸟依然一声声地叫着,导演仿佛在借鸟去表达观众对杰夫的提醒,这时的鸟又具有了代表观众的意义,镜头不断地给鸟笼特写,展现鸟的异常,从而使杰夫的警惕性也提高了。当杰夫突然地拉开窗帘发现了窃听器,鸟的叫声就像替观众长长地舒了一口气,也使得影片成功地通过另外一种方式传达了惊险,让观众感到了别样的表达技巧。

鸟与鸟笼其实也是另一个暗喻,杰夫是鸟,而对杰夫进行无形的控制与压迫的是鸟笼,杰夫就像是鸟笼中的鸟一样得不到自由、受到无限的束缚,而且是孤独与寂寞的,当杰夫试图用自身的力量去冲破束缚时,换来的是永远的沉默。

鸟与鸟笼将主题思想刻画了出来,完全地诠释了杰夫的孤独杀手背后的落寞与痛楚,这是导演的匠心独运,使得影片有了动人的色彩。

帽子与风衣、枪、鸟与鸟笼这三组道具所奏出的三重奏完美地刻画出了主人公杰夫的内心世界、生存状态与环境,传达了主人公杀手生涯的孤独与无奈,激起了观众的好奇心,表达了观众的心声,使得整部影片具有完美的基调,平淡而不失意蕴。

(文/龚欣欣)

范文点评

这篇文章从道具这个角度来评析,在文化艺术类专业的艺术考试中倒是一个比较新颖的角度,但大部分这样做的艺考生由于考前专业训练的时间比较短,因而分析得不是太好。其实,道具分析要把握住几个点:首先,道具是什么?一类是陈设道具。一类是戏用道具,演员随身佩戴和使用的。再次,道具的作用:道具在电影中往往在塑造人物性格,推动情节发展,体现场景环境气氛、地位和时代特色,表达和深化作品主题等方面,起到画龙点睛的作用。所以,道具评论就要分析道具在影片中的作用是什么,然后把道具所承载的导演意图用评论的语言写出。

就这篇文章而言,作者选取了影片中的典型道具——帽子和风衣、手枪、鸟和鸟笼这三组道具,刻画出了主人公杰夫孤独与无奈的内心世界,分析得比较全面和具体。文章的结构段落安排也比较合理。

影片信息

中文名:独行杀手　　　　　外文名:Le Samourai　　　　上映时间:1967 年

导演:让-皮埃尔·梅尔维尔　　编剧:让-皮埃尔·梅尔维尔

类型:惊悚、犯罪　　　　　　主演:阿兰·德龙、凯茜·罗齐尔

奏响生命乐章的钢琴

——评影片《钢琴课》中道具钢琴的作用

以一段优美抒情的内心独白开始,以一段美丽沧桑的内心独白结束,一个几近与世隔绝的美丽奇崛的生命以一种孤独的姿态出现在镜头里,她静若处子,没有人可以像她一样静得那么美丽和迷人。她不漂亮,也不性感,却让所有见到她的人都为之沉醉,这沉醉来源于她高贵的气质。她用无声来表达心意,外表看似倔强,内心却如孩子般单纯,她拒绝一切问候与干涉,只有当钢琴的声音从她指下跳跃而出时,她才会感到安慰和喜悦,这是她与世界沟通的方式,但钢琴对她的意义却不止交流和安慰这般简单。

钢琴为艾达插上了飞翔的翅膀,成了她生活的中心。艾达是安静的,但是没有语言的支撑,人物形象则会更加单薄,于是导演给了她一架钢琴,钢琴成了她精神生活的中心,所以她才会千里迢迢地带着这架笨重的钢琴来到她很抗拒的小岛。她最亲近的是钢琴和她的女儿,但是这架钢琴却因为笨重而被丢在了沙滩上。这时导演用俯拍的手法展现了这一画面,画面的中心是那架钢琴,背后是波涛汹涌的大海,这一动一静使画面极具张力。钢琴被放在美丽而空旷的沙滩上,无法搬运到沼泽林那边的家中,沙滩与家,一个代表了圣洁的地方,一个代表尘世,它们之间的距离却不只是那片沼泽地。艾达将生命看得比新生活还要重要,所以才会倔强而愤怒地撕扯完新衣却又用温柔而哀怨的目光透过带雨滴的玻璃窗向远处眺望,她在眺望她的钢琴。钢琴为艾达插上了翅膀,丈夫砍断了她的手指,就是为了折断这副翅膀。在砍手指这一场景中,镜头一直在平静地跟着,悠扬的钢琴声响起,丈夫和艾达在雨中扭打,画面流畅地切换着,极富美感,画面和琴声让这个残忍的镜头有了另一种极致的美。

钢琴引导艾达获得了爱情。丈夫在见到艾达时就要丢弃艾达带来的那架很重要的钢琴,所以丈夫始终没有走进她的内心世界,而正是这架被丢弃的钢琴,让她和另一个男人贝因产生了交集。艾达要求贝因带她去海滩上找那架孤独的钢琴,贝因答应了。海滩上,小女孩在跳舞,艾达在弹琴,在如痴如醉的琴声中,这个粗犷的男人爱上了高贵、冷傲却又感情细腻的艾达。镜头在高处俯瞰着艾达和她的女儿向远处延伸的脚印,这个男人最后也加入了艾达走过的轨迹,三个人的脚印终于汇成了一条,这预示着贝因开始走近了艾达的生活。于是他用八十亩地换取艾达的那架钢琴,尽管他不懂钢琴和音乐,但他却选择了这种高雅的方式来接近艾达,这份追求粗糙而有力,生硬而猛烈,容不得半点反抗。最终,钢琴从海滩被运到了贝因的家中,这个高贵的象征物终于融入了浑浊而温暖的生活,因为钢琴的原因,艾达爱上了温柔带有野性美的贝因,最终贝因与艾达组成了幸福的家庭,艾达以教钢琴为生,贝因请人做了一根金属手指,当金属手指与琴键碰撞时发出了一种奇特的声响,它融入了钢琴美妙的音符中,创造了另一种和谐的完美旋律。

　　钢琴促使艾达获得重生。艾达醉心于尘世间最平凡的爱情中,这份感情是钢琴带给她的,但她却也为这份爱情付出了代价——被砍断手指以及钢琴带给她的那个可以寄托她精神家园的唯美家园的坍塌。影片最后,艾达决定抛弃这象征她沉重生活的钢琴,她把钢琴抛进了大海。对钢琴的抛弃对于艾达来说何尝不是一次重生呢,这不是单纯意义上的抛弃,更重要的是在这一过程中,她抛弃了孤独冷傲的自己,丢掉了那份不堪回首的记忆,她开始以一种轻松的状态接受新的生活。开始新生活之后的艾达脸上总是带着幸福的微笑,她又开始弹钢琴了,这时的钢琴已经不再代表着与世隔绝的精神世界以及高贵的灵魂了,它开始代表对新生活的赞美与歌颂。

　　奏响生命乐章的钢琴,曾被丢弃在沙滩上,最后被抛弃在大海里,但它却都以沉默来面对。有一种声音叫作寂静,寂静是艾达的声音,也是钢琴的声音,这种寂静脱离了艾达的身体,回响在人类灵魂所无法企及的内心深处。钢琴使艾达拥有了高贵的灵魂,但又带她融入了喧嚣的世俗,在这个过程中钢琴不仅是一种媒介,更代表了一种诉说的渴望。难怪那位老妇人说艾达的琴声怪,仿佛在诉说着某种情感,让人听了毛骨悚然。这架重要的钢琴被永远地留在了海底,就像小女孩放在水中的那一对天使的翅膀,美丽却苍凉。

(文/程赟)

范文点评

　　文章围绕道具钢琴展开,重点评论了钢琴对艾达生命的重要性,深入地挖掘了道具在影片中的象征性指射。文章的结构采用了总—分—总的模式,开头用比较优美的语言点出要分析的道具——钢琴。然后,列出三个分论点:钢琴是她生活的中心,钢琴引导艾达获得了爱情,钢琴促使艾达获得重生。从这三个方面集中论述了钢琴在影片中的重要作用。最后结尾,作者将钢琴所奏响的旋律,上升到人的内心深处、提高到人性的高度,有一个非常好的升华。文章首尾呼应,各段落论证有力且环环相扣,语言的逻辑组织性强。并且,这篇影评文章的语言运用比较优美,行文晓畅,是一篇难得的佳作!

影片信息

中文名:钢琴课　　　　　　外文名:The Piano

上映时间:1993 年　　　　　导演:简·坎皮恩

编剧:简·坎皮恩　　　　　　类型:剧情

主演:霍利·亨特、哈威·凯特尔、山姆·尼尔、安娜·帕奎因

主要奖项:第 46 届戛纳国际电影节金棕榈大奖、第 66 届奥斯卡金像奖最佳女主角奖、第 66 届奥斯卡金像奖最佳原创剧本奖、第 19 届法国电影恺撒奖最佳外国影片奖

历史挤压下的艺术追寻

——评影片《早春二月》的艺术成就

　　该片导演谢铁骊的艺术生涯中有一个引人注目的现象,就是"文革"中的八部样板戏竟有五部出自他手,然而当他晚年回忆往事时,他说他真正想拍的影片唯有《早春二月》。从中可以看出,在中国艺术史上那段因政治挤压而整体异化的时期里,艺术家们仍在小心翼翼地规避,在暗礁中迂回地追求着自己的艺术理想。《早春二月》拍摄完成于1963年,那时,在文艺界一片为工农兵服务的呼声中,十足鲜明的阶级立场和舍我其谁的英雄主义精神成为文艺创作的主要指导思想,当时虽有"新侨会议"郑重地提出应当尊重艺术尊重传统,但历史的反复仍让大多数艺术家不敢稍越雷池。然而正是在这种创作环境中,《早春二月》在包括谢铁骊、夏衍、茅盾等人的努力下终于得以面世,并在试映中获得了一片好评。毋庸讳言,该片确实有着卓然于世的艺术特色,与当时的众多影片相比,浓郁的抒情特色、与众不同的思想立意和清新隽永的散文化风格成为它的专属标签,成为它走向今天的"通行证"。

　　该片改编自作家柔石的小说《二月》,它以20世纪20年代的江南水乡为背景,披露了"五四运动"退潮后苦闷彷徨的知识分子的一段心路历程。主人公萧涧秋(孙道临饰)是"五四运动"唤醒的青年,但革命风暴的洗礼并没有使他成为坚定的革命者,随着"五四"运动退潮,他又陷入痛苦迷茫之中。为了让疲倦的心灵得到安宁,他应老同学陶慕侃之邀,到芙蓉镇中学任教,希望在这世外桃源般的水乡小镇过一段清静的生活,在美丽的自然和纯朴的乡民中间忘却烦恼,疗救心灵的创伤。在这个小镇上,陶慕侃的妹妹陶岚(谢芳饰)对他展开了极为热烈的追求,这让萧涧秋苦闷的心情得到极大的舒解。然而与此同时,他却陷入了对自己昔日同学的遗孀文嫂(上官云珠饰)和他的两个孩子的深切同情之中,甚至为了"彻底地解救他们"而要与寡妇重新组合家庭。他的一系列清白正义的行为虽然得到陶岚的同情却不为小镇上的封建势力所容,谣言中伤纷至沓来,竟至寡妇自尽,萧涧秋的人道主义理想也就此破灭。事隔不久,他倾注一腔心血的贫苦学生王海福的退学又给了他当头一棒,棒杀了他教育救世的理想。他终于明白过来,任凭自己怎样努力,都无法改变这些人的悲苦命运,他必须寻求另外的道路。于是,在逃避了两个多月后,他离开芙蓉镇,重又投身到时代的洪流中。

　　从来到芙蓉镇到走出芙蓉镇,影片重在表现萧涧秋性格的发展轨迹。围绕这一中心,影片创造性地运用各种视听语言手段来叙述、描写、抒情,在传统艺术与电影的结合上作出了卓有成效的探索。该片的艺术形式是别致的,这也同样奏出了与那个时代的不和谐音调。

　　从整体视觉感觉来说,当时大颗粒胶片(其成像特点是相对模糊和疏淡)的使用和江南水乡背景的选择使该片的画面极具透气感,相对于时代和当时大多数影片的浓墨重彩,犹如一阵扑面而来的清风,颇具影片题目中夏衍特意添加的"早春"之气。在影像内部,清新的风格、舒徐的节奏在第一个镜头中就可以初步感受到。定位拍摄中,一堵木板墙占满了整个银幕,墙的左上角是一个小小的窗口,在出字幕的同时,窗口缓缓掠过岸边的景色,虽然远景不很清晰,但江南水乡的特色还是十分明显的。字幕出完以后,镜头摇向货舱与客舱连接的窗口,从窗口慢慢推向客舱,最后以近景停留在侧对镜头的萧涧秋身上。镜头的这种巧妙设计不仅点明了故事所发生的环境,避免了单纯出字幕的单调,而且具有由远及近、由动到静的层次感。接下来的镜头以中景展示客舱,萧涧秋处于画面中央,从他的穿着打扮以及面貌神情不难看出,他和这种嘈杂的环境是格格不入的。要命的地方就在这里,影片在这里特别突出了一个细节,暗示萧涧秋与环境的不协调。旁边的一个农民打瞌睡,把头靠在萧涧秋的肩上,他皱起眉头露出厌恶的表情,推开那人站起来走了出去。萧涧秋这一近乎本能的举动,形象地揭示出他这一类知识分子与农村下层民众的隔膜——或许正是这个艺术上的巨大成功最先给这部影片惹来了意识形态方面的麻烦。优美的意境,细腻的抒情,可以看出影片深得传统美学之妙,这一点还表现在情与景的交融上。在这部影片中,写景的镜头随处可见,从开始展示萧涧秋内心的波澜到结尾预示未来的希望,写景的镜头在影片中占了较大比重。这些镜头与人物的心理、情感、环境气氛有机结合在一起,在传情达意方面收到了很好的效果。以萧涧秋七次经过通往西村的拱桥为例,七种心境各不相同,由喜悦到愤怒到最后的悲哀,景物也随之变化,景以情生,情以景浓,情景相辅相成,给人留下极为深刻的印象。

《早春二月》最大的艺术特色在于抛弃戏剧化的结构原则而代之以多场景组合的方法来进行叙事。戏剧化的结构往往把影片分为几个矛盾冲突相对集中的段落,段落与段落之间用渐隐、渐显连接,类似舞台上的分幕分场。而该片所独创的多场景组合则明快洗练,意蕴丰厚。例如陶岚与萧涧秋初识,陶家、萧涧秋在学校的客房、西村文嫂家几个场景直接组合在一起。陶家,萧涧秋听了文嫂的遭遇陷入沉思,他的神情引起陶岚的注意,陶岚若有所思地注视着萧涧秋,这时影片从陶岚的近景直接切到萧涧秋的客房,陶岚进来,萧涧秋不在,镜头以陶岚的视角扫过桌子上的书、杂志,陶岚接下来做什么影片没有再交代,而是从书、杂志一下切到西村文嫂家,从文嫂家出来,萧涧秋兴奋异常,按通常的处理,镜头应随萧涧秋的行踪回到客房,而影片却从外景直接切回客房,让陶岚反客为主,等待萧涧秋回来。仔细分析这个段落三个场景间的四次转换,虽都是直接切换,但由于镜头与镜头之间相互暗示、相互补充,因而并没有生硬的感觉,与渐隐、渐显相比,这种多场景组合使得影片结构更紧凑,意蕴更丰厚,也彰显出这部影片的散文化特色。可是,那个时代允许散文的存在吗?

《早春二月》虽然有一个"光明的尾巴",但相对于它的艺术成就来说,是瑕不掩瑜的,或者说,那只是一种假象。在该片拍摄的年代,"以阶级斗争为纲"和"大写十三年"已经开始流行,影片的编导选择这样一个反映小资产阶级知识分子徘徊探索又充满人情味和人道主义题材的电影,显然不合"时宜",可这也正是其可贵之处,里面饱含着明知不可为而为之的胆气和夹缝中求发展的韧性。

范文点评

　　我们在影评写作中,不能忽略一些经典的老片,那些影片都是经过了岁月的筛选而走到了今天,走到了当代观众的眼界里。就像作者在开头就对该片的背景介绍的那样,它是一部卓然于世的影片。在那样一个文艺思想僵化和政治功利性替代一切标准的时代里,一部真正的艺术性、思想性都能征服观众的影片是多么难得。所以作者也适时地推出了自己的论点:与当时的众多影片相比,浓郁的抒情特色、与众不同的思想立意和清新隽永的散文化风格成为它的专属标签,成为它走向今天的"通行证"。

影片信息

　　中文名:早春二月　　　　外文名:February　　　上映时间:1963 年
　　导演:谢铁骊　　　　　　类型:剧情　　　　　　主演:孙道临、谢芳、上官云珠、高博
　　主要奖项:葡萄牙菲格拉达福兹国际电影节评委奖

独特的叙事　完美的构思

——论影片《夜·店》的叙事

随着科技的发展,现代导演重视的更多的是影片的特技效果以及主题思想。而与之不同的是,新锐年轻导演杨庆的处女作《夜·店》在带来笑料的同时,更让观众看到了他在叙事方式上的大胆创新与精心构思。

在同一个地点,演绎叙述不同阶层的人物及命运,情节跌宕起伏,一波三折。故事时间地点的集中,让人不得不想起《茶馆》等话剧,这也是很多人认为《夜·店》改成舞台剧效果会更好的缘故。影片由一个故事贯穿引出不同的故事片段,剧情紧凑。在情节的处理上虽然有些夸张,但短短的九十分钟内在超市发生的都是我们日常生活中的事件。麻将、彩票、抢劫、爱情、跑龙套等都集中于这一小小的空间,巧妙地融会在一起,可谓人生百态,尽收眼底,极富戏剧性。并且,塑造出一个个性格鲜活的人物形象:尖酸刻薄而心地并不坏的超市老板、是非分明而又有些不够滑头的何三水、憨厚老实的李俊伟、滑稽搞笑的朱辽。《夜·店》摆脱了其他影片常用的插叙、倒叙等,而是以常规的叙述方式讲述故事,影片从这一方面也表现出导演编剧的功底与智慧。

在简单的场景、紧凑的时间中,要把故事阐释清楚并不容易,但导演通过一些情节的描述为故事的发展做了很好的铺垫,使故事的叙述更顺畅,娓娓道来,符合逻辑。整部影片故事情节安排细致,之所以用细致这个词是因为影片后面每一件事的发生在前面都有所铺垫,也许这是导演刻意的设置,却恰到好处,也让观众看得清晰明了。如:高警官的手机落在冰柜里,为后面歹徒发现手机做了铺垫;影片对厕所水龙头也有多处特写镜头,这都是为后面放钻石的盒子做铺垫。虽然这些铺垫没有技术含量,只是刻意的安排,却使故事情节衔接自然。比起那些故意去追求艺术效果的影片、让人费尽脑汁才能有所领悟的影片,《夜·店》更切合观众的品位,更真实,不矫揉不做作。

《夜·店》虽然没有巧妙的设计,没有种种伏笔和悬念,但导演运用细腻的表现手法将故事情节交代得十分清楚,丝毫没有给人厌倦冗长的感觉。简单的剧情、简单的故事、简单的笑点,迎合了观众的口味,让在快节奏中忙碌的人们得到了休闲与娱乐,得到了简单的快乐。比起那些刻意追求艺术性的影片,那些表现沉重主题的影片,那些无厘头的喜剧片,杨庆作为新锐年轻导演,将喜剧片的风格特点表现得恰到好处,张弛有度,让观众看到了国产喜剧电影的希望。

以超市店员李俊伟的口吻来介绍每一个出场的人物,是影片在叙述上的另一个亮点。快速剪辑、定格画面、漫画式的风格,增加了影片的喜剧效果,使每一个人物的出场都有其合理性,使故事情节紧凑,也使人物之间的矛盾环环相扣。同时,使影片更富有现代气息,展现出新一代年轻导演的蓬勃朝气、想象力与创新能力。

前后照应的叙事方法。如影片开头李俊伟偷拍唐晓莲时说道：今天本来不该我值班。影片快结束时李俊伟又说道：今天本来不该我值班，可是为了和唐晓莲在一起……从而前后呼应，使影片故事情节整体统一。另外，影片最后的一个快速回放镜头给人很前卫的感觉，也可看作是倒叙。强烈的视觉冲击、动感的音乐，成为影片的又一亮点，使故事又回到最初，使影片中的爱情回到最初的单纯。

影片中杨庆导演独具匠心的叙事方式、完美的构思，增加了影片故事的合理性，增添了喜剧效果，表现了戏剧性，使人物间的矛盾环环相扣，使影片成为统一的整体，成为国产小成本影片的又一代表。

（文/段少莹）

范文点评

如果影评文章从叙事的角度来评论，那么首先就要弄明白需要从哪里入手，对电影的叙事要重点把握编导者对影片故事的时间、地点、事件、人物设置、情节安排以及一些叙事艺术手法的运用等。只有在掌握了这些叙事评论的理论之后，才能综合地结合影片来进行评论。

这篇文章以"独特的叙事　完美的构思"为题，优美而凝练，很好；文章的开头部分开门见山地指出了要评论的重点，然后围绕电影的情节安排、伏笔、悬念和前后照应的叙事艺术手法，非常全面具体地论述了《夜·店》这部影片的叙事魅力；结尾部分又一次重申评论的角度，使文章结构脉络清晰、论证有力。这篇文章可以作为影评叙事写作角度的范例！

影片信息

中文名：夜·店　　　　　　外文名：One Night in Supermarket
上映时间：2009 年　　　　　导演：杨庆
编剧：杨庆　　　　　　　　类型：喜剧
主演：徐峥、李小璐、乔任梁、杨青
主要奖项：第 12 届上海国际电影节电影频道传媒大奖最受关注男演员奖（徐峥）、第 12 届上海国际电影节电影频道传媒大奖最受关注编剧奖、第 62 届洛迦诺国际电影节亚洲电影促进联盟奖

爱在时间处留下

——评金基德电影《时间》情感的两条主线

影片《时间》主要讲述的是：女主角世喜为了留下男主角智宇，为了将时间留住，为了不让心爱的人面对自己的容颜而感到厌倦，去接受了整容手术后成为思喜，当思喜让智宇再一次爱上自己时，她发现智宇还是爱着她原来的样子。智宇发现自己爱的两个人原来是同一个人时，他接受不了现在的一切，最后只能通过整容来面对思喜。整部影片依然保留有导演以往执导的《空房间》《漂流欲室》等影片低沉、诡异的基调，使得爱情悲剧更显悲伤，直击观众的内心，让影片在观众的心中留下长久的思考。影片中导演如同旁观者一般通过电影语言讲述了一个观众好似感同身受的故事，同时又以参与者的视角来审视这个世界，让爱情、时间、容颜等看似毫无关系的话题交织在一起，让观众在长叹中感觉爱是在时间中长久驻守的，爱是不需要任何雕琢的。

纵观整部影片，故事是在相对固定的场所发生的，如咖啡馆、雕塑公园、公寓、地下通道等。这些当然是导演的精心安排，只有这样才使得不太相干的主题具有整体性，让影片低沉、诡异的基调更加具有压迫感。但当看完影片静心思考时你会发现，影片从始至终都是以两条主线交织一起的，而以上所说的固定地点全是每条主线上的一个感情升华处。以下将分别以每条主线为线索来解读这部影片的情感内质。

第一条主线是失去了理智的世喜为了不失去自己以为已渐渐远去的爱情而去接受整容。她想通过选择离开后的重新出现来守住爱情。在整容后的六个月的恢复期中，她始终在暗处注视着男主角，她以不同的角色去接近男主角，当成功地重新进入男主角的生活之后，她才发现男主角还深深地爱着原来的她。在这期间她想通过努力让男主角忘记原来的自己时才发现一切全是徒劳的，现在的自己永远不会代替原来的自己。真相大白时，男主角只能通过整容去重新地接受爱情，却在和女主角的追逐中失去了生命。在这其中，有两次追逐是最值得思考的地方。第一次是智宇追逐思喜时，这是爱情的第二次回归。在这之前影片塑造的智宇是在孤独中追求肉体情爱的形象。导演想表现当今社会都市人的情感生活，即肉体的情爱和真正的爱情已经悄悄地脱离。爱情在追逐中越来越像一种奢侈品，爱情好似在追逐中忽闪忽现。镜头的不断跳动、喘息的声音、川流不息的车辆都在讲述一个注定的悲剧，一个换不回来的爱情已经在畸形中成长。第二次追逐是思喜追逐智宇时，还是同样的咖啡馆、同样的街道、同样的电梯，而结局却是以死亡结束，给这段爱情画上了一个悲剧的句号。我想导演大概也在寻找爱情在时间中的位置，可是最终发现死亡才是最好的方式，因为任何力量都不会改变爱情的美好，爱情在时间处会留下的，爱情好似寻找不到方向，可是一旦拥有就不会以时间来计算。时间可以改变容颜，时间可以让激情变淡。可是，时间不能改变爱情的坚守，改变看似情欲化的肉体之爱。被审视的爱情注定不会长久，被怀疑的爱情会让人失去理智。而影片中多次展现的现代情色雕塑仅仅是导演要表达的符号，是现代人开放观的小小的缩影。导演在探讨这些到底带给了我们什么，是性的解放，是两性的平等，还是爱情这人类最美的话题的冷淡？我想这是值得每个观众思考的，在我想来，这个故事的开始正是爱情安全感的丧失，正是这所谓的性的解放对爱情信任进行了侵蚀。

影片的第二条主线是一直陷于爱情迷乱的男主角智宇在不停地寻找自己的爱情。其中他有坚守，有孤独，有痛苦，有意乱情迷。他是在心爱的人离开后有了痛苦的孤独的等待和迷失的。当然，还是同样的咖啡馆，同样的公寓，同样的街道，同样的雕塑公园。但面对的却是形形色色的角色，是改变容颜后重拾爱情的夜夜缠绕的那个人。他在这个情感多元的社会中也难免迷失，可是时间的力量还是不能改变爱情的唯一。他多次重回与女主角爱情见证的地点，他身处女主角的监视不断地承受着孤独的考验，他在一次次迷失的边缘中被拉回现实。当他真正觉得自己已找到新的爱情时却被真相击得粉碎。这些注定了他是一个悲剧的化身，他的死不是爱情的魔力，他是机械化的社会生活中各种各样人的多种悲剧聚于一身的剪影。他也在坚守中选择了时间来挽留爱情，但爱情在最后一刻还是被这个畸形的社会践踏得粉身碎骨。导演当然是通过电影语言将各种问题都聚于智宇身上，是想用血淋淋的悲剧来冲击现在社会中人们日益麻木的心。这样的事情注定在我们看来有点遥远，可是谁又能保证不会出现呢？导演在冷笑这个无法改变的社会，在物质欲、肉体欲、金钱欲充斥于世的当今，他在寻找着自己的共鸣者，寻找着我们的良知。我想我们不禁要反问，难道我们失去的仅仅是美好的爱情吗？智宇到死也没有让观众看到他改变容颜后的面貌，最后留给我们的只是血肉模糊。我们在感叹爱情的悲惨结局的同时，还应有更为深刻的思考。

影片结束时，又重现了开始的镜头，再一次整容的世喜被撞倒在整容医院的门口，让影片开始那个隐蔽的女人戏剧化地回归到影片之中。我试着去解释导演的用意，我看着时间这两个字不停地思索。最后我想我在金基德导演以往拍摄的《坏小子》《雏妓》等影片中寻找出了这样叙事的答案：最后的世喜难道拥有的不是被畸形化的爱情吗？她被时间左右了好久还是被真正的爱情撞倒，她终归还是被时间拉回。她的存在在导演心中就是一个玩笑，导演希望让真爱回归来唤醒每位观众，让匪夷所思带给观众长久的思考。这也正是金基德导演一贯的风格。

"爱在时间处留下"，刚起这个名字的时候我就想呼唤真爱的力量。现在的人可以在时间中寻求表面的情感，可是我想时间永远是爱情的附庸。真爱的力量不仅仅是一种追求，它最重要的意义应该是坚守。也许电影带给我们的只是表面的影像冲击，可是爱情也许会在无声无息中唤醒我们冻结已久的心。最后愿爱情长存，愿有情人天长地久，愿我们的爱不再迷失，愿我们的爱在时间处驻足！

（文/张东舟）

范文点评

文章副标题是评论影片的"情感的两条主线"，这是属于影评叙事角度的一个评论点，所以，在把握的时候要思考一下关于影评叙事角度评论的理论知识。这篇评论文章能够非常准确地从影片的叙事主线中抽离出"情感的两条主线",这说明笔者具有很强的影视评论的直觉和素养,而且,在叙述的过程中能够联系导演以前的影片做很好的横向对比,能够帮助读者更好、更深刻地理解影片,很好!

　　但是,这篇文章也存在一些问题,主要表现为抒情色彩太强,比如结尾部分:"最后愿爱情长存,愿有情人天长地久,愿我们的爱不再迷失,愿我们的爱在时间处驻足!"影视评论需要理性、客观地评论主题,不要介入个人的情感好恶,要站在第三者的立场理性分析。另外,像"我、我们、可能、大概"等主观性太强的词在文章中要少用或不用。

影片信息

中文名:时间　　　　　外文名:Time　　　　　拍摄时间:2006 年

导演:金基德　　　　　类型:剧情、爱情　　　　主演:成贤娥、夏正宇

主要奖项:第 41 届卡罗维发利电影节开幕影片

与世隔绝

——评《Old Boy》异化人格的阐释手法

  《Old Boy》是韩国导演朴赞郁"复仇三部曲"之一，讲述了一个离奇、充满悬疑的复仇故事，其中对于主人公吴大秀异化人格的阐释相当精彩！

  吴大秀在女儿一岁生日的时候被莫名其妙地"绑架"了，然后在一个不知名的地方，一关就是十五年，与世隔绝。众所周知，人，是一种群居生物。而一个正常人被独自"监禁"十五年，不与外界、其他人进行任何交流，其性格将会被异化成什么样子！而这种样子应该怎么表现出来？导演利用各种令人意想不到的手法，将这种状态表现得让人难以置信却又合情合理。

  首先在画面构图方面，从吴大秀被囚禁之后，对于他所有的与外界、与其他人有所接触的镜头，其画面都有着一个共同的特点——将镜头的主要部分处于其他画面因素的遮挡或者局限之下，从而制造出一种隔离感，从画面上强调了、表现了吴大秀与世隔绝的状态。

  刚被囚禁不久，在看守送饭的时候，导演运用了一个猫眼镜头，低角度拍摄，整个画面中只有中间"投食口"里奋力向外钻的吴大秀和看守的脚。这种狭小的表现空间和看守局部的特写，给人一种禁锢的压抑感，突出了吴大秀被囚禁的状态——与世隔绝，与外界几乎没有交流。

  其后表现吴大秀第一次被毒气毒晕的一节中，囚禁的房间里再次出现了其他的人，此时导演依旧运用了相同的手法，选择了俯拍，透过一个装有栅栏的通风口来呈现室内人物的活动状况。

  仅在镜头和画面构图方面制造一种异化的生活状态是不足以让观众深刻理解主人公的处境的。另一方面，导演通过诸多让人料想不到的情节阐释了吴大秀在这种处境下心理和人格被扭曲的状态。

  在电视报道吴大秀妻子被杀一段时，吴大秀突然发现自己身体里钻出了一只蚂蚁！最后吴大秀被一群蚂蚁所吞噬！人的身体里是不可能生出蚂蚁的，那么这些蚂蚁其实只是吴大秀的一种幻象，一种精神心理的表露。

  人是一种群居生物，有一种群体性的需求。一个长期脱离群体的人，会很渴望与外界接触，会渴望交流，如果这种需求得不到满足，那么时间长了以后人的精神就会被扭曲，甚至发疯，出现精神疾病。吴大秀独自一人被关押了相当漫长的一段时间，几乎断绝了与外界的一切联系，没有交流，因此便产生了幻觉，这种幻觉是对于群居生活的一种渴望，是对交流的渴求。因此，吴大秀的幻相中出现的蚂蚁，便是这种内在需求的外在展现。因为蚂蚁便是一种群居生物，集群性和社会性都很强，这正是吴大秀长时间脱离群体后内心潜意识的诉求。

现代科学是发达的，为了保持吴大秀的头脑清醒，幕后黑手给他注射了治疗精神疾病的药物，交流的精神、心理诉求问题算是暂时解决了。但是吴大秀作为一个有爱有欲望的普通人，最基本的需求并没有完全被满足。

马斯洛在他的人本哲学中将人的基本需求分为了五个层次，各个层次之间是层层递进的，即最基本的需求得到满足了，才能有更高层次的需求出现。其中处于需求层次最底层的，也是一个人赖以生存的基础的，是生理需求，即食物、水、空气、健康还有性欲。

在"监牢"中，吃、穿、住、用……一系列的需求看守者都予以很好地准备，但是性却被刻意地忽略了。因此，在吴大秀诉说电视对于自己重要意义的时候提到了，电视也是爱人。吴大秀性欲方面的需求一直被压抑着，他只能面对电视里唱歌的女人进行自慰，但即便是如此也并没有得到浅层次的满足，因为一首歌的时间实在太短。这种最基本的生理需求的压制也促使了吴大秀在牢狱中的第二次自杀。

就在这种"求自由，没有；求死，不能"的境况中，吴大秀与世隔绝地生活了十五年。十五年后看守者毫无征兆地将他放了。就在吴大秀被释放的天台上，导演巧妙地设置了一个要跳楼自杀的人。正是这个毫不相干的人物的设定，将吴大秀经过十五年与世隔绝生活后被异化的人格表现得淋漓尽致。

当吴大秀发现了跳楼者后，他并没有像正常人一样用目光或者言语与其进行交流，而是靠近跳楼者，先是奋力地闻他身上的气味，然后用颤抖的手触摸跳楼者，并抓过跳楼者的手放到自己脸上让他触摸自己。很明显，一个拥有正常人格的人是不会用这种方式来接触、了解初次见面的陌生人的，只有动物在遇到其他个体的时候才会用鼻子去闻对方身上的气味，用肢体去触摸对方。这一情节形象地表现出吴大秀经过这十五年的与世隔绝的生活之后的精神状态，没有交流、脱离社会的生活让他失去了几乎本能的社交能力，身上社会性的印记逐渐淡化了，兽性的本真的原始的一些能力和特征凸现出来。当他遇到一个同类个体之后，首先做的是闻取对方身上的气味，这正是源于一种人类原始的动物性。

这一特点在吴大秀吃寿司的时候也有所体现。他点菜的时候说要活生生的章鱼，并且真的就将章鱼活生生地吃了下去！这便是人类动物性特征的体现，人类在远古时也便是这般茹毛饮血，吃一些活生生的东西。同时，也是吴大秀对于自己的存在感的一种自我强调，他还活着，就像他吃下去的章鱼一样活生生地在挣扎，这也正是一个人存在于这个社会上的表现。

另外，影片在人物造型上对于人物状态的表现和刻画也是不容忽略的。其中最突出的便是吴大秀发型的设定。在囚禁期间，电影曾经表现过看守为吴大秀修剪头发的片段，即便是为他修剪了头发，也并没有按照常理那样，为了方便一点儿、减少修剪频率，而给吴大秀剪个短发甚至平头或者秃头，而是稍微剪短，依旧保留着他蓬松散乱的长发。这种发型很容易让人联想到野人或者原始人，他们总是留着蓬乱的长发。这种发型给人一种原始的野性的状态，而这正迎合了吴大秀人性缺失、兽性本能突出的状态。

影片利用镜头、画面、情节等各种表现方法将一个与世隔绝十五年的人物形象刻画得生动形象,其表现方式既出人意料又合情合理,导演手法独特、老道。

(文/张东升)

范文点评

思想性和深刻性是这篇文章的最大亮点。文章从"异化人格的阐释手法"这个角度来评论《Old Boy》这部影片,这是一个评论影片艺术手法的角度。然后,笔者从影片的镜头运用、画面、情节安排等诸多因素展开论述,凭借良好的电影认知能力,联系马斯洛的人的需求层次理论,深入地分析了吴大秀人格异化的哲学、心理学依据。由此,建议学习文化艺术类专业的考生,多看、多学一些电影理论和哲学、心理学的基本知识等,完善知识结构是十分必要的,这样才能使评论文章写得更有深度。

另外,这篇文章的行文结构非常清晰、富有层次性,特别是开门见山的开头部分非常简洁、凝练,结尾用总结式升华的行文风格使整篇文章融会贯通,不失为一篇难得的佳作!

影片信息

中文名:老男孩　　　外文名:Old Boy　　　上映时间:2003 年

导演:朴赞郁　　　　编剧:朴赞郁　　　　类型:剧情、惊悚、悬疑

主演:崔岷植、刘智泰、姜惠贞

主要奖项:第 24 届香港电影金像奖最佳亚洲电影奖、第 57 届戛纳国际电影节评审团大奖

那夜的无眠

——评电影《夜·店》

在 2009 年 7 月份我们接到了一份大礼,它不但给了我们视觉的冲击,同时也让我们得到了感情的释放,这部片子是由"80 后"年轻导演杨庆执导的,他确实抓住了我们生活的细节,让它在一个狭小的空间里大放异彩。《夜·店》,一个让所有人都好奇的名字,导演用他那化腐朽为神奇的视觉,在影片里,借助平常可见的 24 小时超市,来展现一个光怪陆离的世界。快速剪切、慢动作、滚动画面的 MV 拍法,为影片制造了许多特技效果,这成为大家哈哈大笑的资本,更让《夜·店》成为上海电影艺术节上涌现的一匹黑马,而且拿下了电影频道传媒大奖的最受媒体关注男演员奖与编剧奖。

就其情节来讲故事很离奇,发生得也很怪异,但是只有这种怪异并不能打动观众的心,最重要的是影片拍摄的手法让人不得不捧腹大笑,其中有一个情节至今令人记忆犹新:当大家把劫匪的手脚好不容易捆住时,何三水拿出了自己的武器——电棍,这是历史性的一刻,因为这一下将决定大家的生死,所以导演用了慢动作来加以叙述,以突出它的重要性,这也对应了何本人做事分明的那句话,就是这一下,大家都以为会成功的,却被导演扼杀了:这慢动作不仅给了何三水一个英勇的形象,而且给了大家一个美好的企盼,可是它却最终导致一个大跌眼镜的结果——没电了。那本应获得的生机在这一刻破灭了,慢动作的应用虽然给了我们认识英雄的机会,带给大家的却是危险的象征,还有那永远不可磨灭的懦弱的人性。这一情节就像是一个正在充气的气球,当它已经充满快要爆炸时,却出现了漏洞,瘪了,大家本性中的善良也跟着泯灭了,那重生的欲望被无情摧残到极点,仅剩一丝丝的希望。

慢动作的应用给影片带来了暴风雨前的平静,它就如那获得不死生机后的噩梦,但是整部电影并不仅仅只有这慢动作的渲染,还有特写镜头的冲击。在故事的发生过程中,人物的出现是串起整个情节的催化剂。故事中第一人物介绍为小钢牙——李俊伟,个子不高却文质彬彬,眼虽无神但是善良纯朴,可是有关他的第一个特写镜头呈现给大家的却是那委屈的眼神,痛苦的表情,撅起的小嘴,不屈的意志,以及自己的不甘,所有的表情加在一张脸上,让我们见到了一个默默守护别人却无法面对自己内心情感的"懦弱的男生",故事的叙述从这个人的嘴里说出,给我们的是一种真实感,而那张特写成了李俊伟形象的代言,定格出了一个默默的英雄和一个伟大的护花使者。就是这张特写使我们了解到李俊伟为自己的爱情愿意付出一切的决心,当何三水抓住自己心爱的人的头发时,那不屈的意志促使他站了出来,成为危险的"挡箭牌"。为了自己心爱的人,他可以放弃自己的工作而使她获得自由,剧中的一道门成了两人感情升华的媒介,默默回头看了爱人一眼的慢镜头,给了我们生死离别的意味,李俊伟的眼神向观众传递了一种信念——我不会让自己心爱的人受一点点伤。这一镜头展示了两个世界,外面是凶险无比的劫匪,里面却是生存的希望。这就是李俊伟式的爱情,更是剧中所表现的人性的美。当子弹穿胸而过时悲剧诞生,这一刻的慢动作让时间定格,它让观众想多看一下这英雄的形象,甚至想去抓住那颗本不该有的子弹!导演就是在用这种情景来调动观众的同情心,使观众不得不和影片产生共鸣。其实在现实中死亡是件很痛苦的事,可李俊伟却带着微笑闭上了自己的双眼,躺在了自己一直暗恋的女生怀里,他感到的是幸福,更是一个小人物突然成为英雄的转折,最后的微笑是那样令人欣慰和悲哀,因为我们不可能想到爱情真的让一切变得可能,但是影片呈现出的情景让我们为之信服,三处定格式的情形已深深印在了我们的脑海中,从这三处情形我们也看到了人物的感情变化,从开始的不甘到自己懦弱地接受还钱到最后为爱人挡子弹,脸上的表情从委屈的不被人认识到依依不舍的离别再到得到心仪女生的垂青的笑,人物的心理变化一直在牵引着受众的心理,这就是杨庆带给大家的一份不可言说的惊喜,他让电影人所表达的情感借助画面都传递给了我们,必须承认影片的慢动作使李俊伟和何三水成为我们的感情寄托,他们充分地展现了小市民形象的尖酸刻薄以及我本善良的人性。

在剧情的设计上导演更是煞费苦心,在影片的最后当所有的画面倒叙时,我们又一次体会到了所有的情节,这一切对我们而言是那样的熟悉,却让大家没有了那份笑容,滚动画面的 MV 拍摄方法,让大家欣慰的不仅是结局的美好,它的视觉冲击已经超越了我们的感受,手法的独特让我们以为它是假象,却又让我们意识到时间的真实,这种虚虚假假中,我们看到了一个完美的大结局,这也是中国式完美结局,这一切的一切都是滚动画面的结果,毫无疑问,导演让大家眼前一亮,这种视觉的冲击和语言的缓慢是一种高明的手段,是它让我们有了一种回忆的情结,引导我们的思绪去感受那良久的喜怒哀乐,就像暴风雨后的彩虹,过程是简单的,可是它留给我们许多的感触,这就好像我们的伤口又被揭开了,去再一次感受那痛苦那心酸那欢笑,然后又给我们那伤口在阳光下痊愈的喜悦,最终就是那甜蜜的结局,导演的大胆调度已经折服了许多的受众。这是它被众人喜爱的缘由。

当大家都在找寻自己时,导演杨庆给了我们一个很好的答案,杨庆在尽可能多地尝试和实现那些年轻观众喜欢的东西,比如用 DV、手机,比如用一组组快速切换的照片来展示每个初次出场人物的背景,每张照片都像是定格漫画,并加以划痕处理。《夜·店》运用它那特有的拍摄技巧,给了大家一份感情的冲动,也折服了无数的影迷,整部戏抓住一个"奇"字,运用多种拍摄方法来制造故事,发展故事,感动受众,接受大家的感情。

(文/王建瑞)

范文点评

影评的写作要紧紧围绕一个方面来评析,即你可以评论影片的主题、影片的人物形象、影片的叙事结构、影片的视听语言运用等,其他的评论元素要为你所评论的方面服务,要做到评论点的集中、有的放矢,所以你的评论角度最好要在副标题中体现出来,然后围绕着这个点展开论述,切忌什么都写,想到什么写什么,使文章的结构陷入混乱。

就这篇评论文章而言,总体上还是可以的,从故事悬念的设计、慢镜头的运用、剧情安排、拍摄技巧这几个方面综论了《夜·店》这部电影作品的独特之处。但是,这篇文章的缺点也是显而易见,主要表现在以下几个方面:一是用语不够准确凝练;二是口语的使用影响了语句的理解,如"大家都以为会成功的,却被导演扼杀了"等;三是抒情的外延影响了评论的严谨性。另外,像"我、我们、可能、大概"等主观性太强的词在文章中要少用或不用。这些都是这篇文章的硬伤,考生们在影评写作的过程中要引以为戒。

影片信息

中文名:夜·店　　　　　　外文名:One Night in Supermarket

上映时间:2009 年　　　　导演:杨庆

编剧:杨庆　　　　　　　　类型:喜剧

主演:徐峥、李小璐、乔任梁、杨青

主要奖项:第 12 届上海国际电影节电影频道传媒大奖最受关注男演员奖(徐峥)、第 12 届上海国际电影节电影频道传媒大奖最受关注编剧奖、第 62 届洛迦诺国际电影节亚洲电影促进联盟奖

于幽默中感悟沉重

——评影片《我的舅舅》的艺术特色

由法国导演雅克·塔蒂执导的影片《我的舅舅》是一部清淡幽默的影片。导演以其独特的艺术创作技巧让观众在一颦一笑中感受时代变革为人类带来的诸多影响,展现了人天性的随意和纯真与机械化生活的矛盾冲突。

影片主要讲述的是生活在法国旧城的哥哥于洛与新城的妹妹之间的一系列故事,通过哥哥与妹妹生活方式、思维方式等的不同来展现时代变革的影响。影片以小见大,从色彩、声音、道具等几方面表现出其独特的艺术创作特色。

在色彩的运用上,本片主要以清晰明快的亮色调和灰白的暗色调为主。旧城是那种明快的亮色调,而新城却是灰白的暗色调。旧城代表的是舅舅于洛生活的浪漫、富有人情味的旧法国社会。扒垃圾桶的野狗,断垣蔓草的破屋子,滴滴答答的马车,随意、亲近的人际关系,搞恶作剧的小男孩们,当然,最精彩的莫过于于洛先生和他那栋热闹非凡的公寓了。于洛先生总是穿着过短的风衣,斜衔着烟斗,拐着他的雨伞,一路外八字地迤逦而来,要不就是骑着他的脚踏车到处闯祸。然而,这却是个生机盎然的社会,色彩光鲜温暖,里面的人都活得自由自在。清道夫找人聊天,茶贩随顾客心意在桶里丢钱,小孩忙着诱骗大人撞电线杆,还有于洛先生每天用玻璃窗将光线反射到鸟身上,然后怡然享受鸟儿唧唧喳喳的乐章。新城代表的是妹妹生活的冠冕堂皇、虚伪、机械化的新法国社会。这个世界的色彩都是以灰色、白色为主,在好笑的电动家庭用具(吸尘器、电炉、清洁器)的包围中,人也必须讲究效率,慌慌张张的,仿佛机器一般。妹妹早上送丈夫阿尔贝上班,那一连串高跟鞋的着地声和擦公文包、掸灰、吻别、开车门、抹车尾的动作,都令人强烈地感到大地在旁揶揄、嘲讽的笑意。等到这个世界的人做张做致地开了一个花园茶会,又被自在优游的于洛先生骚扰得灾情惨重,观众终于忍俊不禁。这就是时代变革的不彻底性,从中我们看出导演对旧的人情社会、旧的生活环境的难以释怀。

在声音的运用上,本片更是独具风格。影片注重音响和音乐的描绘。现代化的世界中,到处充斥着金属、塑料及各种自动化事物的声响(尤其电动开门及喷水池的声效,制造了若干笑料),连配乐也是现代爵士风味及敲击乐,很多充满生命力的东西随着现代化及科技的发展都快从地球上消失了。相反,旧城充斥着菜市场的喧哗声,搞恶作剧儿童的口哨声及吵架声,公寓里上下住客热情的召唤,当然,还有随处奔巡的狗群的犬吠声……另外,导演运用轻快简洁的钢琴声来加强对画面的衬托,透露出对旧法国社会的依恋。时代的变革、技术的发展在推动社会进步的同时,也在潜移默化中将人性中纯朴的天性软禁起来,使人们的思想等发生改变。在影片中,新旧两城的人们对孩子的教育方式也在发生变化。旧城的孩子穿得脏兮破烂,家长任其自由活动,他们可以随时随地买不卫生的面包;新城的家长注重对孩子的培养教育,强调给孩子吃营养餐,机械刻意地在各方面教养孩子。片中有这样一个声画错位的镜头:妹妹的儿子放学后肆意脱下衣服鞋子并乱丢,责备声立刻从画面外部传出。一系列的音响效果凸显出导演用进步的现代眼光,戏谑现代社会过度崇拜机械及效率的荒谬,以及对人性浪漫的古朴时代的留恋。

另外,道具的运用更为影片的叙述增色不少。海豚形的喷泉是电影中的特别形象。每当有外人要来机械化的家中,妹妹为了炫耀就让它喷水;一旦是家人、熟人来访,就立即关掉喷泉。妹妹家中的一系列电动家庭用具,也都是科学技术的产物,在科技的支配下,人来去匆匆地穿梭,失去了本真,成为科技的附属品。在片中多次出现的残垣断壁的"墙",意味着生机勃勃、明媚灿烂的小镇也快要被拆了,它会被锻造成和妹妹家中一般的冷冰冰毫无生气的机械化、现代化的样子。其实,这也在一定程度上揭示了现代文明的"悲哀"。一堵"墙"隔成了两个世界:一边是僵硬无趣生活着的被机械限定、控制了的人们,另一边是保留了生活中应有的快乐与随意的人们。

最后,大量长镜头的运用也是本片的出色之处。纵观全片,其中大部分的长镜头都是对街头市民生活的写照。如片头清洁工与路人谈论争辩的镜头,于洛先生上楼回家的镜头,片中于洛先生偷偷剪树枝的镜头,于洛先生在工厂打瞌睡后来制造"腊肠水管"的镜头,片尾老头儿为阿贝尔先生引导停车的镜头……真是数不胜数。导演巧妙地在长镜头下的场景中加入了戏剧化的元素,使得平实的生活写照处处流露出幽默、滑稽和调侃的气氛。特别是片头于洛先生上楼回家的长镜头,反映了生活在社会底层的人的极富情趣、自由的生活状态。相反,片中的另一些场景却对以妹妹夫妇为代表的处于新时代的上流社会的生活进行了调侃和讽刺,最具代表性的就是片中在妹妹别墅聚会的场景:一行人为了在花园里找个地方坐下喝茶,几乎转遍了整个花园也没能如意,最后还是回到了原地。偌大的豪华的别墅却没有一个安稳的宽敞地方来招待客人,这讽刺了别墅的华而不实。此外,为了向贵宾炫耀,妹妹神经质地打开花园里的平时总关着的喷泉,但因经常按错开关,只好又慌里慌张地关上,反映出其虚伪和生活中不安的一面,让观众感觉他们只是为了生活而作秀,而心累与否只有他们自己体会得到。

导演以其独特的电影创作技巧使观众在笑过之后心中泛起层层涟漪,让他们在轻松之余感受到科技发展、社会变革带给人们的深刻影响,机械化的生产与人的本真之间的矛盾已经一发不可收拾。

(文/孙晶晶)

范文点评

从整体看来,本篇文章应该算是比较成功的应试作文。虽然语言还需要进一步锤炼和加工,但仍有许多地方值得大家学习。首先,文章在首段就开门见山地摆出自己的观点(即文章的主论点);其次,文章有一个较为清晰的逻辑结构,有较为明确的主、分论点,符合关于影评文章的写作要求;最后,虽然在具体地分析、论证分论点的过程中词句的整合还需提高,但基本上符合要求,且论据也较为充分。

影片信息

中文名:我的舅舅　　　　　　上映时间:1958 年　　　　　导演:雅克・塔蒂
编剧:Jacques Lagrange　　　类型:喜剧
主演:雅克・塔蒂、Jean-Pierre Zola、Adrienne Servantie
主要奖项:第 11 届戛纳国际电影节评审团特别奖、第 31 届奥斯卡金像奖最佳外语片奖

于无声中现真情

——对影片《在世界转角遇见爱》中道具的分析

乍看影片的名字——《在世界转角遇见爱》，眼前仿佛呈现出优美旖旎的自然风光、浪漫甜美的爱情故事，而本片通过巧妙地运用各种道具给我们展现出了完全不同于这类主题的风格：用双陆棋来比喻人生，用自行车来寻找自我，用"全新的保加利亚欢迎你"的广告牌揭示了社会现实……每一个道具都在无声地向观众诉说着真情，对揭示影片的主题起着画龙点睛的作用。

作为一部文艺片，《在世界转角遇见爱》继承了欧洲一贯的叙述风格，两条叙事线索用闪回的手法有条不紊地交替进行着，帮助萨西卡恢复记忆的骑行之旅那欢快明亮的节奏，与萨西卡一家为寻求所谓的自由的逃亡之旅那昏暗压抑的节奏形成了鲜明的对比，而不论是哪条线索，重要的道具都是双陆棋。影片用重复性蒙太奇手法不断展现祖父百丹与棋友对峙的场面、祖父与萨西卡对峙的场面、父亲法斯卡下棋的场面，一盒双陆棋演绎着一场家庭的悲欢离合、祖孙三代的不同命运、萨西卡的记忆追寻与自我的回归。祖父认为玩双陆棋为的是荣誉，为的是能够把握自己的命运。他始终都认为，天下无不是骰子，成败在人，而不是在运气，只要心中有信念，就能掷出希望的数字。而法斯卡下双陆棋不仅仅是业余爱好，这还是他赌博营生的工具，这为他以后的不幸生活埋下了伏笔。萨西卡在双陆棋中悟到了人生的真谛，他在最后与祖父的对决，不仅没有一丝硝烟味，反而充满了情感的交流，一个家庭的历史、一个国家的历史就在骰子转动的慢镜头中快速地倒回，回到最初的原点，骰子以神奇的破裂完成了自己的使命，萨西卡成为新的棋王，而他也找回了记忆，找回了自我。

"自行车，这个产生于现代工业文明又游离在现代工业文明之外的交通工具总是带有某种感情色彩"（摘自百度博客），在很多影片中得到应用，而更多的也是用于展示亲人之间或者家庭之间的和谐关系，比如《美丽人生》中圭多骑着自行车带着乔舒亚尽显父子情；在《小鞋子》里边父亲用自行车载着阿里去富人区修整花园，与身边疾驰而过的汽车相比，他们虽然贫穷却温馨快乐着。骑行之旅同样是寻根之旅，就像《落叶归根》一样，不论遇到多少困难都要回到自己的故乡。自行车在这里也成为一个情感交流的工具，一路上，他们既是祖孙又是同伴、朋友。这会让我们情不自禁地想到《天堂电影院》中的老放映员与小男孩之间、《小鬼当家》中小孩与养鸽老妇人之间的忘年情，让人感觉十分温馨。

影片中颇具黑色幽默的是那块写着"全新的保加利亚欢迎你"的广告牌，上边的头像竟然是旧社会恐怖政客的丑恶嘴脸，原来在民主国家，集权社会的政客也会在新时期当家作主，也可以成为民主的代言人。这里的政治讽刺意味便明显地表现了出来，迫于政治压迫的亲情疏离，民主国家收容所里的蝇营狗苟的集权统治，或许会在观众的脑海中留下深刻的印象,其实所谓的民主国家并不像当年法斯卡想象的那么美好,留在收容所里的芝加哥一语中的,道出了本质:不论在哪里,人都如蝼蚁,受着种种的限制,人权遭受践踏,生命瞬息而逝。而这种政治讽刺并不是那么的尖锐,虽令人心痛,让人愤恨,但又显得如此自然,在时间与镜头转换的洗礼中逐渐变得模糊,仿佛导演刻意让观众忘记,只是让观众完全沉浸在萨西卡的骑行之旅中,并为他找回自我而欢呼。

"天地有大美而不言,四时有明法而不议,万物有成理而不说。"聪明的导演从不会在影片中用多余的旁白来揭示主题,而是刻意让观众自己发现,从导演所用的每一个镜头、每一个道具中去体会影片的主题。本影片用各种道具唤回了萨西卡的记忆,巧妙地对现实社会做了戏剧化的讽刺,但最终完满的结局还是抚慰了观众的心。每一个转角都是人生的转折,就像骰子的每一次转动,我们只要心中有信念,就能左右遇到的是什么,心中有爱,转角才能遇见爱。

(文/何秀丽)

范文点评

这篇文章有意避免大众化的评论角度,选取了从道具入手,这种思维方式值得各位考生学习。同时,文章的结构也较为清晰,有着主、分论点。然而,在选取新颖的角度进行评论时,要注意对论证语言的把握和分析的精确,应该结合自己的长处有所考量地选取,切忌"求新"而不"求质"。本文显然在语言的把握上还有待提高,同时在分析论证的过程中也有些地方欠佳,如对"自行车"这一道具的分析则显然有些舍本逐末、喧宾夺主了,应该注意的是,在论证的过程中对所评影片的分析应占主要部分。而这也是值得众多考生注意的。

影片信息

中文名:在世界转角遇见爱　　　　上映时间:2008 年

导演:Stephan Komandarev

编剧:Yurii Dachev、Stephan Komandarev、Dusan Milic

类型:剧情

主演:Miki Manojlovic、Carlo Ljubek、Hristo Mutafchiev

主要奖项:瑞士苏黎世影展观众票选最佳影片奖、保加利亚奥斯卡观众票选最佳影片奖和最佳本国电影双料大奖、华沙国际影展评审团特别奖、挪威贝尔根影展最佳影片奖

在镜头中穿越世俗的另类爱情

——评电影《暮光之城》

　　《暮光之城》被称为继《哈利·波特》之后的又一部全球式迷幻小说。很巧的是两部科幻大作的作者都为女性,罗琳将魔法从英国向外推广,《暮光之城》的作者斯蒂芬妮·梅耶(Stepfenie Meyer)又将另类的吸血鬼带给了世界。《暮光之城》由于作者斯蒂芬妮·梅耶、编剧梅莉莎·罗森伯格、导演凯瑟琳·哈德威克全部为女性,可谓是一部纯粹的"半边天"作品。但也正是这部全由女性执导的作品,用它的细腻与情感带给了观众惊喜。

　　《暮光之城》这部电影在分类的时候,动作、惊悚、爱情全占了,不过大多数观众应该更喜欢将它归于爱情片。就像中国的人仙恋、人妖恋一般,《暮光之城》也讲了一段很另类的爱情。爱情一直从影片开始延续到结束,仿佛从二人第一眼开始便已经注定。导演无论是从故事情节、镜头运用还是场景选择等方面,都在帮助主人公筑构爱情。每个爱情故事都有其固定而又特殊的情节,在这里抛开情节不谈,该片的色彩运用和镜头使用都是相当突出的。

　　绿色,象征唯美与希望。观众很容易地便可以从影片中看出导演对绿色的重视,它几乎成了影片唯一的色调,但这唯一色调的运用却不单调、不乏味。福克斯是一个阴湿的小镇,这里多山阴雨,森林茂密,很自然的,绿色会充斥在这里的每一个角落。绿色是希望的象征,是生活的希望,亦是爱情的希望。大多数观众还是喜欢绿色的,就像导演热衷于绿色那样,观众惊叹《英雄》中的绿,震撼于《十面埋伏》中的绿,同时也在感叹《暮光之城》中的绿。它带给观众的是那么美的视觉享受,那么清新的心灵洗涤,仿佛那一片片的绿能沁入观众的心脾,洗去一切的不快与阴霾。

　　影片一开始便定位于这片暗格化了的绿色之中:傍晚的森林,隐藏在绿丛中的爱德华的家,茫茫绿洋中的棒球比赛。这里四面环山,整个小镇被一片茂盛的绿色围绕,而爱德华与贝拉便在这里相爱。相信每个观众对影片中爱德华两次背贝拉在森林中飞行似的疾走都会印象深刻。第一次的时候爱德华在这里讲明了真相,当时满眼的绿仿佛在告诉观众那满满的希望。随后爱德华背着贝拉奔向山顶,犹如流星在绿色的海洋中滑翔,一束阳光透过山顶射入这片绿的海洋,像是一条特别的丝带,在这丝带中爱德华闪闪发光。当爱德华与贝拉双双躺在草地上时,瞬间他们便成了这绿色中的精灵。绿不仅仅勾勒出了迷人的景色,更与那束阳光结合在一起,代表着希望,宣告着主人公爱情的正式开始、梦幻与浪漫的开始。第二次贝拉应邀去爱德华家,带着愉悦的心情二人在森林中随意地穿梭,这时这片绿色的森林成了他们的圣地,仿佛他们走到哪里,哪里便会成为鲜花盛开的海洋。这样的穿梭会让观众猛然间想起陈凯歌导演《无极》中的那场穿越时空的奔跑,二者有得一比。

《暮光之城》仿若一部由特写镜头组成的特殊电影。影片中大量特写镜头的运用,将片中人物细腻的情感真实地表达了出来,将爱德华与贝拉之间的浓浓爱意表达了出来。

影片中由罗伯特·帕丁森饰演的爱德华的特写镜头尤多。爱德华有一双阴冷而又充满诱惑的眼,或许正是这双眼吸引了贝拉。实验室中,当贝拉坐到位置上时,他在极力地忍耐,在与自己的欲望作斗争,这时一个特写镜头打过来,将爱德华心中的矛盾透过他的眼神形象地表达了出来。这时的这个特写镜头极具表现力,不仅仅是他内心矛盾的体现,同时也和影片中后面的爱德华充满爱意的眼神形成了对比。另外一个给观众印象深刻的特写镜头是爱德华帮贝拉赶走混混时的眼神,这一特写镜头的运用相当恰当。那眼神中充满了死亡的气息和一丝担忧,即使是观众也会害怕那阴森又充满暴戾的眼神吧!而这一切反常的动作只为了贝拉——他爱的人。这一特写镜头将他对那群混混的气愤和对贝拉的疼惜淋漓尽致地表现了出来。

其实镜头就是有这样的魅力,它将人的情感甚至是人物内心的感觉展现在观众的面前。镜头是组成电影最基本的语言,编剧或导演的思想也是通过一个个的镜头传达给观众的。或许是因为编剧和导演都是女性的缘故,这部电影在细节上的表现相当细腻,而它的功臣就是镜头。影片中一个个的特写镜头不仅向观众展示了爱德华的情感,也将贝拉的爱、贝拉的疑惑、贝拉的坚持呈现给观众。

爱情是我们生活中永恒的主题,写小说或是拍电影,以爱情为主题永远不会过时,永远都会有观众,因为人们心中时时刻刻都需要爱情。《暮光之城》也是爱情片,有很另类也很大胆的爱情,是一种在那充满希望的绿色中跨越时间的爱、在那美妙的镜头中穿越世俗的爱。影片以色彩的名义宣言,爱得纯粹,没有利益互换;以观众的视角探索,真爱,直到永远。相信观众看过《暮光之城》很长时间后依然会不时地回忆起那唯美的绿色天堂,眼前依然会浮现爱德华那双魅惑而又执着的双眼。

（文/张萌）

范文点评

本文在主标题的选取上并没有经过进一步的提炼和思考,而使其流于"大众化",不十分吸引阅卷老师的注意;在某些语言表达上也稍显感性。但是,本文也有它的闪亮点,如对分论点的分析比较透彻,而这正是大多数考生头痛的地方。希望各位考生能够在看到本文不足之处的同时,注意学习其长处。

影片信息

中文名:暮光之城　　　　外文名:The twilight saga

上映时间:2009 年　　　　导演:凯瑟琳·哈德威克

编剧:梅莉莎·罗森伯格、斯蒂芬妮·梅耶

类型:剧情、爱情、惊悚

主演:克里斯汀·斯图尔特、罗伯特·帕丁森、凯姆·吉甘戴、泰勒·洛特纳

主要奖项:2009 年 MTV 电影奖最佳影片奖、2009 年 MTV 电影奖最佳女演员奖(克里斯汀·斯图尔特)、2009 年 MTV 电影奖最具突破男演员奖(罗伯特·帕丁森)、2009 年 MTV 电影奖最佳打斗场面奖、2009 年 MTV 电影奖最佳吻戏奖

灵动的音符　深刻的诠释

——评影片《入殓师》的音乐

由导演泷田洋二郎执导的影片《入殓师》在第 17 届金鸡百花电影节获得"观众最喜爱的外国影片""观众最喜爱的外国导演""观众最喜爱的外国男演员"三项奖项。影片能取得如此成绩,片中的音乐起到了不容置疑的作用。

美国著名作曲家赫尔曼曾说过:"音乐实际上为观众提供了一系列无意识的支持。它不总是显露的,而且你也不必要知道它,但它却起到了应有的作用。"《入殓师》中的音乐是配乐大师久石让完成的,他是宫崎骏动画电影的御用配乐大师。久石让的配乐电影总体风格是简约而不简单,电影《入殓师》也充分体现了这一独特风格。《入殓师》的背景音乐融合了大提琴和钢琴等乐器的演奏,充分发挥了以大提琴为主的浑厚之感,大提琴音色悠扬,琴弦的音色含情,旋律动人,让人感受到一种生命的质感的传递。以大提琴为主的背景音乐在渲染气氛、连贯情节、抒发情感、深化主题、塑造人物形象、强化影片结构等方面发挥了重要的不可或缺的作用。

一、渲染气氛

一部影片的基调很大程度上是靠音乐奠定的,从而深化视觉效果,增强画面的感染力。伴随低沉凝重的大提琴曲,摄影机引导着我们的视线,雾蒙蒙的画面中出现一丝车灯的光亮,灰暗的色调、画面与音乐相互映衬,音画的完美结合,奠定了整部影片凝重的气氛,很好地烘托了影片生死观这一沉重的主题。导演将画面、背景音乐和旁白有机结合起来,创造了一种沉重的意境。本片是一部日本电影,影片中背景音乐的设置正符合日本民族那种淡然的特点。小林大悟第一次真正为人入殓时,先是小提琴独奏,营造出一种沉重却又静谧神圣的氛围,随后大提琴声成为主要配乐,在入殓时安静的氛围中,大提琴一下下缓慢地拉出了当时的忧伤,生离死别的感情开始慢慢被积蓄,最后大提琴两个三拍子的重复拉奏,哀婉低沉,数秒钟的沉默后,大提琴的音调逐渐升高,节奏加快,亲人开始哭泣,感情在瞬间迸发,大提琴弹奏出人们的悲痛以及对逝去亲人的不舍,烘托出当时凝重的氛围。

二、连贯、交代情节

在电影中音乐就像是一条纽带,把一些分散跳跃的镜头串联起来,跨越时空的界限,随意自然地转换时空。圣诞夜,三个人聆听大悟的大提琴独奏,各自追寻着自己的回忆。同时随着同一首曲子,画面在三个场景中不停切换:大悟为逝去的人入殓,社长、女职员与大悟,以及广阔的野外大悟一个人认真地拉大提琴,三个不同的场景随着音乐不停地切换,时空过渡流畅自然,展现了音乐的连贯作用。另外,大悟回忆与爸爸的过去也是随着音乐完成切换的。

影片刚开始的那段交响乐团的合奏,声画同步,起到了交代大悟职业的作用,并透露出大悟与大提琴的联系，为下文做好了铺垫。交响乐团演奏的《欢乐颂》，后段加入合唱，给人一种奋进、向前的感觉，这似乎与影片的主题相悖，但此处是导演的刻意安排，《欢乐颂》高亢的力量感，正预示着死亡并不意味着生命的终结，而是新的开始。

三、抒发人物内心情感、深化主题

音乐就其本质而言，最不善于表现视觉上现实世界的有形客体，却能高度概括、表现人物内在的心理体验、微妙丰富的感情状态，抒发人物的内心情感。大悟与妻子放生活着的章鱼，被放回水中的鱼却已经死了。大悟脸上满是无奈，刚丢了工作又似乎被章鱼捉弄，命运的不济，使大悟决定放弃大提琴演奏回到乡下，这时大提琴声响起，低沉，哀婉，解读出大悟放弃理想的无奈。

每部影片都有要表现的主题，《入殓师》通过从入殓师的角度来诠释生与死的哲理、生命的意义，从而揭示出身边的亲情、爱情的主题。在影片中音乐最能深化主题的地方是大悟对父亲的两次回忆。大悟深夜一个人独奏大提琴，随着大提琴声调的逐渐升高，画面切换为过去大悟与父亲在河边捡石头，而父亲的面貌却是模糊的。最后大悟为自己的父亲入殓，看到父亲手中的石头，感悟到父爱一直没有停歇，这时大提琴主题音乐又一次响起，将父爱的主题推向高潮，起到了推波助澜的作用。而这时的父亲却已去了另一个世界，大悟把石头放在妻子的肚子上，伴随着音乐的又一次高潮迭起，沉重的大提琴曲传递的不再是哀伤，而是对生命传承的歌唱。大提琴音乐的加入深化了影片的主题。音乐里有很纯粹的东西，亲情、爱情、生与死，这些都在久石让的音乐里表现得淋漓尽致。

久石让充分发挥了大提琴曲哀婉忧伤而又温馨的特点，这一简洁而不简单的配乐，很好地诠释了影片的主题，贯穿了剧情结构，渲染了影片氛围，丰富了电影的内涵，使影片《入殓师》成为经典之作。

（文/段少莹）

范文点评

本文是一篇非常优秀的文章，不仅有一个清晰的写作脉络和文章结构，且在分析过程中运用语言娴熟，论证也很充分、到位，展现出作者对本部电影深刻的领悟力和理解力，也能够看出作者对音乐作用的灵活掌握和运用。虽然作者选取了音乐这个较为新颖的角度对电影进行评论，但并不一定每个考生就都去从这个角度入手，而是应该结合自己的长处，切忌不懂音乐而大谈特谈音乐，如此只能是哗众取宠。无论从哪个角度去评论电影，都应该注意所选取的角度一定要适合自己，让自己有话说，切忌只注意"求新"而忘记"求实"。也只有从自己最拿手的角度去评论，才能评出新意，写出优秀的文章。

影片信息

中文名：入殓师　　　　外文名：Okuribito　　　　上映时间：2008 年
导演：泷田洋二郎　　　编剧：小山薰堂　　　　　类型：剧情
主演：本木雅弘、山崎努、广末凉子、吉行和子
主要奖项：第 81 届奥斯卡金像奖最佳外语片奖、第 32 届日本电影学院奖最佳影片奖、第 32 届日本电影学院奖最佳导演奖、第 32 届日本电影学院奖最佳编剧奖、第 32 届日本电影学院奖最佳摄影奖、第 29 届香港电影金像奖最佳亚洲电影奖

"风"既秀外,自有慧中

——评析《风声》的蒙太奇手法

　　号称"华语第一谍战巨制"的《风声》,以扑朔迷离、悬念迭生的情节结构,为我们展示了抗战时期一段悲壮寂寞的英雄史以及英雄们对祖国与人民的忠诚信仰。高、陈二位导演在不遗余力地雕琢性格迥异的人物的同时,也延续了华谊以情节和细节取胜的风格。据艺恩娱乐决策智库 Enbase 数据显示,对于《风声》,观众的选择是,故事情节仅以微小差距排在强大明星阵容之后,位居次席。时而风声鹤唳,时而风起云涌,时而又让人在豁然开朗之后陷入"鬼"影重重,这丰富而华丽的面纱后,是一组组强大的镜头语言如"老鬼"一般慢慢呈现……没有蒙太奇,就没有电影,其中的电影蒙太奇手法自然充当了影片"慧中"的重要角色。

　　"华北剿匪司令部"的五位情报人员在裘庄接受审讯与斗智斗勇的过程是电影的一条明线,而平行蒙太奇的运用,使得中共地下党暗杀日军及伪政府高级官员的活动作为一条暗线铺陈开来。凡平行必交叉,凡交叉必平行,这一明一暗两条线在平行交叉蒙太奇的处理下,构成了电影大的框架:一方是"老鬼"在生死场想尽一切手段要把情报传出去,一方是中共地下党接到百草堂的假行动指令在安排谋杀,而"老鬼"则是这两条线之间的契合点。平行交叉蒙太奇的使用也达到了预期的效果,比起谁是"老鬼"的悬念,更能绷紧观众心弦的是生命危在旦夕的"老鬼"能否在这种处境中突围并完成使命,这就使影片显得更为惊心动魄。平行交叉蒙太奇在影片中的运用十分广泛,像五个人在裘庄写简历时,同步发展却又各自为政,这种蒙太奇的使用,删繁就简,加强、加快、加速了影片的节奏,使得重点集中在"辨字"而不是"写字"上。平行交叉蒙太奇在高潮时的应用则尤为突出,在影片最后的百草堂设伏一场戏中,一方面是武田和司令设下天罗地网准备"瓮中捉鳖",一方面是中共地下党在不知情的情况下布置谋杀。情报能否及时传出? 英雄们是否会被一网打尽? 随着"十月三十一日"的临近,平行交叉蒙太奇使观众的心弦绷到最紧,营造了影片紧张激烈的气氛,增强了矛盾冲突的尖锐性,造成强烈的悬念效果。随着抗日英雄们得到情报取消谋杀,这两条线汇成一条,继续将影片推向高潮。正如爱森斯坦所说:"两个蒙太奇镜头的对列,不是二数之和,而是二数之积"。平行交叉蒙太奇将剧情发展的整个过程集中起来,扩大了影片的信息量,又加强了情节段落的紧张节奏,整体上增强了影片的悬疑效果和情绪感染力。

　　唐山皮影戏《空城计》在影片中被吴大队长多次唱起,重复蒙太奇赋予了《空城计》更为深层、更为关键的作用。吴志国在进裘庄的当晚唱起《空城计》时,吴、顾二人就已经心照不宣,在吴志国受尽酷刑奄奄一息的时候,又唱起《空城计》,可以说曲调的两次重复是影片中的两个关键点,一个是同志的汇合,一个是谋杀行动的关键,在重复蒙太奇的解构下,《空城计》的含义得以强调与深化,吴大队长的坚毅机敏与忠心被表现得淋漓尽致。用重复蒙太奇多次展现裘庄深暗的景色,则营造了一种孤独恐怖的气氛,每一次的展现都让观众在心里多了一分担心与凝重。影片中多次以特效的方式把摩斯电码化成文字展现出来,重复蒙太奇让观众在理性上得以清楚"老鬼"的行动目标,却又在感性上增强了谁是"老鬼"的疑问而似解非解。重复蒙太奇的使用,不仅使电影情节充满了想象性、悬疑性,也达到了关于电影时空后现代的解构内涵。

影片的人物特征与主题意义在对比蒙太奇中得以展现,而顾晓梦和吴志国必然是这一对比蒙太奇中的主角。当李宁玉一句"刘林宗已经好几天不见了",李、顾二人脸上的表情虽然没多大差异,却在更深层次形成对比:男朋友多日不见,李宁玉表现出的是"为伊消得人憔悴"的牵挂与思念,而顾晓梦看似镇定,心里却是无比纠结与痛苦,刘林宗本应是自己的男友,为了革命却不得不让心爱的人成为敌人的爱人,正是对国家的忠诚与信仰才让顾晓梦在本不该镇定的此时此刻表现得如此镇定。革命为什么会胜利?为什么?是因为李宁玉把真心献给了爱情,而顾晓梦把真心献给了国家……五人在裘庄特别是在受刑时的表现形成了鲜明的对比:李宁玉遭受武田"裸体量身"的刑罚之后几近疯狂,可以放弃傲气与才气,却因为拯救男友而选择让自己在这样保守的年代独自受辱,单从这一点来看,李宁玉是一位伟大的女性。白小年蒙冤受刑而死,临死之前苦苦求饶,作为伪军总司令侍从官,本应"一人之下,万人之上",却落得如此下场,反映了白小年身体的柔弱与内心的脆弱,暴露出伪国民政府内部统治的阴险与黑暗。金生火那旧式金丝边眼镜加上似笑非笑的下颌,充分表现了作为伪军军机处处长圆滑、不学无术的嘴脸,金生火因压力与恐惧而选择了自杀,表明了伪国民政府腐败的裙带关系在枪声中倒地。"老枪"吴志国在经受了电刑、刺刑之后仍顽强不屈;"老鬼"顾晓梦在忍受绳刑后以求死来传达情报,一句"请你举报我",诠释了共产党人的视死如归与爱国大义。通过种种对比,反映出中共英雄的机智与坚强,歌颂赞扬了他们对个人生死的置之度外,对国家无比的忠诚。正如原著作者麦加所说:"这群特工在水深火热的环境下斗智斗勇,我觉得能够支撑他们行动下去的、置生死于不顾的,就是他们的信念。因为他们有一种捍卫国家、打倒敌寇的信念作为他们的精神支柱,才产生了常人难以想象的强大毅力。"信念是让人产生无穷无尽力量的源泉。我们这个年代同样需要这样的信念,从这个意义上说,这是一部呼唤真我、呼唤内心的电影。影片最大的对比其实是影片本身的残酷与现实的幸福之间的对比,这需要观众去自我发掘,发掘得越深,就会对幸福生活越加珍惜。对比蒙太奇在影片中无处不在,正是这样的蒙太奇思维,才使镜头的组接不是砌砖砌瓦式的铺陈,而是高度鲜明、充满悬念的迸发。

影片阴暗死寂的背景,就是一个大的隐喻蒙太奇,它隐喻了裘庄的残酷与黑暗,更象征了当时伪国民政府的残酷与黑暗。在影片中,五个人写了生平简介之后,裘庄的灯立即全灭,暗示了黑暗与死亡的真正降临,此时的客观镜头切换成李宁玉的主观镜头:白小年被强制带走,死亡开始……有意思的是顾晓梦的名字也是一个隐喻,开幕式的台词上定义为"庄生晓梦迷蝴蝶",具有唤醒民众爱国心、启迪民众的意思。诗人勃朗宁说:"爱情、希望、恐惧和信仰构成了人性,它们是人性的标志和特征"。这句话仿佛就是为顾晓梦而说……对爱情的难以割舍,对革命成功的希望,对受刑的恐惧,对国家和人民的信仰……如此复杂的感情,恰恰构成了影片的张力。这不禁让人想起周迅在片花中的一句话:"我从没想过我会活过这场战争……"

心理蒙太奇在影片中不是运用得最多的,却是运用得最出彩的。在李宁玉的衣服慢慢被武田的手术刀割落时,心理蒙太奇的处理让她回忆起男友刘林宗表演话剧的场景,这不仅使影片在情节结构上出奇制胜,更让李宁玉在爱的支撑下证明了自己的"清白"。吴志国向李宁玉阐明真相也是置于心理蒙太奇之中,这使得悬疑以一种独特的艺术手法得以解开,不仅把悬念留在了影片最后,而且更让这种爱国情感超越了生死的界限。影片结尾以顾晓梦的旁白结束,不仅舒缓了影片暴力阴暗的情感基调,一句"老鬼不是一个人,而是一种精神,一种信仰"也让观众达到情感上的共鸣,让人不禁想到《秋喜》中晏海清的一句经典台词:因为做我们这种潜伏工作的,其实早就是一个死人了……心理蒙太奇承载了影片最后的高潮:李宁玉回头看到了坐在椅子上的晓梦,这时蒙太奇的情感表达远胜于它的结构形式,一对感情至深的姐妹却因信仰不同而生死相离,只能——"灵魂与你们同在……"。李宁玉对顾晓梦的爱之深、思之切,又一次升华了顾晓梦的爱国信仰,深化了影片的主题。

有的电影人说至少要反复看三遍才能把《风声》看懂,然而所谓的"看懂"又是指懂了什么呢?谁是"老鬼"?恶有恶报?爱国主义?人生信仰?珍惜幸福?正是这种没有具体意义的懂,才使得影片的内涵更加丰富,使每一位观众心里都有一个找到却又找不到的"老鬼",独具匠心的情节设计,扣人心弦的悬念安排,使《风声》在 2009 年华语影坛大放异彩。"风"既秀外,自有慧中。巧妙丰富的蒙太奇手法使影片在情节和思想上把悬疑谍战片推向了一个新的高度。苏联电影大师普多夫金这样说过:电影艺术的基础是蒙太奇。有了蒙太奇,才有了电影,因而才有了《风声》的秀外慧中。

(文/郑钰鹏)

范文点评

本文是一篇非常优秀的文章:第一,有一个引人入胜的主标题,而这是大多数考生所不能做到的,也是值得大家学习的,对于题目的选取和拟订一定要经过深思熟虑,如此才能吸引人。第二,文章选取的评论角度也很新颖。在大多数考生都在写主题、评人物的时候,应该学会与众不同,如此才能引起评卷老师的注意,当然也应量力而行。第三,文章有一个较为清晰的逻辑结构,从影片中所表现出的各种蒙太奇手法入手进行分析,评论的语言凝练且充分到位。第四,文章的首段和尾段的语言也很凝练到位,首段能够做到阐明主论点,在结尾处作出了高度的总结。这样的文章是值得大家学习的。当然,在具体考试的时候要注意对时间和字数的把握,一般将 2~3 个分论点分析透彻即可,切忌面面俱到。

影片信息

中文名:风声　　　　外文名:The Message　　　　上映时间:2009 年
导演:高群书、陈国富　　编剧:麦家、张家鲁　　　　类型:剧情、惊悚、犯罪、悬疑
主演:周迅、李冰冰、黄晓明、张涵予、苏有朋、王志文、英达
主要奖项:第 46 届台湾电影金马奖最佳女主角奖(李冰冰)、第 17 届北京大学生电影节最佳影片奖、第 30 届大众电影百花奖最佳男配角奖(苏有朋)

不确定叙事

——解读《可可西里》的叙事策略

《可可西里》展示了可可西里荒原命运的转变,代价却是几条人命的陨灭。作为一部故事片,它一反常规的戏剧式叙事方法,空前地加强了不确定因素的使用,甚至强化到不确定叙事已经成为主导全片的叙事策略。不确定是一种叙事态度,它相信故事一旦想与生活产生更明显的交集,就不会再有头有尾、有因有果,而是类似于真正的生活,在出现最终的不可避免的过程中,一切都不可预期。这种态度相信真实更甚于相信经典剧作理论。本文将从影片剧作和表现手法两个大的层面对其进行尝试性的解读。

首先,从剧作来看,《可可西里》时间线索明晰,空间的转换也是伴随时间的行进,乃是严格的线性叙事结构,但它却以巡山队员强巴的死亡作为影片的开始,这里存在悖论——常规叙事中,线性结构的叙事影片的开始就是故事的开始,但强巴的死亡在这部影片里却不是故事的开始,因为在接下来的叙事中,我们看到巡山队的追捕并不是为强巴报仇。或者退一步讲,影片是以盗猎分子对藏羚羊的捕杀开始的,那这是否就是故事的开始呢?仍然不是。因为盗猎、追捕这一对立行动由来已久,这一次的追捕行动充其量是这一长久行动中的一个事件,只不过最为惨烈,它是正邪双方的最后一次较量。所以说,影片的叙事类似于陀思妥耶夫斯基的小说,一上来就是高潮,这是有悖于常规叙事的。在常规的叙事结构中,故事一般开始于相当稳定的情势,经催化成为有意义的行动,然后经展现、发展,在影片将近结尾时获得解决。影片以这样的方式开头,就在一定程度上消解了常规叙事的情节曲线——在影片的行进中,这一点将得到继续证明。第三天巡山队抵达牦牛谷,巡山队在这里遭到伏击,但在漠漠荒原这样一个非常不容易逃匿的地方,凶手却无迹可寻,应该说,这是一种刻意处理,这里又出现悖论了——看似戏剧化处理的回归,却造成了完全相反的效果,它将一次重大的冲突消解于无形,再一次消解了常规叙事。第五天在卓乃湖巡山队对捕鱼人的罚款行为和第十天汽车行进在布格达坂峰时队长日泰给记者尕玉讲述的私卖羊皮这两件事情也是意味深长的,这是一种反英雄的处理——本来巡山队作为可可西里的保护神,似乎是天然的英雄,这是戏剧化的一个必要元素(正反双方的建立)。导演陆川却做了这样一种反英雄化的处理,这就更加鲜明地表明了他的叙事态度,即尽可能地突破叙事常规,而向不确定性靠拢。这样做的效果是显著的,我们相信那是更为真实的。这种真实性更加体现在队员刘栋的死亡上。刘栋的死亡是毫无先兆的,并且对于整件事情来说毫无意义可言,但是,"可可西里到处是吃人的流沙",这一点他们是早就做好思想准备的,它折射出的是这些巡山队员对可可西里的一种感情。这种感情在队长日泰那里体现得更为强烈。在影片的开始我们看到日泰在队员中是相当有威信的,然而威信从何而来?这可以从日泰的死亡中体会出来。日泰在影片将近结尾的死亡是颇有争议的,大多数人认为——有必要吗?细加考究,日泰在整个追捕过程中是持一种非常坚持的态度的,他在最终走向那群亡命徒之前面临了重重危机,弹尽粮绝,队员全部走散,但是他仍然要走上前去。于是,本来的一次追捕就变成了日泰的曲折赴死。换句话说,日泰是自愿赴死的,他怀抱着对可可西里深厚的感情,同时也明白仅仅凭借一己之力是无法改变整个局面的,藏羚羊已经濒临灭绝,于是,他便想以自己的死亡来唤醒整个社会。事实上他也做到了。非常值得注意的是,最后导致日泰死亡的并非反方力量的代表"我们老板",却是由于手下人的慌忙开枪。这是一种冷冰冰的高潮处理手法,让人觉得英雄的死更加憋屈。但唯其如此,才更加真实。这是一次强有力的不确定描述,虽然消解了故事高潮,但在不确定的叙事意义上却达到了它的顶峰。

就剧作来说,《可可西里》是对陆川处女作《寻枪》中表现出来的熟稔的好莱坞叙事方法的一次彻底的反叛。同时在表达方法上他也一反在《寻枪》中的准确精致,力求做到与剧作中不确定性的匹配。

影像方面,首先从景别上来看,这部影片的景别远则大远景大全景,近则中近景,很少使用能够通过完整细致的肢体动作来明确表意的中全景和通过细致刻画的局部动作来准确表意的特写镜头。换句话说,陆川并没有作出强烈的动作来邀请观众进入影片的情节,而只是把观众带入一种境遇。这种景别处理强化了影像的观感,让影像在观感上是与现实生活接近的,这就初步在影像上表明了影片的叙事态度;从色彩和影调上来看,本片的色彩处理是消色,朝灰走,画面中只有几个场景例如在不冻泉保护站用了饱和色,而且不回避大量的高反差镜头和大量的夜景。这种色彩处理淡化了影调,完全区别于张艺谋式的浓墨重彩。这些处理方法的运用非常切合可可西里的荒原氛围,在感觉上是更加真实的,同时在色彩的表意功能上用影调表意取代了色别表意,就像一个人用沉默表意取代了单个的语句表意,其不确定性的叙事意旨显而可见。

声音方面,除了表明可可西里荒原环境感的藏歌以外,其他画外音乐总共才出现了两次,第一次用于映衬在影片开始时那张群体像的出现,第二次则出现在巡山第九天,并且两段音乐是不一样的。这就几乎等于抛弃了音乐的表情达意功能。就一般的观影经验来看,声音大多数时比影像更准确更可信,比如陆川在《寻枪》中运用的主题音乐、主题变奏、种种模拟音等等就让敏感的观众深刻地体会到了马山的命运和他的一些即时心理。所以陆川对音乐的抛弃就等于抛弃了确定性,而走向了不确定性。

从表演来看,演员们都采取了一种内敛化的表演方式,很少通过强烈的肢体动作和表演语言来传达他们的内在心理,甚至连日泰最后死亡的内在动机都深不见底。这种表演方式在表意功能上属于开放类型,当然也充分地传达了导演的不确定意旨。

善于通过讲故事来表达哲学命题的陆川在《可可西里》中摆脱了他观念先行、好莱坞呈现方式的创作方法,诚实地立足于他在可可西里的强烈现实感,以其不确定的叙事策略准确地讲述了可可西里巡山队的故事。这不仅完成了他自己的成长,更大的意义在于他同时完成了对国内电影叙事格局的突破。

范文点评

　　尽管作者在文章的开头部分没有交代影片的重要情节,但他理性的判断一上来就把影评放到了一个具体的理论视野中,这也是一种可以学习的方法。这样的处理需要对影片烂熟于心因而不需要交代具体情节,但在后面的论证中,可以不断地将情节灌输到论述中,一点一点地让读者在作者的文章阐释中了解电影。

　　但这篇文章也有一些值得注意的问题:论点不够清晰。这样会让读者在阅读中有难度。所以,可以尝试用更为简练而通俗的语言概括出中心论点。

影片信息

　　中文名:可可西里　　　　外文名:Mountain Patrol

　　上映时间:2004 年　　　　导演:陆川

　　编剧:陆川　　　　　　　　类型:剧情

　　主演:多布杰、张磊、奇道

　　主要奖项:第 25 届香港电影金像奖最佳亚洲电影奖、第 17 届东京国际电影节评委会大奖、第 41 届台湾电影金马奖最佳影片奖、第 25 届中国电影金鸡奖最佳故事片奖

生死不离,温情不弃

——评《入殓师》意象的运用

从初冬到初春,从白雪皑皑到樱花飘舞,《入殓师》带着我们观看了一个失业年轻人在入殓师一职中所经历的种种成长,也由此引发了一系列有关人生、有关生死的思索。大提琴悠扬优雅而深沉的声音贯穿始终,种种伏笔绵延,虽言生死,却不觉沉重,回味之中,亦情意绵绵。而整部影片之中,意象自始至终围绕着影片的发展,阐释着生与死,诉说着脉脉温情……

影片中,除人物之外最为惹人注目的莫过于大提琴了。大提琴于小林大悟而言,并不仅仅是大提琴而已。那是他求婚时信誓旦旦的梦想,也是在父亲那里传承下来的唯一。小林是个温软的人,并不适合都市里的激烈生活,或许他应该过的就是"平淡无奇"的日子。所以真正适合他的,并不是一千八百万的专业大提琴,东西再怎么好,如果不适合,也只能让人感到沉重和压力,离开都市,卖掉昂贵的大提琴,才能真的"感到轻松"。而小时候使用的那把琴,不够专业,不够华贵,甚至不够大,但是合用,这充满了回忆与温情的琴,才是真正适合小林的琴。从另一个侧面看,也只有它,才能衬托出小林的内心与性格。琴的转换、地点的转换,都意味着小林生活的变迁,然而在这一变迁中,离开了华丽的交响乐团,小林奏出的才是真正的生命乐章。影片中对于小林回乡后拉琴的叙述所占篇幅最大的有两次。一次是在生活工作不顺心,第一次遭遇尸体之后,小林所想要的,是拉拉大提琴,那把琴里隐含着的,是属于小林的家庭温暖与父母亲情。镜头流转,掠过暖黄色的水晶灯,依稀回到童年美好的回忆,大提琴曲悠扬而深沉,在温暖的基调上慢慢演化,这支曲子在之后美香放的唱片中也再次出现,并道明是父亲最喜欢的曲子,似乎也已经为最后小林原谅父亲埋下了伏笔。另一次是小林已经习惯并喜欢这份工作,而妻子离开之后,圣诞时的曲子一直绵延,小林在田埂上拉琴,其间穿插生活和工作的片段,在这里其实导演也通过音乐传达出了随着小林工作的深入,他开始更加了解工作,更加了解自己,也更加了解生命的真谛。这段配乐完整而一气呵成,开始于一部伟大的古典作品,简单而顺畅,却并不是生硬地将两个主题拼接在一起,当《圣母颂》的音乐和《入殓师》的主题平滑地过渡到一起的时候,音乐一下变得明朗而开阔起来,此时弦乐适时加入,透出一股生命的气息,活泼而富于希望,美好的白天鹅和春天的一抹新绿也暗暗契合。

另外一个不得不提及的意象便是石头。"以前,人类还不懂文字的很久以前,据说人们寻找符合自己心意的石头,送给对方,了解对方的心意,比如,滑溜溜的石头表示心情平稳,凹凸不平的石头表示担心对方。"由此,我们终于知道了小林与父亲之间两块石头的含义:年幼的小林尚懵懂无知,白色光滑的鹅卵石恰合其心意,而父亲,似是已经决意离开,留下一块凹凸不平的大石表示对小林的担心与愧疚。影片结尾之时,父亲至死手中仍攥着那一小块白色鹅卵石，也因此使得小林大悟的心结彻底解开，并将石头传承于腹中的孩子，在这里，石头所承载的已不仅仅是心意，更是一份亲情和父爱。

而片中两类动物的出现也含义颇丰——鱼、天鹅。看过影片的人应该都会记得逆流而上求生却终会死亡的鱼，逆流而上能够帮助鱼更好地呼吸氧气，但是水流过急也会导致鳃丝的凝结，使其窒息而亡。终究是死，却仍旧不辞辛苦，即便死，也要死于最美好的时刻。这是影片主题的第一次明确表达，也是对于生死的第一次探索与提示。而天鹅，片中让人印象最为深刻的一个镜头便是澡堂老太太火化之时，熊熊烈火与起飞离去的天鹅群的长时间叠化，似乎显示是它们带走了老太太的灵魂，去了遥远的天堂。而它们奋力扑打翅膀的样子也无一不在传达着为了生命的奋斗和努力。

结尾处樱花惊鸿一瞥，虽镜头不多，却意味深长。樱花是日本的国花，日本人喜欢它的缘由便在于它的不衰败便凋落，于生命绚烂之时离去，以最美丽的姿态死亡。樱花出现在影片最后，除了对时间的点明，亦是对主题的又一次揭示，即日本人的生死观：死可能是一道门，逝去不是终结，而是超越，走向下一程。生与死这种人力无法跨越的截然对立的界限，变成了一个变化过程中相互衔接的两个阶段。在这里，死不是通往永恒的沉寂，而是走向了流转的生。没有死的流转，就没有生的勃发。而这，也是入殓师的工作：让已经冰冷的人焕发生机，给她永恒的美丽，这需要冷静、准确，还要怀着温柔的情感。在分别的时候送别故人，所有的举动都如此美丽、静谧，小心翼翼地显示着对死者的尊重。

导演将整个故事放置到了一个几乎与世隔绝的地方，通过一系列含意深刻的意象的营造，人与自然完美地交融在了一起。整个故事里人物的生活也呈现完全自然的状态。把人物放到自然界这样一个宏大的环境中表现，个体生命与世界整体的联系才显得突出，生与死的思考也才显得更加诗意和适宜。

（文/苏晓琳）

范文点评

这是一篇比较成功的影评文章。整体而言，本文结构严谨，条理清晰，主次分明，文笔优美老练。

本文从电影意象这一角度对影片进行了深入评析。各类传统艺术，诸如诗歌、绘画、音乐，都特别注重运用意象来创造艺术经典，电影艺术也不例外，讲求通过电影画面、道具营造电影意象，进而用意象表达出电影的主题。所以说，在对意象这一角度进行评论时，一定要把意象所能反映的主题意蕴理解清楚。本文中，作者通过对大提琴、石头、鱼、天鹅、樱花等一系列意象的分析，更加深入地阐释了电影的主题，十分到位。

影片信息

中文名：入殓师　　　外文名：Okuribito　　　上映时间：2008 年
导演：泷田洋二郎　　编剧：小山薰堂　　　类型：剧情
主演：本木雅弘、山崎努、广末凉子、吉行和子
主要奖项：第 81 届奥斯卡金像奖最佳外语片奖、第 32 届日本电影学院奖最佳影片奖、第 32 届日本电影学院奖最佳导演奖、第 32 届日本电影学院奖最佳编剧奖、第 32 届日本电影学院奖最佳摄影奖、第 29 届香港电影金像奖最佳亚洲电影奖

被遗忘的本美

——浅析《让子弹飞》的镜头语言

《让子弹飞》的上映，无疑引发了中国影坛的一阵骚动。无论是前期的宣传，还是中间的票房垄断之势，以及后来川话版的跟进，该片都势头凶猛，正如影片中的雄性气息一样浓烈。而后，对于《让子弹飞》的解读便肆虐网络。片中的隐喻、暗线、符号等等，都不断地被人在网上进行着一波又一波的更新与重复式解读。至此，让人不得不佩服姜文利用电影这一无形武器，帮自己实现了很多的"白日梦"。然而，电影的本体毕竟还是视听语言。当人们的目光都锁定于影片百家争鸣的主题的同时，是不是应该回归电影表现的本体？毕竟，一部好电影仅仅拥有深邃的主题是不够的。因此，本文愿以对《让子弹飞》镜头语言的浅陋剖析，去采撷那一泓被遗忘的本美。

镜头使用的经典与创新。《让子弹飞》影片伊始就追求一种风格化，加上影片的台词对白之多、人物关系之复杂，这就使得在镜头的使用上有很高的要求，角度、运动、方式、时间等等一系列问题都需要好好把握，然而《让子弹飞》的镜头语言很好地契合了影片本身的节奏，中间不同场景、不同情绪、不同方式的摄影与剪辑，的确可以看出摄影、导演和剪辑师的功力。经典之处便在于在人物对话时所运用的过肩拍。这样一种基本的摄影也是一种经典的摄影，当人物对话时，为了很好地展现人物关系所运用的过肩拍摄，让人物关系变得清晰明了，同时也为剪辑留下很好的空间。例如影片普通叙事中的人物对白，基本上还是本分地使用这样一种纯朴的过肩拍摄。然而影片更突出的是还有一种创新。例如影片中鸿门宴一段。在这一段落中，张麻子、黄四郎和师爷三人喝酒，人物关系也成对立之势，然而在表现他们三人的对话时，却不再是单纯的过肩拍摄，也不是硬切的方法。这时镜头一直是运动的，在张麻子说话的同时，镜头从左往右掠过黄四郎进行展现，而黄四郎说话时，镜头采用同样的运动方向，掠过张麻子从左往右进行运动，这样就使对话场面显得格外活泛起来，也很好地反映出当时的人物状态和境况。再加上色调、构图、人物表演等一系列电影组成元素，不得不承认《让子弹飞》让这一切元素都不再孤立地组接，而是恰到好处地契合。另外例如六子死后，众人一起在墓前说话的镜头使用；再例如县长夫人死后，祷告者背后的那样一个平摇的俯拍；又例如最后张麻子杀假黄四郎那一挥刀时刻的摇拍，都尽显一种独特的风格。这也是对中国电影的很多不足之处的补充，如此看来，《让子弹飞》的镜头语言其实是很值得赞赏的，只不过一部太优秀的作品往往会被一些大众关注的东西抹杀掉原本的一种美。

镜头语言与叙事节奏的契合。节奏在电影中是一门很深奥的学问，包括叙事节奏、内节奏、外节奏、剪辑节奏、镜头节奏、表演节奏等，抓住其中任何一个角度展开都可以言说甚多。因此，本文只单就《让子弹飞》镜头语言与叙事节奏的契合略微浅析一番。影片快速纷杂的剪辑并没有让电影的整体节奏失稳。这其实更多地体现的是在剪辑上的功力,然而只就镜头语言这一课题同样可以做另一番阐释。例如影片一开始火车上吃火锅的场景,一个枪口的瞄准视窗一下子就打破了这样一份安然得意,随后张麻子连发数枪,镜头喀嚓喀嚓地切换开来,单调地重复一样可以奏出美丽的声乐。而后在影片的进行过程中,因为故事结构比较紧凑,叙事上环环相扣,紧密相连,所以大多数镜头是与叙事同样的紧密,快速的剪辑切换、人物对话的不同角度拍摄,让人目不暇接。正因为如此,有人针对这样的紧张节奏如此调侃:《让子弹飞》是一部让人憋尿的电影。这里所说的镜头语言与叙事节奏的契合,还不仅指镜头语言对于紧密叙事的跟随,其实更多地体现为影片中一些节奏平缓下来时的镜头语言,这才是更有说服力的表现。例如六子死前,张麻子和他温馨谈心一段,这里的父子情谊在宁静中格外煽情。在这段故事中,镜头变得平稳静谧起来,柔和的光线打在二人脸上,语速的放慢、镜头的安逸,都很好地契合了这场戏。再例如影片中张麻子与师爷互诉衷肠时,二人对称地从画面中间走来,随后坐下,二人对话中镜头都是45度的一个侧脸,这时夕阳的光线,舒缓的音乐,同样的人物近景的转换,偶尔加上的弟兄们的镜头,让一切都是那般唯美。在这里你已经找不到前面激烈的影子,二人如同化外仙人般,整个段落节奏异常舒缓,然而却毫不孤立,镜头同样依靠稳定唯美的构图与二人此时的心境完美契合。对比于影片别处的激荡,这里更显节奏的波动。还有一个例子便是最后黄四郎失败后与张麻子坐在椅子上的对话,同样的一份感觉,镜头的使用、背景的虚化、45度的过肩拍摄、近景的转换、构图上的唯美等等,如出一辙,而这样的为数不多的几个段落,更加彰显出影片在镜头语言上与叙事节奏的一种恰如其分的契合,很是值得回味。

当然,影片中其实还有很多值得好好欣赏的地方,例如镜头语言与音乐的沟通,还有人物镜头前的表演、画面的色调等等,这些都使得《让子弹飞》的镜头语言的确可以与国际大片相媲美。其中像出城剿匪前的宣告,和《巴顿将军》就有的一拼,还有颇具符号特色的人物敲鼓起义等等,这些都是很多国产影片所不具备的,同时也是很难企及的。

归根结底,这些都是电影本体的魅力。所以,抛开随意臆测主题的角度,转而将目光投向电影本身的视听语言,其实会得到更多的思考。即便主题中有很多发人深省的意义、革命观念、隐喻观点等等,也不能否认它们赖以存在的正是《让子弹飞》的电影本体语言的成功。所以,《让子弹飞》在电影本体上的成就,俨然是一抹被遗忘的美好时光。

(文/聂勇强)

范文点评

　　镜头是电影的基本单位,一部完整的电影是通过视听语言来表现的。无疑,《让子弹飞》是一部戏剧性比较强的影片,在观影过程中我们往往会专注于影片中扑朔迷离的叙事情节而忽略电影的本体。然而在本文中,作者向读者展现出视听语言也是《让子弹飞》的一大特色。这也提醒了考生们,在观看影片的过程中,一定要以专业的眼光和心态去看电影,而不是只注意叙事、结构、人物关系等等。

　　总体来说,这是一篇不错的评论文章,不仅有一条清晰的评论线索,而且在评论过程中语言的运用也比较娴熟,可以看出作者对视听语言的掌握功底还是比较扎实的。

影片信息

中文名：让子弹飞　　　　　外文名：Let The Bullets Fly

上映时间：2010 年　　　　　导演：姜文

编剧：朱苏进、述平、姜文、郭俊立、危笑、李不空、马识途

类型：剧情、喜剧、动作、西部

主演：姜文、周润发、葛优、刘嘉玲、陈坤、周韵、廖凡

主要奖项：第 31 届香港电影金像奖最佳服装造型设计奖、第 48 届台湾电影金马奖最佳改编剧本奖、第 48 届台湾电影金马奖最佳摄影奖、第 11 届华语电影传媒大奖最佳导演奖、第 11 届华语电影传媒大奖最佳男演员奖（葛优）、第 11 届华语电影传媒大奖百家传媒年度致敬电影、第 11 届华语电影传媒大奖观众票选最受瞩目电影

戏剧结构的谨缜与二元对立的契合

——浅析电影《唐山大地震》的戏剧结构

《唐山大地震》的票房与口碑已经证明了太多而无需言辞的褒美,许多人包括冯导本人也都说这是一部"内容大于形式"的电影,观众的潸然泪下也很好地诠释出其感情戏的丰满,对于影片的内容与感情,想必已不用太多赘述。然而,不可否认,如果没有苏小卫成功的编剧,没有冯小刚在电影戏剧结构与叙事上的冥思,就没有后来的以情动人的效果和影片的成功,我们不得不感喟,中国又出现了一位电影大师和一位编剧大师。而本文在此,也只能撷取影片绚烂的一瞥,浅析电影在戏剧结构上突出的严谨和缜密,从而架构起影片二元对立的内在叙事桥,让电影的厚重感跃然显现。

首先,戏剧以事实为依据开始,讲述在 1976 年唐山大地震中,元妮一家四口变两口,她在儿子与女儿的生死存亡中充当了一名裁决者,最后因为选择了儿子,而引发的 32 年的人事变化。影片一开始,戏剧的冲突便已经表现得深藏不露。例如,"西红柿"一段,由于元妮当晚没有给女儿,并许诺以后给她,从而早早地就为电影最后那段母女重逢埋下伏笔,并且成为电影的一个高潮片段,可以说编剧这一"信物"的构设,出彩之处便在于并不牵强、毫无做作,自然又普通之中尽显编剧大师的风范。同样,在这一个许诺的背后展开了一场 32 年之久的心理战争——元妮的负罪感与女儿的复仇情绪,然后便是漫长而又不零乱的故事,在此之中,导演朴素但绝对不简单的谨缜的戏剧结构,很好地承载起了其内容上的表现力以及对二元对立的渗透,巧妙地将家与国的变化、负罪与复仇的心理、固守与追寻等一系列的二元对立面在深层次上显现出来。

本片在戏剧形式上,平行叙事与交叉叙事对立统一。一部电影的真正成功并不在于内容大于形式的深度,或者形式大于内容的美感,因为内容与形式是不能分离的,因此《唐山大地震》的感情戏分虽然让人泪湿衣襟,然而回归到电影的本身,正是影片出色的讲故事的技巧才得以将情感渲染到如此佳境。戏剧因一场撼世的地震开始,将原有的物质、生活、秩序、心理统统震碎,然后,角度便落到一个基点上来,就是元妮一家。选择这样一个基点在最开始就表达出这不是一部技术形式主义的灾难片。当元妮这个命运的裁决者作出最艰难的决定后,平行叙事展开了。元妮和儿子方达是一条线,他俩灾后相依为命开始新的生活。同时,方登的意外存活是一个戏剧的转折点,当然我们说这有一些不符合现实的成分,但戏剧毕竟不是现实生活,而且正因为这一转折点的构设,才使影片得以真正的开始。随后,方登被收养,也开始了新的生活。如果说一定要在影片中为这两种新生找个根据,那么一个明显的镜头就是方达的奶奶最后没有带走方达,元妮与方达得以在一起,当方达从车上下来,一段煽情的母子相拥之后,元妮与方达作为一条线索开始了新生。而方登,最明显的一个镜头便是在被养父养母带回家的时候,阳光透过树叶明媚地洒下来,这便昭示了另一条线索——方登的新生。这两条线索的架构是以一种平行叙事的手法展开,如此看来,可谓精妙。而后,影片便不仅是单一的平行叙事,随着两条线索的展开,转眼就是十年,影片出现了交叉叙事,开始展现元妮和方达与方登各自的生活。其中链接起这两条线索,让其表面分离实质又融会到一起的一个转场尤为精彩。当元妮与方达烧纸祭奠女儿和丈夫时,画面转而进入方登的梦中,梦境里的相遇,而后的想抓住又抓不住的恐惧让方登惊醒,随后便是方登这一线索的讲述。在此,影片删繁就简,不过多地阐述内容,单是这其中的叙事手法就让人不得不赞赏。就戏剧结构而言,平行叙事和交叉叙事其实并没有明确的界限,然而,在该片中我们看到了两条线索的同步与交叉进行,而且毫不晦涩,不像有的电影,故弄玄虚,以晦涩为美。《唐山大地震》的叙事,平行与交叉恰是一种对立与统一的展现,不得不让人称赞影片在戏剧结构上的严谨和缜密。这样一种谨缜,一直贯穿到剧终,直到一家人团聚,整个叙事脉络清晰明了,由合到分,再到最后的合,线索分合的明晰之中,尽显整部影片戏剧结构之精巧、大气。

影片戏剧结构背后,是对二元对立的承载。本片谨缜的戏剧结构不单单对叙事有着贡献,在更深层次上,这样的叙事背后也悄然暗藏着二元对立这样一个潜在内核。从表面看,影片仿佛在讲述一部家庭史诗,而实质上,在这样一个平台的幕后,还包含着太多内涵。例如,家的 32 年变化与其间国的 32 年变化,母亲 32 年的负罪心理与女儿的复仇与谴责心理,唐山大地震的救援与汶川地震的救援,儿子方达的出走追寻新生与母亲元妮的固守唐山,旧的意识形态与新的意识形态的变化,等等,这都是涵盖在这个家庭故事背后的深层次内核。在一段段对家、对个人的叙事之中,总会有一些其他的二元对立巧妙地展现出来,这种谨缜的戏剧结构显示出藏而不漏却又含义深厚的艺术技巧。例如,地震中那个带有明显五角星的楼房的坍塌,与后来方达带姐姐回家路上新的百货大楼的建造,这种物质层面的对立;方达的苦苦追寻新生活与元妮的固守在家,这种内在心理的对立;方登一直不回唐山寻母,到最后的加入汶川地震救援,到回家母女重逢,再到最后不断地说对不起,都是女儿从唐山大地震后由复仇到最后负疚的心理变化;再如音响的明显运用,影片中随着年代的变化,极为用心地变换展现时代特色鲜明的音响,从救灾时唱的英雄革命歌曲,到后来刘欢的《便衣警察》主题曲,再到更为明显的《走进新时代》,这些歌曲的层次性递进,其实已经在巧妙地展现一种意识形态的转变。此外,两次地震的巧妙设置,也使结构整体上呈现一种起承转合的态势,从唐山大地震,到汶川地震,救援上的人性化转变可谓自然明显。通过这一系列的对比,我们不难发现,影片中二元对立的表现也是一个亮点,但是影片对此并没有刻意地加以展现,反而将其贯穿于整体的叙事之中,从而使对立面的巧妙变化得以自然地流露,这也是得益于戏剧结构构设的精心、首和尾的一种呼应,前面的一系列伏笔,最后都得以承合,所有的戏剧矛盾都在最后得以解决,而收尾又是如此自然,让电影整体一气呵成,干净利落,又韵味无穷。

最后,电影结束在对已逝的祭奠、对未来的美好期许中,此时,纵观全片,在结构上已是得到一种升华。其实这样一部厚重电影的出现,它本身就预示着一种生命力,其中饱含着对过去中国电影的太多的喜怒哀乐,对未来中国电影的殷切展望。正如冯小刚本人所说,《唐山大地震》是他交给唐山人民的一份作业,那么,面对这样一份优质的作业,他应该可以毫无愧疚。而且,如果将其看作他交给中国电影的一份作业,那么面对这样一份厚重的作业,他也应昂首挺胸。

（文/聂勇强）

范文点评

　　这是一篇比较优秀的影评文章,结构严谨,层次分明,文字叙述磅礴大气,语言准确凝练。从行文中可以看出作者扎实的理论功底。

　　本文从戏剧结构这一角度对电影《唐山大地震》进行了深入的分析,十分难得。如果能够结合原著张翎的小说《余震》的叙事结构进行对比分析,文章则会显得更加立体丰满。

影片信息

中文名:唐山大地震　　　　外文名:Aftershock

上映时间:2010 年　　　　导演:冯小刚

编剧:苏小卫　　　　　　　类型:灾难

主演:徐帆、张静初、李晨、陈道明、陆毅、陈瑾

主要奖项:2011 年中国电影金鸡奖最佳美术奖、2011 年中国电影金鸡奖最佳音乐奖、2011 年亚洲电影大奖最佳女演员奖(徐帆)、2011 年亚洲电影大奖最佳视觉效果奖

"大爱"源于质朴

——评《桃姐》的音乐与画面

影片《桃姐》是 2010 年上映的一部讲述"主仆亲情"的香港文艺片,这部影片的成功,与导演许鞍华的付出,演员刘德华、叶德娴、秦海璐等人对影片人物的完美诠释,以及各方面工作人员的努力密不可分。然而这部影片之所以能够在国内外获得众多奖项,除了上述的众多因素之外,最大的原因应该归功于其在视听语言上的出色运用,尤其是在音乐制作和画面影调方面的突出表现。《桃姐》这部影片虽然讲述的故事平凡而简单,塑造的人物普通而真实,然而导演却用平静如水的音乐和质朴简淡的画面向观众传达出了一种有无奈、有温暖、有感动的人性思考。整部影片表面平静如初,内里却暗潮涌动,终于在最后爆发出一场人类情感共鸣的大海啸。

影片《桃姐》以低沉、平缓的钢琴曲开篇,配合着画面的次序出现,奠定了整部影片平淡、随意、生活化的情感基调。首先是画面中以字幕形式对"桃姐"这一中心人物做了简单介绍——钟春桃,即桃姐,原籍……配合着音乐的响起,便开始了对影片主人公桃姐进一步的追忆描述。众所周知,四四拍的音乐是最能抒发个人感情的,而钢琴特殊的音色,更是对这种抒情音乐的进一步升华。随后画面中出现了阿杰,他独自一人坐在火车站长长的板凳上,漠视着一群群的人来来往往,最后他坐上火车离开。这些镜头在呈现给观众的同时,始终没有离开这首四四拍钢琴曲的伴奏,在这里音乐所表达的,是阿杰对桃姐的无限思念,也是阿杰离开桃姐如亲情般的照顾时的一种缅怀与不适。同样的音乐在影片中只出现了两次,除了开始的这一段,第二次是出现在已经常住养老院的桃姐其间被阿杰接回家里的场景中。桃姐平静地收拾着以前的东西,幸福地回忆着以往的美好时光,当她拿出那条曾背过阿杰的背带时,音乐如细雨般洒下来,滋润着桃姐几十年如一日的过往。此时音乐的进入恰到好处,将桃姐的那种幸福、满足、达观之情表达得淋漓尽致。然后镜头对准了一系列的新旧照片,同样的音乐划过,激发了桃姐对过去生活的怀念与留恋,也包含着阿杰对桃姐离家的思念以及对桃姐衰老岁月的无奈挽留。音乐作为现代社会的七种艺术之一,主要的作用是对人类情感的表达与升华,这里的音乐运用浑然天成,与画面的完美结合使得整部影片的艺术性更上一层楼。当然,影片中不止这两处出现了音乐,还有像影片开始十四分钟时的弦乐,以及后来的管乐等,纵观整部影片,影视配乐共出现了十次之多,这些音乐的出现,配合着镜头画面的依次呈现,都取得了非常好的意境表达效果。

另外,电影《桃姐》的画面表现也非常有特色。就整部影片而论,画面影调总体以暗色调为主,虽然画面剪辑不是从一而终的黑白色,但是也极少出现夺目耀眼的绚丽色彩。影片的整体基调就像一幅简淡素雅的水墨画,朴实简约却韵味悠长,体现了许鞍华这位女性导演独特细腻的人文情感。例如影片刚开始时,阿杰独自一人在火车站等车,其背景是中国特色的黑白山水画,这一镜头的呈现曾让观众一度怀疑该片是否是一反常态的黑白片,而随着剧情的不断发展,画面节奏依旧舒缓有致,而导演对于色调的运用也还是一如既往的吝啬和保守。其实这些镜头画面的呈现意在隐喻桃姐这一生平平淡淡的生活和豁然达观的人生态度。

影片《桃姐》虽然没有获得有关配乐和色彩等方面的奖项,然而导演对于这两方面的成功运用和表达却恰恰成就了这部电影超高的艺术性。人文气质导演许鞍华为广大观众塑造了桃姐这样一位十分平凡、普通甚至没有社会地位的草根人物,虽然桃姐没有儿女、没有财富,然而她却拥有无限的真情与爱,这些让她赢得了别人的爱戴与尊重。人性中的善良与美好在付出与回报之间得以体现,并最终实现了人与人之间的平等与尊重。

范文点评

这篇文章主要解读《桃姐》这部影片的音乐和画面,而且是作为主要的解读点进行评析,如果考生对这两方面没有专业的学习和理解的话,这一做法是非常冒险的。因为相对于评析一部影片的人物形象、主题意蕴、镜头运用等方面,评析一部影片的配乐和画面更加需要相当专业的知识。所以在考试中考生如果没有十足的把握,不建议评析自己不熟悉的方面。

总体而言,这篇文章的优点在于中心论点明确,分论点清晰,结尾处主题有升华;其缺点在于论据不够充分,论证过程不够透彻有力,专业性上有所欠缺。

影片信息

中文名:桃姐　　　　　　　　外文名:A Simple Life
上映时间:2012 年　　　　　导演:许鞍华
编剧:陈淑贤、李恩霖　　　　类型:文艺
主演:叶德娴、刘德华、王馥荔、秦海璐、黄秋生、秦沛
主要奖项:第 68 届威尼斯国际电影节最佳女演员奖(叶德娴)、第 31 届香港电影金像奖最佳影片奖、第 31 届香港电影金像奖最佳导演奖、第 31 届香港电影金像奖最佳编剧奖、第 31 届香港电影金像奖最佳男主角奖(刘德华)、第 31 届香港电影金像奖最佳女主角奖(叶德娴)

光影里的心灵之战

——评《国王的演讲》的镜头语言

如果每一场演讲只是一次公众性质的表演，那么为了演讲得精彩，而在背后付出的努力和坚毅的奋斗历程就是最大的看点和值得深思的地方。汤姆·霍珀执导的电影《国王的演讲》展现了英国国王乔治六世的成长往事以及他经历重重坎坷、磨难后所树立起来的真正的王者风范。这是一部励志与温暖并存的影片。

这部影片始终在人物表演和观众之间进行超越身份的心灵对话，同时在国王的权威形象和平等的亲和力的塑造中徘徊。演讲对于艾伯特王子而言，更像是一场语言的战争。抛却其国王的身份和科林·费斯精彩的表演，男主人公奋斗的人生，乍看只是一部励志题材的电影——超越自我，追求自由和平等。但是，电影运用精致的镜头语言释放主人公的心声，带给观众一种视觉判断力，同时展现人物与环境之间的关系，赋予观众不同的心理感受，从而引发情感上的共鸣和起伏变化。导演用心良苦的镜头在一幅幅画面中跳跃，向观众传达出一种内心向往已久的强大力量。或许很多观众感受不到这部影片的价值和意义所在，甚至对于其获得奥斯卡数项大奖表示怀疑，但这只是一种所谓"仁者见仁，智者见智"的百家争鸣罢了，丝毫动摇不了这部影片所带给人们的思考深度和广度。

镜头语言是电影画面的灵魂。如果电影是一部交响乐，那么镜头语言中的景别和运动就是站在交响乐台上的指挥。在《国王的演讲》中，电影在进行丰富景别展现的同时结合了不同角度和速度的运动镜头，使画面传达出一种"此时无声胜有声"的力量感。电影一开始，在舒缓的音乐中，从侧面、背面、正面三个角度给予话筒安静的特写。同时也给观众一种强烈的暗示，这将是电影的重要道具，是故事的导火索，也是主人公生活中难以把握的武器。随后电影运用千变万化的蒙太奇手法，将画面中富有精神力量的演讲稿以及艾伯特王子半遮半掩的面部进行了特写，增强了一场未知的演讲即将到来的神秘感、期待感和紧张感。同时导演利用小景深镜头拍摄，使画面中的人物在话筒后面显得模糊而遥远，话筒却异常清晰，突出得仿佛要跳出画面一样，从而传达出了一种强烈的表演感，而人物将被这话筒所牵制的征兆也从这一刻得以预示。在这里，话筒已经不是一个简单的声波传导体，而是令人不可小视的媒体力量，它向公众传达出的不仅仅是声音，更重要的是一种精神和信念。除此以外，导演在电影取景角度的安排上也煞费苦心。导演平视拍摄等待演讲开始的观众，这种拍摄角度有利于画面内外观众的相互交流，从而使现实中观影的观众产生出无限的心理认同感。而对于楼下的王子，导演却采用令人费解的俯视拍摄，此时王子的体形被最大限度地压缩，一种距离感和无助感油然而生，观众可以毫无保留地阅读到王子心中令人同情的自卑感。同时导演运用推镜头慢慢推近到王子的脸部，并形成特写景别，造成了一种强烈的对比反差效果，王子看似坚毅而平静的脸庞恰恰给观众造成了一种无法言说的同情和紧张。接着是王子上场"演讲"，越过话筒俯视远方，朦胧而模糊，强烈的眩晕感冲击着每一个人的心。然后是导演对话筒的仰视拍摄并推近到特写景别，话筒后王子颤抖的嘴唇、话筒上欲落的水滴和妻子眼中的泪水映射出众人期待的表情。由于导演在前面的众多细节中做足了铺垫，所以此时此刻无论是场内还是场外的观众，无一不笼罩着阴霾般的失落，同时也在心里默默埋下希望的种子，等待获得充满阳光的重生。

而随着故事情节的逐渐展开，电影镜头背后又生发出一种感性的意义。在电影中，王子两次就医时的镜头有明显的对比变化，这一处理既是导演对人物关系所做的恰如其分的诠释，同时也是导演通过镜头对王子的形象作出的个人化判断和感情抒发。第一次就医时，镜头放在王子的主观视点上对医生采取仰视角度的拍摄，将王子作为一位病人的孤独无助感就此暴露无遗，他将医生当成了自己名誉和尊严的拯救者，然而却总是以失败告终，不断地将他推向绝望的泥潭。但在第二次就医时，镜头却运用平视角度来拍摄两者之间的关系，整个场景亲切祥和、平易近人。在这里没有医生，也没有病人，有的只是语言矫正师莱诺和王子伯蒂，他们将要共同完成一件有意义的事情。最后，国王在莱诺的帮助下几经波折，终于获得了成功。在影片结尾国王的演讲中，导演可谓将镜头变幻的魔力发挥到了极致。镜头成为了传递信息的精灵，它不停地跳跃切换，并运用大量的推镜头将画面推至人物近景。从工人到军人，从酒馆到街道，从莱诺的家人到伯蒂的妻子，从伯蒂的母亲到丘吉尔，从工作人员到伯蒂的哥哥……最后从伯蒂到莱诺，他们各自期待的喜悦终于降临。原先埋下的希望的种子已经破土而出，说话结巴、自卑懦弱的王子伯蒂已经彻底蜕变成了一个集责任与使命于一身的英国国王乔治六世。战争演讲结束后，跟镜头所拍摄的国王轻快的步伐让观众也感到轻松甚至是骄傲。然后近景在乔治六世和莱诺之间切换，他们俨然变成了一对默契十足的老朋友，彼此获得了想要的尊重。

电影运用强大的镜头语言来演绎一种关系，一种情绪，一种改变，一种人生。这些电影语言不仅仅是一种形式，更是向观众传达电影深层主题意蕴的重要手段。《国王的演讲》这部影片通过丰富多彩的镜头语言，向观众传达出这样一种人生态度：人生最重要的不是最后的成功与否，而是在追求奋斗的过程中所拥有的经历和收获。人生中最动人的不是举世的瞩目和万众的喝彩，而是那一次次发自肺腑的真情帮助。

范文点评

这篇影评是通过镜头语言的运用来揭示影片的深层主题，论据相当充足，足以支撑整个中心论点以及分论点的阐释，再加上作者流畅的文笔表达，总体而言，是一篇不错的影评文章。

这篇文章的写作思路也非常简单明了：第一段提出总论点，第二段、第三段、第四段分别从不同的角度来评析镜头语言的巧妙运用对于主题意蕴的深层揭示，结尾段总结论点。这样的写作思路值得大家学习，尤其是初学影评者，建议多练习这样的写作结构。

不过该文章存在的一个小小的不足是，段落划分不够细致，有的段落过长，而这往往会给考官造成臃肿和啰唆的感觉,希望引起考生的注意。

影片信息

中文名:国王的演讲　　　　外文名:The King's Speech

上映时间:2010 年　　　　　导演:汤姆·霍珀

编剧:David Seidler　　　　　类型:剧情

主演:科林·费斯、杰弗里·拉什、海伦娜·伯翰·卡特

主要奖项:第 83 届奥斯卡金像奖最佳影片奖、第 83 届奥斯卡金像奖最佳导演奖、第 83 届奥斯卡金像奖最佳男主角奖(科林·费斯)、第 83 届奥斯卡金像奖最佳原创剧本奖、2011 年欧洲电影奖最佳剪辑奖、2011 年欧洲电影奖观众奖最佳影片奖

泰囧:好莱坞式的视听风暴

——评影片《人再囧途之泰囧》的视听语言

　　《人再囧途之泰囧》(以下简称《泰囧》)虽然不是一部伟大的电影,却是一部对观众和市场充满诚意的影片。它的精彩程度不亚于任何一部好莱坞商业片。目前,中国类型化电影处于画虎不成反类犬的境地,市场上很多"伪大片"的出现严重透支了观众的观影热情,而像姜文、冯小刚等大导演的产出却还远远满足不了观众的需要。此时,《泰囧》的出现无疑给中国观众和中国类型片成功道路的探索带来了福音。《泰囧》制作精良,故事情节紧凑,尤其是在视听语言上的高超应用,是其荣登内地票房榜首的重要原因之一。

　　充满了异域风情的精美画面加上极富搞笑色彩的喜剧声音元素,是《泰囧》视听语言的特色之一。对于电影整体来说,《泰囧》的声音设计团队有效地抓住了两个关键因素:一个是"泰囧"的泰,即泰国;另一个就是对这部电影的明确定位——喜剧片。泰国是美丽的热带国家,同时也是世界著名的旅游胜地和佛教圣地。《泰囧》的故事情节虽然紧张,但总体基调诙谐轻松,所以在主体音乐方面,《泰囧》选择了很多轻松的泰国流行音乐以及钢琴曲,例如泰国的《想你喔》以及马克西姆的钢琴曲《Hall of the Mountain King》等,为影片增添了浓厚的异域风情和诙谐幽默色彩。同时在音响方面,《泰囧》选用了大量具有泰国当地市井风情的环境音和群杂声等,增强了身临其境的感觉。

　　《泰囧》是一部喜剧片,所以声音的设计必须满足喜剧的诉求。《泰囧》中的很多喜剧包袱都是从最常见的对白里抖出来的,所以在声音选择方面,对白是占第一位的。《泰囧》快切镜头多,场景转换频繁,这对声音设计的要求很高。《泰囧》的声音团队巧妙地运用了音乐将镜头和场景之间的断点进行融合,从而大大增强了整部影片的节奏性和连贯性。

　　在色彩和造型方面超级丰富的电影化美术设计,使《泰囧》的观影感受更上一层楼。在色彩方面,观众可以看到主人公从冷灰色的、压抑拥挤的北京城来到色彩斑斓的、生机盎然的泰国清迈。这表现了现实生活的压抑和外面世界的美好,迎合了观众的心理。同时泰国场景多以暖色处理,让观众在感受泰国异域风情的同时,也能感受到美好和温暖。片中王宝强的黄头发和黄渤的一身黑衣形成了强烈对比,对角色的性格塑造和观众的心理认知起到了导向作用。

　　而在造型方面,主人公一开始身处的场景大都是狭窄拥挤、充满条条框框的机场、通道等地方,而随着主人公内心的转变,主人公身处的场景也越来越开阔,越来越自由。这些场景造型上的设计传达出了主人公心境的变化,即正在由原先的狭窄、市侩、冷漠、自私走向无私和大爱。除此以外,电影中有一处细节不得不提——健康树的设置。这盆健康树和吕克·贝松在《这个杀手不太冷》中的盆栽有异曲同工之妙,是典型的故事眼。一方面,健康树的绿色与电影的整体色彩相呼应。另一方面,健康树也寄托着片中人物王宝对于母亲的爱,有深化主题的作用。同时,健康树也是影片中喜剧呈现的一个重要道具。总而言之,这万紫千红中的一抹绿色成为了整个故事的具象线索,给人以启迪和希望。

除此以外,《泰囧》视听语言的丰富,还离不开其高超的剪辑技巧。时尚、快节奏的剪辑方式使整部影片的形式和内容达到了浑然天成的一致。《泰囧》在一定程度上属于公路片,行进感强,场景变换频繁,所以剪辑对于故事的推进起到了至关重要的作用。《泰囧》的剪辑,成功地把握住了徐铮喜剧特有的兴奋点,囧意十足。例如《泰囧》中酒店不同的两个房间的那段戏。王宝强和徐铮两条线索同时行进,来回穿插,两个人的囧态相互照应,创造出了无与伦比的喜剧效果。另外,剪辑师为了把"泰囧"的"囧"表现出来,在影片中运用了分屏以及一些技巧性强的特效。不得不说,用分屏剪辑的方法拼贴叙事,很适合《泰囧》的故事展现。在整体把握上,《泰囧》刚开始的剪辑节奏紧,短平快,是为了把观众迅速带入情境,了解人物性格,同时也是为了表现人物的匆忙和烦躁。而随着故事的进一步发展,剪辑节奏慢了下来,给演员表演和情绪表达留出了充足的空间。这是对好莱坞类型片式剪辑的成功运用。

《泰囧》公映后屡次刷新华语片票房纪录,打破了中国类型烂片泛滥的局面,也改变了观众们对大陆喜剧电影的看法。好莱坞式的商业制作,精良的视听语言设计,使《泰囧》成为一个有着强烈品牌效应的喜剧系列,并且有着迅猛的势头。系列电影是好莱坞电影攫取世界票房的重要手段,《泰囧》的出现让我们看到了系列电影在中国做长做远的希望。但是从电影本身来讲,我们也不能给予《泰囧》过高的评价,因为它毕竟只是一部面向市场、制作精良的"爆米花片"而已。当然对于中国的电影从业人员来说,《泰囧》值得去好好反思。中国电影的商业化和类型化道路任重而道远,《泰囧》开了个好头。

范文点评

这篇影评在开篇第一段提出整篇文章的总论点:《泰囧》制作精良,故事情节紧凑,尤其是在视听语言上的高超应用,是其荣登内地票房榜首的重要原因之一。正文各段落分别从视听语言的各个方面对影片进行了评析。结尾段总结并升华总论点:《泰囧》拥有好莱坞式的商业制作、精良的视听语言设计,它的出现让我们看到了系列电影在中国做长做远的希望。但是我们也不能给予《泰囧》过高的评价,因为它毕竟只是一部面向市场、制作精良的"爆米花片"而已。我们更应该去反思中国电影的现状和以后的发展道路。

从整体结构上看,这篇影评思路非常清晰,也是考生在影评写作中最常用到的一种写作格式,即"总—分—总"格式。这种写作思路属于四平八稳型,总论点、分论点都清晰可陈,是考生在平时的写作练习和艺考中非常实用的结构方式。

这篇影评的亮点在于,作者没有就一部影片而论影片,而是上升到了整个中国电影发展走向的高度,由点及面,出发点高,是一篇不错的影评文章。

影片信息

中文名:人再囧途之泰囧　　外文名:Lost In Thailand　　上映时间:2012 年
导演:徐峥　　编剧:徐峥、束焕、丁丁　　类型:剧情、喜剧、冒险
主演:徐峥、王宝强、黄渤、范冰冰、陶虹、谢楠
主要奖项:2012 年中国电影发展奖票房推动力奖、第 7 届亚洲电影大奖 2012 年票房最高奖

运动之中彰显艺术美

——电影《搜索》镜头运用浅析

影片《搜索》作为陈凯歌导演的转型之作，上映仅 6 周票房就高达 1.8 亿，可见观众对其转型作品的认可。作为"第五代电影"领军人物的陈凯歌，《搜索》的题材完全没有了当年"第五代"的影子，而是将创作视角转向了当今时代和社会的凡人情态，对于典型的白领生活和社会环境进行了投射与展示。陈凯歌导演如同一个年轻人一样超出了"第五代"常见的历史记忆的背景，而进入到了一个新的情境。影片在运动镜头的处理上，展现出了电影导演的深厚艺术功底，将电影自身的艺术美表现得淋漓尽致。

影片对不同人物的镜头运动方式的设计彰显了陈凯歌导演深厚的艺术功力。陈凯歌广博深厚的文化素养使得他在电影创作上不仅仅满足于将故事讲好，而是充分调动影像语言对历史、社会和文化进行深入的探讨与反思。在《搜索》中可以看出陈凯歌导演为了塑造不同的人物形象而作出的不同的镜头调度。影片中导演针对叶蓝秋、陈若兮、沈流舒这三个主要人物不同的形象特征设置了不同的镜头运动方案。

叶蓝秋作为上市公司的女秘书，外表美丽心地善良，通过影片叙事我们可以得知生活对其是多么残忍冷酷。身患淋巴癌晚期而精神恍惚的她，由于在公交车上一时任性没有给一位老人让座而导致媒体误解，社会舆论风暴更是对其进行了无情的谴责。在疾病和舆论风暴面前，她是无助和脆弱的。影片中由于其心理和经历的变化，镜头的运动处理也发生了改变。影片一开始，当叶蓝秋在毫无心理防备的情况下得知自己身患绝症时，她内心深处的惶恐不安以及手足无措通过晃动的镜头传递给了观众。公交车上晃动的画面可以说是其内心的真实写照，而且在叶蓝秋被赶下公交车远离人群时，镜头的运动是十分缓慢的，这也更符合当时叶蓝秋那种低落、无助的心理状态。随着影片的发展，杨守诚成为了叶蓝秋的"雇员"。两人在一起度过了短暂而美好的时光，蹦极、飙车、外出游玩……此时，导演为了表现叶蓝秋的单纯、质朴而又有些小疯狂的性格特点，又将镜头运动方式进行了转换。在这一部分中，影片的整体基调是轻松而欢快的，所以在镜头的运动上也追求一种快速活泼的方式，与之前或剧烈晃动或迟缓呆滞的运动方式有了天壤之别。

影片中对于沈流舒和陈若兮的运动镜头处理也与其各自的形象特征相符。陈若兮在影片中是一个风风火火、雷厉风行的媒体人，因此在其镜头运动处理上导演选择的是一种高速运动方式，并且这种运动方式也与其每天为了买房而不辞辛苦地奔波、奋斗的目标相一致。当陈若兮因报道"不让座事件"而爆红后，对其拍摄的镜头通常是以高速运动的方式和仰拍为主。这种镜头的处理方式隐喻了其事业的风生水起。与陈若兮相反，影片在表现沈流舒时，镜头运动都是以平和稳定为主。例如沈流舒的出场，从容离开座驾，乘坐总裁专用电梯不慌不忙地到达自己的豪华办公室，都在平稳的运动镜头中展现出其成熟稳重的性格特点。影片中的沈流舒基本上没有陈若兮般的疾步行走，大多是以坐着或者站着为主，犹如一座钟或是一棵松般稳定坚实。导演通过不同的运动方式对沈流舒和陈若兮进行了对比，从而也使观众在这种动静之中获得暂时的视觉休息。

除了针对不同人物运用不同的镜头运动方式进行特殊的处理外，导演还用肩扛和跟拍等手法营造出了一种真实感，彰显了电影无与伦比的艺术美。在电影中，镜头的运动不但能使影片形成一种"动"的艺术美感，而且能增强影片表现的真实性，尤其是跟拍和肩扛拍摄，模拟了观众肉眼的感知习惯。周传基说过，"电影的本质在于其运动之美"。电影中运动镜头的运用可以使电影接近人的生活中的自然状态，而且能够造出强烈的视觉刺激，使得影片更加吸引人。

影片开始时叶蓝秋与医生对话的场景中，按照一般的电影处理手法原本应该用一种静止的画面来表现，但是在影片中导演用了一种肩扛拍摄的方式。与静止的画面相比，肩扛的拍摄构图并不完美，但是正是这种肩扛拍摄所带来的晃动使得影片更加真实感人，也能够表现出叶蓝秋内心的不安与惶恐。这种晃动镜头一直延续到公交车不让座事件中，这里的晃动感，一方面符合现实生活逻辑，另一方面也是对叶蓝秋内心忐忑不安的进一步刻画——如花季般的少女，其内心的平衡感正在遭受无情的破坏。接下来，当叶蓝秋拍着美腿说"要坐坐这儿"时，画面随着公交车的急刹车出现了剧烈的震荡，这也暗示了事件的进一步升级。之后，叶蓝秋的画面运动更加慌乱，她快速地下车、快速地奔走着，试图离开这个是非之地……此时导演运用急速跟拍，人物奔走的快节奏牵引着镜头的跟拍节奏，并且还有佳琪的一连串快速追问，这样一种快节奏的视觉与听觉冲击等运动产生的真实感，推动着影片中的事件不断逼近第一个小高潮。同样，在这种晃动和快节奏的视听冲击下也彰显出了另外一种艺术美感，一种对生命短暂、世事无常的无奈感叹！影片中陈若兮采访叶蓝秋的初中班主任时，也采用了一种手持拍摄的手法。这种拍摄方式一方面是出于对陈若兮所从事的新闻工作的考虑，新闻需要这样的手持拍摄来达到一种纪实性风格；另一方面，这样一种手持拍摄所造成的画面晃动感，也能够表现出叶蓝秋的初中班主任面临此次事件时内心的无所适从以及慌乱。

马塞尔·马尔丹在《电影语言》中曾强调："运动是电影画面最独特、最重要的特征。"在陈凯歌的这部转型之作中，我们可以从画面的运动处理中看出其深厚的艺术底蕴。在影片中，对于不同人物设计了不同的镜头运动方案，同时手持、跟拍等摄影方式也使得整部影片在运动中彰显出了一种艺术美感，每一个运动镜头中都有导演自己的构思和想法，而并不是运动镜头的简单堆砌。电影《搜索》是陈凯歌在个人电影艺术创作上不懈追求、不断创新的一次有益尝试，体现了这位资深导演自我更新的勇气和决心，这部电影有别于他以往作品中惯有的标志特点，而展现出焕然一新的面貌，堪称近年来都市题材电影中难得的佳作。

范文点评

一般而言,在艺术类考试的影评写作中,从"主题角度""人物形象"以及"视听语言"方面来评析一部电影是十分常见的写作方式。但是像本篇文章这样从视听语言中的"镜头运动"这个单一方面来对一部电影进行评价,还是比较少见的。从单一方面对整部影片进行宏观分析是一个比较冒险的做法,这需要写作者具备扎实的专业功底和对问题的深度阐述能力,但就本篇文章而言,这样的尝试还是非常成功的。

但是,从艺考的角度出发,是不建议考生在考场上使用这样的方式进行写作的。另外,该文章的内在逻辑稍显混乱,总体上不够清晰,这也是考生在学习中需要注意的地方。

影片信息

中文名:搜索　　　　　　　　　外文名:Caught in the Web

上映时间:2012 年　　　　　　　导演:陈凯歌

编剧:陈凯歌、唐大年　　　　　　类型:剧情

主演:高圆圆、姚晨、赵又廷、王珞丹、王学圻、陈红

主要奖项:第 29 届中国电影金鸡奖最佳女配角奖(王珞丹)、第 4 届中国影协杯"特别表彰优秀剧本"奖、第 3 届乐视影视盛典年度电影最佳故事片奖、第 3 届乐视影视盛典最佳导演奖

唯美色彩构筑纯美爱情

——《山楂树之恋》色彩运用浅析

张艺谋执导的《山楂树之恋》，自 2010 年上映以来好评如潮。知名作家王蒙看过影片后说："我们再也不愿意去经历这样的一段历史，但愿这样的爱情故事已经绝版。"从王蒙的话语中我们可以看出，张艺谋导演的这部影片不仅仅是表现了纯美的爱情故事，它更能够唤起一代人的美好回忆，从而让这种纯美的爱情具有特别的意义。张艺谋导演在这部影片中对于色彩的处理极大地渲染了影片纯美的气氛，纯净的"红""白"两色的巧妙运用，不仅让影片更加朴素和写实，而且带给观众更强的审美震撼，让人情不自禁地沉醉于伤感的色彩叙事之中。

影片中黑灰色的运用既交代了特有的时代背景，也彰显出了幽淡凄美的气氛。张艺谋作为第五代导演的中坚力量，特别擅长于"色彩"的运用。可以说，色彩是张艺谋影视美学的核心要素，他的很多作品，例如《大红灯笼高高挂》《我的父亲母亲》《英雄》等，无一不是将色彩化作了自己独具特色的艺术表现手法。《山楂树之恋》的故事发生在"文革"时期，为了表现特殊历史时期"最干净的爱情"，张艺谋导演有意对自己一直坚守的大红大紫的色彩进行了"压缩"，还原了时代背景下事物的本真色调。影片中的道路、家、医院等场景中到处都充斥着灰色调，这一方面是出于历史环境的客观要求，另一方面也隐喻了静秋和老三爱情的悲观结局，同时也为电影本身蒙上了一种伤感的凄美。影片结尾时老三的白血病恰好与这种灰色的基本色调互相衬托，老三和静秋的凄美爱情也在这种灰色调下走向了结束，只留下静秋对老三的孤独坚守。

但是，凄美的灰色调背后依然有红色的运用，影片中屈指可数的大红色彩带给观众一种强烈的审美震撼。红色在我国一般是吉祥、喜气、热烈和革命的象征，这种色彩也是张艺谋最为欣赏的色彩。《山楂树之恋》作为"知青时代的绝唱"，其中最感人、最能催人泪下的依然是红色。影片中张队长接待实习队时举着的红纸，以及后来出现的五星红旗、毛主席徽章、红绸带、红军帽、大红花、毛主席语录等都是红色的，这些红色物品既是革命时代的印记，同时也是故事发生背景环境的真实写照。影片中红色山楂果的出现将红色所具有的艺术表现力强有力地传达了出来。红色山楂果在影片中出现了多次：第一次是老三给静秋的一篮子山楂果，它既表现出了老三对于静秋的关爱之情，同时也表现了老三对于静秋的爱恋犹如红色的山楂果一样呼之欲出。后来几次山楂果都是出现在脸盆的盆底画中，尤其值得注意的是，静秋在得知自己被骗后，将盆底的山楂果图案用糨糊进行了遮掩，此时红色的山楂果成为静秋情感的象征。后来误解消除后，静秋将脸盆中的糨糊清洗干净又露出了山楂果的固有红色，这时的山楂果则隐喻了静秋对老三无比的爱恋之情。

除此之外，影片中红衣裳也被赋予了特别的深意，并且一步步推进影片故事情节的发展。影片中红衣裳来自于老三和静秋逛市场时,老三给静秋购买的红色布料。在市场上,红色布料极具视觉冲击力,这种大红色的出现也是对观众审美疲劳的一种消解。老三在影片中的一句"你穿这衣裳好看",换来的是静秋"等那棵山楂树开花的时候,我就穿上这红衣裳,跟你一块去"的承诺,但是当静秋终于穿上这件红色的衣裳时,却发现老三已经濒临生死边缘,躺在病床上昏迷不醒。影片最后,当静秋穿着红色的衣裳趴在老三身上一直喊着:"我是静秋,我是静秋,……你不是答应我,一听到我的名字,你就回来吗?……你看,……我穿着它来看你了……",病床上的老三在听到静秋的这番深情的内心表白后,留下了生命中最后一滴眼泪。在这场戏中,静秋的红色衣裳与老三的灰色面庞形成了一种强烈的对比,这种对比之下更多的是一种伤感、一种凄美、一种无奈。影片此处的红色完全超越了表征意义,而具有了某种特别的深度和广度。

　　当然,影片中除了灰色和红色的运用之外,其他色彩的出现也进一步构筑了画面的形式美感。片中出现的蓝色调更多层面上是对当时历史现实的还原,剧中的张队长、老三、学校排球队员等都穿着蓝色的服饰,尤其是静秋,穿上蓝色的运动服时,犹如一枝楚楚动人的莲花,纯净、娇羞、健康、美丽。还有田野里种植的油菜花,除了与影片的灰色调一样隐喻了农村的贫穷之外,更重要的是还寓意着未来的生机勃勃。在静秋伤到脚不愿意去包扎时,老三用刀子在自己的胳膊上划了一刀,鲜血流到了静秋编织的金鱼上。特写镜头下,黄色的金鱼在鲜血的映照下更加灿烂,犹如老三和静秋的爱情,绚丽无比。

　　色彩作为一种视觉元素进入电影之初,只是为了满足人们在银幕上复制物质现实的愿望。张艺谋在《山楂树之恋》首映式上表示,"这次《山楂树之恋》所遵循的拍摄风格就是要洗尽铅华,回归朴素平和,用平静的镜头去表现一个纯粹的爱情故事"。影片中我们可以看出其对于镜头的平静处理,他将那个压抑时代的爱情表现得真挚、深切、感人。其间,对于色彩的巧妙运用是功不可没的,灰、白、绿、红、黄……纯粹的色彩交织出一幅幅纯粹的美感画面,演绎出一段缠绵悱恻的爱情故事,给观众带来美的享受和心灵的震撼。

范文点评

　　自从出现了彩色电影,色彩就成为电影中最重要的视觉表现元素。它既可以成为一部电影的整体基调,例如《黄土地》《红高粱》等,还具有时空对照和一定的隐喻意义,甚至在某些电影中,人物的服饰色彩变化还可以反映出其性格特点以及变化过程等。所以说,色彩之于一部电影越来越重要,考生在分析影片时,可以有意识地从色彩角度进行考虑,如果能分析得当、论证充分的话,会给考官耳目一新的感觉。

影片信息

中文名:山楂树之恋　　　　　　外文名:Under the Hawthorn Tree

上映时间:2010 年　　　　　　　导演:张艺谋

编剧:尹丽川、顾小白、阿美、艾米

类型:爱情、纯爱、文艺　　　　　主演:周冬雨、窦骁

主要奖项:第 14 届中国电影华表奖优秀故事片奖、第 56 届西班牙巴利亚多利德国际电影节最佳女演员奖(周冬雨)、第 14 届中国电影华表奖优秀新人女演员奖(周冬雨)、第 20 届上海影评人奖最佳新人奖(周冬雨)

江湖艺术

——评王家卫电影《一代宗师》的艺术美

电影《一代宗师》是王家卫导演自 2001 年开始筹备,前后经过十年精心策划才制作完成的又一佳作,讲述的是民国期间"南北武林"多个门派宗师级人物以及一代武学宗师叶问的传奇一生。梁朝伟饰演的叶问和章子怡饰演的宫二因为武术而纠缠在一起的情感是电影的主线。这虽是一部以叶问、咏春拳为主题的电影,却真真实实的是一部王家卫的电影。影片看似是一部集合了众多大牌演员的商业片,骨子里却还是一部极具艺术美感的艺术片。

最近几年,银幕上出现了许多以武术为主题的武打电影,其中不乏香港导演的作品,这似乎让香港电影又回到了那个曾经辉煌的年代。在众多的武打电影中,叶问这一形象被多次搬上银幕。叶问本名叶继问,1893 年出生于佛山,师承陈华顺,为咏春拳发扬人,是一代武王李小龙的恩师,被赞誉为"一代宗师"。相比其他导演注重描写叶问的武术功力,王家卫导演的《一代宗师》却是把王家卫风格发扬到底,把武打——这一本质上是暴力的元素,在镜头下变得如此之潇洒、磅礴、一气呵成,而与此同时,又不让观众失去紧张感。影片主要通过讲述人与人之间的感情,来反映一个年代的时代特色,武术、咏春在这其中只不过是个引子罢了。

从影片里叶问与宫羽田的对决我们就能看出,对决的目的不是要在武术功力上比个高低,而是要比一比想法如何。这一思路与其他同类电影相比,可以说是个创新。通常来说,胜者为王,败者为寇,向来都是打赢的一方才有讲道理的机会,而这里却把讲道理的目的先摆出来。似乎导演的想法也不是要比比功力如何,只是要谈谈想法。这样的想法,这样的细腻的表达,也只有在王家卫的电影中才能表现出来。简短的语言,特写的镜头,把每个人物的性格都塑造得有棱有角,似乎他们真实地存在,是记录在历史教科书上的有名有姓的一个个人物。

要谈论这部电影的艺术美,首先在观众的视网膜上留下印象的就是电影的色彩。这是一部具有商业气质的艺术电影,这样的表述很容易让人联想到张艺谋的《英雄》或是《十面埋伏》。同样是视觉系的大师,王家卫对于色彩的把握,没有张艺谋那样华丽,那样五彩缤纷,让人看得眼花缭乱,而是用一种比较单纯的调色方法,表现的不仅仅是一处风景,更多的是风景中的人,还有当时主角的情感和想法。这样的处理方法在这部电影中的运用,呈现出来的就是一冷一暖,两种对比强烈的色调。遇冷时,颜色黑得冷清,或是白得肃穆,再配上一些冷雨或是白雪,丝丝寒意仿佛正透出银幕迎面而来,也让观众打了个寒战;遇暖时,通红的火焰照亮了一个人的脸庞,更显出一个炙烤的轮廓,或是高堂满座的金楼里灯火通明,热闹非凡。同样是王家卫担任导演,同样是梁朝伟饰演男主角,《一代宗师》的配色似乎一下子穿越到了《花样年华》。明暗对比中,透出一种艺术的气质。用西方油画的色彩,描绘的却是一个个富有东方神秘色彩的故事。

其次,观众欣赏的是电影的画面美。一提到武打片,观众很自然地会联想到很多武打场面的血腥,但在这部电影中,导演巧妙地用画面来表现激烈的打斗场面,少了血腥的镜头。尤为精彩的就是男女主角在金楼对擂的片段。宫二端坐在众多金楼女子之中,画面俨然是一幅美人图,其构图一字铺开,人物前面摆着一张桌子,与著名的《最后的晚餐》有异曲同工之妙。众女子浓妆艳抹,金银首饰更是锦上添花,越是如此,就更凸显居于其中的章子怡饰演的宫二的质朴,她梳着长长的马尾辫,一身练武的行头,眼神中透出坚定的决心,镇定自若卓尔不凡。后在与男主角叶问的打斗中,一进一退,以柔对刚,两人在楼梯上决斗一场,在导演镜头的切换中,通过很多慢镜头的运用,原本激励的打斗场面一下子变得韵感十足,胜似阿根廷的一曲探戈。

再次,电影的节奏颇具好莱坞的风格。在长时间的发展过程中,好莱坞的电影已经形成了其独特的电影节奏,成为好莱坞电影经久不衰的制胜法宝。这部电影巧妙地借鉴了好莱坞的这一范式,节奏一快一慢,这一方面让影片张弛有度,另一方面也迎合了观众的观影心理。遇快时,用鼓点来让整个气氛变得紧张起来,打斗的场面配上有节律的鼓声,一下子就把观众带到了一场场武林争霸的血雨腥风中;遇慢时,南方小曲、西方歌剧还有上海舞曲等舒缓、优美的旋律就会渐渐地出现,萦绕在耳边,似有似无,却让人心神愉悦,感叹在战火纷飞的那个峥嵘岁月里,还有这样的弦外之音。正是这一快一慢的组合,推动着故事一步步走向高潮。

最后,除了观众看到的画面以外,构成这部电影艺术化表达的另一重要因素就是电影中的音乐。在《一代宗师》中,不同音乐的运用,也使得电影富有艺术的魅力。在讲到叶问的妻子爱听小曲时,电影中就出现了吟唱小曲的艺人,一曲婉转悠扬的南方小调,仿佛一下子就让人来到了哪个不知名的水乡小镇;到了金楼,耳边萦绕的是一曲西方歌剧,乍一听觉得突兀,可就是这一曲美声的歌剧,真实还原了当时那个年代里,东西方文化交会、社会出现变革的时代背景;等到日本人举兵南下,攻占了佛山之后,背景音乐却是一曲上海舞曲,这不禁让人联想,日本军队此时已经从北方打到了南方,从上海的租界一直打到了广东的佛山,大半个中国都已失守。通过这些音乐,我们可以看到导演为了把故事表现得更加淋漓尽致的良苦用心。

综上所述,《一代宗师》以其无可辩驳的艺术魅力,为华语电影的发展写下了自己浓墨重彩的一笔。当然,这部影片也不负众望,获得了奥斯卡最佳摄影、服装设计的提名,并且囊括了包括香港电影金像奖最佳影片在内的 12 项大奖、亚洲电影大奖 7 项大奖等,获得了业界的一致好评。

范文点评

即使纵观整个 2013 年的华语影坛,《一代宗师》也是出类拔萃的佳片。它是一部典型的"王家卫式电影"。体现的是王家卫的情怀,因为这种情怀,他可以历时数年,做各种前期准备,也让本片在摄影、剪辑、美术、表演等各个环节都可圈可点。这篇影评从艺术角度出发,分别在武术、色彩、节奏和音乐方面对这部电影作出评析,论点充分有力,能够帮助观众更好地领会电影中隐藏的艺术与美。

影片信息

中文名：一代宗师　　　　　　　　外文名：The Grandmaster

上映时间：2013 年　　　　　　　　导演：王家卫

编剧：王家卫、邹静之、徐浩峰　　　类型：剧情、动作

主演：梁朝伟、章子怡、张震、宋慧乔、张晋、赵本山、小沈阳

主要奖项：第 33 届香港电影金像奖最佳影片奖等 12 项大奖、第 8 届亚洲电影大奖最佳影片奖等 7 项大奖、第 50 届台湾电影金马奖最佳女主角奖等 5 项大奖

文艺片的春天

——评《白日焰火》的镜头艺术

由刁亦男导演的爱情悬疑影片《白日焰火》在一举拿下第64届柏林国际电影节最佳影片金熊奖及最佳男演员银熊奖后,真正实现了未映先火,在拿奖拿到手软的同时还打破了中国历来文艺片"墙内开花墙外香"的惯例,票房轻松过亿并有持续上涨的趋势。这部让柏林国际电影节评委看法出奇一致的"小众文艺片",能够获得如此大的成就,刁亦男导演独特的拍摄风格、男女主角纯熟的演技、音乐画面的协调等功不可没,其中最值得称赞的就是影片中与整个悬疑案件相融的一些镜头的处理和富有象征意义的画面。

《白日焰火》主要讲述的是由一起碎尸案件引发出的张自力、吴志贞、梁志军三人的爱情救赎故事。首先从背景上来看,导演选择将拍摄地点定在中国的"冰城"哈尔滨,零下几十度的天气加上永远化不完的冰雪,很直观地就把电影的主题基调表现了出来。厚厚的白雪掩盖了犯罪的痕迹,让整个案子更加没有头绪;尖锐的冰刀成了犯罪者手中的工具,在冰天雪地里每个人都成了辅助的嫌疑人;雪地上的脚印留下了孤独前行的身影同时也暴露了跟踪者的痕迹;整个冬天都是冷冷清清的,当他们一起去滑冰时,吴志贞滑离轨道,朝黑暗处愈走愈深,滑冰技术并不好的张自力艰难地跌跌撞撞地从后面跟着,这时配合着冰冻的冬天微弱的光线,摇晃的镜头以及吴志贞流露出来的迷离微醺的气质让人意乱情迷。整个影片中夜晚的镜头非常多,大多是朦胧而又灰暗的,给人一种压抑的气氛,同时也呼应了整个悬疑案件的恐怖。

其次,电影的城市背景色调及奔放的背景音乐都恰到好处。正邪不两立的人性与真挚的爱情最后产生极具鲜明的矛盾时,高潮随之自然而然地带出,即张自力宣泄情绪般的乱舞,这是一种超凡脱俗般的意境,也是导演对那个边缘化世态变革的无法接受的集中表现,从一开始这种表现手法就充斥着整个剧情的发展。

影片中几个带有象征意义的镜头也被巧妙地拍了出来,在一定程度上迎合了当时的背景。在王队长带领一队人去向社区主任打听情况时,在楼道里突兀地出现了一匹被拾荒者丢弃的马,并且长时间地给了特写。在这里,拾荒者找不到了,马却被拉到社区里,配合着前面屋子里家属的哭声,可以看出这是一个荒诞和充满危险的时代。在这个时代,人人都可能丢失,对于丢失也没有人感到奇怪,这更是为梁志军的消失与一系列人被杀作出了铺垫。还有一个稍显突兀的镜头就是,当案件终于破了之后,张自力在一个舞蹈室里跳了一段乱舞,前面的叙事和发展都是缓慢前进的,在这里却突然张扬了起来,让人觉得有点莫名其妙。其实这一段乱舞是张自力在漫长的压抑之后的突然爆发,他是一个很矛盾的人物:他在与妻子离婚时三番两次地要求鱼水之欢,在保卫科其他工人的怂恿玩笑下对女同事动手动脚,在追查案件的过程中不惜几次欺骗吴志贞,但他又在同期战友牺牲的时候备受打击变得颓废，在参加庆功会的时候独自沉默，在吴志贞被带走的时候悄悄地放"白日焰火"……这一段乱舞实际上是他的自我纠结，在得到与得不到之间的情感释放。

镜头转到吴志贞身上仿佛更能诠释出整个故事的发展过程。影片开始的前二十分钟几乎没有她的一个特写，都是零零散散的大远景或是朦胧的侧影，然而当她真正出现时，带着那股致命的吸引力与成熟女人的魅力深深地俘获了张自力的心，随着两人感情的升温与谋杀陷阱的跳出，她渐渐地愿意打开心房了，在张自力约她一起去看演出的时候，她放弃了以往的矜持，抹上艳丽的口红，在摩天轮上主动狂吻张自力，然而她不知道的是等待她的却是另一个美丽的陷阱，重新被张自力燃起的小火苗又一次熄灭了。这个时候的她又恢复成影片开始时那个清清冷冷的女人，眼里不再有光彩。吴志贞是一个努力生活的现实主义者，即使犯下杀人罪行，她也努力想回归到常规生活中，在她回归的路上，她忠心的丈夫和很多无辜的人都被她锋利的冰刀划残，成为她的垫脚石。她不会意识到即使是一个很小的失误也可能需要一辈子才能偿还。带刺的玫瑰伤的又何止是自己呢？

最后说一下影片的名字。"白日焰火"在影片中是一家夜总会的名字，它在结尾处张自力为吴志贞送行时也出现了。这里的"白日焰火"指的其实就是张自力与吴志贞之间的感情，焰火是属于夜晚的，绚烂、耀眼，还有人们的祝福，而白天里的焰火是多么的不合时宜，没有人注意，更没有人看到它的美丽。"白日焰火"就是张自力与吴志贞的爱情，虽然不合适宜，不被人看好，却还是擦出了火花，结果自然可想而知。张自力为吴志贞放的这一场"白日焰火"，不仅仅是对两人关系的叹息，更是对两人的一场自我救赎。

范文点评

中国文艺片一直以来都是票房毒药，这次的《白日焰火》算是个例外。这篇影评分别从画面、音乐、镜头的分布来总结其成功，细致地分析了某些重要镜头与没有被发现的寓意，剖析了主人公的心理特征，行文结构非常严谨，具有层次性，写作格式较为规范，是一篇不错的佳作。

影片信息

中文名：白日焰火　　　　　外文名：Black Coal
上映时间：2014 年　　　　　导演：刁亦男
编剧：刁亦男　　　　　　　类型：犯罪
主演：廖凡、桂纶镁、王学兵、王景春、余皑磊、倪景阳
主要奖项：第 64 届柏林国际电影节最佳影片奖金熊奖、第 64 届柏林国际电影节最佳男演员奖银熊奖（廖凡）

另类个人英雄主义下的价值追索

——评微电影《盖章》里"章"的现世意义

这里没有名利的角逐，没有荣辱的计较，没有滚滚红尘的喧嚣，没有汩汩物欲的叨扰，有的只是发自内心的称赞和沁人心脾的微笑。他的每一句话都像初春的微风，拭去匆匆过客脸上的浮尘，拂去茫茫旅人内心的阴霾。导演 Kurt Kuenne 用看似平淡的帧帧镜头，组合出"盖章"这样一个简单而又温暖的故事，本片只有短短的 16 分钟，但是却拿下了 10 多个电影节的短片奖项，并成为 YouTube 点击率排行榜的大热门。或许，它在西方资本主义社会追崇传统宏大个人英雄主义的背景下，是一股清流。这次，本片的主人公拯救的不是地球，而是底层劳动人民麻木的内心。只有这种贴近民众生活的作品，才拥有叩击心灵的震撼。

一、"盖章"，一种积极乐观的人生态度

电影的主人公休·纽曼的身上似乎有阿甘的影子，他们传承的都是一种积极乐观的人生态度。他用赞美带给许多卑微人物以微笑，他用赞美拯救了心爱的姑娘，他甚至把微笑传递给了全世界。正如电影里的那句台词："微笑是每个人脸上对生活热忱的证明，是这个世界物质存在意义的表现方式。"是啊，微笑其实就是那个"章"，是一种积极乐观的人生态度，而这种人生态度可以改变命运，给濒临死亡的人一次重生的机会，给把生活过成习惯而变得麻木不仁的人一缕点燃希望的灯光。虽然休·纽曼微不足道，不被大多数人认识，但是他却用他真挚的赞美和沁人心脾的微笑影响了一代人，甚至是全世界。

二、"盖章"，一种"个人英雄主义"的委婉表现

无疑，电影里的"章"其实是男主人公休·纽曼的一种"个人英雄主义"的委婉表现。他是一位轻如尘埃的盖章员，他用他自己的赞赏给所有需要停车的生命过客带来了愉悦。一改西方传统宏大英雄主义的本色，《盖章》把个人英雄主义拯救地球的套路转移到城市边缘小人物身上，这样在"接地气"的同时，看似隐藏了主旋律电影的头衔，实则在巧妙地传达一种更为大众化的微妙的英雄主义思想。社会边缘人也可以拯救身边的人，而且休·纽曼拯救的是高速发展的社会中社会边缘人早已麻木的内心。正是有这种聚焦小人物的"人文关怀"，《盖章》才在英雄电影中如出水芙蓉，自信地绽放着自己的色彩。影片重新肯定了旧的道德和社会文化及主流意识，崇尚"爱、纯真和持之以恒"，呼唤着传统价值观以及被忽略已久的大众层面上的个人英雄主义的回归。

三、"盖章"，一种对于传统价值观回归的呼唤

在物欲横流的当代社会，像休·纽曼这样的人似乎早就不多见。恐怕大多数人被陌

生人夸赞后，都会还以不解的眼神和"尴尬不失礼貌的微笑"，更有甚者，心中会把赞美者和"精神病患者"相提并论。"盖章"在电影里的意义无非就是积极的人生态度，就是传递微笑，带给人快乐和希望。这种纯真的愿望在现世早已不切合实际，所以，把它放在现世的高度，《盖章》实际上是在呼唤传统道德价值意义的回归。影片鲜明地表现出了对人文主义价值观的坚守和对崇高、完美人生境界的追索，洋溢着理想主义的气息，并象征着那个时代人们的迷惘和苦苦追求。被世俗麻木了内心后，无论是时代洪荒下的历史变迁，还是社会边缘人无可皈依的状态，都流露着一种发自内心的伤感。"微笑"唤醒了人类对生命、对世界的反思，重拾生命意义。这是一种直击观者内心的力量，这是一种洞察社会的柔情。

总而言之，《盖章》在接力扛起西方个人英雄主义大旗的同时，又一改固有的"无所不能型""千钧一发拯救地球型""自我救赎型"英雄主义的模式，在固有的传统的宏大英雄主义的背景下创造了新的英雄模式，不同于《阿甘正传》《比利·林恩的中场战事》这样的"典型个人英雄主义"，它聪明地隐藏了主旋律的定位，而又无时无刻不在传达给观众个人英雄主义的主题。

最为重要的是，《盖章》这部微电影将镜头聚焦在城市边缘小人物的身上，开始关注社会底层人物的生存状态，并给予电影一种上帝视角，带给人类"人文关怀"的韵味，这样，就把电影上升到一种浪漫主义的高度，把早已缺失的大众化的另类个人英雄主义阐释到一种更容易让观者接受的程度，让处在社会高速发展背景下的我们，开始追索那种逝去的传统价值的意义。

（文/张晓）

范文点评

首先，本文采用了分论点小标题的形式构思行文，整个文章结构非常清晰。文章的总论点在副标题中就有揭示，即微电影《盖章》中的"章"具有一种现世意义，而这种现世意义包括以下要分别阐释的三个分论点，即分论点一，"盖章"是一种积极乐观的人生态度；分论点二，"盖章"是一种个人英雄主义的委婉表现；分论点三，"盖章"是一种对于传统价值观回归的呼唤。

其次，本文还有另外一条论述线索，即《盖章》这部电影是西方个人英雄主义电影的另类表现，它区别于西方传统意义上的宏大叙事主题的个人英雄主义电影，而是表现了早已缺失的大众层面上的社会边缘人的英雄主义精神。这是本篇文章的深度所在。

影片信息

中文名：盖章　　　上映时间：2007 年　　　导演：Kurt Kuenne
类型：喜剧、爱情　　主演：T·J·塞恩

十三分钟的华丽冒险

——评微电影《调音师》的视听语言

　　生活才是最好的戏剧,你永远不知道下一秒会发生什么。微电影《调音师》很好地诠释了这一点,导演用十三分钟的时间将观众带进一个又一个的悬念,影片前半部分会让人以为讲述的是一个失败的钢琴家的生活、命运、经历,却没想到故事发展到最后变成了一个凶杀案,这种令人猝不及防的转折正是导演的高明之处,他运用倒叙、首尾相连的叙事手法将观众带进他所营造的世界中去。想要用十三分钟的时间讲好一个故事太难了,但《调音师》的导演显然深谙影像的魅力,他巧妙地运用细节的表现、音乐的渲染、人物内心的独白,将充满戏剧性的生活融入十三分钟的影像框架中,作为一部以情节取胜的微电影,《调音师》无疑获得了巨大的成功。

　　导演熟练地运用一系列的细节镜头去为情节的发展做铺垫、解释,而正是这些细节化的镜头使得故事的讲述更加流畅。影片一开始就用大量的表现细节的特写镜头来铺设悬念:幽暗的房间里,坐在沙发上的男人面无表情,光着上身、只穿一个短裤的男人在弹钢琴,他的背后还站着一个女人,这样的画面让观众的内心充满疑问,但这就是导演的目的——让你掉进他所编织的故事网中,沉浸并且专注地听他讲故事。接下来的十几分钟里,无数的细节镜头丰富了电影的寓意:“服务周到”的餐厅服务员的人物设置实则暗嘲“欺软怕硬”的人性,男主人公一直吃糖的细节蕴含着尝到甜头之后欲罢不能的诱惑,过红绿灯时与旁边老妇的无意搭讪则揭示了男主人公的谎言世界……这些看似不经意的微小的细节描述实则在丰富着电影的主题含义。十三分钟的时间里,每一个镜头都是宝贵的,导演没有时间跟观众废话。故事发展到高潮的时候,细节化的处理更是让人叹为观止,“盲人”调音师站在门外的一系列动作让人玩味,老妇开门后有意将门反锁的动作更是巧妙,正是这样的细节将悬念一步步加深,在丰富电影寓意的同时又辅助了剧情的发展。

　　音乐的渲染使得故事的节奏更加紧凑,烘托了气氛,增添了神秘感。影片在开头和结尾运用了同一首乐曲,起到了贯穿全片的线索作用。男主人公因为比赛失败的原因曾一蹶不振,影片仅仅借助几秒钟的镜头就交代了这一故事背景,在比赛的舞台上,男主人公的手指落在琴键上,随后镜头便切换到他的日常生活中,随着悲伤低沉的音乐响起,一个失败者的形象立马丰满了起来。而随着另一首曲子的开始,镜头在男主人公“装盲”后的工作场景之间来回切换,故事也在曲子的进行中有条不紊地发展。音乐的叙事力量是直接而又有力的,这样的音乐运用填充了碎片镜头剪接之间的叙事留白,从而使故事的发展不会显得太过仓促。伴随着男主人公轻快的脚步、与服务生之间的对话,急速而又轻缓的音乐响起,“装盲”之后获得的成功使他尝到了甜头,他生活在谎言的世界中安然自得,欲罢不能,音乐在裸体女孩的吻中落幕,镜头前的"盲人"调音师长长地舒了一口气并露出满足的笑容,故事线从这里开始反转,就像急速的音乐一样不断下滑,铿锵有力,故事的发生也开始走向无法掌控的局面。

导演运用男主人公的内心独白作为叙事的手段之一,为影片营造的神秘感、悬念气息增色加分。"我不是为他演奏,而是为我身后的人。"以这句独白作为开头,在男主人公的主观视角下,故事娓娓道来,男主人公的心路历程就像坐过山车一样,前一秒还陶醉在因谎言带来的巨大快感之中,下一秒就被命运扔进另一个阴谋里,摔了重重的一跤,电影最后以男主人公的独白结束,"我在弹琴的时候她不能杀我"。故事讲到这儿,结局已经不重要了,留白才更具有想象的美感,调音师是否被杀,答案存在于每一个观众的心里。开头的独白与结尾的独白遥相呼应,开头铺设悬念,结尾解释悬念,这样的构造对于一部十三分钟的微电影来说实在不易,制造迷雾又拨开迷雾,建构迷宫又破除迷宫,观众进入男主人公的内心随他进行了一番探险,最后在命运这双大手面前败下阵来,在生活这个大舞台上,人类的表演拙劣得像个小丑。

《调音师》没有宏大的主题、鲜明的人物性格,更没有华丽的镜头语言,它以一招险而拆掉满盘局。一部致力于讲好故事的微电影,能够调动所有的镜头语言为这个核心服务,精心布局的细节、恰到好处的音乐、厚重细腻的独白,这种电影形式上的变化多端铸就了故事内容上的出其不意,一招制胜。

(文/权瑞芳)

范文点评

《调音师》是一部法国短片,导演只用了十几分钟的时长,就为观众奉献了一个超级惊悚刺激的故事,不过影片最大的价值并不只是停留在讲述悬疑故事上,而是通过故事阐明了某些人生哲理,尤其是影片最后的开放式结局,更加使得故事背后的意义丰富多彩、见仁见智。这种类型的影片对于人生阅历并不是十分丰富、知识积累也相当有限的考生而言,无论是从主题意蕴还是人物形象等方面进行分析都会显得相当有难度,而本文作者却很取巧地选取了视听语言这一角度去写作,并指出"生活才是最好的戏剧,你永远都不知道下一秒会发生什么",从而不费吹灰之力就提出了一个显而易见的中心论点,那就是"这部电影是无比悬疑和惊悚的",然后进一步从细节镜头、音乐渲染、内心独白等方面去论证导演是如何通过视听元素的运用来增强影片悬疑感的。结尾部分强化论点,于是一篇文章大功告成。

虽然作者采取了讨巧的、并不十分出彩的写作思路,但是因为作者的文字功底相当深厚,所以这篇文章依旧可以称得上是上乘之作。

影片信息

中文名:调音师　　　　上映时间:2011 年　　　　导演:Olivier Treiner
类型:惊悚　　　　主演:Grégoire Leprince-Ringuet
主要奖项:2011 年卢纹(Leuven)国际电影节最佳短片奖、2012 年法国电影恺撒奖最佳短片奖

唯美追求与诗意营造

——《刺客聂隐娘》的镜头语言分析

台湾著名导演侯孝贤的电影更多的是以冷静的视角、长镜头的运用和舒缓的节奏风格而著称。自 1980 年执导第一部作品《就是溜溜的她》以来,侯孝贤的电影始终传达出一种淡定和从容之感,让观众观影之后有一种类似于欣赏"画卷"的独特感受。在第 68 届戛纳国际电影节上,侯孝贤凭借《刺客聂隐娘》获得最佳导演奖,这是一部将其个性化艺术风格发挥到极致的电影,影片虽然是武侠题材,但是导演进行了个性化处理。电影表现的重心并非以往武侠影片中的打打杀杀和刀光剑影,《刺客聂隐娘》没有大场面、大制作,没有对奇观化叙事的追求,而是集中展现了传统东方美学的特征,更多的是在舒缓的节奏中,用"静"来传达情绪。导演通过个性化的长镜头使用和恰到好处的空镜头画面捕捉,在电影中更多地展现出其对于唯美的追求与诗意的营造,整部影片在一种"山水画"的影像中创作出了"结庐在人境,而无车马喧"的意境美。

在电影《刺客聂隐娘》中,侯孝贤导演以其一贯的长镜头为观众呈现出了一幅幅静态唯美却又充满了自然神韵的美丽画卷,为影片营造了一种淡然与诗意。长镜头,顾名思义就是用一个时间性比较长的镜头连续地对一个场景、一场戏进行拍摄,形成一个比较完整的镜头段落。长镜头的运用能够让观众全身心地投入影片中,进而体会出片中人物的内心情感变化,而且《刺客聂隐娘》的长镜头往往在展示自然与生活场景和唯美画面中营造出韵味深远的意境之感。影片的第一个镜头是道姑公主安排聂隐娘刺杀置毒弑父、棍杖杀兄之人,镜头时长有一分钟之久,从而在开篇便用长镜头奠定了影片缓慢的节奏。影片中最具代表性的场景是聂隐娘暗中观察田季安和胡姬的对话,这里摄影机隐藏在飘动的薄纱之后,画面中的人物若即若离,烛光摇曳,此时镜头移动极其缓慢,随着薄纱的飘动,人物在模糊与清晰的画面之中转换,聂隐娘自己也在纱帐背后若隐若现。人物完全被笼罩在薄纱所构筑的氛围之中。这一场景不仅仅将长镜头所营造的意境美进行了最为淋漓尽致的传达,更是借助这种缓慢的节奏使观众的情绪在观影中得到释放。

除了长镜头的娴熟运用能使影片充满诗情画意,意境深远悠长,影片中空镜头的取景亦是至关重要的,正如王国维所言:"一切景语皆情语"。空镜头中景物选择的恰当与否同样影响着影片对质朴意境的营造。空镜头在影片中能够起到连接时空转换、调节影片节奏的作用,也可以产生借物抒情、渲染环境、烘托气氛等效果。作为一部追求唯美与诗意气息的影片,《刺客聂隐娘》中的空镜头运用频繁,树、山、水、鸟、驴等自然物多次出现,导演将这些空镜头安排在影片人物活动之后,将人置于更为广阔的自然山水空间之中,使得影片的节奏和进程进一步放缓,通过空镜头的设置让观众有更多的时间进行自我想象,也提升了影片的审美意境。例如影片开始部分,聂隐娘刺杀了大僚之后,下一个镜头就是风吹树叶;在嘉诚公主抚琴之后,紧接着的空镜头就是在风中微微发抖的牡丹花。风吹树叶的镜头将刺杀的血腥场面进行了简化,微微发抖的牡丹花则是公主的最美象征。通过简单的物象组合来表达诗意,体现了侯孝贤导演的含蓄风格。

影片诗意、雅致、阴柔优美之境的营造还在于导演在处理景别时的别具匠心。影片中全景镜头占据较大比例,"近取其神,远取其势",全景镜头的运用为影片的诗意与唯美意境奠定了基础。影片中展现田兴被贬黜去临清任职时,镜头运动缓慢,从狭窄的岩石向右掠过,随即接入广阔无际的天空画面,纯净的白云蓝天占据了较大的画面内容,留下一路人马朝着天地交接点缓缓出发。全景构图突出了人物的心理感受,更是对人物内心情感的延伸——远离了宫廷纷争的自由与随性。

法国著名导演弗朗索瓦·特吕弗认为:一部真正有特点的电影作品,应该是导演个人创造的,电影艺术家要在影片中表现出本人的创作意志和个性,他们不是文学家的奴隶,不应该受制于电影企业和电影创作集体。侯孝贤导演的作品完全展现出了自己别具风格的创作特色,他并非追求过于强烈的戏剧冲突和武侠电影的刀光血影,而是用情绪和气韵作为核心,将聂隐娘的多个生命片段连缀起来,展现了一个心中有情的剑客的情感世界,整部影片就是侯式创作风格的集中展现。在影片中,观众不仅能够感受到聂隐娘的情,更能够通过导演独具特色的镜头运用和画面构图体会到独特的诗意和唯美意境。

(文/李子良)

范文点评

侯孝贤是20世纪80年代初台湾新电影浪潮的主将,他的电影以独特的现实视野和美学风格而著称。作为一位深受中国传统文化影响的导演,侯孝贤具有一种诗人气质,他的影片总是以诗一般的境遇体系呈现给观众,所以说侯式电影的特质从来不是讲故事,而是抒情。《刺客聂隐娘》正是这样一部典型的侯式风格影片。本文的作者正是认识到了这一点,所以将写作视角定义为视听语言特色,并通过对长镜头、空镜头以及景别等方面的分析,逐步论证了自己的中心论点,即这部电影中所呈现出来的唯美追求和诗意营造。所以说,要想写好一篇影评,掌握好写作方法和技巧还不是最重要的,知识量储备的多少才是决定一篇影评文章质量高低的关键所在。建议广大考生日常学习中要多学习影视方面的基础知识,尤其是对于重要导演的创作风格一定要做到了然于心。

影片信息

中文名:刺客聂隐娘　　　　　　外文名:The Assassin
上映时间:2015年　　　　　　导演:侯孝贤
编剧:朱天文、阿城、侯孝贤　　类型:剧情、古装、动作
主演:舒淇、张震、周韵、阮经天、妻夫木聪
主要奖项:第52届台湾电影金马奖最佳剧情片奖、第35届香港电影金像奖最佳两岸华语电影奖

山河不再依旧，故人无处可寻

——评《山河故人》的创伤美学

一如贾樟柯以往的风格，无论是《小武》《站台》《任逍遥》，还是《三峡好人》《天注定》，他都关注社会底层小人物的生活状态，舔舐着社会转型的创伤，流露出对逝去年代的无限怀旧与乡愁。不管其他第六代导演在时代的洪流中怎样变换着自己，或是有违初衷，或是走向商业大片的"坦途"，贾樟柯都依旧在自己的国度，抱着赤诚，怀着执念，驰骋在人文关怀的世界里，踽踽独行，不忘初心。而《山河故人》也坚持体现着"贾樟柯电影"的特色，将那种时代洪荒下山河流转、故人不再的创伤真实地呈现出来，直击人们心灵深处，叩问着时代留给了社会什么。

历史的创伤：过去早已是断壁残垣，了无痕迹

贾樟柯坚持着他的"纪录"风格，关注着中国社会历史的变迁，用持久而肃穆的镜头，聚焦在一个个敦厚而伤怀的小故事上，无形中便把中国社会在高速发展过程中所带给历史的创伤展现了出来。特别是山西汾阳这样的小县城，在从农村向大城市过渡的夹缝中生存，既淡去了农村的淳朴自然，也没有大城市的喧嚣繁荣，有的只是在经历历史变迁时遗留的时代创伤。无论是随着现代化进程的加快拔地而起的越来越多的高楼，还是为了与逝去的历史做义无反顾的永诀而炸开的汤汤冰河，都在抒写着那些反复出现的颓败的城墙的默默叹息。就算是看似亘古不变的文峰塔，也在时代变迁下增加了许多社会的附庸品，从而显得破败不堪。

除此之外，叙事空间的变化也在无言而又强烈地诉说着时代的巨变、历史的变迁。从多彩而又略显灰暗的 20 世纪 90 年代的汾阳到 2025 年干净整洁而又空旷寂寥的汾阳镜像，无疑讲述着因中国巨变而承载的现代宏大叙事中处于上升性叙事的创伤体验。而作为叙事空间变化起点的汾阳，叙事空间变化只是其表象所在，对观者来说，实则是阶级分化、故乡沦落的社会历史创伤。然而，在中国历史创伤的大背景下，映射的又何尝不是社会边缘小人物内心的创伤呢？

内心的创伤：社会边缘人"寻根"的迷茫，无所适从

《山河故人》向观者展现的每一个人物，似乎都在时代的洪流中迷失自我，无所适从。他们在历史的洪荒中踽踽前行，却最终不得初衷。迷茫、恐惧充斥着他们渴望归乡却惶惶不可终日的内心，故乡的沦落，最终带来的是内心的无处皈依。

"涛"似乎是那个孤独的坚守者，坚守着内心的乡音，坚守着故乡贫瘠的"沃土"，坚守着故人依旧美好的愿望，但时代的洪流却无情地冲散了她内心仅剩的美好。曾经美好的

"梁子"终虽归来,却早已是风烛残年;始终挚爱的"到乐"的归来竟是遥遥无期。亲人的离世,友人的病重,以及儿子的远在他乡,无不像吸血虫一样一点一点蛀蚀着"涛"灼热的心。

而"到乐"更像那个"寻根"者,由于从小母亲角色的缺失导致的"忘年恋",谁说不是一种对母爱的寻找呢? 把归家的钥匙当成至珍之物放在最接近心脏的位置,谁说不是一种对故乡的追寻呢? 种种辛酸,谁说不是时代变迁带给小人物内心的创伤呢?

导演的创伤:不忘初心的踽踽独行者,坚守如一

或许像张艺谋执导的《归来》一样,亲情的归来,爱情的归来,最终都逃不过张艺谋自己的归来。而贾樟柯的电影,从《小武》《站台》《任逍遥》,到《三峡好人》《天注定》《山河故人》,每一部都充斥着浓浓的人文关怀。贾樟柯的电影之所以被称为"贾樟柯电影",大概也是因为他走的每一步都充满着对社会、对小人物的悯怀之情。

近两年来,怀旧美学、创伤美学迅速占领影视界,并迎合了部分观众的审美口味,而贾樟柯却从一开始就一直践行着怀旧创伤美学,只是他眼中的怀旧创伤美学与大众文化语境中所认为的怀旧创伤美学不同,他更注重的是被时代裹挟着的小人物的生存状态,说到底,是一种人文关怀。或许是对山西汾阳存在着一种"情有独钟"的偏爱,贾樟柯总是愿意用不经意的长镜头,向世人展示着汾阳的一切。即使是破落不堪的汾阳城墙,即使是小偷、矿工、煤矿老板,也都是不可批判的,因为在他们身上散发的浓浓乡愁,正是贾樟柯对于故乡的拳拳怀念。

《山河故人》里的每一帧镜头、每一种声音、每一个人物,都有创伤美学的影子。无论是时代洪荒下的历史变迁,还是小人物无可皈依的状态,都流露着一种发自内心的伤感,以及站在云端俯瞰社会边缘小人物的悲悯之心和深深的无力感。这是一种时代发展下的伤痕,是一种直击观者内心的力量和洞察社会的柔情,更是贾樟柯不忘初心的踽踽独行。

(文/张晓)

范文点评

虽然说一位导演的创作风格不可能是完全一成不变的,总会随着社会阅历的增长、文化潮流的变迁等相关因素作出适时的调整和改变,例如,张艺谋、冯小刚等。但是,一位优秀导演骨子里面最本质的创作特点是永远都不会真正改变的,这是导演的创作态度所决定的。所以,这就为广大考生写作影评提供了一种思路,考生在写作时可以从影片导演的创作风格入手去评析,既可以去分析其不忘初心的创作初衷,也可以去评价其作出改变的创新之举。

本文作者的写作思路正是基于这一点,从贾樟柯坚守如一的"怀旧创伤美学"角度入手,提出中心论点:无论是《小武》《站台》《任逍遥》,还是《三峡好人》《天注定》以及这部《山河故人》,贾樟柯都关注社会底层小人物的生存状态,舔舐着社会转型的创伤,流露出对逝去年代的无限怀旧与乡愁。然后分别从"历史的创伤""内心的创伤"和"导演的创伤"三个分论点来论证导演坚守怀旧创伤美学的不忘初心。整篇文章主题深刻,条理清

晰,是考生学习如何写作影评的极好范本。

影片信息

中文名:山河故人　　外文名:Mountains May Depart

上映时间:2015 年　　导演:贾樟柯

编剧:贾樟柯　　类型:剧情、家庭

主演:张译、赵涛、张艾嘉、董子健、刘陆、梁景东

主要奖项:第 68 届戛纳国际电影节主竞赛单元金棕榈奖(提名)、第 52 届台湾电影金马奖最佳剧情片奖(提名)、第 52 届台湾电影金马奖最佳女主角奖(提名)、第 63 届西班牙圣塞巴斯蒂安国际电影节公众大奖

消失的时光之梦

——评电影《百鸟朝凤》的视听特色

世易时移,非人力可为。第四代导演吴天明执导的影片《百鸟朝凤》讲述了新老两代唢呐艺人在对传统古老技艺的执着与坚守中,所产生的师徒情、父子情和兄弟情。在当今这个物欲横流的时代,作为老一辈电影人的吴天明依然选择用最淳朴真挚的情感和最扎实稳健的手法,致敬传统,并探讨不同的时代境遇对古老文化的冲击,以及无法拯救传统文化消亡的哀愁。

在影片中,特写作为极端镜头的运用,对电影的影响力是巨大的,这些特写镜头不仅营造出了强烈的感染力,而且还升华了导演的创作意图,极大地引发了观众的观影共鸣。随着吹唢呐技艺的提高,师兄弟两人站在夜空下,痴痴地望着满天的萤火虫,点点微光,虽然美丽却难以燎原。特写下的萤火虫既代表了传统重生的希望,同时又表达了对传统文化衰落的无奈。随着西洋乐器的传入,唢呐更是被遗忘在了历史的尘埃中,那凌空爆炸的鞭炮特写,是传统文化渴望传承的呐喊,可除了游天鸣和焦三爷,谁都没有听到。这部影片所要传达出的最大悲哀,其实不只是一种技艺的消亡,而是浮躁的世人无视传统法则,对优秀文明的无情抛弃!随着焦三爷病情的加重,游天鸣不得不去外地找师兄弟们重聚,试图通过申遗的方式保留住唢呐技艺最后的血脉。特写镜头中,一列红色的火车划过银幕驶向远方,工业化的脚步正以异常疯狂的姿态完成着对传统文化的蚕食,让人无能为力,无法阻挡。

电影独具特色的声音运用不仅体现了导演深厚的艺术功底,与主题的表达相互呼应,而且还与画面相得益彰,达到了互相衬托的效果。在一位老人的寿宴上,几件大号西洋乐器发出了欢快傲慢的声音,伴随着一个搔首弄姿的女人的莺莺歌声,庸俗的表演形式迅速吸引了大批观众意淫式的观瞻,经由历史长期沉淀的唢呐艺术遭到了前所未有的冷遇,画面对比反差之巨大引发了每一位观影者深深的心理震撼。看到这些,传统文化的卫道者游天鸣不服气,召集游家班一齐吹响了《南山松》,可这愤怒的呐喊,却终究淹没在了西洋乐队的铜管声中,民间技艺与现代文明的格格不入由此可见一斑,这些似乎已经注定要被现代社会所抛弃的优秀民间技艺已无力挣扎。"唢呐王"焦三爷走了,只有爱徒游天鸣一人在他墓前吹起了《百鸟朝凤》,真正的守护者已经走了,这承载了数代人的民间技艺还要如何传承下去?影片最终没有给出答案,只留给观众一片思考的空白。

随着影视视听语言表现力的开掘,色彩本身逐渐有了越来越丰富的审美功能,它不仅仅是导演个人风格的体现,更具有丰富的表现力和感染力。随着电影故事的推进,焦三爷拖着病重的身体去吹奏最后的《百鸟朝凤》,却终因体力不支,一口鲜血喷了出来。血,不仅是焦三爷的生命抗争,更是中国传统文化的泣血呐喊。曾经让师徒们无比珍爱的唢呐乐器,在一次因和西洋乐器对垒引发的打架斗殴中毁坏殆尽,为了让唢呐艺术更好地传承下去,焦三爷卖了牛给游天鸣置办"新家伙",那雨中灰色的基调,暗示了焦三爷无力挽救的病情,以及唢呐艺术无可挽回的没落,对此,两人有心无力,相顾叹息!直到影片最后,焦三爷仍然没有看到唢呐艺术重新被重视、重现辉煌的那一天,抱憾离开了人世,游天鸣在他孤独的墓前身着红白相间的衣服吹奏《百鸟朝凤》,白色表达了对已故尊师的哀思,而红色则象征了导演对传统文化传承下去扔抱有热切的希望,使观影者意犹未尽,压抑、悲观的情绪也稍加释放和缓解。

传统逝去,身处洪流中的人们看似无从适从却又义无反顾地投入新事物的怀抱。为留住传统不惜咳血吹奏《百鸟朝凤》的焦三爷和电影《老炮儿》中最后倒在冰河上的六爷,又有什么不同呢?他们是众人也是异人,都是旧时代的碎屑,而所谓旧时代也只是时势变化的一个过程而已,新事物存在得久了同样也会成为传统,世殊事异、沧海桑田,世界的发展不会因为所谓的传统而停滞,然而,那些历经时代淬炼和洗涤而残存下来的优秀民族技艺却终究还是消失了!

（文/王永瑞）

范文点评

评论视听语言也是影评写作一个十分重要的分析角度,作者的这篇影评文章结构严谨、条理清晰,可以说是一篇比较典型的应试作文,有许多地方值得大家参考和学习。

首先,在文章的第一段作者就明确地提出论点:世易时移,非人力可为。随着社会的发展变迁,优秀传统技艺的消亡已不可避免。然后,分别通过对视听元素中的特写镜头、声音、色彩等方面的分析进一步论证自己的观点:维护传统的卫道者们很勇敢,坚守的道路很悲壮,却一次次地铩羽而归。文章最后,在进一步总结论点的同时又升华了论点:新事物存在得久了同样也会成为传统,世事变迁,世界的发展不会因为所谓的传统而停滞,那些优秀的传统技艺和文化只能在我们的遗憾和哀叹中渐渐走向消亡!整篇文章论点有力,论据充分!

影片信息

中文名:百鸟朝凤　　　外文名:Song of the Phoenix
上映时间:2016年　　　导演:吴天明
类型:剧情　　　　　　主演:陶泽如、李岷城
主要奖项:第13届精神文明建设"五个一工程"奖、第29届中国电影金鸡奖"评委会特别奖"

摇曳的青春

——评《七月与安生》的艺术特色

　　《七月与安生》凭借自身过硬的素质在一众无病呻吟的同类题材影片中脱颖而出,两个女主人公的设置点明了人物之间强烈的情感共鸣与命运纠葛,青春的迷茫、多元在七月与安生两人相互的艳羡、向往中展开,对于每一个走进电影院的观众而言,电影细腻真挚地表达了青春的独特韵味,让人从中听到各自青春的回响。

　　镜头作为影片结构的基本单位承载了表述主题的作用,灵活自然的镜头运用,表达了青春的多重可能性,也契合电影别有深意的主旨。影片开头,在暖色基调下两个小女孩伴随着轻松的音乐在操场上欢快地奔跑,缓缓升起的镜头画面,借助升格镜头展现了七月与安生天真灿烂的笑容,体现出青春年少欢快的基调以及生命的无限可能性。在安生在医院等待七月生产的情节段落里,特写镜头展现了安生脚上的血管紧绷,固定镜头拍摄出安生在产房外焦急地踱步,在通过多视角保持观众连贯关注的同时,极端镜头的组接强化了该段落的象征意义,彼此纠缠的二人在生死面前却只有莫名的疏离感,生离死别前的真情流露凸显了生命中的美好,也赋予了青春新的定义,残酷与美好的交织共筑了青春真实的面貌。

　　《七月与安生》在结构上采用隐形叙事作为剧情进程的补充,通过潜文本的运用勾勒了生活的复杂以及众人情感层面的暧昧不清与命运的纠缠胶着。玉坠在电影中起到了潜文本的作用。家明将守护自己的玉坠赠予安生,这是家明真挚感情的流露亦是两人情感变化的象征。玉坠第二次出现则是在安生与七月告别的时候,特写镜头中见到玉坠的七月神情复杂,伤感和惊讶交织,三人间的情感仍在博弈比较中,不存在取舍与冲突。玉坠第三次出现是家明取走了车祸现场的玉坠,而此后作为闯入者形象出现的七月,注意力都集中在象征家明情感寄托的玉坠上,并没有对重逢的安生带有其他感情,这里三人的关系由嫌隙渐生陡然转至崩塌,依赖玉坠的串联而不显突兀,使得情感表达具有感染力。

　　电影与音乐的关系并不是简单的加法,对音乐的使用应慎之又慎,过强的情感表达反而会呈现出煽情的效果,造成观众对电影的理解过多地涉及创作的主观情绪。由窦靖童演唱的《It's Just What We Do》伴随电影的开始,配合着两个女孩相互追逐彼此影子的画面,飘渺灵动的曲风契合了电影主题的表达,两人道不清的纠缠、剪不断的羁绊,诠释了隐匿在青春中的复杂心事。在电影的结尾部分,同样的音乐在新的语境中起到了迥异的效果,与空寂的心理蒙太奇相互彰显,感染力也随之得到升华。《七月与安生》中音乐的选取注重与电影本身的气质吻合,电影不仅仅需要一首传唱度高的主题曲,更需要补充听觉层面上的意蕴,进而搭建完整的艺术体系。

青春并不只是一种怀旧式的集体回忆,它既囊括了各式各样无法改变的人生轨迹,更带有不同人对各自的过去的沉湎,青春题材不应成为单一的电影属性,而应成为更为宏大的命题,电影创作者不应一味地重视青春题材在商业上的意义,更应该发掘这一类型电影本身的无限可能。

(文/王凤林)

范文点评

这是一篇中规中矩的影评写作文章,也是一片不错的应试文章。论点、论据以及论证过程一目了然,十分清晰。从视听元素方面评析一部青春题材影片,最终依旧回归"青春"二字,并无特别的新意可言,这或许与青春题材影片本身表达的单一性有关。不过这篇文章还是有不少值得大家学习的地方,例如,语言表述流畅通顺,主题表达也略有深度,再加上写作脉络清晰,尤其是文章结尾部分的升华,指出电影创作者们应该挖掘青春题材影片的无限可能性……这样的文章在影评写作考试中应该会有一个不错的得分,但是如果想脱颖而出却是几乎不可能的。所以建议影评写作初学者们可以从学习这一种写作模式的文章入手,等文章渐入佳境以后,再寻求新的写作思路。

影片信息

中文名:七月与安生　　　外文名:Soulmate　　　上映时间:2016 年

导演:曾国祥　　　　　　编剧:林咏琛、李媛、许伊萌、吴楠

类型:剧情、爱情、青春　　主演:周冬雨、马思纯、李程彬

主要奖项:第 53 届台湾电影金马奖最佳女主角奖(周冬雨、马思纯)、第 23 届香港电影评论学会最佳女演员奖(周冬雨)、第 53 届台湾电影金马奖 7 项提名、第 36 届香港电影金像奖 12 项提名、第 1 届马来西亚国际电影节 4 项提名

以荒诞对抗荒诞

——评影片《我不是潘金莲》的艺术风格

电影作为一种与社会发展息息相关的艺术,永远脱离不了人所处的生存环境与社会背景,作为与第六代导演多有交叠的冯小刚,再一次将镜头对准了社会底层的小人物。《我不是潘金莲》用一部黑色幽默的电影,深刻剖析了复杂的人性,以及依法治国的重要意义。《我不是潘金莲》营造了一出讽刺的悲喜剧,李雪莲被丈夫欺骗后又被侮辱为"潘金莲",为此,她不惜走上十年上访之路,法律的正确决定却被官员的怕事心理湮没。影片运用纪实主义手法展现了当下社会的不合理之处,多种体裁在影片中的杂糅,戏说等后现代风格的呈现,亦使影片达到了光影与社会意义的共存。

电影本身就是一种形式等于内容或是大于内容的综合艺术,画幅如同画家的宣纸,作为电影构图艺术的一个重要方面,对传达某些内容又具有特殊含义,无论是《布达佩斯大饭店》还是《山河故人》,都能见到特殊画幅的应用,画幅形式的不同又有着不同的含义。《我不是潘金莲》首次使用了圆形画幅,这引发了观众的猎奇心理,而且画幅不仅框住了李雪莲,与她框在一起的还有丈夫的善变、社会的漠视以及金钱诱惑下人性的转变。将焦点聚像在圆形画幅上,突出了动感,镜头感更强,前实后虚的画面不仅带有古典绘画的意味,而且承接了荒诞戏剧感,其构图对于观众来说,还带有窥探的意味。作为一种先锋性的镜头实验,这种圆形画幅的运用不得不牺牲掉更具有现实主义的景深效果与全景感,虽然圆形镜头更加强调了对社会阴影的折射,对强化主旨起到了一定的效果,却忽视了对主人公表情细节与周围环境细节的描绘,表面上具有"强调"作用,但观众由此而产生的审美疲劳又使观众的思绪游离于画面之外,反而与导演的思想相悖。

视听艺术学认为,无论是个体还是群体人物塑造,均是视听艺术叙事的重中之重。人物形象作为电影艺术符号化的一种,其本身结构与本体的含义存在一种寓意式的联系,任何一个符号(角色)都能留给观众对自身认识的思考空间与反复体味的性质。李雪莲的故事始终就是一出荒唐的闹剧,为了房子假离婚,却被丈夫无情抛弃,只因为丈夫的一句"你就是潘金莲"便将其告上法院,要求复婚再离婚,甚至走上十年上访之路,李雪莲的动机从一开始就不合理,这样一种"强盗逻辑",多多少少有着对现代人精神层面的映照与批判。法官王公道为李雪莲的案件做了正确的判决,却因为害怕李雪莲的继续上访,不惜跪在李雪莲的面前,法律被他的执行者剥去了尊严的外衣。影片故意夸张了荒谬感。观众也在不同画幅疏离感的影响下,不再刻意追求众人洋相的笑点,开始良性地探讨社会问题的存在。把人物符号化可能会造成角色形象的脸谱化,但毕竟电影基于对公众的引导作用,银幕世界展现的便是我们生活的本身,给予人类认识与改造自身的镜子。

作为中国电影发展史上成功的电影导演之一,冯小刚导演的个人风格、电影作品和电影中人文主义的关怀等一直为观众所津津乐道,他的电影作品常经过明显的商业包装,但也有自己的个人诉求,在商业票房和口碑上均获得了巨大的成功,显示出他一招制胜的个人魅力和独特的导演艺术风格。在他看来,电影就是拍给老百姓看的,只有老百姓爱看的电影才是好电影。冯小刚善于从小人物生活的酸甜苦辣中寻找灵感,从《天下无贼》以一个小偷王薄的转变表现人性的善与恶,到《集结号》讲述一个退伍老兵谷子地寻找九连战友们牺牲真相的故事,都着意刻画小人物的人性光辉与牺牲精神。而《我不是潘金莲》却颠覆传统,人文主义关怀下带有浓重的讽刺意味,人物黑色幽默的际遇仍带有小人物的可怜与可恨。冯小刚所擅长的仍是讲述故事,哪怕是一个荒诞的虚构性明显的故事,哪怕李雪莲的动机不合理,甚至没有让观众认可的目标,但这个隐晦无比的故事却仍展现了激烈的矛盾冲突,反映了社会中一些荒诞而又真实存在的话题。

市场的视域下,电影艺术应当在"商业性"和"艺术性"中寻求辩证统一,实现经济利益与文化效应的同频共振,逐步提升自身的美学趣味与审美价值,营造出时尚流行的大众文化环境,最终创造社会、商业、艺术和文化价值。《我不是潘金莲》虽说对当下的社会有一定的批判作用,但影片刻意地强调画幅,牺牲了部分美学价值;过分美化李雪莲的不合理行为与政府的不作为,又压缩了影片的社会价值。就大众的审美而言,失去这两者做支撑的《我不是潘金莲》并没有满足观众对冯小刚突破常规的期待。

(文/王永瑞)

范文点评

一般而言,广大考生写作影评,给予影片和导演赞誉者会较多,能真正发出批评声音的少之又少,这在很大程度上是因为考生目前掌握的各种知识还非常有限,而理论水平亦达不到很高的程度,所以很难提出有建设性的意见,大多是人云亦云地阐述。从这个层面上讲,本文是一篇非常好的"反弹琵琶"式范文。

首先,《我不是潘金莲》这部影片创意使用的圆形画幅总是饱受影评者的溢美之词,而在这篇文章中,作者却创见性地认为,圆型镜头忽视了主人公表情细节与周围环境细节的描绘,表面上起到了"强调"的作用,但观众产生的审美疲劳又使观众的思绪游离于画面之外,反而与导演的思想相悖。其次,很多影评文章会淡化李雪莲事件本身的不合理性,从而过分强调其精神的可贵,而本文作者却重点论述了李雪莲"强盗逻辑"的荒诞性,以及这背后所折射出来的社会现实问题。再次,在文章最后,作者甚至着重点出了过分美化李雪莲的不合理行为与政府的不作为,导致影片的社会价值被压缩,就大众的审美而言,失去美学价值和社会价值做支撑的《我不是潘金莲》并没有满足观众对冯小刚突破常规的期待。

在真正的考试中,从稳妥的角度出发,不建议考生对电影或是导演提出过多有悖于社会通常认知的批评之词。但是,如果考生能够从新颖的角度对影片提出独创性见解的话,也是非常好的,而这篇文章就是最好的范本。

影片信息

中文名:我不是潘金莲　　外文名:I Am Not Madame Bovary　　上映时间:2016 年

导演:冯小刚　　　　　　编剧:刘震云　　　　　　　　　类型:剧情、喜剧

主演:范冰冰、郭涛、大鹏、张嘉译、于和伟、张译、赵立新

主要奖项:第31届中国电影金鸡奖最佳女主角奖(范冰冰)、第31届中国电影金鸡奖最佳男配角奖(于和伟)、第31届中国电影金鸡奖最佳故事片奖等 6 项提名

地狱中的天堂

——浅析《血战钢锯岭》的视听特色

影片《血战钢锯岭》是导演梅尔·吉布森由二战时期美军军医多斯·戴斯蒙德的真人真事改编而成。不同于美国传统的战争题材片风格,该片没有将过多精力放在关于战争的讲述上,而是通过导演的独具匠心将信仰的坚持、人道主义的精神以及生命的救赎熔铸在影片的叙事当中,出色地利用视听语言深化主题,渲染情绪,给观众全方位、多角度的审美体验。

镜头是影片的基本组成单位,它丰富、直观的表现资源和美感是导演对影片精细雕刻的动力。它具有强烈的艺术感染力和创造性。可以说,镜头语言的魅力,就源于影片与观众之间的精神契合。在电影的开场部分,多斯失手把自己的兄弟打成了重伤,他忧郁地走向那幅基督教教义宣传画,近景镜头下那宣扬和平的画幅场景,成为他人道主义的信仰源头,为后来多斯拒绝武器做了铺垫,观众在潜意识中也接受了主人公的行为,扩展了银幕空间的想象力;战友"恶魔"牺牲后,特写镜头下的多斯依然捡起头盔继续战斗,这里正是用了特写镜头的流畅过渡,使观影者对多斯内心的信仰更加认同和理解,对主人公的精神再一次构建,进而间接地提升了影片主题的锐利与深度;多斯不慎落入日军地道后摒弃了民族仇恨,主动为受伤的日本士兵疗伤,影片用特写镜头表现睁大眼睛的日本士兵,使用反衬的方式让观众在记忆中对当下作出反思,很自然地站在了主人公的立场上面对这件事,而这正是导演所追求的真实感与代入感。电影宏大的主题正是通过这些镜头别具匠心的积累,润物细无声地化解了庞大主题对观众产生的渐离感。

色彩不仅是纯粹电影化的造型手段,而且还是构成电影视听语言的主体,从某种意义上讲,电影中的色彩占据了空间构成的主体位置,因为它不光具有还原对象客观面貌的再现功能,而且更多地具有传达不同主观情感的表现功能。面对坚持信仰的丈夫,多罗西肯定了丈夫的选择,这时一束亮光自窗口照入,预示着多斯已经冲破纠结和挣扎,勇敢追求自己的信念,这束亮光又对观众的心理产生了很强的暗示作用,光与阴影的极大反差营造出电影独特的叙事张力;目睹战友的牺牲后,多斯放弃了下山,反而坚定地向战场走去,硝烟和尘土组成的大面积灰蓝冷色调,间接传达了他内心善良的坚守,炮弹隆隆的火光则是他内心的不安与斗争,色彩比语言更加有力地诠释了人物的内心世界;而多斯在钢锯岭深夜的白雾中奔跑着救人时,纯洁的白雾带着一种与战场格格不入的颜色弥漫在灰色的战场,画面充斥着跑动的脚步声和日本兵的谈话声,色彩、动作在这里高度统一,纯洁的白色营造出了梦幻感,也暗示着多斯的内心经受了一次洗礼,这种纯净的白色并非真实的战争场景色彩,而是人为着色,不仅显示出银幕影像的幻觉魅力,并直接为影片的主题服务。

对于现在的影片来说,声音所具有的作用,丝毫不比画面给观众带来的震撼感差。现在声音已经深深嵌入了影片之中,作为空间造型的另一种手段,不但是影视作品所必需的,而且在某些情况下是视觉画面所无法替代的。在多斯进行战场救护的时候,庄重而富有节奏的大提琴声一直穿插在影片当中,丰富了银幕空间的表现力,人物的崇高信仰也借助大提琴声得以向观众传达,保证了影片叙事基调的稳定统一,达到了声画的完美融合;多斯的担架缓缓升起,伴随着庄重的钢琴声,手拿圣经的多斯终于完成了关于自己人道精神的救赎,钢琴声庄重又不失灵性,乐符已脱离了它的实际意义,化为象征符号,引导纯洁的灵魂得到救赎,到达信仰的彼岸;在影片的最后,庄重宁静的影像呈现,静默的声音和黑白照片静静地向观影者展示老人传奇的一生,静默的画面如同无字碑一样,信念的坚守,人道主义的关怀,关于战争的反思,都一并交给了这静默的画面,电影承载了人间沧桑的眷恋之情,保存下一份难得的温馨。

法国电影评论家安德烈·巴赞说过:"要更好地理解一部影片的倾向如何,最好先理解影片是如何表现倾向的"。《血战钢锯岭》并没有停留于战争电影的浅表,而是做了一个人性更深层次的探讨。导演将视听语言的技巧同影片的主题巧妙融合,使之成为一个密不可分的整体。影片不但体现了导演独具匠心的谋篇才能,更让观众在观影时获得强烈的审美体验,所以无论是从艺术水准还是审美价值的角度上看,该片都是一部难得的佳作。

(文/王永瑞)

范文点评

无论是从行文思路还是谋篇布局上看,本文都是一篇循规蹈矩的应试文章。但是文章在写作上有一个十分值得考生借鉴的地方,那就是作者在对影片进行视听分析的同时,也引用了一定篇幅的理论依据进行论证,既有力地印证了论点,同时也提升了文章的理论高度。

这篇范文中有几处段落建议考生认真学习:(1)镜头是影片的基本组成单位,它丰富、直观的表现资源和美感是导演对影片精细雕刻的动力。它具有强烈的艺术感染力和创造性。可以说,镜头语言的魅力,就源于作品与观众之间的精神契合。(2)色彩不仅是纯粹电影化的造型手段,而且还是构成电影视听语言的主体,从某种意义上讲,电影中的色彩占据了空间构成的主体位置,因为它不光具有还原对象客观面貌的再现功能,而且更多地具有传达不同主观情感的表现功能。(3)声音所具有的作用,丝毫不比画面给观众带来的震撼感差。现在声音已经深深嵌入了影片之中,作为空间造型的另一种手段,不但是影视作品所必需的,而且在某些情况下是视觉画面所无法替代的。

影片信息

中文名:血战钢锯岭　　　外文名:Hacksaw Ridge　　　上映时间:2016 年
导演:梅尔·吉布森　　　编剧:罗伯特·施恩坎、安德鲁·奈特
类型:剧情、传记、历史、战争
主演:安德鲁·加菲尔德、文斯·沃恩、萨姆·沃辛顿
主要奖项:第 89 届奥斯卡金像奖最佳音响效果奖、第 89 届奥斯卡金像奖最佳剪辑奖

以影为镜,可以示人心

——浅评电影《摔跤吧!爸爸》的艺术形式

　　印度电影在世界电影史上是别具一格的存在,其电影特色与好莱坞超级英雄片、香港武侠片以及日本剑戟片之类以打斗为中心的宣扬暴力美学的影片完全不同,而是作为歌舞片享誉世界。其在电影中美轮美奂的舞蹈无时无刻不充斥着艺术感,绝大多数印度电影都会安排编舞并融入剧情,这与印度立国之本即非暴力不合作有着很大关系,印度人更倾向于用电影表现世界的美好,于是歌舞也就成为了最好的载体。

　　然而,在印度电影的一片歌舞升平中,一个不折不扣的"另类"站了出来,这就是被称为印度"国宝级演员"的阿米尔·汗。他第一次被中国观众所知晓大概是因为其主演的悬疑片《未知死亡》,当初很多人都是略带不屑地观看这部看似是《记忆拼图》"山寨版"的影片,却在短短两个半小时的观影后被其独特性所深深打动,以致于后来很多中国观众都感叹:"印度只有两种电影,一种是阿米尔·汗的电影,另一种不是。"而阿米尔·汗被中国观众所熟知,则应该归功于《三傻大闹宝莱坞》这部电影。阿米尔·汗更多地希望通过电影去展现印度社会的各种问题,这种思想几乎在他的每一部电影中都有很好的体现,也正因为如此,阿米尔·汗才配得上"伟大"二字。

　　《摔跤吧!爸爸》作为阿米尔·汗最近主演的一部电影,在中国取得了口碑与票房的双赢,这部电影几乎彻底改变了一些人对印度电影"剧情不够歌舞凑"的片面印象,从某种程度上讲,它是印度电影的一个转型教材。

　　《摔跤吧!爸爸》中并没有编舞,但是却出现了各种印度民族音乐,这些音乐结合画面形成了极强的冲击力,尤其是其主题曲《Dangal》。影片一开始,就是阿米尔·汗饰演的马哈维亚在观看摔跤,众摔跤手在镜头前一一亮相,昏黄的沙坑,飞扬的黄沙,配合着充满战斗感的音乐,塑造出了一种极强的力量感,让观众似乎能"听到"摔跤手们的威武雄壮。而这段音乐在马哈维亚训练两个女儿时也有出现,画面变成了马哈维亚两个女儿艰苦训练不堪重负的场景,这里的声画组合让观众看到了一个把自己未能实现的理想寄托于儿女身上的严父形象。另外,影片结尾处看似是因剧情需要而设置的音乐,即印度国歌的运用,也是精华之笔。当时马哈维亚被女儿的教练恶意地关在一处小屋中,以致于未能及时赶到大女儿的比赛现场作出实时指导,而只能默默地坐在地上,双手合十地祈祷着。漫长的煎熬和等待之后,印度国歌骤然响起,马哈维亚猛地抬起头,随后眼含热泪,激动不已。此时国歌的出现,发挥出了音乐在整部电影中最强的感染力!作为一部转型电影,《摔跤吧!爸爸》虽没有出现舞蹈场景,但其音乐的运用却极其成功。

　　如果说音乐作为印度电影的亮点并不足为奇的话,那么影片对于解说词的运用却着实是成功的。在整部电影中,解说者多以马哈维亚的侄子奥姆卡尔的身份出现,其解说词响起的次数较多且每一次都是点睛之笔，贯穿整部电影。解说词的首次出现是在马哈维亚击败省冠军之时，这里通过解说词介绍说马哈维亚不做摔跤手很多年了，从而引发了观众的好奇心，随着几个镜头之后，解说词再次出现，表明马哈维亚的放弃并非源于其父亲的自私，而是国家未能给予物质支持，其质问"摔跤手没有国家的支持，怎能奋力拼搏"的话语不仅是对马哈维亚的遭遇表示惋惜，更是对印度政府漠视运动员的控诉。除此之外，解说词还略带黑色幽默的意味，使整部影片在震撼人心的同时又充满轻松气氛。当马哈维亚想要生一个儿子而找到全村人寻求方法时，解说词用"全村人都成了专家"来讽刺印度一些人的愚昧；而在马哈维亚连续求子失败后，又用"既然方法没错，那一定是我叔叔错了"来嘲讽一些愚民，结合镜头里出现的反差，其所塑造的喜感让人捧腹之余，也多了一缕深思。

除此之外，影片中对于色调的运用也恰到好处。总体来说，整部电影以温暖的基调为主，即使是马哈维亚对两个女儿进行看似不近人情的训练时也依旧如此，喻示着训练虽然艰苦，但是一切都是那样的单纯而美好，不同于后来在印度国家体育学院的那种严整却冷酷的色调。另外，在马哈维亚被关进小屋无法亲临比赛现场指导女儿时，影片色调变得阴冷而黑暗起来，这透露出一个父亲的焦灼和绝望。直到最后，大女儿终于赢得比赛成为冠军，印度国歌响起，意外被"释放"的马哈维亚一路狂奔到赛场，这时的画面再次恢复了之前的暖黄色色调，传达了父女二人和在场的所有印度人的成功和喜悦。

《摔跤吧！爸爸》是一部典型的阿米尔·汗电影。一方面该电影集印度电影之优势，表现了民族文化；另一方面，阿米尔·汗借此反映了印度社会对运动员关注的不足。阿米尔·汗继用电影作为媒介，表现印度社会在教育界、军界、商界等存在的问题后，又一次向世界展示了印度体育界的真实现状。

反观当今的中国电影业，虽看似蓬勃发展，也不否认有一些好导演和实力派演员，但是却也形成了一种"小鲜肉、大投资、无演技、高片酬"的不良风气，更有甚者，人人都钻导演的空子，人人都可做导演，于是拍出了很多迎合观众低级趣味的烂片。这些人本身已失去了作为一个艺术从业者的责任感，或许正是因为敬业品质在电影界的普遍缺失，才使得阿米尔·汗身上的精神更加难能可贵，也正是基于这种责任感，阿米尔·汗才不断地用电影去揭露印度社会各界的黑暗，从这一点上说，他不只是一个演员，更是为民请命的英雄。

（文/马腾）

范文点评

一般而言，评析印度电影多是着眼于其独具特色的歌舞风格，然而本文作者却独具慧眼，看到了这部影片作为印度电影却一反常态缺失歌舞的特点，并以此入手从其更有特色的音乐、解说词、色彩等方面进行分析，这样的写作思路还是很值得广大考生借鉴的。

整篇文章中，作者对于"解说词"的分析十分出彩。不仅阐释了解说词在推动影片情节发展中所起到的重要作用，而且点出了解说词所具有的黑色幽默意味，从而使得整部影片既笑点十足，又感动人心。

文章的结尾部分，作者在进一步强调自己观点的同时，也对中心论点进行了现实性升华，反思了中国一部分影视从业人员责任感缺失的问题，使得文章更加具有现实意义。

影片信息

中文名：摔跤吧！爸爸　　　　　　外文名：Dangal

上映时间：2017 年（中国）　　　　导演：尼特什·提瓦瑞

编剧：比于什·古普塔、施热亚·简、尼特什·提瓦瑞

类型：剧情、喜剧、传记、运动

主演：阿米尔·汗、法缇玛·萨那·纱卡、桑亚·玛荷塔、萨卡诗·泰瓦

主要奖项：第 62 届印度电影观众奖

附录F

影视艺术院校(专业)招生考试影评写作考试影片

2018年四川外国语大学广播电视编导专业招生考试试题
影视作品分析
观看电影《剃头匠》的片段,写一篇不少于800字的影评。

2018年四川文化艺术学院戏剧影视文学专业(江苏考点)招生考试试题
电影默评
请从《黄土地》《集结号》《阳光灿烂的日子》《人在囧途之泰囧》《失恋33天》《那山那人那狗》这些影片中任选一部进行默评,不少于800字。

2018年四川文化艺术学院戏剧与影视学类专业(江西考点)招生考试试题
影视作品分析
结合具体作品分析管虎的艺术风格,不少于800字。

2018年首都师范大学科德学院广播电视编导专业招生考试试题
影片分析
根据提供的影片,从影片所表现的主题思想、导演创作的情节结构、人物塑造和镜头语言等方面进行分析,题目自拟,字数不少于800字。

2018年中国传媒大学南广学院摄影类专业招生考试试题
影视评论
片名:《拯救》
导演:乌尔坤别克·白山拜
类型:战争、剧情

时长：27分钟

观看微电影《拯救》，然后写一篇影视作品分析。

2018 年云南师范大学广播电视编导专业招生考试试题

影视作品分析

请在下列作品中任选一部撰写一篇影评，并从思想内容、情节结构、表达方式等角度对作品展开分析，字数不少于 800 字。

《狮子王》《罗生门》《寻梦环游记》《战狼 2》《神奇女侠》。

2018 年贺州学院广播电视编导专业（甘肃考点）招生考试试题

影片分析

从视听语言和主题思想的角度分析影片《有人偷偷爱着你》，要求 800 字以上。

2018 年燕京理工学院广播电视编导专业（广东考点）招生考试试题

影视作品分析

请从影片《天下无贼》《卧虎藏龙》《钢的琴》《肖申克的救赎》《建国大业》中任选一部进行默评，不少于 700 字。

2018 年海南师范大学编导专业（贵州考点）招生考试试题

影评

任选以下任何一部影视作品进行评论：

1.《金陵十三钗》（1200 字以上）。

2.《择天记》（1200 字以上）。

3.《圆桌派第二季》（1200 字以上）。

2018 年太原师范学院戏剧影视文学专业（甘肃考点）招生考试试题

影视作品分析

请从《挚爱梵高》《敦刻尔克》《手机》《最爱》《我在故宫修文物》《菊豆》这些作品中任选一部，分别从主题思想、视听语言、人物塑造等方面写一篇不少于 800 字的评论文章。

2017 年天津师范大学戏剧影视文学专业招生考试试题

影片评论（默评）

从《我不是潘金莲》《长城》《路边野餐》三部影片中任选一部进行评析。

要求：题目自拟；评析至少包括两个论述要点，如影片的主题思想、人物形象、视听语言、文化内涵等；字数要求在 500 字左右。

2017 年天津体育学院运动与文化艺术学院广播电视编导专业(山东考点)招生考试试题

电影作品分析

分析一部自己熟悉的中国电影。

要求:

1.题目自拟。

2.从试听、人物、结构等方面分析影片的主题。

3.层次清晰,有条理。

4.要求 800～1200 字。

2017 年四川外国语大学广播电视编导专业(淄博考点)招生考试试题

影视作品分析

观看影视片段《洗澡》,写一篇评论性的文章。

2017 年浙江省普通高校摄制类专业招生统考试题

影视作品分析

短片:《致敬,你的坚持》。

2017 年成都文理学院广播电视编导专业招生考试试题(A 卷)

影评

赏析剧情片《独立日》,要求 800～1000 字。

2017 年山东艺术学院广播电视编导专业招生考试试题

微电影评论

微电影:《红手》(九江市公安局出品)。

答题要求:

1.题目自拟。

2.可以全面分析也可以从特定角度进行分析。

3.字数不少于 800 字。

2017 年青岛农业大学广播电视编导专业招生考试试题

影视评论

李安的《比利·林恩的中场战事》中"120 帧、3D、4K"的电影极限技术,成为 2016 年各大电影节的热议话题。请结合这部电影,谈谈你的理解和思考。

要求:自选角度,结合具体作品和具体现象进行分析;可以自拟标题;字数不少于 1000 字。

2017 年枣庄学院广播电视编导专业招生考试试题

影视评论

《老炮儿》《烈日灼心》《解救吾先生》《路边野餐》《血战钢锯岭》《湄公河行动》《我不是潘金莲》《百鸟朝凤》《推手》《疯狂动物城》。

以上影片任选其中一部进行电影评论。

2017 年青岛大学广播电视编导专业招生考试试题

影评

请在以下影片中挑选一部进行影片分析:《狼图腾》《夏洛特烦恼》《卧虎藏龙》《刺客聂隐娘》。

2017 年周口师范学院广播电视编导专业(山东考点)招生考试试题

影视评论

电影:《智取威虎山》《从你的全世界路过》《大圣归来》《辛德勒的名单》《荒野猎人》。

电视节目:《拉呱》《开门大吉》《天天向上》。

电视剧:《琅琊榜》。

根据以上提供的作品,选择其中一部进行影视作品分析。

2017 年渤海大学广播电视编导专业(山东考点)招生考试试题

影视作品分析

观看动画片《彼得与狼》,写出分析评论。

2017 年大连艺术学院广播电视编导专业(郑州考点)招生考试试题

影视片段分析

观看影视作品《负重前行》,写不少于 1000 字的分析。

2017 年江苏省普通高校广播电视编导专业招生联考试题

影评写作

观看影视作品微电影《老师的爱》,在规定时间内按要求完成影评写作,字数不少于1000 字。

2017 年南京晓庄学院广播电视编导专业(潍坊考点)招生考试试题

影评写作

根据提供的影片:《活着》《七月与安生》《长城》《我不是潘金莲》,任选其中一部进行分析。

2017 年广西壮族自治区普通高校广播影视编导类专业招生统考试题

影视评论

片段分析:《罗拉快跑》。

2017 年广西艺术学院戏剧影视文学专业招生考试试题

影视评论

默评《刺客聂隐娘》,字数不少于 1000 字。

2017 年东北电力大学广播电视编导专业招生考试试题

影片评论

评论电影《问题先生乌尔曼》(导演:马克·吉尔,上映时间:2014 年,出品地:英国)。
要求:800 字以上。

2017 年长春光华学院广播电视编导专业(山东考点)招生考试试题

影视评论

请根据指定的影视作品撰写一篇影视评论,要求自拟题目,字数在 1000 字左右。

2017 年渭南师范学院广播电视编导专业(山东考点)招生考试试题

影视评论

在影片《小武》《阳光灿烂的日子》《耳朵大有福》《喊山》《图雅的婚事》《咱们相爱吧》
《夏有乔木,雅望天堂》中,任选其中一部进行分析评论。

2017 年渭南师范学院广播电视编导专业招生考试试题

影视评论

第一:《北京遇上西雅图之不二情书》《再见,在也不见》《十七岁的单车》。

第二:任选 2016 年的一部片子评析场面调度。

二选其一进行影视写作。

2017 年西安培华学院戏剧影视文学专业(山东考点)招生考试试题

影视评论

观看电影《这个杀手不太冷》的片段,进行影视分析(字数不少于 800 字)。

要求:

1.角度恰当,主题突出,内容充实。

2.结构严谨,条理清晰。

3.语言规范、准确。

4.视听语言解读恰当。

2017 年暨南大学戏剧影视文学专业（长沙考点）招生考试试题

影视评论

默评（五选一）：《辣手神探》《中国合伙人》《阳光灿烂的日子》《侏罗纪世界》《艺术家》。

2017 年广东财经大学广播电视编导专业招生考试试题

影视作品分析

分析影片《时时刻刻》的开头部分。

2017 年广州体育学院广播电视编导专业（广州考点）招生考试试题

默评

请从以下影片中挑选一部进行评析：《寻龙诀》《狼图腾》《失孤》《聚焦》《荒野猎人》。

2017 年齐齐哈尔大学戏剧影视文学专业（潍坊考点）招生考试试题

影片评论

题目：从《大鱼海棠》《釜山行》等影片中任选一部进行评析。

要求：

1.题目自拟。

2.评论必须包括如下三方面：（1）用几句话概括影片的故事情节。（2）影片的主题和结构分析。（3）影片视听分析（包括景别、光线、特效、声音、剪辑等方面）。

3.简要介绍影片的基本情况，如影片的国别、导演、主演以及影片的成就和地位等。

4.800～1000 字。

2017 年黑河学院广播电视编导专业（山东考点）招生考试试题

影视分析及创作

观看影片《一个城市的传说》两遍，从专业角度写出影视评论。要求如下：

1.评析影评角度——从景别、角度、运动、光线、色彩、构图、镜头运动、场面调度等方面选取有特色之处，加以分析并总结。

2.600～800 字为宜。

2017 年湖北省普通高校广播电视编导专业招生统考试题

影视作品分析

观看影片《寻找美丽的家园》，写一篇影视评论文章。

基本要求：

1.自拟题目。

2.就播放的具体作品展开分析和评论，不能脱离作品。

3.观点明确，表达流畅，字迹工整。

4.不少于 800 字。

2017年汉口学院广播电视编导专业招生考试试题

影视评论

从《舌尖上的中国》《让子弹飞》《非你莫属》和《百家讲坛》四部电视电影作品中挑选其中一部,写一篇评论。

要求:

1.运用视听语言方面的知识进行分析。

2.不少于800字。

2017年武昌首义学院广播电视编导专业招生考试试题(一)

影视评论

请根据考场播放的作品《调音师》,写一篇影视评论文章。

基本要求:

1.题目自拟。

2.就播放的具体作品展开分析和评论,不能脱离作品。

3.观点明确,表达流畅,字迹工整。

4.不少于800字。

2017年武昌首义学院广播电视编导专业招生考试试题(二)

影视评论

请根据考场播放的作品《宵禁》,写一篇影视评论文章。

基本要求:

1.题目自拟。

2.就播放的具体作品展开分析和评论,不能脱离作品。

3.观点明确,表达流畅,字迹工整。

4.不少于800字。

2017年湖北商贸学院摄影专业(淄博考点)招生考试试题

电影分析

针对自己最熟悉的一部电影谈谈看法,可以从剧本、拍摄、剪辑等方面进行分析。

2017年南昌大学广播电视编导专业(安徽考点)招生考试试题

影视评论

影片:《少年派的奇幻漂流》。

请结合本片的主题思想、节目形态、风格特征、叙事方法、视听处理等内容,自拟题目,任选角度,撰写一篇分析文章。

2017 年井冈山大学广播电视编导专业(山东考点)招生考试试题

影视评论

微电影:《判若云泥》。

根据本片写一篇分析文章,从包括主题意蕴、叙事结构、艺术风格等在内的角度进行分析。

2017 年赣南师范大学广播电视编导专业(山东考点)招生考试试题

影视评论

从以下作品中任选一部进行评论,字数不少于 800 字。

电影:《陆垚知马俐》《百鸟朝凤》《大唐玄奘》《冰河追凶》《火锅英雄》。

纪录片:《我在故宫修文物》《归途列车》《圆明园》《复兴之路》《最后的山神》。

电视剧:《法医秦明》《美人为馅》《诛仙·青云志》《麻雀》《小别离》。

2017 年河北传媒学院影视摄影与制作专业(山东考点)招生考试试题

影片分析

请从给定的六部影视作品中,任选一部熟悉的影片,从导演构思、导演意识、导演创作方面进行分析和评论,角度和题目自拟。

电影:《孔雀》《霸王别姬》《黄土地》《搜索》《阳光灿烂的日子》《让子弹飞》。

2017 年衡水学院广播电视编导专业(甘肃考点)招生考试试题

影视作品分析

观看影片《Nobikini》,写不少于 800 字的文章。

2017 年安徽省普通高校艺术专业招生统考试题

影视评论

请从以下影视作品中任选一部,自选角度,撰写一篇评论。题目自拟,不少于 800 字。

电影《湄公河行动》、电影《十二公民》、电影《死亡诗社》、电视栏目《中国成语大会》。

2017 年湖南省普通高校广播电视编导专业招生联考试题

影评

分析《拾荒少年》。

2017 年长沙学院广播电视编导专业(甘肃考点)招生考试试题

影片分析

观看微电影《儿子》,写一篇 800 字的影评。

2017 年甘肃省普通高校戏剧与影视类专业招生统考试题

影视作品分析

观看影片《拾荒少年》节选片段，写一篇 800～1000 字的影评，要求语言通畅、卷面整洁。

2017 年西北师范大学广播电视编导专业招生考试试题

影视作品分析

观看影片《小海鲜——讨小海》，从主题、人物、音乐等角度任选其一写一篇影视评论，不少于 800 字。

2017 年海南师范大学广播电视编导专业（甘肃考点）招生考试试题

影视作品分析

提供影片：《我不是潘金莲》《海上钢琴师》《开讲啦》等。

1. 选定影片后进行简单介绍。（300 字左右）

2. 写一篇对影片的评述，任选一个角度。（800 字左右）

2017 年山西省普通高校编导戏文类专业招生联考试题

影视评论

从《长城》《美人鱼》《荒野猎人》《七月与安生》《我不是潘金莲》《路边野餐》《山河故人》《烈日灼心》《刺客聂隐娘》《寻龙诀》中，任选一部进行分析，要求从主题主旨、叙事结构、影像语言（视听语言）、人物设置四个方面进行评析，缺一不可。不少于 1200 字。

2017 年山西传媒学院广播电视编导专业（甘肃考点）招生考试试题

影视材料评析

请根据所播放影片《红气球》（1956 年上映）的前半段撰写一篇 1200～1500 字的评论类文章。

2017 年山西传媒学院广播电视编导专业（济南考点）招生考试试题

影视材料评析

观看影片《成人礼》，写 1200～1500 字的影评。

2016 年天津师范大学戏剧影视文学专业招生考试试题

影片评论（默评）

从《桃姐》《集结号》《勇敢的心》中任选一部，写不少于 500 字的影评。

2016 年重庆市普通高校编导类专业招生统考试题

影视作品分析

评析《独领风骚——诗人毛泽东》，字数 1300 字以上。

2016 年西南大学广播电视编导专业招生考试试题

影视作品分析

观看两遍微电影《判若云泥》。

要求:针对影像材料写一段完整的评述。

2016 年浙江传媒学院广播电视编导专业(电视编导方向)(长沙考点)招生考试试题

影视评论

观看《浙江》《美丽浙江》(MV),写一篇评论性文章。

要求:字数 800 字。(只能写两个作品的对比,否则不得分)

2016 年浙江传媒学院戏剧影视文学专业(长沙考点)招生考试试题

影评

分析广州美术学院毕业作品《鲫鱼》。

2016 年山东师范大学戏剧与影视学类专业招生考试试题

影视作品分析

根据提供的电影《红高粱》《钢的琴》《致我们终将逝去的青春》《中国合伙人》,选择其中一部进行电影评论。

2016 年青岛农业大学广播电视编导专业招生考试试题

影视作品分析

在《私人订制》《亲爱的》《一九四二》《小武》《来自星星的你》《中国好声音》等影视作品中任选一部进行评论,不少于 800 字。

2016 年泰山学院广播电视编导专业招生考试试题

影视评论

从《阿甘正传》《无间道》《鸟人》中任选其一进行评论,1200 字左右。

2016 年河南大学广播电视编导专业招生考试试题

影评写作

电影:《夏洛特烦恼》《肖申克的救赎》《煎饼侠》《我是路人甲》。

要求:请从以上几部影片中任选一部,从主题、人物、结构、影视语言、题材等方面写一篇评论文章,题目自拟。

2016 年中原工学院广播电视编导专业(广西考点)招生考试试题

影视作品分析

观看电影《最佳出价》片段,写一篇 500 字的评论。

要求：

1. 从电影片段中选一个人物写他的前传。
2. 续写电影片段。
3. 选 1 或 2 编故事。

2016 年南京艺术学院广播电视编导专业招生考试试题

影视作品分析

观看微电影《成年礼》，写一篇不少于 1200 字的评论文章。

2016 年淮阴师范学院广播电视编导专业（山西考点）招生考试试题

影视作品分析

分析电影《饮食男女》，不少于 1000 字。

2016 年贺州学院广播电视编导专业（山西考点）招生考试试题

影视作品分析

微电影：《村子里的超跑》。

2016 年东北师范大学广播电视编导专业（长春考点）招生考试试题

影视作品分析

根据《智取威虎山》片段，写出故事梗概、镜头表现手法、人物的性格特点、作品的艺术特征、对主题的理解以及观后感。

2016 年东北电力大学广播电视编导专业（潍坊考点）招生考试试题

影视作品分析

观看影视作品《可可西里》并撰写影视评论，字数在 800 字以上。

2016 年陕西省普通高校播音编导类专业招生统考试题

影视评论

影视作品：《归来》《智取威虎山》《白日焰火》《天降雄狮》《我的少女时代》《平凡的世界》《甄嬛传》《花千骨》《伪装者》《何以笙箫默》（电视剧）。

以上任选一部进行分析，从主题主旨、影像语言（视听语言）、叙事结构三方面进行评析，缺一不可。不少于 1200 字。

2016 年宝鸡文理学院广播电视编导专业（贵州考点）招生考试试题

短片分析

播放长达 8 分钟的短片，播放 2 遍。考生自选角度，自拟题目，写一篇评论文章，字数不少于 800 字。

2016 年渭南师范学院广播电视编导专业、戏剧影视文学专业（福州考点）招生考试试题

影视评论（二选一）

考生从下列题目中自选其一作答。

1. 从下列电影中任选一部进行评述，自拟题目，自选角度。

《大红灯笼高高挂》、《我的父亲母亲》、《桃姐》、《赵氏孤儿》、《新龙门客栈》、《叶问》（系列）、《西游降魔篇》。

2. 自选一部影视作品，从它的细节角度分析评论。

2016 年广东财经大学广播电视编导专业（广州考点）招生考试试题

影视作品分析

从主题意蕴、结构特点、视听元素、显著特色中选择任何一个角度分析影片《美丽人生》结尾的 30 分钟。

2016 年北京师范大学珠海分校电影学专业招生考试试题

影评

影片：《单车少年》。

2016 年齐齐哈尔大学戏剧影视文学专业招生考试试题

影片评论

在《十二公民》《狼图腾》《罗生门》中任选一部进行评论，800 字左右。

2016 年福建省普通高校编导类专业招生统考试题

影视评论

观看微电影《我的童谣》，按要求答题：

1. 描述场面：从 19 分 50 秒到 22 分 20 秒。

2. 自拟角度，评析电影。

2016 年厦门理工学院播音与主持艺术专业（策划方向）（甘肃考点）招生考试试题

影评

观看微电影短片《剪辑人生》，写影评。

2016 年武汉大学戏剧影视文学专业招生考试试题

影视评论

观看雷德利·斯科特的影片《男孩与单车》，写一篇影视评论（字数要求在 700 字左右）。

2016 年汉口学院广播电视编导专业（山东考点）招生考试试题

影视评论

请从下列电影中选择一部写一篇影视评论：

《我的父亲母亲》《山河故人》《千与千寻》《疯狂的石头》和《毕业生》（导演迈克·尼科尔斯）。

要求：字数不少于 1500 字，题目自拟，需从镜头、色彩、构图、蒙太奇、声音等方面选择其中几个方面进行评论。

2016 年井冈山大学广播电视编导专业（福建考点）招生考试试题

影视评论

根据微电影《告别囧途》写一篇分析文章，从包括主题意蕴、叙述结构、试听效果、人物情节设置、艺术风格等在内的至少两个方面作出分析。题目自拟，不少于 1000 字。

2016 年赣南师范大学广播电视编导专业招生考试试题

影视评论

从以下作品中任选一部进行评论，字数不少于 800 字。

电影：《道士下山》《花样年华》《秋菊打官司》《天下无贼》《中国合伙人》。

纪录片：《海豚湾》。

电视栏目：《是真的吗？》《财经郎眼》。

2016 年上饶师范学院广播电视编导专业（山西考点）招生考试试题

影评写作

根据《失孤》片段，分析人物性格和剪辑特点。

2016 年宜春学院广播电视编导专业（甘肃考点）招生考试试题

影片分析

根据《老人愿》写一篇影视作品分析。

2016 年河北传媒学院广播电视编导专业招生考试试题

影视片段分析

根据播放的影视片段，写一篇不少于 800 字的影片分析。

影视片段：姜帝圭导演作品《恋慕》。

2016 年蚌埠学院广播电视编导专业招生考试试题

影视评论

从下列影视剧中任选其中一部，写一篇 1000 字以上的评论。

影视剧：《烈日灼心》《狼图腾》《老炮儿》《芈月传》《伪装者》。

2016 年湖南师范大学广播电视编导专业（河南考点）招生考试试题

影视作品分析

通过观摩剧情短片《礼物》，撰写一篇评析文章，要求如下：

1. 文章必须包括以下四个方面的内容：

(1)短片的主题是什么？

(2)短片中讲述的故事在结构上有什么特点？

(3)短片表现了怎样的生活环境？短片如何利用视听语言加强了环境的表现？

(4)片名中的"礼物"指的是什么？它的作用是什么？

2. 题目自拟，保持文章的完整流畅，不能写成问答形式，行文时可以调整以上题号的顺序，但不能合并问题，全篇逻辑分明，有文采有创见。

3. 不要写成感想式的观后感、随笔、散文之类的文章。

4. 不少于 1000 字。

2016 年湖南科技学院广播电视编导专业（河北考点）招生考试试题

影视作品分析

从《阳光灿烂的日子》《唐山大地震》《辛德勒的名单》《这个杀手不太冷》中任选一部写一篇影评。

1. 题目自拟。

2. 论据充分，论证有力。

2016 年长沙学院广播电视编导专业招生考试试题

影视分析

《最好一直都在》。

2016 年山西省普通高校编导戏文类专业招生联考试题

影视材料评析

电影：《归来》《智取威虎山》《白日焰火》《天降雄狮》《我的少女时代》。

电视剧：《平凡的世界》《甄嬛传》《花千骨》《伪装者》《何以笙箫默》。

从上述作品中任选一部进行分析，从主题主旨、影像语言（视听语言）、叙事结构三方面进行评析，缺一不可。不少于 1200 字。

2016 年山西传媒学院广播电视编导专业（福州考点）招生考试试题

影视材料评析

根据提供的影视材料《父亲》写一篇 1200～1500 字的评析性文章。

2016 年太原师范学院戏剧影视文学专业（甘肃考点）招生考试试题

电影评论写作

贾樟柯是我国第六代导演的代表人物和领军人物,近年来他的作品不断在海内外摘得重要奖项,成为中国为数不多的具有世界影响力的中青年导演之一。他的代表作品有《小武》《三峡好人》《山河故人》等。请从这三部作品中选定一部进行评论写作。

要求从主题思想、视听语言、人物形象等方面进行专业评论。书写整洁,字数不少于1000字。

2016 年上海师范大学谢晋影视艺术学院广播电视编导专业招生考试试题

影视评论

影片:《最好的礼物》。

影片介绍:男孩从母亲那儿收到一个奇妙的礼物——一条淘气的小狗,可悲的是,它缺少一条腿。男孩对此十分抵触且厌恶,然而,身体的残疾并不能阻止小狗的乐观天性,渐渐地,小狗的欢乐也感染了男孩……

影片最后的情节反转动人心弦:身体的残疾剥夺了小男孩的正常生活,然而同病相怜的小狗,却用活泼弥补了男孩灵魂缺失的快乐。

本片由毕业于德国巴登符腾堡州动画学院的学生 Jacob Frey 制作,他目前在迪士尼动画工作室当学徒动画师。本片 2014 年入围棕榈泉国际电影节、洛杉矶短片电影节等多个国际电影节。

2015 年首都师范大学科德学院广播电视编导专业招生考试试题

影片分析

根据提供的影片片段,从影片表现的主题思想、导演创作的情节结构、人物塑造和镜头语言的设计四个方面,对影片进行分析,题目自拟,字数不少于 800 字。

2015 年上海市普通高校编导类专业招生统考试题

影视评论

观看秘鲁电影《口香糖》,写一篇评论文章。

2015 年重庆邮电大学广播电视编导专业(河南考点)招生考试试题

电视作品分析

观看电视剧《三国演义》的一个剪辑片段,根据要求并结合作品特点,写一篇作品评论。

2015 年四川外国语大学广播电视编导专业(广西考点)招生考试试题

影视作品分析

观看影片《江城夏日》片段,写一篇不少于 1300 字的评论文章。

2015 年浙江传媒学院戏剧影视文学专业(长沙考点)招生考试试题

影视评论

观看微电影《阿仔,食饭喇》,写一篇影评文章。

2015 年四川传媒学院广播电视编导专业(深圳考点)招生考试试题

影视评论

观看微电影《木吉他》,写一篇评论文章。

2015 年鲁东大学广播电视编导专业招生考试试题

影视评论

观看《熊出没》,写一篇 1000 字以上的评论文章。

2015 年河南大学广播电视编导专业(河北考点)招生考试试题

影视评论(默评)

影片:《让子弹飞》《画皮》《后会无期》《泰囧》《阿甘正传》。

在以上影片中任选一部,从主题、人物、视听等方面进行评析。不少于 800 字。

2015 年中原工学院广播电视编导专业招生考试试题

影视评论

观看微电影《铃声》,回答以下问题:

1. 用 100 字左右概括影片的主要内容。

2. 看完影片后你印象最深刻的是什么? 写一篇 500 字左右的评述,题目自拟。

2015 年南京师范大学广播电视编导专业招生考试试题

影视作品分析

观看短片《邮差》,写一篇影评文章,要求 800~1500 字。

2015 年江苏师范大学广播电视编导专业招生考试试题

影视作品评析

观看《爷爷的小戏文》,写一篇 1000 字左右的影评文章。

2015 年云南艺术学院戏剧影视文学专业(山西考点)招生考试试题

影视评论

从以下电影作品中任选一部进行评析:《两个人的车站》(苏联)、《广岛之恋》(法国)、《肖申克的救赎》(美国)、《城南旧事》(中国)、《大叔》(韩国)、《霸王别姬》(中国)、《寻枪》(中国)、《后会无期》(中国)。

要求:

1. 就一部影片选择一个角度写一篇影评,不少于 1200 字。

2. 影评题目自拟(可加副标题)。

2015 年云南师范大学广播电视编导专业招生考试试题

影视作品分析

影片:《海上钢琴师》《蓝色生死恋》《冬冬的假期》《克莱默夫妇》《东邪西毒》。

从以上影片中任选一部进行评论分析,要求 800 字以上。

2015 年广西壮族自治区普通高校广播影视编导类专业招生统考试题

影视作品分析

观看短片《皮特与狼》,写一篇不少于 1200 字的作品评析文章。

要求:

1.保持文章的相对完整,以议论文角度写作。

2.不要写成感想式的读后感、随笔、散文之类的文章。

影评需涵盖的内容:

1.影片表达的主题是什么? 有什么时代意义?

2.影片中镜头运用有何特色? 你有什么看法?

3.试分析影片的音乐运用有何特点或不足。

2015 年广西师范学院戏剧影视文学专业(郑州考点)招生考试试题

影片分析

观看微电影《兄弟》,写一篇 1000 字以上的影评文章,角度不限。

2015 年广西师范学院戏剧影视文学专业(长沙考点)招生考试试题

影片分析

观看德芙广告《心的节奏》,写一篇评论文章。

2015 年东北电力大学广播电视编导专业(河北考点)招生考试试题

影视评论

观看电影《国王的演讲》片段,写一篇影评文章。

2015 年吉林警察学院影视摄影与制作专业(河北考点)招生考试试题

影视评论

观看电影《我的父亲母亲》,写一篇影评文章。

2015 年西安工程大学广播电视编导专业(山西考点)招生考试试题

影视评论

电影:《阿甘正传》《当幸福来敲门》《千与千寻》。

电视节目:《奔跑吧兄弟》《中国好歌曲》《新闻 1+1》《汉字听写大会》。

从以上影视作品中任选一部进行默评,不少于 800 字。

2015 年宝鸡文理学院广播电视编导专业(山东考点)招生考试试题

短片分析

观看 10 分钟左右的短片,自选角度,自拟题目,写一篇评论文章,不少于 800 字。

2015 年广州大学广播电视编导专业招生考试试题

影视评论

观看电影《转折点》,写不低于 800 字的影评文章。

2015 年暨南大学戏剧影视文学专业(长沙考点)招生考试试题

影视评论(默评)

从影片《恋恋风尘》《辛德勒的名单》《这个杀手不太冷》《西游降魔篇》中任选一部进行分析,写一篇不少于 1000 字的影评。

2015 年广东财经大学广播电视编导专业(长沙考点)招生考试试题

影视片段分析

观看《Women at Home》片段,从主题内涵、视听语言、故事结构等某一方面进行分析,写一篇 1000 字以上的影评文章,切忌面面俱到。

2015 年广州体育学院广播电视编导专业招生考试试题

影视评论

观看电影《投名状》,写一篇不少于 1000 字的影评。

2015 年北京师范大学珠海分校电影学专业招生考试试题

影片分析

观摩韩国电影《金氏漂流记》,完成一篇不少于 1500 字的影评。

2015 年齐齐哈尔大学戏剧影视文学专业(济南考点)招生考试试题

影片评论

题目:从《孔雀》《无人区》《辛德勒的名单》《为奴十二年》四部影片中任选一部进行评析。

要求:

1.题目自拟。

2.评论至少包括两个评论要点:如主题、情节、人物形象、摄影等。

3.该片的基本定位:导演、主要演员、所获奖项情况等。

4.字数在 800~1000 字。

2015 年厦门理工学院广播电视编导专业(广东考点)招生考试试题

影视评论

观看微电影《爷爷的小戏文》,写一篇不少于 1000 字的影评文章。

2015 年武汉大学戏剧影视文学专业(湖南考点)招生考试试题

影视作品分析

观看电影《商标的世界》,写一篇评论文章。

2015 年汉口学院广播电视编导专业招生考试试题

影视作品分析

从《千与千寻》《我们天上见》《三峡好人》《寻枪》四部影视作品中选择其中一部,写一篇评析文章。

要求:运用视听语言方面的知识进行分析,字数不少于 800 字。

2015 年南昌大学戏剧影视文学专业(郑州考点)招生考试试题

影视作品评论

从下列作品中任选其一,任选角度,写一篇评论文章,要求不少于 1000 字。

电视剧:《倩女幽魂》《闯关东》。

电视节目:《金牌调解》《杨澜访谈录》。

电影:《拯救大兵瑞恩》《蝴蝶梦》《2012》。

2015 年井冈山大学广播电视编导专业(济南考点)招生考试试题

影视评论

观看微电影《爱,从心出发》,从主题意蕴、叙事结构、视听语言、艺术风格等方面任选三个角度进行评析,题目自拟,不少于 1000 字。

2015 年河北美术学院广播电视编导专业招生考试试题

影视评论

自选影片进行赏析,写一篇不少于 800 字的影视评论。

2015 年河北传媒学院影视摄影与制作专业招生考试试题

影视评论

观看何文超导演的微电影《盲钻》,写一篇不少于 800 字的影评文章,要求从色彩、镜头、照明以及拍摄方法等方面进行写作。

2015 年蚌埠学院广播电视编导专业(济南考点)招生考试试题

影视作品分析

在下列影片中任选一部,写一篇1000字以上的评论文章。

《私人订制》《心花路放》《中国合伙人》《一代宗师》《归来》《亲爱的》《鸟人》《地心引力》。

要求:

1.按照《××××——评〈×××××〉》的样式,自拟标题。

2.从主题思想、人物形象、情节与结构、镜头与画面、造型与置景等方面任选角度展开评论。

3.结合作品,以评论为主,重点突出,层次分明,有理有据,语言流畅。

2015年湖南科技学院广播电视编导专业(河南考点)招生考试试题

影视作品分析

请在以下作品中任选一部从主题思想、色彩、情节、音乐、画面等任意角度进行评析。

1.《英雄》,张艺谋导演。

2.《肖申克的救赎》,弗兰克·达拉邦特导演。

3.《阿凡达》,詹姆斯·卡梅隆导演。

要求:通过默片方式,根据要求撰写一篇不少于1000字、观点明确、条理清晰、论据充分、论证有力的议论文。

2015年甘肃省普通高校戏剧与影视学类(广播电视编导)专业招生统考试题

影视作品分析

观看影片《雪人》(The Snowman)(注:作品只放映一遍),撰写一篇800字左右的影评。

2015年西北师范大学广播电视编导专业(河北考点)招生考试试题

影视评论

观看微电影《可以在一起》,写一篇电影评论文章。要求800字以内。

2015年海南大学戏剧影视文学专业(湖北考点)招生考试试题

影片分析

观看电影《黄金时代》片段,自拟题目进行写作。

答题要求:

1.请根据所播放的影视片段写一篇影视分析论文。

2.要求不少于1200字。

2015年山西省普通高校编导戏文类专业招生联考试题

影视材料评析

从以下影视剧中任选两部,选择其中的一个方面(主题、结构、情节、人物、细节、对白、镜头等)展开进行比较分析,完成一篇影评类议论文,题目自拟,要求800字以上。

影视剧:《亲爱的》《阳光灿烂的日子》《菊豆》《大红灯笼高高挂》《乔家大院》《致我们终将逝去的青春》《匆匆那年》《同桌的你》《那些年,我们一起追的女孩》《山楂树之恋》。

2015 年山西传媒学院广播电视编导专业(河北考点)招生考试试题

影视评论

观看短片《零》,写一篇 800 字以上的影评文章。

2014 年浙江省普通高校编导类专业招生统考试题

影视评论

欣赏《沙漠——熔炉中的生命》,回答下列问题:

1.谈谈你对该片结构的理解。

2.从片中的某一个角度或者全片写影评,要求 800 字以上。

2014 年四川文理学院广播电视编导专业(山东考点)招生考试试题

影视评论

观看微电影《锡艺人生》,写一篇评论文章,不少于 1000 字。

2014 年河南师范大学戏剧影视文学专业招生考试试题

影视评论

选一部最喜欢的电影,并说明你喜欢的理由。

2014 年沈阳师范大学广播电视编导专业(山东考点)招生考试试题

影视作品评析

观看电影《四夜奇谭之指甲刀人魔》,并写一篇评论文章,要求从主题、结构、视听语言等方面进行分析,字数要求不少于 1500 字。

2014 年吉林大学广播电视编导专业(山东考点)招生考试试题

影视作品分析

观看电影《汉密尔顿夫人》,并写一篇分析文章,从影片主题以及艺术特色角度进行分析,不少于 1500 字。

2014 年福建师范大学广播电视编导专业(湖南考点) 招生考试试题

影视作品分析

观看微电影《票》,回答下列问题:

1.分析电影中父亲买票的片段,要求 300 字以上。

2.故事编写。将电影中父亲与二叔吵架的片段编写成故事,要求 500 字以上。

3.针对微电影,写一篇评论文章,评论角度自选,要求 800 字以上。

后记

在多年的考前培训中，我们发现影评写作是考生普遍反映最难的一种写作文体。很多考生在看完影片后无从下手，不知如何选择评论角度和展开具体的写作。我们认为最主要的原因是考生对影评文章没有直观的感受，特别是对优秀的影评文章缺乏借鉴和学习。基于通过学习优秀影评文章快速提高影评写作的目的，我们编写了本书。本书只是范文的集合，具体的写作方法考生可参考《影视作品分析》（山东人民出版社出版）一书。

每年的春节前后是艺术类专业招生考试的时候，也是各培训学校的老师和考生们打攻坚战的时候。希望本书的推出能对攻坚战的胜利提供有力的帮助。

在本书的编写过程中，我们广泛征求招生院校、影视艺术培训学校和考生的意见与建议，同时也得到了很多朋友的支持和帮助。山东艺术学院的马知遥老师为本书提供了优秀的范文，并提出了宝贵的建议。山东艺术学院的李化栋同学和他的同学们为本书的范文征集立下了汗马功劳，在此表示诚挚的谢意。山东师范大学电影学的研究生吴广善同学也对本书中部分影评文章的修改付出了辛苦劳动，他的专业和勤奋让我们佩服。中国影视高考培训联盟的影视艺术培训学校的专业老师们，也在编写过程中对本书的编写体例提出了中肯的意见，谢谢他们一如既往地对《广播影视类高考专用丛书》的支持和厚爱。

山东人民出版社的张丽女士是《广播影视类高考专用丛书》的责任编辑，在多年的合作中，我们对她的敬业精神和一丝不苟的编审态度十分佩服，她对这套丛书所付出的辛苦和努力让全国的影视艺术类考生受益匪浅。谢谢张丽女士！

由于时间仓促，同时考虑到考生的实际需要，我们割舍了许多影评人的优秀作品，在此对他们的热心参与表示感谢。同时，我们也希望各影视艺术培训学校的老师和同学们能提供优秀的影评范文，以丰富本书的内容含量，使更多的考生受益。如有这类文章，可发送至邮箱 shiboochuangyi@163.com，或者与本书的主编张福起老师直接联系，联系方式见本书前面的作者介绍部分。

本书一定还有许多需要修改完善的地方，欢迎大家批评指正，并提出宝贵意见。

编者

2018 年 3 月于济南

"广播影视类高考专用丛书"（张福起主编），是真诚献给报考艺术院校的广播电视编导、戏剧影视文学、影视摄影与制作、戏剧影视导演、影视制片管理、艺术与科技、国际文化交流、播音与主持艺术等专业考生的考前辅导用书，集聚全国艺术高考培训名师十余年教学成果、汇总艺术高校考官千余场主考经验，目前已增至18个品种，成为全国广播影视艺术类专业考生和培训学校的首选教材。

文艺常识

最受考生欢迎的文艺常识辅导教材
知识点最全面简洁的艺考必胜攻略

文艺常识有哪些内容？考试的重点是什么？有哪些考试题型？如何快速有效地记忆文艺常识的知识点？……这些问题都可以从本书中找到答案。

本书是全国影视传媒类艺考辅导教材中最受考生欢迎的版本，历经数次改版，已经成为广大考生的首选教材，更被一些高校选定为考前复习用书。本书内容包含文学、影视、美术、音乐、戏剧、戏曲、舞蹈及曲艺杂技等常识，分类精确、层次分明、脉络清晰，紧扣考试重点，并附带部分知识点的历年真题，便于考生在短时间内掌握。不但适合于传媒艺术专业的高考备考，同时也适用于各类研究生考试及其他文艺基础素养测试。

- 文学戏剧戏曲常识
- 广播电影电视常识
- 音乐美术书法常识
- 舞蹈曲艺杂技常识
- 文艺基础训练试题
- 历年考试真题解析

文艺常识（同步专题练习）

高频考点海量真题同步练习
备战艺考文艺常识高分胜经

本书结合了全国近200余所影视艺术类招生院校的1万余道历年真题，以及河南、陕西、浙江、福建等省的统考真题，并结合历年的高频考点和最新的文化热点，采用专题练习的形式，让考生将所学知识点夯实、打牢，并大大提高考生在考场上的应变能力。本书被广大艺考专家誉为"文艺常识艺考的高分胜经"。

- 两百名校真题大汇总
- 艺考高频考点全覆盖
- 专题分类演练大突破
- 历年考查题型全总结
- 最新命题规律大揭秘
- 复习备考高分全掌握

文艺常识（考前冲刺预测试卷）

30套文艺常识标准化预测试卷
1000道考试真题精准详尽解析

本书是以200多所院校历年招考真题为基础精编而成的30套文艺常识全真标准化预测试卷。无论是题量大小、题型选择、难易程度还是考试时间，均按照招生院校的最新出题标准制定，科学严谨并贴近艺考实际。同时汇总了当前国内外文化艺术方面的重大热点事件，对文艺常识的考查方向、考查重点、考查面进行了最新的预测。另外，本书还采用了试卷的印装形式，考生使用起来更加方便。

- 全部真题试卷30套
- 答案精准解析详尽
- 最新文化热点汇总
- 更多高频考点预测

文艺常识高频考点1000条

最方便实用的文艺常识掌上宝典
最全面系统的海量高频考点总结

文艺素养水平的高低是评判一个传媒类人才的基本标准，所以文艺常识历来都是各大院校编导类专业考试的重点科目，对文艺常识的复习和记忆成为编导类专业考生备考的重中之重。

根据人类的记忆规律，有记忆就肯定有遗忘，所以文艺常识需要勤记勤练，而大部头的复习材料不方便携带和使用，鉴于此，本书特别为考生设计成64开小巧轻便的口袋书，手掌大小，便于携带，高频考点，全面系统，能引导考生巧记知识点，十分实用！

- 最方便的掌上宝典
- 最全面的高频考点
- 最精练的词条总结
- 最实用的真题演练

文艺常识（全真模拟试卷）

三十套文艺常识全真模拟试卷
上千道高频考题精准详尽解析

本书是从200多所招生院校近10年的艺考真题中精选汇编而成。30套试卷的知识点和题型相当全面，重点难点一目了然，并且紧跟形势融入了近年来常考查的社会常识真题，每份试卷都很有模拟效用和代表性，通过选择题、填空题、名词解释、简答题、论述题这些经典试卷题型一一呈现给学生，同时在题型设置上达到了难易适中排序、效率兼顾考情的要求，使考生在使用时更加得心应手。

- 全真模拟试卷30套
- 参考答案精准详尽
- 覆盖艺考高频考点
- 把握复习备考诀窍

影视作品分析

一本实用的影视评论写作指南
一部精要全面的艺考应试秘籍

怎样才能写出出色的影视评论一直是广大考生所头疼的。因为，成功的影评写作需要考生掌握扎实的影视理论和具备一定的写作功底，并有大量的看片量。但艺考中的影评写作还是有一定的方法和技巧的，比如写作思路、评述角度等。

本书借助影视基础知识、评论写作方法、优秀影评范文三个板块，给考生以全方位的指导，让考生最痛苦的影评写作变得容易和行之有效。本书自2008年出版后得到了广大考生的一致好评，被誉为艺考影视评论写作"胜经"，全国数百家艺考培训机构将本书作为首选辅导教材。

- 电影评论写作
- 电视作品分析
- 指点写作技巧
- 教授备考策略
- 考生真卷点评
- 历年真题解析

影评范文精选

最畅销的艺考影评范文集
最系统的影评写作指导书

如何提高影评写作水平？优秀的影评文章是什么样的？

本书是一本影视传媒艺术类专业的考前参考书，是为广大考生能在短期内快速提高影评写作水平而编写的。对优秀文章的借鉴和学习，能使考生对影评写作的方法、思路、具体的语言有直观的认识和体悟，通过模仿和参考，逐步使优秀的内容融入自己的文章中，使自己的文章熠熠生辉，在众多的考卷中脱颖而出，获得考官的青睐。本书是影评写作爱好者的参考书，更是传媒类专业高考的必备工具书。

- 综合角度影评
- 人物形象角度影评
- 主题角度影评
- 艺术技巧角度影评

影视评论精选佳句500例

最方便实用的影视评论写作宝典
最精妙专业的论述佳句汇总推荐

影视评论写作作为各大院校传媒编导类专业考试的重点科目，在考试中需要以专业的评论内容和结构取胜，而怎样快速提高影评写作的专业性和理论性，已成艺考生长期的困扰。

有鉴于此，本书设计成64开精品图书，以满足考生方便携带的需求，内容上吸纳权威学者、影评人的专业语录，并汇集电影论坛、权威书籍等各方学术观点，实现了：名言佳句大集锦、观点角度全汇总、常考佳片精推荐、知识梳理成体系的编辑要求，是一本趣味性与知识性兼备的影评写作口袋书。

- 最方便的掌上宝典
- 最精妙的评论佳句
- 最常考的影视推荐
- 最实用的写作宝典

影视高考真题解析

真实全面的历年真题题库
缜密细致的答题思路解析

各个传媒类专业招生院校历年都怎么考？都考过什么？在本书中您将找到准确答案。本书囊括了全国120多所传媒艺术类招生院校的共500余套考试真题，占全国此类招生院校总数的96%，并且收集了各省统考真题，涉及影视编导摄制类、戏剧影视文学类、公共事业管理类所有专业，对考生报考各所院校和各类专业极具指导作用和参考价值，是考生确定报考院校和专业方向的必备书目。

常言道，有备而无患。本书能够让考生准确把握命题的最新动向，摸清命题规律，抓住考试重点及难点，使考生有针对性地备考，做到有的放矢。

- 影视编导摄制
- 戏剧影视文学
- 公共事业管理
- 历年考试真题
- 答案精准详尽
- 复习预测兼顾

影视基础知识高考教程

系统标准的影视知识辅导教程
权威实用的传媒高考复习用书

目前图书市场上讲授影视艺术基础知识的书比较多，但大多是本科教材或大众普及读本，并不适合影视艺术类专业高考，而且缺乏历年考试真题的范例和解析。为此，编者在总结多年艺考培训教学经验的基础上，结合部分高校历年的考试真题，编写了这本《影视基础知识高考教程》。

本书主要涉及"影视视听语言""电影概论""电视概论"三大部分，通过对知识的系统梳理，方便考生对整个知识脉络进行把握。

- 影视视听语言 ● 电影基础知识 ● 电视基础知识
- 精讲高频考点 ● 历年真题演练 ● 贴近艺考需求

影视编导类专业实用应试教程

系统实用的编导类专业实战攻略
要点突出的应试前必备复习精华

编导类专业复习备考是一项庞大的工程，考生不但要学习文艺基础知识，更要掌握影视基本文体的写作，还要应对自我介绍、即兴评述等一系列面试问题，所以专项应试教材往往多达10余本，考生学习负担骤增。

本书编者结合自己10余年的教学经验，召集国内50余位艺考专家多次研讨，历时2年终于编成本书，以满足考生的实际应试需求。可以说，这是一本应对影视编导类专业考试的制胜秘籍：只要一册在手，就等于掌握了编导类专业考试的全部内容；只要学完本书，就等于拥有了学完10本书的知识和功力，是实实在在的编导类专业复习备考一本通！

- 文艺常识高频考点 ● 文体写作方法点拨 ● 高考面试实用技巧
- 系统全面要点突出 ● 汇集真题注重实战 ● 影视编导实用攻略

影视高考基本文体写作

传媒艺考笔试获胜宝典　艺术考生备考实用教程

基本文体写作是广播影视艺术类专业考试中十分重要的考试内容，可以说直接决定着考生整体成绩的高低。本书涵盖了影评写作、电视作品分析、文学评论、叙事散文和戏剧故事写作、编导创意及策划、文化热点评述、小品写作等基本文体写作形式，基本包括了影视艺术类专业笔试的全部内容。

本书的编写目的就是系统梳理笔试的思路，给考生一个比较清晰的笔试应试指导方法，对每一个具体的考试科目进行具体的分析，使更多的考生能在笔试上取得成功。

- 影视作品评析 ● 故事散文创作 ● 文艺现象阐释
- 编导创意策划 ● 文学作品评论 ● 影视戏剧小品

影视高考面试宝典

面试技巧的入门手册　艺考必备的通关秘籍

　　面试环节重点考查的是考生的基本专业素质和心理素质，这也是作为一个未来的广播影视类人才所必备的素质。在历年的专业考试中，很多考生对于面试没有经验，不知道怎样进行，有的心情紧张，该发挥出来的没有能够发挥出来，有的对于面试的内容准备不充分，没有展示出自己的真实水平，从而影响了后面笔试的发挥，整体的专业成绩也受到了很大影响。

　　本书基本上分为两大部分：一是各个面试科目的应试方法指导，重点介绍了包括自我介绍、回答考官提问、即兴评述、才艺展示、命题编讲故事在内的十个考试科目的具体的应试方法；二是每个考试科目的范例，在个别的章节中还有对历年真题的解析，以便考生参考，这样就增强了本书的实战性和可操作性。

- 自我介绍　● 回答考官提问　● 编讲故事　● 文化热点分析　● 命题小品
- 自备文学作品朗诵　● 模拟主持　● 才艺展示　● 即兴评述　● 摄影美术作品分析

即兴评述话题宝典（真题版）

最具权威性的即兴评述话题宝典
最有代表性的面试真题实战攻略

　　即兴评述作为传媒类专业考试中的重点和难点，让很多考生惧怕，原因有二，一是临场发挥时评述素材不够，二是真题实战演练机会少。针对这一现象，我们编写了这本《即兴评述话题宝典》（真题版）。

　　本书组织几十位全国各高校和培训界的专家老师，从历年数千道真题中精挑细选400多道最具代表性的话题，并给出了思路清晰、颇具深度的参考答案，能让考生更好地掌握即兴评述的答题方法与思路；对于其中的一些高频考题更是重点标注，方便考生了解考试重点。拥有此书，等于拥有了即兴评述话题的大数据，精准的数据分析能让你成为新时代传媒艺考的领跑者。

- 精选400常考话题　● 全部源自历年真题　● 高频考点重点标记　● 题型分类答案精准

影视高考面试真题题库

传媒艺考面试考什么？面试考题如何答？

　　很多考生特别惧怕面试，感觉面试的内容不好把握、无从下手。这都是由于考生对历年专业面试过程中所考的试题不是很了解而造成的。

　　面试是影视艺术类专业考试中重要的考试环节。其目的是考查考生的形象气质、艺术修养、兴趣爱好、现场应变能力以及语言表达的逻辑性和思考问题的深广度。

　　本书对精选的海量考试真题进行了详细分类并附上清晰精准的参考答案，旨在帮助考生全方位、多层面提升综合素质，不但能在面试中说得出、说得好，而且更能答出水准，展示自我风采。

- 海量面试真题　● 答案清晰精准　● 真题分类细致　● 开拓答题思路

影视高考命题故事创作

读完本书你会知道命题故事如何考
读完本书你更会知道如何去编故事

在传媒艺术类专业招生考试中，命题故事创作所占的比例越来越大，特别是在中国传媒大学、北京电影学院、中央戏剧学院、上海戏剧学院等一些名校的招生考试中，更是必考的内容之一。也正因为如此，命题故事创作已成为近年来影视艺术类考生们最头疼、最薄弱、最急于突破的一个环节。

应广大考生热切要求，作者编写了《影视高考命题故事创作》一书。本书顺着由小到大、由局部到整体、由浅入深的进程逐节讲来，便于考生掌握，能够在有限的时间内，为广大考生提供系统、实用、高效的专业辅导，特别是书中所附的故事范文，更是给考生提供了故事构思的模板和依据。

- 命题编写故事
- 命题编讲故事
- 应试技巧点拨
- 经典故事范例
- 考试真题集锦
- 考前模拟训练

摄影专业高考辅导教程

实用高效的摄影高考读品
条理清晰的摄影培训教程

摄影作为一门新兴的艺术门类，有着广阔的发展前景。目前，市面上关于摄影的书籍五花八门，但是针对摄影类高考的却是少之又少。因此，应广大考生的热切要求，我们编写了《摄影专业高考辅导教程》。

本书系统讲述了摄影的相关基础知识，理论与实践相结合，条理清晰，重点分明，有助于广大考生在短时间内迅速掌握艺考的基本摄影知识与技能。同时，书中还附加了往年考试真题，堪称一本实用、高效的专业辅导教材。

- 摄影基础知识
- 摄影作品分析
- 现场拍摄技巧
- 高考复习必备

播音与主持艺术专业高考教程

化繁为简指导播音艺考
深入浅出讲解应试要点

《播音与主持艺术专业高考教程》是根据每年全国各级各类院校播音与主持艺术专业招生的内容和形式而编写的。本书通过详实的考试介绍、细致的方法讲解、丰富的练习资料以及生动的录音示范，旨在带领播音与主持艺术专业考生走进播音与主持艺术的殿堂。

本书从教学的一般规律出发，结合播音与主持艺术专业学习和艺考的特点，将教学内容梳理为：入门篇、基础篇、提高篇、飞跃篇、成功篇。这五个环节的编排由基础到繁难，基本涵盖了大多数院校播音与主持艺术专业考试的形式与要求，适合考生从初学到考试的全过程使用。

- 播音主持专业简介
- 普通话语音与美化
- 有稿与无稿语言表达
- 考场形体装束与心态
- 精选历年考试真题
- 增送语音示范光盘

图书在版编目（CIP）数据

影评范文精选 / 张福起主编. -- 4版. -- 济南 :山东人民出版社，2018.3（2019.11重印）

ISBN 978-7-209-11050-1

Ⅰ．①影… Ⅱ．①张… Ⅲ．①电影评论－写作－高等学校－入学考试－自学参考资料②电视影片评论－写作－高等学校－入学考试－自学参考资料 Ⅳ．①J905

中国版本图书馆CIP数据核字(2017)第234865号

影评范文精选（第四版）

张福起　主编

主管单位　山东出版传媒股份有限公司

出版发行　山东人民出版社

社　　址　济南市英雄山路165号

邮　　编　250002

电　　话　总编室（0531）82098914

　　　　　市场部（0531）82098027

网　　址　http://www.sd-book.com.cn

印　　装　日照报业印刷有限公司

经　　销　新华书店

规　　格　16开（184mm×260mm）

印　　张　20.5

字　　数　520千字

版　　次　2018年3月第1版

印　　次　2019年11月第3次

印　　数　25001-30000

ISBN 978-7-209-11050-1

定　　价　45.00元

如有印装质量问题，请与出版社总编室联系调换。